权威·前沿·原创

皮书系列为
“十二五”“十三五”国家重点图书出版规划项目

创意城市蓝皮书

BLUE BOOK OF CREATIVE CITIES

总　编／张京成

创意书系

· 中国创意产业研究中心 ·

天津文化创意产业发展报告（2017~2018）

TIANJIN REPORT ON CULTURAL AND CREATIVE INDUSTRIES (2017-2018)

主　编／谢思全

副主编／康　军　王　琳　成　文　荆克迪

社会科学文献出版社
SOCIAL SCIENCES ACADEMIC PRESS (CHINA)

图书在版编目（CIP）数据

天津文化创意产业发展报告．2017－2018／谢思全主编．－－北京：社会科学文献出版社，2018.8

（创意城市蓝皮书）

ISBN 978－7－5201－3053－0

Ⅰ．①天…　Ⅱ．①谢…　Ⅲ．①文化产业－产业发展－研究报告－天津－2017－2018　Ⅳ．①G127.21

中国版本图书馆CIP数据核字（2018）第155240号

创意城市蓝皮书

天津文化创意产业发展报告（2017～2018）

主　　编／谢思全

副 主 编／康　军　王　琳　成　文　荆克迪

出 版 人／谢寿光

项目统筹／恽　薇　颜林柯

责任编辑／颜林柯

出　　版／社会科学文献出版社·经济与管理分社（010）59367226

地址：北京市北三环中路甲29号院华龙大厦　邮编：100029

网址：www.ssap.com.cn

发　　行／市场营销中心（010）59367081　59367018

印　　装／三河市龙林印务有限公司

规　　格／开　本：787mm×1092mm　1/16

印　张：26　字　数：431千字

版　　次／2018年8月第1版　2018年8月第1次印刷

书　　号／ISBN 978－7－5201－3053－0

定　　价／98.00元

皮书序列号／PSN B－2016－536－7/7

中国特色社会主义经济建设协同创新中心
教育部人文社会科学重点研究基地南开大学
政治经济学研究中心资助项目

《创意城市蓝皮书》总序

张京成

城市是生产力发展到一定阶段的产物，并随着生产力的发展而不断升级。时至今日，伴随着工业文明的推进和文化的提升，以及服务业的大力发展，经济增长方式的转变和产业结构的调整正在推动一部分城市向着一个前所未有的高度迈进，这就是创意城市。

创意城市已经为众多有识之士所关注、所认同、所思考。在全球性竞争日趋激烈、资源环境束缚日渐紧迫的形势下，城市对可持续发展的追求，必然要大力发展附加值高、渗透性强、成效显著的创意经济。创意经济的发展实质上就是要大力发展创意产业，而城市是创意产业发展的根据地和目的地，创意产业也正是从城市发端、在城市中集聚发展的。创意产业的发展又激发了城市活力，集聚了创意人才，提升了城市的文化品位和整体形象。

纵观伦敦、纽约、东京、巴黎、米兰等众所周知的创意城市，其共同特征大都离不开创意经济：首先，这些城市都在历史上积累了一定的经济、文化和科技基础，足以支持创意经济的兴起和长久发展；其次，这些城市都已形成了发达的创意产业，而且能以创意产业支持和推进更为广泛的经济领域创新；最后，这些城市都具备了和谐包容的创意生态，既能涵养相当数量和水平的创意产业消费者，又能集聚和培养众多不同背景和个性的创意产业生产者，使创意经济行为得以顺利开展。

对照上述特征不难发现，我国的一些城市已经或者正在迈向创意城市，从北京、上海等一线城市，到青岛、西安等二线城市，再到义乌、丽江等中小城市，我们自2006年起每年编撰的《中国创意产业发展报告》一直忠实记录着它们的创意轨迹。今天，随着创意产业的蔚然成风，其中的部分城市已经积累了相当丰富的实践经验以及大量可供分析的数据与文字资料，对其进行专门研究的时机已经成熟。

因此，我们决定在《中国创意产业发展报告》的基础上，逐步对中国各主要创意城市的发展状况展开更加深化、细化和个性化的研究与发布，由此即产生了“创意城市蓝皮书”，这也是中国创意产业研究中心“创意书系”的重要组成部分。希望这部蓝皮书能够成为中国每一座创意城市的忠实记录者、宣传推介者和研究探索者。

是为序。

Preface to the *Blue Book of Creative Cities*

Zhang Jingcheng

City came into being while social productivity has developed into a certain stage and upgrades with the progress of the productivity. Along with the marching of industrial civilization, cultural development, the growth of the service industry, the transformation of economic growth and the adjustment of industrial structure, cities worldwide have by now entered an unprecedented stage as of the era of creative cities.

Creative cities have caught the attention from various fields these years. While the global competition for limited resources gets heated, sustainable development has become the only solution for cities, which brings creative economy of high added value and high efficiency into this historic stage. Creative industries is the parallel phrase to creative economy, which regards cities as the bases and the core of the development, and cities is also the place where creative industries started and clustered. On the other hand, creative industries helped to keep the city vigorous, attract more talents and strengthen the public image of the city.

From the experiences of world cities such as London, New York, Tokyo, Paris, and Milan, creative economy has been their common characteristic. First, histories of these cities have provided them with certain amount of economic, cultural and technological resources, which is the engine to start and maintain creative economy; second, all these cities have had sound creative industries which can function as a driving force for the innovation and economic growth of the city; finally, these cities have fostered harmonious and tolerant creative ecology through time, which conserves consumers of creative industries, while attracting more creative industries practitioners.

It can be seen that some Chinese cities have been showing their tendency on the way to become creative cities, such as large cities of Beijing and Shanghai, medium-size cities of Qingdao, Xi'an and even small cities of Yiwu and Lijiang, whose development paths have been closely followed up in our *Chinese Creative Industries Report* started in 2006. By now, some cities have had rich experiences, comprehensive data and materials worthy to be studied, thus the time to carry out a special research has arrived.

Therefore, based on *Chinese Creative Industries Report*, we decided to conduct a deeper, more detailed and more characteristic research on some active creative cities of China, leading to the birth of *Blue Book of Creative Cities*, which is also an important part of *Creative Series* published by China Creative Industries Research Center. We hope this blue book can function as a faithful recorder, promoter and explorer for every creative city of China.

《天津文化创意产业发展报告 2017～2018》编委会

主要编撰者简介

谢思全　南开大学经济研究所原副所长、经济学教授、博士生导师，南开大学滨海开发研究院文化创意产业研究中心主任。主要致力于市场经济运行、企业创新和文化创意产业研究。国家教育部人文社会科学重点研究基地2005年和2011年重大项目主持人。研究成果曾经获得中国经济学大奖孙冶方奖和天津市社科优秀成果一等奖。为了及时反映和积极推进天津市文化创意产业的发展，由其创办的南开大学滨海开发研究院文化创意产业研究中心联合天津市各大文化创意产业管理机构、代表性企业、文创园区和商协会，与中国创意城市联盟协同行动，联合编撰《天津文化创意产业发展报告》。该书于2016年首次出版，引起广泛关注。不仅成为天津文化创意产业从业者和管理者重要的参考与借鉴，而且成为宣传天津市文化创意产业发展、企业风采和人才风貌的重要窗口。

王　琳　天津社会科学院研究员，南开大学滨海开发研究院文化创意产业研究中心副主任。主要研究领域为文化创意产业、旅游产业、文化政策学、文化产业评估与预测等。先后主持国家社科基金项目，参与制定"十二五""十三五"天津市文化产业规划，主持天津市社科规划课题、各部委委托课题数十项，成果获天津市社科优秀成果一等奖1项、三等奖4项，获天津市优秀调研成果二等奖1项、三等奖6项，获天津社会科学院优秀成果奖10项。独立承担国家社科基金课题"我国新农村文化遗产保护与构建社会主义和谐文化体系"，参与国家社科重大招标课题"我国城市工业遗产保护体系研究"。出版专著《文化产业的发展与预测》《文化创新视角下的中国文化产业战略》，在《中国社会科学》《光明日报》《国家行政学院学报》等核心期刊发表论文近百篇。

康　军　1966年毕业于武汉大学图书馆学系。长期从事图书馆和科技情报工作。天津市第十一届政协委员，多次就天津文化创意产业发展提出提案建议。参与发起天津市创意产业协会，现任协会特聘专家。南开大学滨海开发研究院文化创意产业研究中心副主任，特约研究员。天津音乐学院艺术管理系特聘教授。撰写文化创意产业方向论文和专题资讯多篇。

成　文　中国传媒大学工学学士、天津大学工商管理硕士、南开大学管理学博士。曾在多家新闻单位从事新闻出版采编或管理工作，后在天津市政府办公厅工作，现为天津社会科学院产业发展研究所研究员，研究方向为文化产业、组织与战略、商业模式创新。曾被天津市委宣传部评为"天津市优秀中青年编辑""天津市五个一批人才"，被国家新闻出版广电总局评为"全国新闻出版行业领军人才"。

荆克迪　南开大学经济学院助理研究员，国家"2011计划"中国特色社会主义经济建设协同创新中心研究人员。南开大学博士，2011~2012年在美国堪萨斯大学做访问学者。主要研究领域为政治经济学、环境经济学。在国内CSSCI刊物发表论文多篇，主持并完成1项教育部人文社会科学一般项目，参与多项国家和省部级科研项目。

摘　要

天津是中国北方最大的沿海开放城市，也是环渤海区域重要的经济中心。天津具有深厚的文化底蕴、丰富的文化资源，发展文化创意产业的潜力大、空间大。“十三五”期间，天津市把文化创意产业作为发展现代服务业的一个重要内容，大力实施文化大发展、大繁荣攻坚战，积极扶持引导传统优势文化产业，大力发展新兴文化产业，使天津市的文化创意产业呈现健康、快速发展的良好态势。

2015 年 10 月 21 日，国家主席习近平在伦敦出席中英创意产业展时指出，中英都是文化大国，应该加强创意文化交流，通过文化产品增进两国人民对对方国家的了解。英方在创意产业方面积累了很多经验，中英两国应在这一领域加强交流互鉴，实现共同发展。

2018 年 2 月 1 日，习近平主席在接见英国首相特蕾莎·梅时指出，中英双方应顺应时代潮流，结合两国各自的发展阶段和合作需求，赋予中英关系新的时代内涵，共同打造“黄金时代”增强版。在此背景下，天津市创意产业协会于 2018 年 3 月 11 日邀请世界“创意产业之父”约翰·霍金斯到访天津并举办“创意天津·光耀中国”中英创意对话暨英伦巡展项目专家座谈会。

近年来，天津文化创意产业的发展出现新气象。主要表现为：第一，民营企业成为市场主体；第二，产业协会挑起了发展重担；第三，重点示范园区稳步发展；第四，形成了一批具有代表性的文化事件。

经过近几年的努力，天津市智能文化创意产业的实力不断增强，但与先进省市相比还存在一定差距。“互联网 +”“文化 +”的发展刚刚起步，文化与相关产业特别是智能科技产业的融合存在不深、不广的现象，缺乏智能文化创意产业领军企业、产品、基地和服务平台。建设文化强市，必须抓住当前难得的战略机遇，加强统筹规划，突出创新驱动，下好先手棋，加快智能文化创意产业发展。

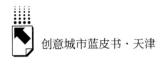

在2017年12月天津市人民政府办公厅下发的《天津市智能文化创意产业专项行动计划》中，提出了天津市智能文化创意产业专项行动的指导思想、基本原则和发展目标。《行动计划》提出：全面贯彻党的十九大精神，以习近平新时代中国特色社会主义思想为指导，以习近平总书记对天津工作提出的“三个着力”重要要求为元、为纲，认真落实天津市第十一次党代会和市委十一届二次全会部署，扎实推进“五位一体”总体布局和“四个全面”战略布局在天津的实施，牢固树立新发展理念，深入实施创新驱动发展战略，以加快智能科技与文化产业深度融合为主线，以提升城市文化软实力为主攻方向，大力发展智能文化创意产业，打造充满活力的文化强市，为全面建成高质量小康社会，建设社会主义现代化大都市提供有力的文化支撑。

关键词： 文化大发展大繁荣攻坚战　文化创意产业发展新气象　天津市智能文化创意产业专项行动计划

Summary

The Thirteenth Five-Year is the critical period to deepen reform for China and accelerate construction for Tianjin. Faced with "Five Opportunities", cultural and creative industries in Tianjin have a golden opportunity for development. On the new historical starting point, Tianjin has to deal with the challenges of how to seize the historical opportunity to deepen the reform, promote socialist cultural development and prosperity, and create better environment and atmosphere for cultural and creative industries.

Tianjin is the largest coastal open city in China, as well as the important economic center in the Bohai Sea area. It has rich cultural heritage, cultural resources, and great potential for the development of cultural and creative industries. In the Twelfth Five-Year period, Tianjin government put cultural and creative industries development as an important part of modern service industry to reinforce the cultural development and prosperity. By actively supporting and guiding the traditional advantages of cultural industries, as well as developing new cultural industries, Tianjin's cultural and creative industries show healthy and rapid development.

On the occasion of the perfect ending of the Twelfth Five-Year, Tianjin seize the great opportunities of cultural reform and development to transfer mechanism, increase vitality, strengthen services, benefit people's livelihood, reinforce projects, and promote development. On the pressure of economy downward trend, the cultural industry maintained growth rate of around 20%, higher than the economic growth rate over the same period. The main system of cultural and creative industries has been formed, with cultural creativity, radio and television, publishing, performing arts and entertainment, cultural tourism, digital content and animation, advertising and cultural exhibition, the art trade and other key industrial categories of cultural and creative industries; as well as the space layout of "four belts and mesh points" with mountains, sea, towns, and township.

During the Thirteen Five-Year, Tianjin's main task is to build a cultural industry-oriented development city, domestic and international cultural market and trade services highlands, as well as to create a cultural finance innovation zone with sound financial investment atmosphere and financing services. To fulfill the tasks, we should build a number of major cultural industry projects, form a number of cultural industries functional areas with distinctive characteristics, foster a number of cultural enterprise groups with advanced technology, introduce a number of influential cultural products and brand activities, and create a batch cultural industry professionals with advanced knowledge and rich experience.

Keywords: Cultural and Creative Industries; Strengthen Urban by Culture; Intelligent Cultural City

目录

Ⅰ 总报告

Ⅱ 专题研究

Ⅲ 产业活动

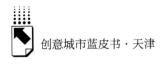

皮书数据库阅读**使用指南**

总 报 告

General Report

B.1 文化创意挑起天津城市转型的重担

谢思全　王 琳　成 文*

摘 要： “十三五”期间，天津市把文化创意产业作为发展现代服务业的一个重要内容，大力实施文化大发展、大繁荣攻坚战，积极扶持引导传统优势文化产业，大力发展新兴文化产业，使天津市的文化创意产业呈现健康、快速发展的良好态势。在此背景下，世界“创意产业之父”约翰·霍金斯于2018年3月11日到访天津，并举办了“创意天津·光耀中国”中英创意对话高层论坛。

在已经出台的《天津市智能文化创意产业专项行动计划》中，提出了从2018年至2025年天津市智能文化创意产业发展的十大重点任务：加强智能科技应用；培育壮大市场主体；实施创意产业项目带动战略；推进产业园区和平台建设；加

* 谢思全，南开大学经济学教授、博士生导师；王琳，天津社会科学院研究员；成文，天津社会科学院研究员。

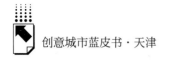

快媒体融合发展；实施“互联网+”工程；实施“文化+”工程；增加产品和服务供给；引导和扩大文化消费；推动京津冀产业协同发展。

关键词： 创意天津　智能文化创意产业　重点任务

天津是中国北方最大的沿海开放城市，也是环渤海区域的重要经济中心。天津具有深厚的文化底蕴、丰富的文化资源，发展文化创意产业的潜力大、空间大。“十三五”期间，天津市把文化创意产业作为发展现代服务业的一个重要内容，大力实施文化大发展、大繁荣攻坚战，积极扶持引导传统优势文化产业，大力发展新兴文化产业，使天津市的文化创意产业呈现健康快速发展的良好态势。

一　天津文化创意产业发展现状

2017年12月26日，天津市人民政府办公厅下发《关于印发天津市加快推进智能科技产业发展总体行动计划和十大专项行动计划的通知》（津政办发〔2017〕112号）①。其中，在《天津市智能文化创意产业专项行动计划》中，对天津市文化创意产业的发展进行了全面总结。

（一）发展现状

一是整体实力显著增强。天津市文化及相关产业统计数据显示，2016年，天津市文化产业的增加值超过800亿元，占全市GDP的比重为4.49%，文化产业整体实力持续增强（见表1）。通过实施文化大发展、大繁荣攻坚战，天津市累计推出了8批共486个项目，总投资1813亿元。全市文化单位22640家，其中规模以上文化企业1086家，市属国有文化企业集团5家，龙头带动作用显现。

① 《天津日报》，2018年1月18日。

表 1　2016 年天津市文化产业十大类主要经济指标

单位：亿元

文化产业大类名称	利润总额	营业收入
(1)新闻出版发行服务	1.8	30.5
(2)广播电视电影服务	4.6	58.1
(3)文化艺术服务	1.4	23.7
(4)文化信息传输服务	26.0	152.3
(5)文化创意和设计服务	114.0	572.1
(6)文化休闲娱乐服务	0.4	7.4
(7)工艺美术品的生产	44.3	469.7
(8)文化产品生产的辅助生产	8.2	185.3
(9)文化用品的生产	33.1	669.6
(10)文化专用设备的生产	12.7	163.0
合　计	246.5	2331.7

资料来源：天津市委宣传部。

二是产业体系更加健全。形成了以文化创意和设计服务、文化信息传输服务、广播影视服务、工艺美术和文化艺术品及设备生产等为龙头的文化创意产业体系和一批文化产业品牌，基本形成山、海、城、乡“四带多点”的文化创意产业空间布局。全市有文化产业园区 35 个（其中国家级文化产业园区 8 个），市级文化产业示范园区 19 个，示范基地 47 个。天津市 2015 年和 2016 年文化产业财务指标比较如表 2 所示。

表 2　2015 年和 2016 年文化产业财务指标比较

单位：家，亿元

文化产业大类名称	单位数量			利润总额			营业收入		
	2015 年	2016 年	增加	2015 年	2016 年	增加	2015 年	2016 年	增加
(1)新闻出版发行服务	53	54	1	1.1	1.8	0.7	31.0	30.5	-0.5
(2)广播电视电影服务	40	53	13	4.1	4.6	0.5	44.4	58.1	13.7
(3)文化艺术服务	23	24	1	2.6	1.4	-1.2	24.9	23.7	-1.2
(4)文化信息传输服务	53	68	15	7.7	26.0	18.3	67.0	152.3	85.3
(5)文化创意和设计服务	307	339	32	91.3	114.0	22.7	559.7	572.1	12.4
(6)文化休闲娱乐服务	43	44	1	-0.2	0.4	0.6	6.4	7.4	1.0
(7)工艺美术品的生产	115	109	-6	38.3	44.3	6.0	423.7	469.7	46.0

续表

文化产业大类名称	单位数量			利润总额			营业收入		
	2015 年	2016 年	增加	2015 年	2016 年	增加	2015 年	2016 年	增加
(8)文化产品生产的辅助生产	141	141	0	10.5	8.2	-2.3	152.7	185.3	32.6
(9)文化用品的生产	223	216	-7	35.7	33.1	-2.6	775.8	669.6	-106.2
(10)文化专用设备的生产	49	42	-7	8.4	12.7	4.3	206.3	163.0	-43.3
合计	1047	1090	43	199.5	246.5	47.0	2291.9	2331.7	39.8

资料来源：天津市委宣传部。

三是政策环境不断优化。文化领域行政审批事项由 42 项减少至 15 项。出台支持文化产业发展，文化与科技、金融、旅游融合，文化贸易发展，传统媒体与新兴媒体融合，电影产业发展的一系列政策。设立市级文化产业发展专项资金，累计发放 4.4 亿元，共扶持 218 个文化产业项目，撬动社会资金 130 亿元。

与此同时，天津市智能文化创意产业的发展还存在一些问题，主要是：智能文化创意产业发展水平不高，总体规模偏小，占全市增加值比重不高，缺少领军企业和优势产业集群；产业结构需要优化，文化产业增加值中智能科技含量有待提升，“互联网 +” 文化创意产业格局尚未形成，产业管理体制和政策体系还需进一步健全完善。

（二）面临形势

发展格局面临重大调整。随着新一轮科技革命和产业变革的兴起，信息网络、大数据、智能制造等高新技术广泛渗透到创作、生产、传播、消费的各个层面和环节，加速了文化生产方式的变革。我国社会的主要矛盾已经转变为人民日益增长的美好生活需要和不平衡不充分的发展之间的矛盾，文化领域的内涵不断拓展，产业价值链体系逐渐重塑，智能文化创意产业面临新挑战、新要求。

发展方式发生重大变化。随着新型工业化、信息化、城镇化、农业现代化的同步推进，超大规模内需潜力不断释放，为智能文化创意产业的发展提供了广阔的空间。同时，经济发展进入新常态，多种生产要素的成本不断上升，传统的粗放发展模式难以为继，文化产业发展提质增效刻不容缓。人民群众新的文化消费需求、对完善的社会公共文化服务的需求、对个性化文化产品的需求等迅速扩大，对文化产业转型升级提出了新要求。

发展前景迎来重大机遇。经过近几年的努力，天津市智能文化创意产业的实力不断增强，但与先进省市相比还存在一定差距。“互联网+”“文化+”的发展刚刚起步，文化与相关产业特别是智能科技产业的融合存在不深、不广的现象，缺乏智能文化创意产业领军企业、产品、基地和服务平台。建设文化强市，必须抓住当前难得的战略机遇，加强统筹规划，突出创新驱动，下好先手棋，加快智能文化创意产业发展①。

二　天津创意经济的发展

（一）约翰·霍金斯与天津

约翰·霍金斯教授是国际创意产业界著名专家，英国经济学家。1997年英国政府听从了他的建议，率先扶持创意产业，由此他被称为“创意产业之父”。2012年9月，约翰·霍金斯应天津市创意产业协会的邀请，在天津“创意·未来经济”论坛上做主题演讲，发表了著名的《天津宣言》。2014年6月，约翰·霍金斯先生还应天津凌奥集团邀请，莅临凌奥创意产业园进行学术访问和对话交流。

2015年10月21日，国家主席习近平在伦敦出席中英创意产业展时指出，中英都是文化大国，应该加强创意文化交流，通过文化产品增进两国人民对对方国家的了解。英方在创意产业方面积累了很多经验，中英两国应在这一领域加强交流互鉴，实现共同发展。

2018年2月1日，习近平主席在接见英国首相特蕾莎·梅时指出，中英双方应顺应时代潮流，结合两国各自的发展阶段和合作需求，赋予中英关系新的时代内涵，共同打造“黄金时代”增强版。在此背景下，天津市创意产业协会于2018年3月11日邀请世界“创意产业之父”约翰·霍金斯到访天津并举办“创意天津·光耀中国”中英创意对话暨英伦巡展项目专家座谈会。主

① 《天津日报》，2018年1月18日。

要是为了进一步引进和借力国际智力资源，整合天津在传统文化、历史景观、教育科研、理论研究和制造能力等各方面的资源优势，使天津发展成为创意经济的先进城市，为天津乃至中国的经济转型做出示范性贡献。

（二）天津城市创意指数排名

表3　2015年和2016年中国城市创意指数（排名前10）

序号	城市	城市创意指数（CCCI）		产业影响力（III）		要素推动力（EPI）		需求拉动力（DPI）		发展支撑力（DSI）	
		2016年	2015年	2016年	2015年	2016年	2015年	2016年	2015年	2016年	2015年
1	北京	96.90	94.52	103.39	99.63	97.63	94.75	88.15	89.14	94.31	92.05
2	上海	95.33	92.92	102.84	100.00	84.81	83.42	94.68	94.97	94.15	90.23
3	香港	87.04	85.91	73.06	72.38	65.33	65.16	87.82	85.25	118.82	117.19
4	深圳	82.84	81.50	84.88	81.99	81.52	78.92	74.27	74.09	85.78	86.19
5	杭州	79.11	75.80	91.64	82.75	73.88	72.11	72.84	73.43	73.62	72.35
6	广州	76.33	75.54	73.16	71.97	71.12	69.49	78.94	80.28	81.24	80.24
7	重庆	75.17	72.89	67.58	66.86	71.58	69.71	81.92	81.28	82.21	76.99
8	苏州	73.91	73.18	74.33	72.61	73.57	72.65	76.57	77.07	72.44	72.18
9	天津	73.74	72.50	71.65	70.02	71.83	70.19	74.57	74.44	76.54	75.37
10	台北	73.44	73.79	72.86	71.31	69.88	69.75	70.65	72.46	77.38	79.31

注：中国城市创意指数（CCCI）模型涵盖要素推动力、需求拉动力、发展支撑力和产业影响力四大模块、11个二级指标和25个三级指标。2016年对中国50个大中型城市（含省会城市、副省级城市、直辖市及经济较发达的城市）进行了评估。指标原始数据来源于城市统计年鉴、统计公报、区域经济年鉴及相关政府数据。

资料来源：深圳大学管理学院《2017中国城市创意指数》，《深圳特区报》2017年12月10日。

表4　中国城市创意指数排名梯队

所属梯队	城市
第一梯队	北京、上海、深圳、广州、杭州
第二梯队	苏州、重庆、天津、台北、南京、青岛、武汉、佛山、厦门、西安、东莞、宁波、温州、成都、济南、长沙、绍兴、泉州、常州、南通、福州、无锡、合肥
第三梯队	长春、哈尔滨、烟台、沈阳、大连、昆明、太原、济宁、潍坊、石家庄、郑州、贵阳、南昌、徐州、兰州、唐山、呼和浩特、乌鲁木齐、海口、鄂尔多斯、银川、西宁、拉萨

资料来源：深圳大学管理学院《2017中国城市创意指数》，《深圳特区报》2017年12月10日。

如表3所示，2016年，天津的城市创意指数各项指标均较2015年有所提高，但在国内各城市之间的排名，从2015年的第7位降到了第9位，不仅排在北、上、广、港、深等大城市之后，而且还排在杭州、苏州、重庆3个城市之后。具体分析一下。2016年，在天津的城市创意指数系列中，产业影响力（71.65）和要素推动力（71.83）均高于重庆市（67.58，71.58），但因需求拉动力（74.57）和发展支撑力（76.54）低于重庆（81.92，82.21）而排在其后。可见天津虽然在创意要素推动和产业发展两方面尚有潜力，但市场需求不旺、城市创意能力不足导致发展支撑力不足，影响了城市创意产业整体的发展效率。中国城市创意指数排名梯队情况如表4所示。

（三）创意城市网络在中国

2004年10月，在联合国教科文组织（UNESCO）的第170届执行理事会上，根据教科文组织文化多样性全球联盟的倡议，决定设立创意城市网络的评选项目。教科文组织给创意城市网络确定的基本宗旨是在经济和技术全球化的时代语境下倡导和维护文化多样性，希望并鼓励教科文组织成员城市自愿提出申请，将其城市在社会、经济和文化发展中的成功经验、创意理念和创新实践，向世界各国城市的管理者和市民开放，从而使全球的城市之间能够建立一种学习和交流的关系，推进发达国家和发展中国家的城市在社会、经济和文化等方面的发展。

中国加入创意城市网络的城市包括：音乐之都——哈尔滨（2010年6月22日）；设计之都——深圳、上海、北京（2012年6月16日），武汉（2017年）；美食之都——成都、顺德（2014年12月2日）；工艺与民间艺术之都——杭州、苏州、景德镇（2014年12月2日）。

天津市在过去几年一直致力于设计之都的打造，但是还缺乏具有天津城市特色的设计内容，因此尚需努力。

三　天津文化创意产业发展新气象

（一）民企成为市场主体

1. 产业主体的转型

天津的文化创意产业，在经历了将近10年的政策扶持之后，已经形成了比较成熟的市场体系，从事文化创意活动的企业尤其是民营企业已经成为挑起产业发展重任的市场主体。

天津市创意产业协会的体制演变历程就是一个典型例证。2017 年，在中央关于行业组织与政府部门脱钩的要求下，天津市创意产业协会进行了从理事长到协会成员的全面改组。除了在政府任职的公职人员不再担任协会理事长和副理事长外，所有大型国有企业及其代表也都因为同样的原因撤出了协会。协会成员一下子从 300 多家减少到一半。

在政府公职人员和国有企业全部撤出之后，协会成为名副其实的民营协会。2017 年 3 月，协会增选了新的会长和副会长。

会长由南开大学教授、博士生导师、艺术设计系主任薛义担任，副会长包括以下人员：融讯（天津）公关管理咨询有限公司总经理乔川、天津玺朗文化传媒有限公司董事总经理肖冰、智慧山科技文化创意产业基地总裁张伟力、天津市创意策划研究会会长张合军、天津春天影业投资发展有限公司董事长张爱华、天津金城银行副行长张鲲、天津凌奥创意产业园集团有限公司董事长赵光勋、体育之窗文化股份有限公司高级副总裁夏平、华北集团执行总裁崔莉培、天津东方嘉诚创意产业园有限公司董事长甄军、香港思彼思资产管理（集团）天津公司总经理孙文彬、天津棉三创意企业管理服务有限公司总经理刘征、天津创世生态景观建设股份有限公司董事长刘士全和世纪座标品牌创意发展有限公司董事长陈幼林。以上 14 位副会长均为民营企业家。

新改组的创意产业协会还同时进行了专业委员会的改组。按照产业和行业的划分惯例，共分为 12 个专业委员会。新组建的专业委员会的主任所在单位性质均为民营企业（见表 5）。

表 5　天津市创意产业专业委员会及负责人名单

专业委员会名称	主　任	所在单位及职务
体育休闲专业委员会	夏　平	体育之窗文化股份有限公司高级副总裁
旅游休闲专业委员会	张合军	天津市创意策划研究会会长
创意策划专业委员会	崔莉培	华北集团执行总裁
影视动漫专业委员会	张爱华	天津春天影业投资发展有限公司董事长
视觉传播专业委员会	陈幼林	世纪座标品牌创意发展有限公司董事长

续表

专业委员会名称	主　任	所在单位及职务
美学生活专业委员会	郑爱敏	房掌柜天津公司总经理
产业创新专业委员会	孙文彬	香港思彼思资产管理(集团)天津公司总经理
创意金融专业委员会	张　鲲	天津金城银行副行长
产业园区发展专业委员会	赵光勋	天津凌奥创意产业园集团有限公司董事长
小城镇创意发展专业委员会	刘　征	天津棉三创意企业管理服务有限公司总经理
公共空间艺术专业委员会	刘士全	天津创世生态景观建设股份有限公司董事长
当代艺术专业委员会	肖　冰	天津玺朗文化传媒有限公司董事总经理

资料来源：天津市创意产业协会秘书处。

2. 优秀企业脱颖而出

通过2018年天津市创意产业协会开展的“海河创意奖”优秀企业评选活动，可以管窥天津文化创意民营企业快速发展的全貌。

（1）特别贡献奖

a. 国家动漫产业综合示范园

天津生态城产业园运营管理有限公司原名天津生态城动漫园投资开发有限公司，成立于2009年8月，作为国家动漫产业综合示范园（以下简称：国家动漫园）开发建设的主体应运而生，是中新天津生态城大型国有企业——天津生态城投资开发有限公司的全资子公司。

随着国家动漫园前期开发建设任务的圆满完成，公司顺势而为，战略发展重心转向园区运营与服务，并从技术平台搭建、动漫产业专业服务等多方面入手，积极推进园区产业发展，使国家动漫园成为生态城重要的产业聚集和产业发展平台。目前，公司的主营业务涉及房地产开发与经营，物业服务，企业管理咨询服务，科技企业孵化服务，动漫衍生品的开发与销售，电视剧片、专题片、综艺、动画等节目制作，展览展示，教育信息咨询，文化科技交流活动组织等多个领域。

b. 天津大悦城

天津大悦城位于老城区，是中粮大悦城系列的重型店，是集购物中心、写字楼、住宅、公寓为一体的多项功能设施组合的城市综合体。天津大悦城购物中心于2011年12月25日开业，自开业以来秉承“时尚、年轻、潮流、品位”

的鲜明定位，在社会各界的大力支持下，坚持创新驱动的发展战略，客流量和销售业绩逐年冲高，促进了城市商业的繁荣，俨然已经成为贯通城市与消费者的桥梁，引领天津乃至全国商业发展。

作为时尚青年的聚集地，天津大悦城以独树一帜的气质收获了大批“粉丝”。2017年，天津大悦城更是亮点频现，影响力不断提升：进行品牌全面升级，引入星巴克甄选店、高端时尚饰品及国际一线化妆品品牌，进一步丰富时尚潮流的定位；将“体验式营销”进一步深化，与城内品牌联手打造主题卫生间，更加注重消费者的参与和体验，融入并传播公益理念；增设有文艺内涵、有功能互动、有创意巧思的系列景观，将环境提升进行到底，通过不断的产品创新，引领消费升级，打造有品格、有力量、有引领、有创新的商业地产榜样。

（2）优秀产业园区奖

a. C92文化创意产业园

天津C92文化创意产业园位于南开区长江道92号，前身为天津仪表厂旧址，总建筑面积约3万平方米。园区遵循老厂房的建筑风格，改造后建成艺术展览馆、创业咖啡馆、孵化器等配套设施，并将北京东方嘉诚产业基金引入园区，为入驻企业提供有力的支持。东方嘉诚依托京津两地的资源优势，将总部公司多年成熟及标准化的园区运营模式复制到天津C92文化创意产业园项目中进行整体运作，扩大了园区的视野，拓展了园区的功能，促进了天津文化创意产业的快速发展。

近年来，天津东方嘉诚在C92文化创意产业园中先后获得“天津市创意产业园”“天津市文化产业示范园区”“天津青年创业基地”等荣誉称号，成为京津冀三地合作推动文化创意产业发展的一个典范。

b. 凌奥创意产业园

凌奥创意产业园是天津规模最大并依法注册的第一家创意产业园，总建筑面积45万平方米。一方面，园区将文化创意与旅游相结合，打造园林景观式创意生态园区，具备了良好的商业人文环境和高品质的居住环境，成为国家AAA级旅游景区；另一方面，以创建国家级孵化器为核心，建立了科技创业孵化体系，2015年被认定为国家级“创业—孵化—加速”科技创业孵化链条建设示范园区，并先后被认定为市级文化产业示范园区、国家级青年创业示范园区与国家级小微企业创业示范基地。

一个由农民创办的创意产业园在津沽大地上应运而生。可以说，是创意锻造了天津西青的凌庄子，创意产业成就了凌奥创意产业集团。

c. 棉 3 创意街区

棉 3 创意街区地处天津海河经济发展黄金走廊，占地面积 10. 6 万平方米，总建筑面积 22. 4 万平方米。其中 6. 1 万平方米全部由老厂房提升改造而成，在保留原有建筑风貌的同时被赋予了全新的使用功能。棉 3 创意街区以创意设计产业、新媒体产业、电子商务产业、动漫游戏产业四大板块为主要业态，可容纳创意类企业 300 余家，创造就业岗位 8000 多个，经济效益和社会效益显著。

棉 3 创意街区总经理刘征认为，老棉三的开发，体现了天津老工业城市更新提升的理念。使老厂房继续以“城市雕塑”的形式，向现在和未来的人们展示天津的产业文脉和城市文明，使大家更加了解天津、欣赏天津、热爱天津。

d. 智慧山文化创意产业基地

智慧山文化创意产业基地位于天津滨海高新区核心区，建筑面积近 20 万平方米，是集 5A 写字楼、多功能演播会议厅、展示中心、体验中心和孵化器等设施，能满足人们工作、生活和休闲娱乐需求的第四代多功能综合型创新园区。

秉承跨界经营的理念，智慧山文化创意产业基地以高新技术与文化创意产业为主导，将商业地产与文化创意有机融合，以多元复合商业为配套和延展，实现了科技与文化的高度融合、形成了智慧山跨界商业综合体，成为天津市首家智能化、体验式、生态型、标志性综合产业园和新兴科技文化产业聚集地及天津城市的新文化地标。

（3）优秀创意企业奖

以下企业获得优秀创意企业奖：鲸宇（天津）科技有限公司、乐道互动（天津）科技有限公司、南开大学青年创新创业实践基地、世纪座标（天津）品牌创意发展有限公司、天津滨海华影科技发展有限公司、天津三绅广告品牌文化传播股份有限公司、天津市好传文化传播有限公司、天津市交通建筑设计院、天津市中滨科技有限公司和天津香雪堂文化发展有限公司。

（4）优秀创意个人奖

以下人员获得优秀创意个人奖：天津徐凤文文艺创作工作室创始人徐凤

文、天津市滨海新区文化中心投资管理有限公司董事长高治国、嘉耀（天津）商业物业管理服务有限公司总经理孙文彬、天津纺织机械有限责任公司总经理齐朝霞、鱼坞（天津）众创空间有限公司总经理姜一、天津壹心家茶文化传播有限公司总经理李辉、天津漾样文化传播有限公司总经理李巍、广州市房掌柜网络技术有限公司天津分公司总经理郑爱敏、金世界商业保理有限公司总经理李保田、天津智圣阳光广告有限公司总经理付正、天津妙相文化传播有限公司总经理任雅南和天津维多利亚房地产开发有限公司运营总监曹浩。

（二）协会挑起发展重担

1. 天津市创意产业协会改选成功

天津市创意产业协会成立于2009年，在走过的8年历程中，协会围绕天津经济社会发展大局，广泛集聚资源、构筑平台，扎实推进会员企业和天津创意产业取得突破性成绩。协会先后吸纳了一大批行业领军企业，相继成功举办了京、津、沪、渝4个直辖市创意产业联席会、“创意·未来经济·对话约翰·霍金斯”论坛、首届中国（天津）国际创意产业博览会、天津国际创意产业博览周等多项大型活动，极大地提升了协会的社会影响力，构建了天津创意产业发展的格局，展现了大都市的文化内涵和时代气息。

2017年3月4日，天津市创意产业协会常务理事会召开会议，研究协会换届及新任会长候选人人选的确定。出席会议的人有洪再生、赵光勋、张鲲、薛义、谢思全、张爱华、夏平和康军（委托代表）。

会议在参会人员逐一发言、充分讨论的基础上，推荐协会现任常务理事薛义教授为新的会长候选人。会议明确，由新任协会会长候选人主持，尽快提出协会其他负责人人选，抓紧做好召开会员大会的各项准备，按社团管理相关规定尽快完成换届工作。

会上，与会人员就加强协会建设提出了很好的意见和建议，为协会换届工作及工作计划的制定提供了思路。

2017年3月26日，天津市创意产业协会在南开大学东方艺术大楼召开第二届会员大会第一次会议。会议审议通过了协会工作报告，审议通过了协会章程修改草案和会费标准及管理办法。会议选举产生了以南开大学教授、博士生导师、艺术设计系主任薛义教授为会长的新一届领导机构。

会议全面总结回顾了协会自2009年成立以来的发展历程和取得的主要成就。会议认为，协会自2009年成立以来，在政府相关部门的帮助指导下，在樊月龙会长（2009～2010年）、孙海麟会长（2011～2016年）的领导下，在全体会员单位的共同努力下，认真贯彻上级指示精神，充分发挥职能作用，扎实开展活动，热心服务会员，各项工作都取得了显著成绩，为推进天津市创意产业发展做出了积极贡献。

新当选的薛义会长发表了重要讲话。薛会长首先衷心感谢会员、同道和领导的信任与抬爱，表示一定勤勉尽职，以开放、创新的方式，与新一届由优秀、有担当的企业家、专家、创意产业的行业领袖所组成的协会领导集体及会员单位紧密协作，在协会已有的丰厚成果和社会影响的基础上，共同开创天津创意产业发展的新局面。

薛义会长重点阐述了天津市创意产业协会未来的工作设想和发展方向，概述了国际、国内创意产业的发展趋势与特点，对天津创意产业的现状及与全国已形成的创意产业聚集区域的差异性做了深入分析。薛会长尤其强调：一定要牢记习近平主席多次强调的“文化自信是更基本、更深沉、更持久的力量”和“增强全民族文化创造活力”的重要论断，紧紧抓住京津冀一体化发展的战略机遇。

天津具有深厚的文化底蕴和丰富的文化资源，薛会长就如何发挥天津的优势，聚合天津及北京、河北的人才和社会能量，发展、深化天津的创意产业核心内容，促进天津社会创意氛围的凝聚和创意产业格局多元化的升级，形成区域间天津的特色和辐射带动作用提出了独到见解。

薛义会长提出要坚持“创意惠民、创意强国”理念，强调创意产业不应是少数创意者、产业者和领导的事，而是事关社会整体意识和生活品质的提升，呼吁民众积极参与，享受创意成果。协会将努力实现2012年9月在天津创意产业论坛发表的《天津宣言》的理想与使命，为政府、企业、会员单位和社会提供更多的智库咨询与专业服务。

薛义会长强调：天津市创意产业协会将在创意产业理论、艺术与创意方式、创意设计与社会生活等核心方面扎实工作，助推天津创意产业发展。

会议强调，天津市创意产业协会要紧紧抓住天津市经济社会发展五大战略机遇期，以“一切依靠会员，一切为了会员”为出发点，立足本市，面向国际和国内，致力于构建高端创意产业学术交流、资源整合和成果展示平台，努力传播创意产业最新理念和创意成果。要努力拓展服务领域，扩大协会规模，提升服务质量，促使创意企业和天津市创意产业不断发展壮大，为天津经济社会发展做出新的更大贡献。

本次会议的召开，既是一次承前启后、继往开来的大会，又是一次加油鼓劲的大会。会议明确了协会今后的发展目标，勾画了天津市创意产业未来发展的美好蓝图，使各会员单位对协会充满信心。

会议要求各会员单位锐意进取，紧紧抓住京津冀协同发展机遇，借助协会这个交流平台，努力创造新业绩、再上新台阶，为进一步壮大企业规模、促进天津市创意产业发展做出新的更大贡献。

2. 天津市传统文化产业发展协会的产业之路

优秀传统文化是中华民族的精神家园，是中华民族最深厚的文化软实力，是中国特色社会主义的沃土，也是城市发展的强大精神力量。天津，这个有着深厚文化底蕴的现代大都市，活跃着一群有情怀、敢担当、肯吃苦、乐奉献的仁人志士。他们将自己满腔的爱国情怀和高尚的精神追求转化为不懈的努力和不知疲倦的步伐，在传承和弘扬中华优秀传统文化的道路上努力地探索着、学习着、践行着。

天津市传统文化产业发展协会便是由这样的一群人组成的团队。早在5年前，会长孙志远和一群有识之士便以一种“为天地立心、为生民立命”的远大情怀，在老同志、老领导和专家学者的大力支持下，全身心投入天津市传统文化产业发展协会的筹备和组建中。历时两年半，协会终于在2015年5月正式成立。随后的两年多，在协会发展的道路上，更是洒满了孙志远会长及其同人辛勤的汗水。功夫不负有心人，上天是公平的，它喜欢勤奋的人，喜欢努力的人，喜欢有大爱的人，喜欢乐于奉献的人，更喜欢以颗颗硕果来回报他们的付出。

目前，天津市传统文化产业发展协会已发展成为一个由多个分支组成的跨学科、多层次、有特色、互动性强，既具备传承功能又具有创新能力的文化传播平台。

（1）中国内观文化——“学生情智五修特训营”活动圆满完成

2017年1月16~20日，协会内观文化促进分会组织开展了“学生情智五修特训营”活动，以独特的视角、全新的理念、创新的方式、文化的融合，以“修止、修定、修静、修安、修虑”为指导思想，成功地举办了一场学生冬令营活动，对孩子的思想、修为、心理等多方面均产生了神奇的效果，赢得了家长们的一致赞誉和好评。

（2）在三八妇女节举办大型公益讲座，为广大妇女送上福音

协会养生文化专委会于三八妇女节当日，特邀请刘德敏教授在和平区南营门街居委会为广大居民送上一场大型公益讲座“糖尿病的日常调理、妊娠糖”，普惠广大居民。养生文化专委会主任黄建莘、秘书长杨思竹和专委会多名骨干老师一同组织筹办了此次活动。

（3）深化与智库机构的交流与合作，推动协会工作上新台阶

2017 年 3 月 22 日上午，在天津市政府决策咨询专家李闻增主任的引荐下，协会会长孙志远、书记许芙蓉和家庭文化建设指导中心主任杨文利一同拜访了天津市社会科学界联合会科普处处长华敏，就双方共同开展服务于社会、服务于基层民众、弘扬中华优秀传统文化、提升百姓文化素养和文化自信等事宜进行深入交流和探讨，并达成了多项共识。

（4）“立足中华优秀传统文化，践行社会主义核心价值观”大型公益论坛活动成功举行

为响应习总书记重视家庭文明建设的号召，促进家庭和睦，助力社会和谐发展，由天津市传统文化产业发展协会主办、家庭文化建设指导中心、天津幸福养老院联合承办的“天津市家庭文化建设公益论坛暨天津市第十七届传统文化公益论坛”在天津市第二工人文化宫大剧场盛大举行。协会会长孙志远及协会主要领导班子成员，家庭文化建设指导中心主任杨文利、常务副主任张俊芳和分支骨干出席了此次论坛活动，共有 300 余人参加了此次论坛。

（5）“书香天津 · 春季书展”活动完美落幕

为期 5 天的 2017 年“书香天津 · 春季书展”活动于 4 月 25 日下午在天津国展中心落下帷幕。受天津市新闻出版局的委托，协会特组织了强有力的专家队伍为本届活动提供系列咨询。通过协会培训中心贺友谊副主任的统一协调和各位专家学者的辛勤努力，充分展现了天津市传统文化产业发展协会良好的精神风貌和务实求精的工作作风，得到天津市新闻出版局领导的肯定和来访咨询人士的好评。

3. 文化传媒大数据把脉产业发展

新媒体作为一个新兴产业，其迅猛发展为区域形象的塑造和传播带来机

遇，同时也提出了挑战。为此需要对天津现有新媒体平台的构建、传播、引导、服务做全面认识与评价。天津市文化传媒商会将2016年1~6月天津地区946个微博和517个微信作为分析样本，按照“政务”“企业”“媒体”“自媒体”四大类（其中政务微信公众号133个，企业账号123个，媒体账号126个，自媒体账号135个），分别对其进行微博传播力指数（BCI）和微信传播力指数（WCI）的统计分析，对未来天津新媒体的发展方向与趋势进行把脉、定位。

（1）各类媒体传播力综合分析

综合观察，“企业”类公众号在账号活跃度、信息抵达率上优势较为明显，文章总数、阅读总数等均为最高。“企业”类公众号的阅读总数高达1.27亿人次，占整体阅读总数的45%，其他类型账号与之相去甚远。

“媒体”与“自媒体”类公众号在整体传播力上十分接近，平均WCI值分别为333和329。尽管“媒体”类文章总数较“自媒体”略胜一筹，但在阅读数上并未显示出更多优势。此外，“自媒体”类公众号的头条阅读总数占自身阅读总数的60%，这一比例远远超过“媒体”类的45%，显示出“自媒体”类公众号对头条文章传播力的依赖远超后者。

“政务”微信的平均WCI为238，在四大类账号中居于末位。“政务”类账号的发布次数远超“媒体”和“自媒体”类，文章总数多于“自媒体”类，但推送反馈效果相对较差，阅读总数、点赞总数均为四大类中最低。

具体数据如表6至表8所示。

表6　天津市2016年1~6月微博整体数据

项目	数量	项目	数量
账号数量(个)	946	平均BCI	288.91
发博数量(条)	318683	平均发布数(条)	337
转发数量(条)	1414959	平均转发数(条)	1496
评论数量(条)	746673	平均评论数(条)	789
点赞数量(个)	1101077	平均点赞数(个)	1164

资料来源：天津市文化传媒商会《天津市2016新媒体发展生态白皮书》。

表 7　天津市 2016 年 1～6 月微信新媒体总体数据

项目	数量	项目	数量
文章总数(篇)	116867	平均文章数(篇)	246
阅读总数(人次)	283217845	平均阅读数(人次)	596248
点赞总数(个)	1561272	平均点赞数(个)	3287
头条阅读总数(人次)	151030527	头条平均阅读数(人次)	317959
头条点赞总数(个)	878265	头条平均点赞数(个)	1849
发布次数(次)	35953	平均 WCI	357

资料来源：天津市文化传媒商会《天津市 2016 新媒体发展生态白皮书》。

表 8　天津市 2016 年 1～6 月微信新媒体分类数据

项目	政务	企业	媒体	自媒体
账号数量(个)	133	123	126	135
文章总数(篇)	25982	43106	28006	19773
阅读总数(人次)	20997662	127117350	65989178	69113655
点赞总数(个)	226603	694570	336016	304083
发布次数(次)	10640	12362	6639	6312
头条阅读总数(人次)	12248251	68046342	29583477	41152457
平均文章数(篇)	195	350	329	148
平均阅读数(人次)	157877	1033474	776343	515774
平均点赞数(个)	1704	5647	3953	2269
平均发布次数(次)	80	101	78	47
头条平均阅读数(人次)	92092	553222	348041	307108
平均 WCI	238	532	333	329

资料来源：天津市文化传媒商会《天津市 2016 新媒体发展生态白皮书》。

（2）各类媒体账号的具体分类及占比

分类来看，如图 1 所示，在“企业类”微信公众号中，“银行”“运营商”类占比较大，这源于银行系统、运营商下属网点较多。此外，“百货广场”“房产”类开设的微信公众号也较多，显示出此类企业的新媒体意识浓厚。

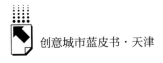

如图 2 所示，在“媒体”类微信公众号中，“报纸杂志”类公众号占比高达 37%，“电台”类居于次位，占比为 22%，“电视”类主要包括一批天津本地电视频道的官微。

如图 3 所示，在“自媒体”类微信公众号中，“本地资讯”及“生活服务”类较多，占比共计达 43%。此外，“美食”类和“行业”类的垂直公众号占比分别达到 15% 和 22%。

如图 4 所示，在“政务”类微信公众号中，各政务部门占比并不均衡，不同类别之间相差甚远。“消防”及“工会”类占据第一梯队，占比分别为 18% 和 14%，“妇联”及“财税”类占比分别为 9% 和 8%，而“团委”“交通”“法院”等类，占比均低于 5%。“其他”类账号，涉及边检、环保、户政等多个政务领域。

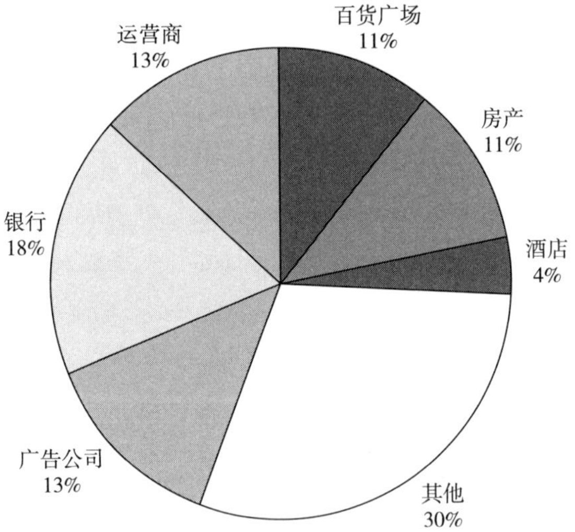

图 1 “企业”类微信公众号的具体分类及占比

资料来源：天津市文化传媒商会《天津市 2016 新媒体发展生态白皮书》。

（3）总体判断

从整体上看，天津微博账号传播效果显著，未来发展潜力可期，产生

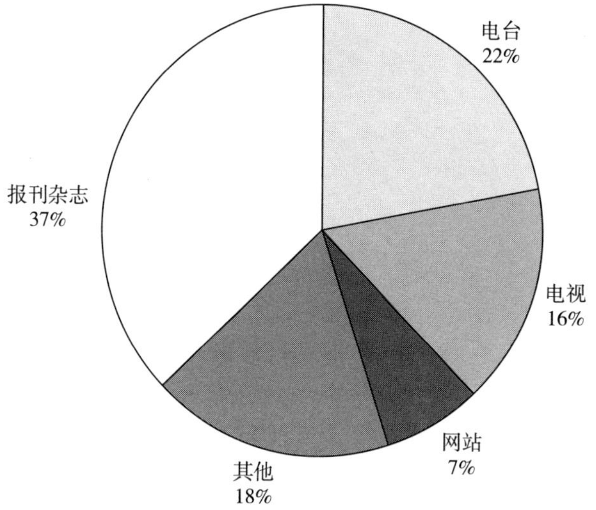

图2 “媒体”类微信公众号的具体分类及占比

资料来源：天津市文化传媒商会《天津市2016新媒体发展生态白皮书》。

了@天津交警与@天津交通广播等高传播力账号，其微博传播力指数均在1700以上。其中，“政务”类微博的覆盖范围进一步扩大，建设日趋完善。以@天津发布为代表的“政务”类微博，在传播地方特色文化，以地域归属感提高粉丝黏度的同时，坚持民意导向，关注民生，注重互动，已经形成了较为稳固的粉丝群。天津地区的“媒体”类账号也凭借高质量的内容获得了受众的认可，但“企业”类微博账号的活跃度和传播力仍有待提升。

天津各类微信公众号注重垂直化发展和细分完善，以及注意创新驱动价值凝聚与提升。“天津美食探店”为天津美食爱好者提供美食情报，“天津记忆”专注于老天津的点点滴滴，“天津妈妈网”则为天津的妈妈们提供孕育、亲子、家务、购物等方面的资讯。但是天津微信公众号仍然缺乏高端优质账号。在天津微信公众号中，WCI超过600的账号仅有4个，而超过一半（51.88%）的账号其WCI均在200以下。微信公众号的信息传播呈碎片化，优质有深度的内容还有待增加。

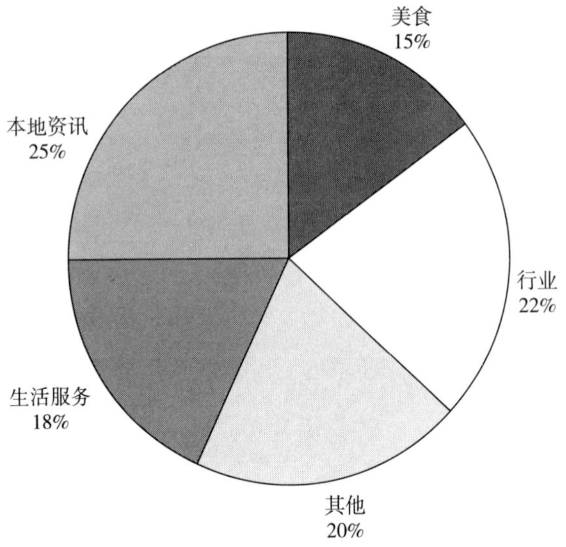

图3 “自媒体”类微信公众号的具体分类及占比

资料来源：天津市文化传媒商会《天津市2016新媒体发展生态白皮书》。

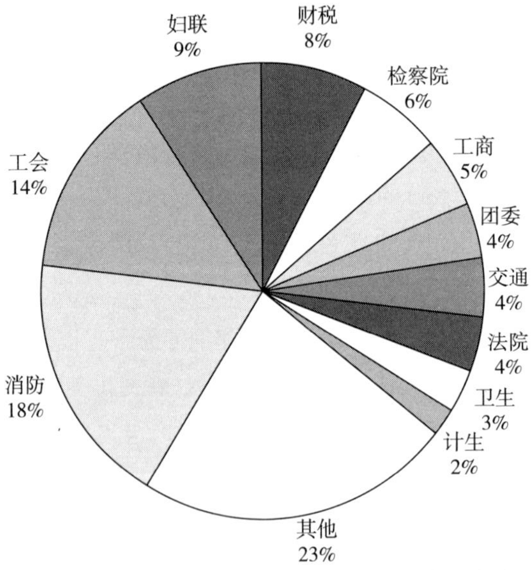

图4 “政务”类微信公众号的具体分类及占比

资料来源：天津市文化传媒商会《天津市2016新媒体发展生态白皮书》。

（三）示范园区稳步发展

稳步发展的文化产业示范园区是天津市“十二五”至“十三五”时期文化产业大发展的重要载体和中坚力量，也是本地文化创意产业良性发展的标志之一。

1. 文化产业示范园区的发展阶段、规模与特点

本报告中的文化产业示范园区是指“经文化部命名的国家级文化产业示范园区和示范基地，经天津市委宣传部、市文化广播影视局联合命名的市级文化产业示范园区”。天津市共有20家文化产业示范园区，有12家坐落于市内六区，2家坐落于滨海新区和高新区，其余6家坐落于津南、北辰、西青、东丽、汉沽、蓟州等区县。据不完全统计，20家文化产业示范园区入驻文化企业3000多家。在“十二五”至“十三五”时期天津市文化产业示范园区形成了独特的特点。

（1）要素聚集：从第一阶段向第二阶段发展

文化产业示范园区是产业发展的物质载体。根据综合数据判断，天津市20家文化产业示范园区目前处于由第一阶段向第二阶段发展的过程中。迈克尔·波特认为，国家的经济发展可分为4个阶段，即生产要素导向阶段、投资导向阶段、创新导向阶段和富裕导向阶段。据此判断，天津市文化产业示范园区正处于由第一阶段即生产要素导向阶段向第二阶段即投资导向阶段发展的进程中，即处于生产要素加速聚集、基本形成产业链、文化主营业务实现盈利、生产规模扩张、在国际特定领域（如乐器生产领域）和国内京津冀区域等有一定辐射力、与其他产业融合发展作用显现的阶段。同时，天津市政府正在通过积极的财政政策支持文化产业发展成为支柱产业，天津市文化产业的内生创新力量正在崛起。

（2）产业结构调整：核心竞争力提升

示范园区的产业结构直接决定竞争优势，竞争优势又决定核心竞争力。天津市20家文化产业示范园区的产业结构正在通过市场的检验达到最优。其中有5家为综合性文化创意产业园区，有代表性的有棉3创意街区、C92文化创意产业园、意库创意产业园、凌奥创意产业园等。例如，意库创意产业园聚集的业态主要为创意设计、视觉设计、科技研发、影视拍摄制作、

时尚服务等，C92文化创意产业园除创意设计外，还具有“文化+体育服务”等业态。再如国家动漫园，已初步形成以动漫影视制作发行、附加广告传媒、图书出版和数字文娱四大领域为主的产业集群。其他园区则为单向产业聚集的产业链聚合模式，如智慧山为国家级广告产业园区，初步形成了广告原创设计产业集群、广告渲染技术产业集群和新媒体广告产业集群。同时一些园区还涌现出一些新业态，有的不仅保持原有创意设计、科技研发等优势，近年还向“文化+贸易”“文化+旅游”“文化+新农村”“文化+体育”等领域延伸，大大拓宽了产业领域，提升了经济效益和核心竞争力，表现出蓬勃的创新发展活力。

（3）规模扩张：从聚集、重组到稳定发展

规模直接反映了文化产业示范园区发展的核心竞争力。在规模化发展中，天津市文化产业示范园区经历了聚集—淘汰—选择—重组—规模发展的发展历程。中新生态城国家动漫产业综合示范园是文化部与天津市政府共同建设的国家级重大文化产业项目，依托良好的园区硬件条件和政策配套优势，目前已建成高端的动漫产业公共技术服务平台，并与超算系统结合成立超级渲染中心，还建成版权交易中心、创意空间和创意人才培训中心三大服务载体，正在发挥动漫产业“启动器”的聚集作用，吸引京津冀区域近3000家水平领先的专业团队进驻。在市场占有规模上，意库创意产业园较为突出，其定位为“专业化、产业化、一体化”的设计、科技及文化园区，实施“协调机构、发展环境、领军团队、服务平台、景观地标”“五个一”战略；2016年营业收入为6.75亿元，主营业务收入占比在80%以上。

（4）新模式：从形成到推动创新发展

形成创新发展的模式是决定园区生存质量和发展质量的重要途径。天津市一些文化产业示范园区已经形成了独特的发展模式。一是构建了产业链模式，如巷肆创意产业园，创造了“研发+生产+销售+投资”的全产业链模式；二是形成国内区域合作模式，如C92文化创意产业园拓展了京津冀合作，与北京具有实力的东方嘉诚集团合作，更有针对性地扩大了企业进驻规模，更新了业态，提升了管理水平；三是形成了新的国际合作模式，如巷肆创意产业园以创意设计为切入点，以“国际设计周”为依托，拓展了与意大利、日本等国家的合作，从亚洲走向欧洲、美洲，形成独特的模式；四是形成了一些商业模式，如棉3创意街区的商业模式是“投资孵化团队+即时办公服务+创新创业服务”；五是创新了管理服务模式，如意库创意产业园，近年形成了“做载体—做服务—做平台—做产业—做品牌”模式，吸引了大量有特色的文化企业，使其在发展中立于不败之地。

（5）跨界融合：与科技、金融的跨界发展

科技与金融创新是文化产业腾飞的两翼，是一个园区成熟的必不可少的要素条件。天津市文化产业示范园区如滨海广告园借助国家级高新技术产业开发区的政策优势，依托高新区的技术研发优势和技术创新格局，积极推动广告产业与科技紧密融合发展，积极促进广告的技术创新与文化创新并进，赋予广告产品及服务更多的科技元素和文化内涵。国家动漫园则建立了国内最大的动作捕捉系统 Motion Analysis Raptor 4，并自主研发24镜头便携式动作捕捉系统（由40个 Motion 全数字镜头同时跟踪5000个标记点），实现动作实时捕捉、实时渲染和实时立体输出，以科技创新带动动漫产业和影视制作发展。

同时许多园区更加注重推进文创产业与金融的对接。例如，棉3创意街区管理公司提供系列金融服务，通过打造“孵化+平台+导师+资金+活动”的孵化体系，促进资金、技术、人才、项目等资源的对接。同时园区推出自主金融扶持政策，投资孵化创业团队。

（6）新的竞争力：从传承到保护利用

传统工业遗产在城市产业升级换代中往往以继承深厚的城市文脉、传承工业文明技艺为己任，大多数选择文化创意产业作为转型目标，其高大的 LOFT 空间、富有特色的工业街区特别适合布局创意设计、展览展示、工业旅游与文化旅游、艺术体验与培训等产业。天津市以天感科技园、意库创意产业园和棉3创意街区为代表的传统企业成功转型，形成新的亮点。意库是天津最早的创意产业园区，一开始便在保护的基础上保留了原有老厂房的样式，根据园区定位，形成了创意设计、视觉设计、科技研发、影视拍摄制作、时尚服务等新兴产业，完成了向文创产业的升级转型。棉3创意街区是通过对原有老棉三旧厂房进行保护性开发建设打造而成的集创意设计、新媒体服务、电子商务、动漫游戏、艺术展示、文化休闲、人才培训为一体的新型创意产业综合体项目。从传统老工业到新型创意产业，棉3创意街区在复原历史风貌、延续城市文脉的同时，展示出产业转型的巨大能量和文化发展的强大后劲。园区50%以上为文化类企业，2016年收入约为1.2亿元，年增长率20.69%。棉3创意街区吸引了很多怀揣梦想的创业团队，M3众创空间已获批天津市首批市级众创空间和第二批国家级众创空间，目前共孵化54个团队，18个成功转为企业。天感科技园依托原天感感光材料（集团）公司而建，以“调整理顺、盘活存量、减负重组、发展提高”的思路，引导和鼓励本企业的技术骨干组建新型民营科技企业，并采取多元化合作模式，吸引国内相关产业的企业和科技人才聚集到天感科技园办企业。现在，天感科技园已由过去负债累累和经营困难的老企业，转变成为独具特色的都市科技工业园，形成了以影像技术为主线的特色产业集群。

（7）凸显先进性：行业的示范与引领

文化创意产业不同于其他产业，具有鲜明的民族价值观念属性，先进性和引领性是文化产业示范园区发展的重要任务。考察天津市大多数文化产业示范园区，其均发挥了行业领先和引领作用。例如，中国天津新闻出版技术装备产业园依托龙头企业天津长荣印刷设备股份有限公司，形成了以印刷设备制造和高档印刷产品为核心内容的产业体系，在此基础上逐步完善中国出版技术装备的产业示范基地，并开始向相关的产业领域如技术培训及职业教育等方面扩展；天津滨海广告产业园以智慧山新兴文化创意产业基地为依托，已成为天津首屈一指的城市文化新地标；天津音乐街也成为政府指导下新兴产业街区改造和提升的典范。在文化产业示范园区中，均聚集了大量具有核心技术和创新能力的新兴企业，其中不少为该领域的龙头企业，展现出蓬勃的发展活力。已经被授牌的国家级和市级文化产业示范园区都以获得称号为荣耀、为激励、为使命。授牌达到了鼓励先进、示范引领和推动产业发展的目标。

（8）凸显产业特征：文化主营业务贡献突出

文化类主营业务收入占比在60%以上是园区发展进入较高级阶段的标志，园区文化类企业入驻占比在70%以上是实现上述结果的重要条件。调研显示，文化类企业占比为70%以上、文化类主营业务占比在60%以上的代表性园区有滨海广告园、先农大院文化创意产业园、意库创意产业园、C92文化创意产业园、凌奥创意产业园、巷肆创意产业园、1946文化创意产业园、6号院创意产业园、天津音乐街、小站练兵园等，均对文化创意产业在“十二五”时期的大发展做出了重要贡献。其中有些民营的示范园区利润增长迅速，是上缴利税 1000 万元以上的大户。例如，巷肆 2016 年上缴利税 2700 多万元，民营示范园区为天津市文化产业发展做出了卓越贡献。

（9）品牌建设：社会效益与经济效益并重

调查显示，天津市文化产业示范园区均非常重视经济效益与社会效益并重、社会效益先行。文化产业示范园区在提质增效、努力提高自身经济效益的同时，积极承担社会责任，举办了多次具有影响力的大型公益活动，在促进社会主义精神文明建设、承续城市文脉中发挥了重要作用。园区同时还实施“规模扩大与品牌建设并行”举措，引导在实现经营规模化、技术高新化、服务专业化、营销品牌化的同时，形成一批拥有自主知识产权的知名品牌。

2. 问题与劣势：新时期新发展的起点

天津市文化创意产业示范园区在“十二五”时期的发展中存在若干问题，在“十三五”时期亟须加以解决。

（1）缺乏个性培育和产业链打造

研究发现，综合类园区容易导致同质竞争，“招商引资”的简单复制，直接导致文创产业园区的同质化倾向，一些园区之间的同质化竞争日趋激烈，租金打“价格战”；而高租金同时也带来了高空置率，目前一些较大园区都存在空置率问题；还有些园区在竞争中业态异化，名为文创产业园区，实际上缺少文化企业，很难构筑完整的文化创意产业链。实践表明，科学规划文创园区的产业布局是非常必要的。

（2）缺乏强有力的政策扶持，导致资源流失

相较于北京、上海、广州和深圳等城市，天津市对文创产业园区的政策扶持力度较小。产业发展的一个规律即为资源和人才向政策高地流动。这对天津市文化产业示范园区的整体发展非常不利。政府应加大对文创产业园区的扶持力度，在税收、融资等方面给予园区和园区企业更多优惠政策，以推动其更好地聚集生产要素，构筑产业链。

（3）部分园区创新动能不足

创新是发展的源泉。2017 年天津市文化产业示范园区中仅有 3 家的研发

经费比上年增长10%以上，拥有有效期内自主知识产权的企业占比高于10%的仅有2家。研发经费投入过少和拥有自主知识产权企业占比低均导致科技创新能力减弱和经济效益产出能力降低。

（4）部分园区经济效益不明显，发展受到掣肘

调研显示，天津市部分文化产业示范园区的经济效益较差。2016年营业总收入在1000万元以下的达到了7家，占比为35%；上缴利税在100万元以下的占比为30%；纳税低于500万元的达到了45%。经济效益低下对天津市文化产业的规模化发展、成为国民经济支柱产业极为不利。

（5）缺乏高素质管理人才、创意人才和产权保护体系

高素质的经理型人才是文化产业示范园区蓬勃发展的保障。天津市部分园区的管理人员缺乏系统的文创园区的管理知识，知识结构不能支撑较大文创园区的创新发展。一些园区缺乏创意型人才，不能满足园区产业发展的需求，也抑制了园区总产出和创意产业的转化率。另一个问题便是缺乏健全的园区知识产权保护体系。

（6）缺乏科学的统计指标体系

天津市缺少文化产业示范园区的评估指标体系，对园区确切的整体规模、发展水平、经济贡献、经营状况等的把握处于数据缺位状态，只能大致掌握园区的基本情况。

3. 新时期示范园区的发展策略

“十三五”时期是将天津文化产业培育成为国民经济支柱产业的关键时期。因此要确立文化产业是转型发展、创新驱动重要着力点的观念，确立示范基地是推动文化创意产业大发展的重要孵化器的概念。应当以提升产业竞争力为引领，着力推进全国能借鉴、本市能推广、企业能突破发展的重要示范平台建设政策。

（1）制定中长期示范园区发展规划

根据全市空间发展布局，对天津市文化产业示范园区的产业定位进行科学规划，根据地域特色、文化资源优势、市场需求、产业升级换代要求、交通通达性等要素进行科学规划与调整。在“十三五”天津城市发展规划纲要和文化产业发展规划的基础上，研究制定《天津文化创意产业示范园区中长期总体规划（2018～2022）》，确定全市文化创意产业园区的总体布局，结合各区

的产业导向，联手构建以全市文化创意产业示范园区及园区企业为主体的创新集成网络。例如，和平区 6 号院高大的 LOFT 空间可用来调整布局艺术设计、城市视觉设计、艺术品展览展示等产业，而先农大院随着二期工程的完成，可布局博物馆、展览馆、文化特色餐饮、文化旅游体验项目等，而文化产品生产可在周边区县进行。

（2）加快推进政策配套体系建设

第一，实行优先金融支持政策。按照中央《关于金融支持文化产业振兴和发展繁荣的指导意见》（银发〔2010〕94 号），在投融资方面对文化产业示范园区进行重点扶持，优先将示范园区内有贷款需求的企业和项目推荐给与本市建立合作机制的金融机构，积极促成优质文化项目进入文化产权交易市场进行融资，大力培育、辅导并推荐符合条件的文化企业上市融资，联合金融机构探索针对文化产业示范园区内文化企业的信用评级制度。

第二，加大财政资金支持力度。通过宏观调控，以龙头企业、重大项目为依托，培育壮大文化内容突出、特色鲜明、创新发展、符合市场需求的文化产业示范园区。对国内外影响大、文化含量高、规模效益好、管理规范、示范引导和辐射作用强的示范园区及园区内文化企业实行重点政策扶持，积极支持其申报贷款贴息、项目补助等。

（3）积极提升经济效益和盈利能力

积极促进文化产业示范园区提升经济效益。可通过调整全市文化产业示范园区的产业结构，针对区域内的市场需求推进文化产品供给侧改革，从消费上游提供丰富的文化产品，有效提升市民的终端文化消费热情。另外，可考虑培育新业态，充分吸引、凝聚新资源，在保持原有优势的同时，向“文化 + 贸易”“文化 + 旅游”“文化 + 创意设计”等领域进行融合开发延伸，挖掘新增长空间，提高经济效益，从而提升文化产业示范园区的营收能力，增加上缴利税份额，增加经济贡献份额，为推动“十三五”时期文化产业成为天津市支柱产业贡献力量。

（4）大力推进创新能力建设

创新能力建设动力来源于科技创新、制度创新和管理创新三者。首先，有计划地支持科技创新建设，支持示范园区的国际合作，积极引进国际先进的 3D 影视制作技术，开发覆盖全球的网络信息技术，引进先进的印刷材料、装备制造业和软件控制技术，积极发展高科技播放平台，以科技创新支撑示范园区的可持续发展；其次，依靠制度创新突破进一步发展的瓶颈，包括出台示范园区中长期发展规划，规范示范园区管理制度，从产业创新角度搭建各种创新服务平台；最后，推进对接平台建设，从“走出去”到“引进来”，形成完善的创新产业链和创新模式。

（5）优化示范园区管理体制

对示范园区的管理体制、管理架构进行顶层优化设计。督促现有园区管理公司健全现代企业制度和管理体制，制定产业发展中长期规划，形成成熟的商业模式、盈利模式、服务模式。管理部门则根据“定位不同，政策不同”的原则，将政策资源倾斜于原创型、平台型、孵化型、竞争力型示范园区。同时，研究建立各园区间、园区内外企业间的互通合作机制，打造全市文创产业的完整产业链，以提升天津市文创产业发展的总体水平。

（6）构建知识产权保护整体体系

加强知识产权保护是文化产业示范园区健康发展的必由之路。途径是进一步完善知识产权管理和执法体系管理，建立与知识产权制度有关的市场秩序。在示范园区设立知识产权保护服务机构，为企业和产业项目提供知识产权保护等综合服务；建立文化创意产业园区知识产权交易平台，完善知识产权交易体系，为文创企业提供高效、便捷和规范的服务；完善示范园区内文化创意研发企业的知识产权保护和资助制度，重视对新兴的文化创意产业中小企业的知识产权服务。

（7）打造文化创意人才舰队

文化产业示范园区的健康发展离不开文化创意人才。可选择优秀园区作为试点单位，实施文化创意人才专门培训计划，根据文化创意产业示范园区的发展实际，探索设立文化创意职称系列与岗位资格证书；培养懂文化、懂管理的高端经理人才；在文化创意产业园区建设集文化与艺术、艺术家与设计师、创意研发人士、企业家、大众居住空间为一体的文化创意生态体系，为国内外创意高端人才提供安居乐业的生活服务示范区，为吸引高端创意人才提供宜居服务与职业支持示范。

（8）构建公共智力服务平台

以高端信息系统为主，打造园区和企业之间一对多的信息服务与交流平台，实现园区智能化、数据化、价值化三位一体的可持续发展。应用线上和线下相结合的方式，实现园区和企业的信息互动，不但可使企业共享最新的政策、信息、服务，提高企业的协调配合能力，形成完善的产业链，还可加强对企业的集中管理，更好地为企业服务。

（四）代表性的文化事件

1. 智慧山的山丘广场

2017 年，在滨海高新区钢筋水泥的丛林中，出现了一个新鲜地方，形成了远近闻名的轰动效应。这就是智慧山的山丘广场。该广场位于滨海高新区智慧山东西南北塔楼的中心地带，占地面积 1 万平方米。铺装非规则弧形竹踏板，消耗竹条 35 万余片，仅竹踏板面积就有 5000 多平方米。竹材用量多、制作难度大，国内鲜见。目前该景观工程正在申请吉尼斯世界纪录。

2017 年 6 月 30 日傍晚，山丘广场上近千名观众在夏日的晚风中一起找回了童年的回忆，观看了最新上映的纪实电影《内心引力》。这是一部关于创业与梦想的影片，在商业片大热的市场氛围下，山丘广场选择了这样一部看起来小众的影片与大家交流，希望参与活动的人能在 2 个小时内追寻内心的声音。参与活动的有长期置身于钢铁丛林的城市办公室白领，有刚刚走进社会的毕业生，有创业者，有管理者，有退休的老人，他们跟随着梦想的召唤，找回初心。《内心引力》的导演施秋荣及主演庄崧冽现身千人观影现场，上台与观众交流追寻梦想的故事。

此次活动的主题也象征着山丘广场的城市定位，在钢铁丛林的世界里，为都市人提供一片安放灵魂与生活的空间。在这里，人们可以放下脚步，约会交友，看电影，读读书，喝杯咖啡，吹吹风，放空心灵。随着活动的不断丰富，山丘广场将成为天津新的城市文化地标，为市民生活提供更加丰富的选择。

2. 基于“趣缘”的社群平台

在互联网时代的今天，“趣缘”成为一种新的关系链接。“趣缘”的建立，既需要线上的快速反应，也需要线下的深度互动，一种分享兴趣的社群平台应运而生。

“有去”是一个基于兴趣、爱好的社群组织与分享平台，倡导分享更多新奇、有趣的生活方式，实现更多的互动体验交流。旨在立足天津，面向全国，打造有会员、社群、品牌、供应链和产品力的内容产业。

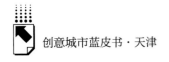

“有去”致力于生活方式场景的打造，以活动内容为主要产品，以推广文创精英为主要任务，建立城市“趣缘”群体的新链接，发掘和创造有趣又实用的生活方式，并基于文创、商业、住宅地产资源和文化艺术资源，探索并完善文化创意产业的商业化运营模式。

基于人、产品和消费关系，“有去”将现代人对生活的需求分为3个层次：与饮食、运动健康、亲子等有关的大众化内容，特点是低门槛，可吸引广泛人群参与；与个性化艺术和生活美学相关的内容，特点是在大众人群中分化出对文化、艺术内容感兴趣的群体；与专业化小众群体的艺术文化美学相关的内容，特点是精细划分人群，推出更专业化的升级课程。

“有去”根植于“有去”微信平台建立的达人、去处、活动的内容基础，升级出“有去读书”“有去亲子”“有去艺术”“有去运动”“有去美食”“有去健康”等多个垂直分类产品，并分别延伸至行业领域内部深耕，打造多个独立品牌。

3. 国际艺术与文化产业管理学术前沿工作坊

由天津音乐学院主办、艺术管理系承办的国际艺术与文化产业管理学术前沿工作坊从2015年开始在天津音乐学院举行，至今已经举办了4期。该工作坊邀请国际和国内艺术与文化产业管理专家，通过大师班、工作坊、天籁讲坛和座谈会等形式，交流艺术与文化产业管理方面的教育教学理念、学术研究成果以及项目实践经验，并与高校艺术与文化产业管理相关专业的师生、业界代表就“艺术市场营销与管理”“艺术与文化产业的法规与政策”“如何设计艺术管理课程”等学科前沿热点问题进行深入交流和探讨。主题报告和工作坊均由两个部分组成，除专家主讲内容外，主题报告板块特别设立交流互动环节，工作坊特别设立学生项目展示与专家现场点评环节（项目展示方案涉及艺术项目创意设计、青年观众培养与拓展、新项目宣传与市场营销、艺术项目的知识产权保护等内容，每个工作坊给3个项目团队展示，共计1个小时）。

作为五月音乐节中开展国际交流合作的重要组成部分，国际艺术与文化产业管理学术前沿工作坊的成功举办，不仅为我国艺术与文化管理的学科建设提供了理论和实践的国际视野，同时也对天津的文化艺术及文化产业的发展具有积极的推动作用，为展示天津整体形象和国际影响力搭建了良好的平台。

4. 津味暖心话剧——《澡爷》

今天的天津仍然会有这样一个地方，远看雾气昭昭，近瞧瓦窑四梢，蒸汽熏得人愈醉。有这样一群人，从贩夫走卒到达官显贵，在这里不分贵贱一视同仁。一条毛巾，一块萝卜，一壶热茶，一年四季从无例外，他们聊的上到天文下到地理无所不及。这个地方就是澡堂。这里充斥了天津人太多的回忆和太多的故事，这就是天津“老炮儿”出没的地方。

2018 年 3 月 25 ~ 30 日，第九届中国曲艺节在天津市隆重举行，这是自 1990 年天津市举办首届中国曲艺节之后该节再次回到“曲艺之乡”。《澡爷》作为天津特色的暖心话剧，把天津人的热情、淳朴、幽默、讲究淋漓尽致地展现在全国曲艺界专家同行和观众面前。

5. 在城市客厅开讲民国故事

徐凤文，城市作家，独立策展人，民国故事会主讲人，民国家庭史、风物史、生活史研究者。2017 年，徐凤文凭借在博物馆策展、电视栏目策划和撰稿等方面的丰富积累推出了一个以写故事、讲故事和做故事（场景）为特点的故事项目——民国故事会。

“以人格体讲故事，让故事变得有温度”，将民国故事的碎片进行整理、构建和再复原，摆脱传统无温度、无灵魂的叙事方式，讲好中国故事和天津故事，为新一代年轻人提供更真实、更有温度的文化故事和人生体验，是民国故事会的文化追求。通过对民国家庭史、风物史、生活史的梳理和研究，用更加新颖、生活和有趣的方式讲述民国故事，把故纸堆里看似枯燥无味的民国事件进行挖掘，将旧日时光与现代生活有机联系起来。这种别出心裁的方式，表明了徐凤文对打破传统，探索新的故事讲述方式和传播方式的追求。

2018 年 1 月 20 日，由徐凤文工作室担任总策划和总顾问的天津社会山民国主题商街及民国物语博物馆项目落成。该博物馆通过场景再现、多媒体互动、艺术再设计等手段，让观众仿佛置身于旧时光中徜徉、漫步，体验民国的五光十色和万种风情。

民国物语博物馆围绕民国的风情和风物，结合新型的城市综合体，重新建构民国往事，“活化”民国故事，建构一种可以让现代人现场体验的主题场所，成为民国故事会追求内容场景化、故事体验化、商业社交化的创新尝试。

6. 鱼坞的文创社群

2016 年，受天津滨海新区自由贸易区于家堡中心商务区的邀请，姜一的“鱼坞”入驻“大众创业、万众创新”示范基地。“鱼坞”的名字，一方面暗合了“于家堡中心商务区”的字首，另一方面也暗合了国家级“双创”基地孵化的功能。

在近两年的时间里，鱼坞众创空间交出了一份让人骄傲的“答卷”，注册企业突破 200 家，实际入驻办公人员超过 160 人，累计纳税 3500 多万元。跨越 2017 年之际，鱼坞众创空间已经汇集了世纪鲲鹏、童乐影视、天宇浤信、鸿文传媒、十月工坊、精致影业等一大批优秀的泛娱乐企业。

鱼坞快速扩张的原因何在？姜一认为，鱼坞的 IP、团队、社群是鱼坞发展的三大法宝。鱼坞的一切产品和服务都以为会员提供价值为依归，其所特有的文创基因也是众多文创企业选择在这里成长发展的原因。

作为一家共享经济的文创社区，鱼坞众创空间并不满足于提供良好的服务和环境，而是通过打造“微电影节”“鱼坞骑行队”“鱼坞读书会”“鱼坞学院公开课”等多种活动品牌，为企业创造交流互动平台，让企业在于家堡找到团队和“家”的感觉。从 2017 年以来，鱼坞众创空间累计举办 20 余起活动，参与人数千余人。

目前在鱼坞，以影视产业为核心，涉及教育、体育、音乐、传媒等多个文创领域。鱼坞正在致力于建设一个文创社群，为各类企业提供鱼坞小镇、鱼坞传媒、鱼坞学院、鱼坞金服和鱼坞公馆五大社群服务。

7. 小穿芳峪村耕读文化的开发挖掘

2016 年底，天津社会科学院的苑雅文和罗海燕博士，通过田野调查和文献考证发现，蓟州区的小穿芳峪村一带有着丰富的历史遗存——晚清 8 位田园文人所建的园林群落遗址和大量底蕴丰厚的历史文献。初步判定，这是中国北方罕见的一处田园文化及乡贤园林群落遗迹。通过进一步调查发现，晚清时期，李江等 8 位雅士在这里修建园林，耕读劳作，敬老教子，留下很多美好故事和大量文献资料。

小穿芳峪一带园林群落遗迹和文献遗存的发现，为天津休闲农业的发展注入了新的文化内涵，引起了天津市文化产业等各界有识之士的高度关注。天津社会科学院将小穿芳峪村作为“智库实践基地”，以“挖掘优秀传统文化资源、建设现代生态文明乡村”为主题，召开了首届“小穿论坛”，40余位专家学者就活化乡村历史文献、提升休闲农业发展格局发表了见解，为乡村发展建言献策。

小穿芳峪村是近年发展起来的国家级旅游村。未来，该村将以开发挖掘文化遗存为核心，对小穿芳峪村的旅游产业进行重新布局，升级为特色文化乡村旅游综合体。将田园文人所著的历史文献，与现有的乡村旅游项目相结合，全面提升现有景区和旅游设施的文化内涵。遵循全域旅游、产业融合、文化提升的发展原则，结合景区和旅游设施建设和改造，打造具有独特韵味的旅游平台。

8. 西井峪乡村建设的探索

位于天津市蓟县的西井峪是一个因石而起的北方乡村，也是天津首个中国历史文化名村。2015年，对乡村偏爱的李谦成立了九略乡建工作室，和当地政府一起，开始了乡村建设的探索实践——“西井峪计划”。

李谦在南征北闯中，始终保持着一个习惯：每到一个村落总要捡一块石头回来。每一块石头代表了他去过的一个村落，同时也是一份乡愁，更是一份复兴乡村文化的理想。

遇见西井峪这个“石头村”后，他知道自己这些年的心愿即将落地生根。从2015年5月开始，历时13个月，李谦将石头村的传统农舍，改造成一座精品民宿的院落——原乡石间。这家精品民宿，凭借它的高“颜值”和高品质，得到了广大客人的一致好评。目前二期院落的建设也已经开始，那些翘首以待的人有了更多入住原乡的机会。

一个用心做好的村庄，还要讲好自己的故事。讲故事的本质是要挖掘民宿身后的文化底蕴，让消费者更加充分地了解西井峪的特色，在消费原乡美景的同时，增加对美丽乡村的情感。在这方面，李谦带领原乡团队做了充分的功课。他们运用包括诗人妙笔生花、抗日传统传承、民俗遗产保护等多种手段讲好西井峪的故事，通过“十月庆丰宴”、“阅读走进原乡”、“拾磨新声音”大赛、国庆3D奇幻灯光秀和“2017舞动西班牙”等节庆活动吸引了越来越多的“粉丝”关注西井峪，参与原乡的活动。

9. 壹心家的“听茶”

东方的茶道与西方的弦乐，跨界之中以行茶之道潜心感受，用耳去听，让茶音说话。这是一个实验性的艺术现场，用音乐合着行茶的节奏，用音乐诠释茶的滋味，隔空中气息的流动附着着茶的本真味道，至此开启一个心怀憧憬与期待的音乐艺术现场，我们把它叫作“听茶”。语言的尽头，音乐响起，茶音自在。

“听茶”是一个具有原创性、人文性与实验性的音乐艺术现场，通过东方茶道与西方弦乐的文化跨界融合，以巡演的方式呈现和传播一种专注于细微与当下生活的精神理念，同时将中华传统文化的千年人文经典呈现于世界。静与动，开与合，有内敛，有随性，其间律动之美浮现于耳目之间，观者以心听茶，茶味而非流连于口舌。由知名茶人与音乐人组成的艺术家团队通过现场演出将东方茶道的韵与西方弦乐的律以声乐、行为、视觉艺术的方式展现给观者，由此形成空间的共鸣与分享，完成一个人人介入却感知细微的音乐艺术现场。“听茶”还将通过音乐人与茶人的默契配合，用音乐的旋律解读不同茶品的属性和感动，让“听”成为传达茶之内涵和中华传统文化的媒介。

“听茶”由天津壹心家茶文化有限公司创作出品，于2016年11月11日于成都首演第一城，12月苏州第二城，2017年1月上海第三城，4月天津第四城，6月秦皇岛第五城，8月北京第六城，11月厦门第七城，2018年4月第二季在洛阳首演。“听茶”每一年将遴选具有人文时代性与历史文化深厚的城市进行巡演，同时积极面向海外筹备巡演计划。

四　天津智能文化创意产业发展专项行动计划

在2017年12月天津市人民政府办公厅下发的《天津市智能文化创意产业专项行动计划》中，提出了天津市智能文化创意产业专项行动的指导思想、基本原则和发展目标①。

（一）指导思想

全面贯彻党的十九大精神，以习近平新时代中国特色社会主义思想为指导，以习近平总书记对天津工作提出的“三个着力”重要要求为元、为纲，

① 《天津日报》，2018年1月18日。

认真落实市第十一次党代会和市委十一届二次全会的部署，扎实推进“五位一体”总体布局和“四个全面”战略布局在天津的实施，牢固树立新发展理念，深入实施创新驱动发展战略，以加快智能科技与文化产业深度融合为主线，以提升城市文化软实力为主攻方向，大力发展智能文化创意产业，打造充满活力的文化强市，为全面建成高质量小康社会和建设社会主义现代化大都市提供有力的文化支撑。

（二）基本原则

科技支撑。坚持创新驱动，把握智能科技发展趋势，聚集国内外创新资源，推动科技与文化深度融合，打造一批智能文化信息服务平台，突破一批关键共性技术，加速构筑智能文化创意产业先发优势，为天津市产业迈向全球价值链中高端提供强有力的支撑。

融合创新。加强智能科技与文化创意产业的融合发展，运用智能化产品和技术，对文化产业进行改造升级，构建智能文化创意新业态。加大改革力度，发挥国家自主创新示范区和滨海新区的创新优势，进一步解放和发展文化生产力，增强智能文化创意产业的创造活力。

市场主导。坚持产业为先，遵循市场规律，加快推进供给侧结构性改革，充分发挥市场主导作用，更好地发挥政府的作用，强化企业的主体地位，突出社会效益和经济效益相统一导向，激发企业活力，增强产业竞争力，形成竞争优势。

协同发展。落实京津冀协同发展重大战略，立足天津在区域文化中的功能定位，促进区域文化协同发展，坚持特色发展、优势互补，拓展智能文化创意产业发展空间。正确处理国有与民营、对内与对外等重要关系，促进智能文化创意产业与社会公共文化服务协调发展。

（三）发展目标

到2020年，建设一批智能文化创意产业平台，培育一批智能文化创意企业，推出一批智能文化创意产品，培育一批智能文化创意产业人才。以国家动漫产业综合示范园为载体，打造2～3个智能文化创意产业园区和综合信息服务平台；以广电网络公司为主体，培育3～5家智能文化创意产业领军企业；以智能“梦娃”为依托，打造2～3个智能文化产品品牌；以高校、科研院所和文化科技企业为依托，培育引进百名智能文化创意产业高端人才。

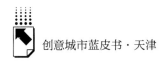

到2025年，智能文化创意产业发展实现重点突破，智能科技与文化创意产业深度融合，在文化产品和服务的生产、供给、消费等领域广泛应用，部分产品和服务在国内外处于领先水平，建立相对健全的智能文化创意产业体系，打造具有天津特色的智能文化创意品牌。

五 天津文化创意产业发展展望

文化创意产业是文化科技创新的重要方面，是社会主义文化强国建设的重要支撑力量。在《天津市智能文化创意产业专项行动计划》中，提出了2018～2025年天津市智能文化创意产业发展的十大重点任务①。

（一）加强智能科技应用

扎实推进智能科技在新闻出版印刷发行、广播电视电影、演艺娱乐、文化旅游、文化会展等传统文化产业中的应用，加快推动新媒体、数字出版、动漫游戏等新兴文化产业与智能科技的深度融合。优先发展原创型智能文化创意产业，加强文化产权和版权保护，支持企业开发原创产品。扶持引导外向型智能文化创意产业，推动文化服务贸易平台建设，在天津自贸试验区建立外向型智能文化创意产业聚集区。

（二）培育壮大市场主体

支持和引导文化创意企业在设计、生产、管理、物流和营销等核心业务环节应用人工智能新技术，构建新型企业组织结构和运营方式，扩大智能文化创意产品供给。全市各区要加大政策支持力度，培育智能文化创意产业龙头企业和骨干企业，扶持壮大中小企业，大力帮扶民营企业。推动国有文化企业进行资源整合和并购重组，加快出版传媒集团、广电网络公司、360科技公司等文化企业上市，实现做大做强。支持有条件的智能文化创意企业申报科技小巨人企业，引导今晚网络信息技术、灵然创智、未来电视等中小微智能文化创意企

① 《天津日报》，2018年1月18日。

业朝“专、精、特、新”方向发展，推出智能文化创意核心产品，打造有影响力的智能文化创意企业品牌。

（三）创意产业项目带动战略

每年推出一批市级重点文化项目，各区推出区级重点文化项目，评选标准向智能文化创意产业项目倾斜。加大招商引资力度，吸引智能文化创意产业龙头企业来天津投资。建立天津市文化出口重点企业和重点项目目录，对智能文化创意企业和项目给予支持。建立天津市重点文化产业项目库和智能文化创意项目库，做好项目整体规划和统筹管理，做到建成一批、储备一批、培育一批，通过项目建设带动智能文化创意产业持续快速发展。

（四）推进产业园区和平台建设

重点扶持国家动漫产业综合示范园、国家广告产业园、天津国家级新闻出版装备产业园等国家级园区智能化发展，建设天津对外文化贸易基地和国家数字内容贸易服务平台，形成智能文化创意企业集聚高地，促进产业链条延伸和价值提升。引进知名园区运营公司，提高园区的招商、运营和管理水平，培育一批新的特色智能文化创意产业园区。支持园区搭建智能公共服务平台，提高服务功能和水平。发挥天津文化产权交易所、文化产业投资基金、文化产业小贷公司、文化产业担保公司的作用，打造综合性智能文化金融服务平台。评选命名一批市级文化产业示范园区和基地，实施动态管理，加强政策扶持。依托高校和科研院所，搭建智能文化创意产业众创基地。在全市重点文化产业园区中选择2~3家基础良好、技术先进的，实施智能技术改造，创新发展和管理模式，形成示范带动效应。

（五）加快媒体融合发展

加快知识计算引擎与知识服务技术、跨媒体分析推理技术、虚拟现实智能建模技术和自然语言处理技术等智能科技在新闻媒体领域的应用，促进媒体融合向纵深推进。以全市主要媒体为龙头，整合新闻网站、政务和媒体“两微一端”资源，建设智能微传播平台矩阵，不断提升品牌影响力。依托北方网新媒体集团，融合各主流媒体的优质资源，打造智能化“津云”

中央厨房；依托支部生活社打造党建云平台；依托中老年时报传媒有限公司打造“时报家园”老年智能生活服务平台；依托天津大学出版社有限公司打造“建筑邦”全媒体出版平台。充分融合智能技术优势，加快新闻生产由“专业生产”向“专业生产+用户生产+机器人生产”转型，提升新闻生产管理水平。

（六）实施“互联网+”工程

充分发挥“互联网+”的叠加效应、聚合效应和倍增效应，加快新旧发展动能和生产体系转换，拓展互联网技术在文化生产、文化消费等领域的应用，加速提高服务水平。建设新一代智能广播电视网，发展高清互动电视、有线宽带、IP电话和数据通信业务，推进“三网融合”。提升完善天津市网络舆情监控和管理平台功能，实现对新闻宣传、互动引导、舆情监控、人才培训和技术安防的统一指挥管理，加强互联网内容管控技术应用，形成全市“一张网、一个数据平台、一个指挥平台”的管理格局。建设天津广电网络智慧社区服务平台，提供社区管理、社区医疗、居家养老等服务。建设社区党支部智慧党建服务平台，实现党务工作和学习智能化。建设今晚E家服务平台、天津演艺网、舞台演出网络直播互动服务等线上文化服务平台。

（七）实施“文化+”工程

推进文化创意与智能工业设计制造融合，举办天津国际设计周、“滨海杯”国际设计大赛等活动。促进文化创意与城市智慧街区改造融合，建设提升五大道文化旅游区、古文化街、棉3创意街区。建设智能文化创意产业聚集区，提升整合C92文化创意产业园、巩瑛青年创意公社、未来里十字街、6号院、先农大院文化创意产业园、大型专业智能舞美制作产业基地等项目。深化文化创意与智能农业文化资源的融合，建设水高庄园（二期）、葫芦庐主题公园、亿利生态主题公园、水稻主题公园等项目。推动文化创意与旅游融合，将智能文化创意产品转化成特色旅游商品。持续打造12个文化旅游主题板块，建立智慧乡村旅游信息数据库和公共服务体系。推出文化创意、文化演艺等“津味生活”融合产品，建设天津滨海航母主题公园、运河文化长廊等项目。推动文化创意与体育产业深度融合，建设团泊体育训练基地智能化平台。

（八）增加产品和服务供给

组织中国京剧音像集萃工程，实施艺术精品创作生产工程。办好天津市名家经典惠民演出季等演出活动。继续扶持重大革命和历史题材影视作品品牌津版图书品牌、津派舞台艺术品牌和文化特色活动品牌等。扶持动漫原创精品，支持“弘扬社会主义核心价值观动漫扶持计划”项目的创作与推广。丰富出版物品种，推广数字阅读，开展延伸服务，打造电视虚拟现实（VR）博物馆、数字电视图书馆，实施全民阅读工程。发展壮大电影市场，完善城市影院“一卡通”建设，推动试点完善在线选座功能，建设天津电影公益放映平台、“掌上智能影院”，推广 VR 技术在电影放映中的运用，全市影院银幕数达到 500 块，电影票房收入年均增长 15% 以上。

（九）引导和扩大文化消费

支持文艺演出、展览和公益文化普及活动的开展，推动文化惠民项目实施，更多利用智能科技提升文化消费服务水平。推动滨海新区、武清区等做好城乡居民扩大文化消费试点工作。建设天津文化信息消费服务平台、文化电子商务平台，完善天津演艺网演出资源电商平台及配套周边服务，提升文化消费便利水平。继续举办文化惠民季、“书香天津”春季书展、读书月等活动，活跃文化市场。挖掘民间文化资源，支持杨柳青年画、泥人张彩塑、“梦娃”“莲娃”、益德成闻药等，运用新技术加强生产创作，开发新产品，做强传统文化品牌。

（十）推动京津冀产业协同发展

加强京津冀智能文化创意产业的交流合作，建设智能文化创意产业集聚区，发挥协同效应。成立京津冀文化产业协同发展中心，完善京津冀文化产业合作会商机制，办好天津滨海国际文化创意展交会，组织京津冀文化项目推介会，积极推介展示智能文化企业和创意项目。发挥京津冀三地文化产业园区和文化演艺等行业联盟作用，加快建设京津中关村科技城、京津新城“双创”

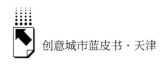

特区、京津州河科技产业园等园区，承接首都智能文化创意产业项目，推动形成优势互补、错位发展、创新驱动的跨区域文化发展新格局。

同时提出了四项保障措施。

第一，强化机制保障。成立市推动智能文化创意产业发展工作领导小组，定期研究解决问题，推动工作落实。各区成立区推动智能文化创意产业发展工作领导小组。加强文化产业统计，建立文化产业数据季度通报制度，将智能文化创意产业发展纳入对各区的绩效考核。

第二，深化文化体制改革。继续简化行政审批环节，完善文化产业准入和退出机制，提高行政效率。探索建立适合“大众创业、万众创新”要求、适合创新创业、适合智能文化创意产业的发展环境。发挥国有文化资产监督管理机构的监督作用，推进国有文化企业建立现代企业制度，打造合格的文化市场主体，加快引领智能文化创意产业发展。

第三，加大政策支持力度。按照国家要求依法依规组建规模为5亿元的文化产业投资基金，支持智能文化创意产业项目建设。统筹用好各级财政资金，包括中央文化产业发展专项资金、天津市文化产业发展专项资金等多方面资金，支持智能文化创意产业项目建设。落实好中央推动数字文化产业创新发展的政策和天津市在产业、创新、人才和金融等方面支持智能科技产业发展的相关政策。对文化出口重点企业和项目给予政策扶持。开展政策实施效果评估，确保各项政策真正惠及文化企业。加大政府向社会力量购买公共文化服务的力度，鼓励和扶持符合条件的文化企业参与公共文化服务。

第四，加强文化产业人才队伍建设。制定引进紧缺高层次人才的实施办法，加大对行业领军人物的引进力度。实施文化产业人才培训计划，建设创意策划人才、经营管理人才、专业技能人才和产业管理人才4支队伍，全面提升从业者的素质水平。

参考文献

天津市人民政府办公厅《关于印发天津市加快推进智能科技产业发展总体行动计划和十大专项行动计划的通知》（津政办发〔2017〕112号）。

天津市财政局《天津市文化产业发展专项资金管理暂行办法》（津财教〔2010〕46 号）。

天津创意产业协会公众号。

深圳大学管理学院：《2017 中国城市创意指数》，《深圳特区报》2017 年 12 月10 日。

天津市文化传媒商会：《天津市 2016 新媒体发展生态白皮书》。

专题研究

Thematic Studies

B.2
天津市创意产业协会2017~2018年的组织建设

于学良*

摘　要： 天津市创意产业协会走过了8年历程。围绕天津经济社会发展大局，协会广泛集聚资源、构筑平台，创新扎实推进会员企业和天津创意产业取得突破性成绩。协会先后吸纳了一大批行业领军企业，相继成功举办了多项大型活动，极大地提升了协会的社会影响力，构建了天津创意产业发展的格局，展现了大都市的文化内涵和时代气息。天津市创意产业协会要紧紧抓住天津市经济社会发展五大战略机遇期，以"一切依靠会员，一切为了会员"为出发点，立足本市，面向国际和国内，致力于构建高端创意产业学术交流、资源整合和成果展示平台，努力传播创意产业最新理念和创意成果。要努

* 于学良，天津市创意产业协会秘书长。

力拓展服务领域，扩大协会规模，提升服务质量，促使创意企业和天津市创意产业不断发展壮大，为天津经济社会发展做出新的更大贡献。

关键词： 天津市创意产业协会　组织建设　社会影响力

天津市创意产业协会成立于2009年，在走过的8年历程中，协会围绕天津经济社会发展大局，广泛集聚资源、构筑平台，创新扎实推进会员企业和天津创意产业取得突破性成绩。协会先后吸纳了一大批行业领军企业，相继成功举办了京、津、沪、渝四直辖市创意产业联席会、“创意·未来经济·对话约翰·霍金斯论坛、首届中国（天津）国际创意产业博览会、天津国际创意产业博览周等多项大型活动，极大地提升了协会的社会影响力，构建了天津创意产业发展的格局，展现了大都市的文化内涵和时代气息。

一　2017年：组织换届和会长选举

（一）2017年3月4日常务理事会

2017年3月4日，天津市创意产业协会常务理事会召开会议，研究协会换届及新任会长的候选人人选的确定问题。出席会议的人有洪再生、赵光勋、张鲲、薛义、谢思全、张爱华、夏平、康军（委托代表）。

会议在逐一发言、充分讨论的基础上，推荐协会现任常务理事薛义教授为新的会长候选人。会议明确，由新任协会会长候选人主持，尽快提出协会其他负责人人选，抓紧做好召开会员大会的各项准备，按社团管理相关规定尽快完成换届工作。

会上，与会人员就加强协会建设提出了很好的意见和建议，为协会换届工作及工作计划的制定提供了思路。

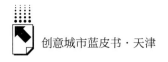

（二）2017年3月26日第二届会员大会第一次会议

2017 年 3 月 26 日，天津市创意产业协会在南开大学东方艺术大楼召开第二届会员大会第一次会议。会议审议通过了协会工作报告，审议通过了协会章程修改草案和会费标准及管理办法。会议选举产生了以南开大学教授、博士生导师、艺术设计系主任薛义教授为会长的新一届领导机构。

会议全面总结回顾了协会自 2009 年成立以来的发展历程和取得的主要成就。会议认为，协会自 2009 年成立以来，在政府相关部门的帮助和指导下，在樊月龙会长（2009～2010 年）、孙海麟会长（2011～2016 年）的领导下，在全体会员单位的共同努力下，认真贯彻上级指示精神，充分发挥职能作用，扎实开展活动，热心服务会员，各项工作都取得了显著成绩，为推进天津市创意产业发展做出了积极贡献。

新当选的薛义会长发表了重要讲话。薛会长首先衷心感谢会员、同道和领导的信任与抬爱，表示一定勤勉尽职，以开放创新的方式，与新一届由优秀、有担当的企业家、专家、创意产业的行业领袖所组成的协会领导集体及会员单位紧密协作，在协会已有丰厚成果和社会影响的基础上，共同开创天津创意产业发展的新局面。

薛义会长重点阐述了天津市创意产业协会未来的工作设想和发展方向，概述了国际、国内创意产业的发展趋势与特点，对天津创意产业的现状及与全国已形成的创意产业聚集区域的差异性做了深入分析。薛会长尤其强调：一定要牢记习近平主席多次强调的“文化自信是更基本、更深沉、更持久的力量”和“增强全民族文化创造活力”的重要论断，紧紧抓住京津冀一体化发展的战略机遇。

薛会长就如何发挥天津的优势，聚合天津及北京、河北的人才和社会能量，发展、深化天津的创意产业核心内容，促进天津社会创意氛围的形成和创意产业格局的多元化，形成区域间天津的特色和辐射带动作用提出了独到见解。

薛义会长提出要坚持“创意惠民、创意强国”理念，强调创意产业不应是少数创意者、产业者和领导的事，而是事关社会整体意识和生活品质的提升，呼吁民众积极参与，享受创意成果。协会将努力实现 2012 年 9 月在天津创意产业论坛发表的《天津宣言》的理想与使命，为政府、企业、会员单位和社会提供更多的智库咨询与专业服务。

薛义会长强调：天津市创意产业协会将在创意产业理论、艺术与创意方式、创意设计与社会生活、产业更新等核心方面扎实工作，助推天津创意产业发展。

出席会议的协会原任副会长王大方同志代表上一届协会班子对新任协会领导集体发表寄语，提出殷切希望。

本次会议的召开，既是一次承前启后、继往开来的大会，又是一次加油鼓劲的大会。会议明确了协会今后的发展目标，勾画了天津市创意产业未来发展的美好蓝图，使各会员单位对协会工作充满了信心。

会议要求各会员单位锐意进取，紧紧抓住京津冀协同发展机遇，借助协会交流平台，努力创造新业绩、再上新水平，为进一步壮大企业规模，促进天津市创意产业发展做出新的更大贡献。

（三）新任协会负责人名单

会长薛义，南开大学教授、博士生导师、艺术设计系主任。副会长有以下10人：乔川——融讯（天津）公关管理咨询有限公司总经理；肖冰——天津玺朗文化传媒有限公司董事总经理；张伟力——智慧山科技文化创意产业基地总裁；张合军——天津市创意策划研究会会长；张爱华——春天影业投资发展有限公司董事长；张鲲——天津金城银行副行长；赵光勋——天津凌奥创意产业园集团有限公司董事长；夏平——体育之窗文化股份有限公司高级副总裁；崔莉培——华北集团执行总裁；甄军——天津东方嘉诚创意产业园有限公司董事长。秘书长：张璐，天津大学建筑设计规划研究总院文化事业发展中心主任。

（四）协会组织结构

1. 组织结构

天津市创意产业协会的组织结构如图1所示。

2. 日常运行机构

秘书处：协会的日常行政工作以及人事管理、财务计划制定、运营核算方面的工作。

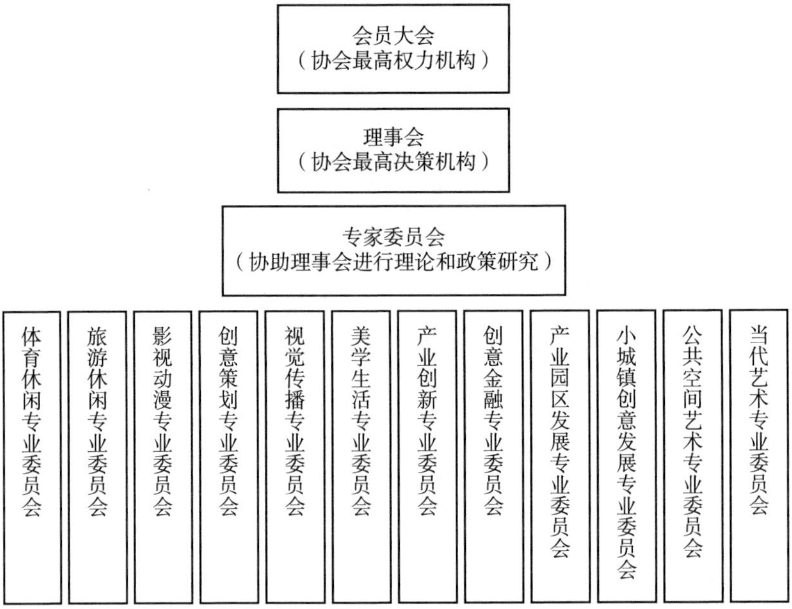

图1　天津市创意产业协会组织结构

会员部：会员发展与会籍管理；会员日常沟通，需求收集与反馈；会员培训、研讨、考察等交流活动的策划与组织。

品牌公关部：市场调查、政策落实情况反馈；媒体运营；品牌管理；传播企划；广告宣传；公关活动。

创意产业研究院：产业规划、政策研究、政策建议、信息咨询、信息发布、研发设计、项目开发和评估、政府课题承接、协会项目企划支持。

创意产业交易所：产权交易、知识产权保护、人才培训、人才交流、人力资源开发、企业及人才认证、技术转让等方面的工作。

二　2018年：“海河创意奖”颁奖暨协会年会召开

2018年2月6日下午，天津市创意产业协会在天津智慧山文化艺术中心隆重举行“海河创意奖”颁奖盛典暨天津市创意产业协会年会。天津市创意产业协会会长、副会长、理事及会员单位与各界专家和行业代表约160余人专程出席或派代表与会。

（一）“创意产业之父”发来贺电

世界“创意产业之父”、天津市创意产业协会高级顾问约翰·霍金斯先生为天津市创意产业协会2018年年年会发来贺信：

值此天津市创意产业协会年会召开之际，我向在天津的各位朋友问好！

回想2012年9月我曾应协会邀请到天津参加了“创意·未来经济”论坛，结交了很多朋友，大家努力繁荣创意生态的热情令我记忆犹新！

从2015年中英文化交流年习近平主席在伦敦出席中英创意产业展到几天前，英国首相访华期间发布了中英共同建设雄安金融科技城的消息，都使我看到，“一带一路”与京津冀协同发展是中英创意产业深度合作的重要机会，我希望与天津创意产业界的伙伴们一道，为此做些最有创意的事情。

今年三月我将再次来华，落实我的《高铁丝路》影视国际合作计划，希望届时与大家相会！

你们永远的朋友和伙伴

约翰·霍金斯

2018年2月4日

（二）薛义会长做工作报告

大会全面总结了天津市创意产业协会2017年的工作，部署了2018年的工作任务；报告了2017年协会财务收支情况和2018年财务预算；介绍了天津市创意产业协会未来的行动计划，强调“汇聚区域资源，共享智慧创意”的发展愿景。大会增选了协会新的副会长和副会长单位，举行了协会智库专家致聘仪式、协会专业委员会授牌仪式和天津市第八批市级创意产业园授牌仪式。

大会隆重举行了2017年天津“海河创意奖”颁奖仪式，为获得2017年天津“海河创意奖”的优秀个人、企业、产业园区和获得特别贡献奖的12名个人、16 家企业颁奖。

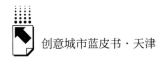

面对新时代天津创意产业发展所面临的机遇与挑战，为适应京津冀及全国对创意产业发展的要求，推动协会发展，经天津市创意产业协会会长办公会审议通过了智库专家名单，调整增设了 12 个专业委员会，并举行了隆重的颁发聘书仪式。

薛义会长强调，智库专家的聘请及专业委员会的调整增设，是促进天津发挥核心优势，整合天津的创意资源，对接京津冀和国家创新发展需求，形成天津的区域特色和辐射带动作用的有力保障。

新华网、一点资讯、腾讯大燕网、新浪天津、北方网、今日头条、天津网、天津卫视国际频道等媒体参加了现场报道。

（三）新增选的协会副会长

新增以下 4 位副会长：孙文彬——嘉耀天津商业物业管理服务有限公司总经理；刘征——天津棉三创意企业管理服务有限公司总经理；刘士全——天津创世生态景观建设股份有限公司董事长；陈幼林——世纪座标品牌创意发展有限公司董事长。新增两家副会长单位：国家动漫产业综合示范园；天津市滨海文化中心。

（四）新设立的专家智库成员

专家智库主任：洪再生，天津大学教授、博士生导师，天津大学建筑设计规划研究总院创始院长、执行总规划师，天津城市规划学会会长。

专家智库秘书长：谢思全，南开大学经济研究所原副所长、教授、博士生导师，南开大学滨海开发研究院文化创意产业中心主任。

同时还有以下专家。

邓玲：国际丝路经贸和文化协会（土耳其）天津代表处中国首席代表。

杜金皋：天津市创意策划研究会原会长，清华大学新经济新产业研究中心研究员，文化部文化市场调查评估中心研究员。

樊月龙：天津市创意产业协会原会长，研究员，享受国务院特殊津贴专家，天津市信息协会原会长。

郭羿承：ARTKEY 艺奇文创集团创始人董事长，中央美术学院特聘教授，国际艺术授权基金主席，北京大学美学博士。

贾波：上海德必文化创意产业发展有限公司总裁，上海晋商会副会长。

康军：文化创意产业专家，南开大学滨海开发研究院文化创意产业研究中心副主任。

李季：清大文产（北京）规划设计研究院院长，中国文化产业园区联盟主席，清华大学新经济与新产业研究中心主任。

刘瑛：品牌管理技术倡导者，品牌管理师标准制定项目负责人，北京格印品牌管理咨询中心主任，亚洲品牌（中国）委员会秘书长。

宋慰祖：民盟北京市第十二届委员会副主任委员，北京工业设计促进会专职副理事长、秘书长，中国设计业十大杰出青年评选组委会执行主席，中国创新设计红星奖委员会秘书长。

苏彤：资深文化设计人，CM 创意管理模式主要创始人，创意中国产业联盟发起人，约翰·霍金斯创意经济联合会中方合伙人。

谭汝为：天津师范大学国际教育交流学院教授、硕士研究生导师，汉语词汇学、民俗语言学专家。

王大方：天津市电影家协会主席，原北方电影集团董事长，天津市创意产业协会原副会长。

王国华：北京工业大学文化创意产业研究所所长、博士生导师，北京和而不同旅游规划设计研究院院长，教育部社会科学重大课题评审专家，文化部中国文化产业促进会专家委员。

王学斌：天津城市规划协会秘书长。

徐凤文：城市作家，独立策展人，阅读推广人，民国故事会主讲人，百度热词特约评论员，民国家庭史、风物史、生活史研究者。

薛运达：文化创意产业专家，尚 8 创新文化（北京）有限公司董事长，首都文化产业协会秘书长。

袁岳：零点研究咨询集团董事长，创业管理服务机构飞马旅创始人、CEO，独立媒体人，天使会理事，新沪商大商学院院长。

王琳：天津社会科学院研究员，南开大学滨海开发研究院文化创意产业研究中心副主任。

李晓敏：天津传统文化产业发展协会顾问，天津文化创意策划人。

（五）专业委员会及负责人名单

天津市创意产业协会下设专业委员会及负责人如表1所示。

表1 天津市创意产业协会下设专业委员会及负责人

专业委员会名称	专业委员会主任		秘书长
	姓　名	单位职务	
体育休闲专业委员会	夏　平	体育之窗文化股份有限公司总经理	李景慧
旅游休闲专业委员会	张合军	天津市创意产业协会副会长	邵毅恒
创意策划专业委员会	崔莉培	华北集团执行总裁	庞　烁
影视动漫专业委员会	张爱华	天津春天影业投资发展有限公司董事长	安　颖
视觉传播专业委员会	陈幼林	—	阴文新
美学生活专业委员会	郑爱敏	房掌柜天津公司总经理	张丽娟
产业创新专业委员会	孙文彬	思彼思资产管理(集团)区域总经理	韩　冰
创意金融专业委员会	张　鲲	天津金城银行副行长	陈　勇
产业园区发展专业委员会	赵光勋	天津凌奥创意产业园集团有限公司董事长	付　正
小城镇创意发展专业委员会	刘　征	天津棉三创意企业管理服务有限公司总经理	宋甲甲
公共空间艺术专业委员会	刘士全	天津创世生态景观建设股份有限公司董事长	鲍迁
当代艺术专业委员会	肖　冰	天津玺朗文化传媒有限公司总经理	齐　琪

三　2018年中英创意对话座谈会

2018年3月11日，由天津市创意产业协会主办，约翰·霍金斯创意生态实验室、天津滨海新区文化中心协办的“创意津门·光耀中国”中英创意对话暨英伦巡展项目专家座谈会在天津滨海新区文化中心美术馆举行。世界“创意产业之父”约翰·霍金斯，天津市创意产业协会会长薛义，创意中国产业联盟发起人、约翰·霍金斯创意经济联合会中方合伙人苏彤，约翰·霍金斯工作室中国区总经理陈叙，约翰·霍金斯创意生态实验室合伙人马辰雨及创意中国2049团队成员，天津市创意产业协会副会长，有关专家、学者，天津市创意产业园区、相关组织机构、企事业单位负责人共50余人参加了本次座谈会。座谈会由天津市创意产业协会专家委员会秘书长、南开大学经济研究所副所长谢思全教授主持①。

① 天津创意产业协会公众号，2018年3月15日。

在座谈会上，约翰·霍金斯先生发表了精彩演讲，他精准而生动地讲述了对创意经济的理解和对天津创意产业发展的看法和展望。霍金斯先生指出，现代创意产业不同于传统的制造业，其产品的生产过程是持续的、不可见的，这是创意产业区别于其他产业的关键特点。约翰·霍金斯先生还介绍了中英创意产业合作及推动“一带一路”发展的设想与计划。

天津市创意产业协会会长薛义做题为“天津百年之最与创新发展”的演讲。天津是中国北方最大的沿海开放城市，也是环渤海区域的重要经济中心。天津建卫600余年，具有深厚的文化底蕴和丰富的文化资源，发展文化创意产业的潜力空间是巨大的。天津市由中心城区和滨海新区核心区构成，背靠国家新设立的雄安新区，辐射东北、华北、西北及中西部等地区，连接东北亚与中西亚区域，是京津冀的海上门户、中蒙俄经济走廊东部起点、21世纪海上丝绸之路战略支点，对于促进“一带一路”国家倡议实施具有重要意义①。

薛义指出，天津创意活力强。近年来，天津市政府高度重视创意产业的发展，制定了相关的专项政策，文化产业进入了持续快速增长时期。设计创意能力是城市综合竞争力、创意产业的核心，天津创意产业的首要重点工作是深度整合天津的艺术与设计创意资源，激活天津综合设计创意活力，打造天津设计创意智慧中心及国际交流平台②。

创意中国产业联盟发起人、约翰·霍金斯创意经济联合会中方合伙人苏彤在会上介绍了“英伦巡展的价值、意义与设想”。他首先回顾了世界和天津创意经济的诞生之路，描述了京津冀协同发展和中英文化创意产业交流的强劲势头，并以一句“CREAT JIN CHINA”展示了对天津创意产业发展的信心。

在对话交流环节，天津市委宣传部政策研究室原主任、文化创意产业战略研究专家李晓敏，天津音乐学院教授、硕士研究生导师、艺术管理系主任张蓓荔，天津历史学会文化遗产保护工作委员会会长李刚，天津市创意产业协会副会长崔莉培，天津电视台著名节目主持人、导演、中国旗袍文化传播人刘冰，先后介绍了在各自领域取得的工作成就和对天津发展创意产业的建议，并就相关问题与约翰·霍金斯先生进行了对话交流，使座谈会再次掀起高潮。

---

① 天津创意产业协会公众号，2018年3月15日。

② 天津创意产业协会公众号，2018年3月15日。

最后，天津市创意产业协会会长薛义做总结性发言。他对约翰·霍金斯先生和各位的精彩发言表示充分肯定和赞赏，他希望约翰·霍金斯先生及各位专家、学者继续关注、支持天津创意产业发展。薛义表示，天津市创意产业协会将更好地发挥职能作用，围绕“汇聚区域资源，共享智慧创意”的思路，搭建好交流平台，组织更多交流活动，为天津创意经济发展提供更多动力。薛义会长希望各位同人、企业家和各界有识之士，积极关注和参与“创意津门·光耀中国”英伦巡展项目，借助天津创意经济发展大好时机，以实际行动，展示自身实力，为宣传天津、推动天津创意产业发展做出积极贡献。

座谈会开始前和结束后，约翰·霍金斯先生一行在薛义会长和天津市滨海新区文化中心投资管理有限公司董事长高治国的陪同下参观了滨海新区文化中心。约翰·霍金斯先生对文化中心的规模和成就给予高度赞赏和积极评价①。

“创意津门·光耀中国”系列展示活动旨在充分挖掘天津深厚的文化底蕴，彰显和推介天津国际化大都市的综合建设成就和独特区位与人文魅力，发挥天津在新时代不可替代的辐射引领作用，加快推进“五个现代化天津”建设。

五　未来行动计划

（一）自我认知

1. 何谓创意产业?

创意经济也称创意产业、创新经济、创意工业、创造性产业等。指那些从个人的创造力、技能和天分中获取发展动力的企业，以及那些通过对知识产权的开发可创造潜在财富和就业机会的活动。

创意经济最先由英国提出，随着社会的不断发展，它的内涵越来越宽泛。创意经济通常包括时尚设计、电影与录像、交互式互动软件、音乐、表演艺术、出版业、软件及计算机服务、电视和广播，等等。

自从英国政府 1998 年正式提出“创意经济”的概念以来，发达国家和地

① 天津创意产业协会公众号，2018 年 3 月 15 日。

区提出了创意立国或以创意为基础的经济发展模式，发展创意产业已经被发达国家或地区提到了战略层面。与此同时，西方理论界率先掀起了一股研究创意经济的热潮。从研究“创意”（creativity）本身，逐渐延伸到研究以创意为核心的产业组织和生产活动，即“创意产业”（creative industry）、“创意资本”（creative capital），又拓展到以创意为基本动力的经济形态和社会组织，即“创意经济”（creative economy），逐渐聚焦在具有创意的人力资本，即“创意阶层”（creative class）。

2. 何谓行业协会?

美国的《经济学百科全书》中说，行业协会“是一些为达到共同目标而自愿组织起来的同行或商人的团体”。日本经济界人士认为，行业协会是“以增进共同利益为目的而组织起来的事业者的联合体”。英国权威人士指出，“行业协会是由独立的经营单位所组成，是为保护和增进全体成员的合理合法利益的组织”。

行业协会是社会中介组织，它的产生和发展是社会分工和市场竞争日益加剧的结果，反映了各行业的企业自我服务、自我协调、自我监督、自我保护的意识和要求。

3. 认识天津市创意产业协会

三大功能：会员之家——抱团取暖，组队拿单，异业合作，互相赋能；政府智囊——收集行业信息，力求下情上传，洞察产业趋势，助力政策调整；获得权益——您希望得到哪些会员权益?

4. 使命 · 愿景 · 价值观

价值观：止于至善，卓尔不群。以止于至善之心执业，谓之诚心；以止于至善之心出品，谓之诚意；以止于至善之心待客，谓之诚信；以止于至善之心精研，谓之激情；以止于至善之心交流，谓之分享；以止于至善之心相处，谓之包容；以卓尔不群之心处事，谓之创新。

“止于至善”语出《礼记 · 大学》：“大学之道，在明德，在亲民，在止于至善。”意为达到完美的境界。止于至善，是一种对以卓越为核心要义的至高境界的追求，是大真、大爱、大诚、大智的体现。要求师生追求学识之完善，人格之良善，言行之美善，以“善”的至高、至真境界引领自己日日求新，点滴求进，不断增长才干，丰盈人生智慧，德业双修，学无止境。

（二）环境分析

1. PEST 分析

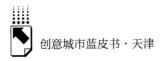

P：文化创意产业成为国家战略和支柱产业，并得到国家资金支持，创意园区建设成为政府推动创意产业的重要抓手，数字创意受到高度关注。

E：中国经济处于转型期，创新驱动、供给侧改革、产业升级、消费升级，创意产业成为拉动经济持续健康发展的主要动力，“物质经济”范式正逐步被“创意经济”范式替代。

S：温饱问题解决以后，健康和快乐成为新的刚需。消费升级，顾客对功能、品质和“颜值”的要求越来越高。

T：移动互联网、物联网、人工智能、虚拟现实技术的发展，在成为经济热点的同时，也为创意的低成本实现提供了更多可能。

结论：政府支持，需求旺盛，创意产业进入高速成长期。

2. SWOT 分析

天津市创意产业协会发展的 SWOT 分析如表 2 所示。

表 2　天津市创意产业协会发展的 SWOT 分析

优势	近代中国看天津——深厚的文化底蕴，中国最早的国际窗口之一，传统和现代艺术的重要舞台	劣势	城市产业以制造业为主，创意产业基础薄弱，与京、沪、深、穗、杭等城市的差距明显
	天津大学、南开大学、天津音乐学院、天津美术学院、天津体育学院相关专业齐全		至今尚未形成国内顶级的创意机构，创意产业对于天津经济的驱动未能明显表现
	天津大学设计院、天津建筑设计院等设计机构实力雄厚		除了狗不理包子、大麻花、杨柳青年画，尚未形成知名的创意品牌
	中国北方经济中心，重要工业城市，经济实力雄厚，为创意产业的发展提供了巨大的发展空间		传统产业对创意产业的认知度不够，显性需求不旺
	市领导关注和支持创意产业，既有高度又接地气的领导班子		协会领导层非常规换届，工作模式面临巨大调整
	世界“创意产业之父”约翰·霍金斯为天津创意产业背书		协会文化建设尚需完善，吸引力和凝聚力不足；协会会员数量占比低，行业代表性不够
	《天津宣言》代表天津对创意产业的认知高度		

续表

机会	经济转型,产业升级,消费升级,创新驱动	威胁	协会尚未形成有效的工作目标和工作机制;协会日常工作团队尚未齐整,工作经费不足
	京津冀一体化协同发展		京、沪等创意发达城市形成的竞争优势
	智慧城市、设计之都、文明城市建设		本市其他类似协会对资源的争夺
	特色小镇建设——创意产业特色小镇		经济下行对创意产业的发展造成负面影响
	全运会无形资产在未来3年内的作用		
	2022年冬季奥运会		

（三）发展目标

1. 工作目标

创意产业对GDP的贡献率提升明显；会员数量较年初实现倍增；会员满意度超过85%；政府部门满意度超过80%；行业客户满意度超过70%。

2. 服务策略

（1）产品与服务

蓝皮书、会刊、网站、海河奖、论坛、创意周、成果展、年会、考察、培训、认证、中介、咨询、研究，等等。

（2）服务原则

效率最大化：以创意的服务推动创意产业发展。

以终为始，要事优先：始终围绕“痛点”开展工作，避免走过场、花架子。

他山之石，可以攻玉：引进和培养齐头并举，提升天津创意力量。

资源复用，挖潜增效：建立资源清单，强调资源的重复利用；将协会工作融入会员日常工作之中，力求做到一举两得。

理性思维，精准策划：深入调查研究，用数据说话，切忌拍脑袋决策；按流程办事，切忌随意随性。

3. 推广策策略

精准传播，效率优先；按照目标受众的不同选择最合适的媒体与诉求方式；对每次传播的效果进行评估，对媒体和诉求进行迭代；借船出海，借鸡下蛋；广泛开展媒体合作，利用各种免费资源开展推广传播工作；争取更多政府资源；充分利用会员单位主办的各种活动。

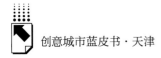

参考文献

天津市创意产业协会公众号。

B.3
天津文化产业专项扶持资金政策改革研究

王　琳*

摘　要： 近年来，天津市对文化产业的专项资金投入不断加大。该基金对“十三五”时期天津文化产业的跨越发展具有重大意义，它将促进天津经济发展方式转型和结构的战略性调整。政策扶持方向研究将大大提升政府资金的使用效率，使扶持更加精准、科学，实现快速聚集市场要素、培育市场良性主体、加大产出效益的乘数效应，从而提高财政政策的有效性，实现资源的有效配置。

关键词： 文化产业专项资金　政策扶持　乘数效应

一　政府专项扶持资金研究的意义

文化创意产业是我国经济结构转型的新兴产业，也是“大众创业、万众创新”的重点领域。我国政府提出，到“十三五”末期，将把文化产业培育成支柱产业。我国政府支持文化产业发展的手段包括投资拉动。近年来，天津市对文化产业的投资包括文化基础设施专项投入与文化产业发展专项扶持资金两种。一般重大城市文化基础设施建设项目由市级财政部门直接计划投入；而文化产业发展专项扶持资金包括市级和国家级两种，市级专项扶持资金由市委宣传部主导下达到评审出的本市文化企业，国家级的资金则由宣传部组织企业

* 王琳，天津社会科学院研究员，南开大学滨海开发研究院文化创意产业研究中心副主任。

向财政部和文化部申报。该基金对“十三五”时期天津文化产业的跨越发展具有重大意义，它将促进天津经济发展方式转型和结构的战略性调整。政策扶持方向研究将大大提升政府资金的使用效率，使扶持更加精准、科学，实现快速聚集市场要素、培育市场良性主体、加大产出效益的乘数效应，从而提高财政政策的有效性，实现资源的有效配置。

二 天津“十二五”时期文化创意产业发展的成就

（一）文化创意产业综合实力显著提升

2011～2015年，天津市文化创意产业飞速发展。2011年文化创意产业增加值为393亿元，到2015年底增长为780亿元；占GDP的比重从2011年的3.51%，提升到2016年的4.8%。从此进入全国发展较快地区行列，文化产业竞争力全面提升。

（二）政府出台系列扶持政策效果良好

“十二五”期间，天津市委市政府进一步出台各项政策，推动文化与科技、金融、旅游、商贸的融合发展，推出税收、土地房产、人才等一系列扶持政策。成立文化产业发展专项资金、文化产业小额贷款有限公司、文化产业担保公司、文化产权交易市场以及推出多种金融衍生产品，解决文化企业融资难等实际问题。推出扶持文化出口企业的举措，推动天津文化“走出去”。上述体现了政府有意识、多方面地主导、促进发展的特点，使天津市文化产业形成良好的发展态势。

（三）形成具有区域特色的文化创意产业体系

“十二五”时期，天津以文化创意业、广播影视业、出版发行业、演艺娱乐业、文化旅游业、数字内容和动漫业、文化会展和广告业、艺术品交易业八大门类为主体的文化产业体系形成。同期市场主体文化企业快速发展，2015年底天津市有文化企业3万余家，从业人员40多万人，其中规模以上企业900余家。国有文化企业集团达到10个，总资产235亿元，龙头拉动作用明显，带动了天津市文化产业向中高端升级发展。同期，政府积极主导文化重点建设项目295个，总投资达1366亿元，载体建设直接撬动了产业发展。

（四）有序促进文化产业空间布局更加合理

依据天津城市建设特点，“十二五”时期逐步形成了市内六区海河文化产业带和滨海新区新兴文化产业带。截至2016年底，天津市有国家级文化创意产业园区9个、市级文化产业园区26个，园区聚集的文化企业占全市总数的25%。各园区分别建成动漫公共技术服务平台、文化科技融合公共服务平台等，发挥了聚集、辐射和带动作用。“十二五”时期文化创意产业的高速发展得益于天津市级文化产业专项资金的扶持，这为“十三五”乃至更长时期的发展奠定了良好基础。

三　天津文化产业政府投入的现状分析

天津市政府以专项资金形式支持文化产业发展，是积极财政政策的具体表现。自改革开放以来，天津市主要以主导、引导两种政策方式推进经济发展，实现资源的优化配置。在新兴文化产业领域，主要以专项扶持资金形式主导产业发展的方向。

（一）财政部和市委宣传部文化产业专项扶持资金政策分析

2012年，财政部发布《关于重新修订印发〈文化产业发展专项资金管理暂行办法〉的通知》，（财文资〔2012〕4号，2012年4月28日施行）；2016年10月中共天津市委宣传部为进一步规范和加强天津市文化产业发展专项资金项目管理，根据财政部《关于重新修订印发〈文化产业发展专项资金管理暂行办法〉的通知》、《天津市人民政府办公厅关于转发市财政局拟定的天津市市级财政专项资金管理暂行办法的通知》（津政发〔2015〕63号），并结合天津市发展的实际情况，制定出台了《天津市文化产业发展专项资金项目管理暂行办法》（下称《管理暂行办法》）。文件规定，“文化产业专项资金是由中央财政和地方安排，专项用于提高文化产业整体实力，促进经济发展方式转变和结构战略性调整，推动文化产业跨越式发展”的资金。同时规定了专项扶持资金支持的目标、方向和方式。

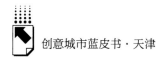

第一，支持目标。财政部2012年5月印发的《文化产业发展专项资金管理暂行办法》规定，专项资金的管理和使用应当体现国家文化发展战略和规划，符合国家宏观经济政策、文化产业政策、区域发展政策及公共财政基本要求，坚持公开、公正、公平的原则，确保专项资金的规范、安全和高效使用①。

第二，支持范围。《管理暂行办法》规定，专项资金的支持对象是政府鼓励投资且能够引导社会资本进入文化产业领域，明显提升文化产业自主创新能力和市场竞争力，具有显著社会效益和经济效益的文化产业项目。范围包括：新闻出版发行服务、广播电视电影服务、文化艺术服务、文化信息传输服务、文化创意和设计服务、文化休闲娱乐服务、工艺美术品生产、文化产品生产的辅助生产、文化用品生产、文化专用设备生产等②。

第三，支持方向。一是深化文化体制改革。对转制文化企业的重点文化产业项目予以支持。二是培育骨干文化企业。对天津市的大型文化企业集团的重点发展项目予以支持，对文化企业跨地区、跨行业、跨所有制联合兼并重组和股改等经济活动予以支持，对上市、挂牌文化企业的项目予以重点支持。三是构建现代文化产业体系。对天津市文化产业发展规划所确定的重点工程和项目、国家级和市级文化产业园区及示范基地建设、文化内容创意生产、人才培养等予以支持，并向天津地方特色文化产业和新兴文化业态倾斜。四是推动文化融合发展。推动文化与科技、金融、商贸、旅游等领域的融合发展，对文化企业开展高新技术研发与应用、数字化建设、利用金融机构等渠道融资发展、开发文化旅游项目等予以支持。五是推动文化企业“走出去”。对文化企业扩大出口、开拓国际市场、进行境外投资等予以支持。六是推动“两个效益”相统一。推动国有文化企业实现社会效益和经济效益相统一，加大对社会效益

① 《关于重新修订印发〈文化产业发展专项资金管理暂行办法〉的通知》，http://www.mof.gov.cn，2012年5月4日。

② 天津市委宣传部：《关于印发〈天津市文化产业发展专项资金项目管理暂行办法〉的通知》，天津文化产业网，tjwhcy.gov.cn，2016年10月18日。

突出的产业项目的扶持力度①。

第四，支持方式。一是项目补助。对符合支持条件的文化企业以自有资金为主投资的重点发展项目给予补助，对具有良好市场前景和体现天津市特色的文化产业项目，可予以重点支持。二是贷款贴息。对符合支持条件的文化企业通过银行贷款实施重点发展项目所实际发生的利息给予补贴，贴息类项目申报年限一般不超过3年。三是项目奖励。对已完成并取得良好社会效益和经济效益的文化产业项目进行资金奖励。项目应已全部完工，在开发新型文化资源、培育文化品牌、扩大文化市场规模、推动文化产业园区、示范基地升级发展和促进文化“走出去”方面具有带动性与示范性②。

从政策总体结构看，体现了政府精准推进文化体制改革、促进文化产业内部结构调整、构建以市场为导向的文化产业体系、促使文化产业与现代科技等新兴行业结合、整体提升竞争力、推进与国际接轨、体现资金使用安全和公平以及有效率等政策指向。

（二）文化产业专项资金投入热点变动分析

天津文化产业专项资金在2011年的投入体现了促进文化创意与科技大融合、文化内容优先、文化产品制造重要3个方面；到2012年，在仍然大力推进文化与科技融合的基础上，在文化“走出去”与国际接轨、3D技术应用、数字新技术应用、新媒体应用4个方面加大投入；到2013年，在此前基础上，资助进一步体现了“互联网+文化+科技”、新媒体应用、文化产权交易、大众文化娱乐四大趋势；到2014年，在新媒体融合平台、移动终端新技术、创意设计、产业公共服务平台、双创园区服务平台、文化商务网络、国际化融合7个方面加大投入；到2015年，更将融媒体、智慧社区、文化与科技和旅游等的跨界融合、数字博物馆、大数据与云平台等新兴趋势作为资助对象，体现了聚集生产要素—构筑市场体系—促进文化与科技融合—跨界融合—国际化融

① 天津市委宣传部：《关于印发〈天津市文化产业发展专项资金项目管理暂行办法〉的通知》，天津文化产业网，tjwhcy. gov. cn，2016年10月18日。

② 天津市委宣传部：《关于印发〈天津市文化产业发展专项资金项目管理暂行办法〉的通知》，天津文化产业网，tjwhcy. gov. cn，2016年10月18日。

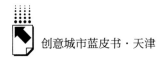

合—全产业链—聚集文化消费热点—打造产业生态链条的轨迹，起到了聚集、引领、促进的作用。

（三）天津市文化产业专项资金效果总体分析

综上所述，“十二五”时期政府文化产业专项资金政策实施以来，效果是积极的、良好的，在有限的资金条件下，支持是合理的、均衡的，重点突出，主导和引导并用，作用明显。在“十二五”时期大大提升了文化产业的竞争力，优化配置了文化资源，激发了创新、创业的热情，吸引了众多社会资金进入文创领域，改变了天津文化产业原来处于国内第二梯队的现状，促使进入国内第一梯队。可以说，专项资金功不可没。

第一，促进了国有文化单位向市场化的过渡。在改革初期，国有文化单位遇到了一系列问题。比如人员分流，老同志提前退休或买断工龄，新人需缴纳社保资金等，都需要支出改革成本。专项资金起到了促进国有文化单位向市场过渡、聚集市场要素、增强竞争力、争取最大收益等各种作用，效果较好。

第二，潜心培育了骨干文化企业。对天津市的大型文化企业集团公司实施重点项目支持计划，比如北方电影集团历年申报的3D技术创新研究及应用、移动4G掌上院线、中国电影制片素材服务平台、定格动画交互式制作终端、电影的剪辑和特效及调色异地联网综合制作系统项目，使其整合了电影资源，采用影视新科技，并构建了影视服务平台，为其增强集团竞争力奠定了良好基础。又如天津日报集团，近年遭遇了纸媒广告收益下降等困难，在其向新兴媒体过渡阶段，专项资金资助其搭建新媒体平台，包括新闻信息综合服务平台、天津旅游移动应用平台建设项目、QQ公众号自媒体众创联盟、易屏020全媒体定制终端信息云平台，以及京津冀财经信息服务平台等，有力地支持了其向新媒体、新产业的前沿过渡。

第三，对文化企业跨地区、跨行业、跨所有制联合兼并重组和股改等经济活动予以支持。例如，移动互联网城市联盟项目、中新生态城动漫园版权公司的国家级新媒体版权交易平台、兆讯传媒公司的东部沿海高铁车站广告联播网、未来电视天津公司的中国互联网电视大数据管理平台项目等，均有力推动了天津文化企业跨地域整合优势文化与科技资源，向产业链上下游进军，成效显著。

第四，积极推进现代文化产业体系的构建。对天津市文化产业发展规划所确定的重点工程和项目、国家级和市级文化产业园区及示范基地建设、文化内容创意生产、人才培养等予以了支持，同时也注重向天津地方特色文化产业和新兴文化业态倾斜。例如，关于天津老棉 3 文化创意街区建设，专项资金支持其在修复工业遗产原貌的基础上，整修创意场区，搭建公共技术服务平台、青年创新创业平台、新媒体孵化平台等。专项资金还十分注意资助处于上游的文化内容创意设计，从影视剧创作、文学作品出版、实景演出，到颇具特色的京评剧和相声创作，从数字印刷平台构建到技术提升改造，有力地促进了多元文化生产体系建设。

第五，推动文化产业融合发展。专项资金适应发展大趋势，深入、积极地推动文化与科技、金融、商贸、旅游等领域的融合发展，对文化企业开展高新技术研发与应用、数字化建设、利用金融机构等渠道融资发展、开发文化旅游项目等予以支持。新媒体体现了文化与科学技术融合发展的大趋势，是“十二五”专项资金支持的首要行业，覆盖了新媒体集成播控、新媒体大数据、自媒体、全媒体互动平台、数字化服务平台、京津冀财经信息平台等多个项目。资助了文化与旅游融合发展的众多项目，从五大道文化旅游公司的“五大道旅游体验馆”，到滨海新区航母集团的“俄罗斯文化创意风情街”，再到极地海洋公司的“海洋大马戏主题表演秀”，资助强化了“文化是旅游的灵魂”的理念，提升了“津津有味”的魅力，使文化旅游竞争力更上一层楼。

第六，推动文化企业“走出去”。专项资金对文化企业扩大出口、开拓国际市场、境外投资等予以支持。专项资金资助了鼎天国际拍卖公司建设的东西方文化艺术品交流平台，支持了天津港文化传媒公司的国家级文化贸易基地建设和福莱特文化园区的国际文化交流创新平台，以及天津乐器产业的出口外销，积极推动天津文化企业与国际化接轨。

第七，推动“两个效益”相统一项目。天津政府在规定中对专项资金提出了高要求：要推动国有文化企业实现社会效益和经济效益相统一，加大对社会效益突出的产业项目的扶持力度。在有限的资金条件下，资助经济效益高、社会效益好的“天津 IPTV 内容集成播控平台”“国家动漫产业综合示范园文化产业孵化器”“高清互动电视业务平台”“国家文化贸易基地”“国家文化科技研发基地”“三网融合综合服务平台”“环渤海文化产业新媒体网”“国家数字出版基地云投放平台”“互联网电视内容服务平台”“移动互联网版权运营服务平台”等大项目、好项目，以小促大，培育了上述企业的核心竞争力，为文化产业在“十三五”时期的高速发展奠定了良好基础。

四 “十三五”时期专项扶持资金所面临的新形势、新任务

“十三五”时期，天津经济社会进入发展新阶段，文化产业的地位和作用更加突出。其面临“六新”：新形势、新战略、新转型、新模式、新布局、新要求。

（一）“十三五”时期文化产业是国际竞争的重要领域

当今世界，越来越多的国家把提高文化软实力作为重要发展战略，文化产业的较量逐渐成为国际文化实力竞争的主要领域。世界范围内各种思想文化交流、交融、交锋更加频繁，有关“文化例外”的争议与摩擦进一步深化。改革开放40年来，中国国际地位和国际影响力明显提高，文化软实力不断增强，中华文化的作用和影响力引起世界极大关注，我国需要一个受到尊重、理解和信任的国际文化环境。专项扶持资金是促进文化产业发展、培养国际文化竞争力、保障国家文化安全、实现文化“走出去”的重要财政政策和手段。

（二）“十三五”时期天津市文化产业发展新战略

在“十三五”新时期，天津作为“一路一带”倡议的重要节点，对文化“走出去”在思路、方向、战略重点上提出新的要求；京津冀协同发展拓展了天津文化产业发展的思路、机会和空间；特别是自贸区建设带来的政策条件，是天津独特的相对优势。如何利用好新形势和新优势，是专项资金的新课题。

天津市《“十三五”文化产业发展规划》提出，“十三五”期间文化产业要继续保持两位数增长；到“十三五”末期，文化产业年增加值达到2300亿元，占全市国内生产总值的8%。《“十三五”文化产业发展规划》还提出了新时期六大任务：一是优化产业结构，二是扶持引导外向型文化产业，三是做

大文化市场，四是完善文化要素市场，五是提升文化消费市场，六是建设文化对外贸易市场。还提出文化产业内部转型升级的两大任务：一是抓住转型和创新机遇，开拓国内、国际两个市场，增加文化产品和服务的市场份额，这是未来五年天津文化产业发展的关键；二是突破体制瓶颈，如文化市场管理、市场主体自身活力、文化与金融和科技等的深度融合都触及体制问题，因此深化文化体制改革，搞活文化产业的体制机制的任务十分繁重。配合“十三五”规划目标，用好、用活专项资金也是一项新任务。

（三）“十三五”时期天津市创新文化产业结构的部署

“十三五”时期的文化产业要创新结构，必须逐步转移低附加值的加工型产业，大力扶持创新创意型和高科技含量的文化企业。突出内容创作创新，大力推进文化艺术、广播影视、新闻出版等传统基础产业优化升级，强化文化创意和设计服务的先导产业作用；加快发展以数字技术、互联网、软件等高新技术为支撑的新型产业，构建结构合理、门类齐全、科技含量高、富有创意、竞争力强的科技型文化产业体系。

上述新形势要求财政投入必须围绕大战略布局，进一步实现积极的财政政策的杠杆效果。在大的方面，统筹资源，推进文化产业成为支柱产业，促进国家文化贸易基地建设和京津冀协同发展，构建“一带一路”文化产业带等，均成为专项资金布局的新指向。

五　国际、国内可资借鉴的改革经验

20世纪末以来，西方发达国家的文化目标选择呈现出一个共同的趋势，即强调文化的经济功能和文化产业的发展，与此相适应，发达国家文化直接投入的重心也发生了重要转移，即从单纯强调财政投入的补助功能，转向强调补助与投资的双重功能。

（一）英国——艺术基金的NESTA模式

发达国家的彩票基金作为国家文化投入的重要补充，近几年获得了长足发展，如芬兰，彩票基金占国家文化投入的比例已超过70%。最近几年，西方发达国家彩票基金在文化领域的应用也相应出现了新动向，即越来越倾向于投资基金，其中以英国的“国家科学、技术与艺术基金”（NESTA）最具有代表性。

1997 年，英国政府意识到创意和创新在国家发展中的重要作用，从彩票基金中划拨 2 亿英镑组成“国家科学、技术与艺术基金”，从源头上扶持创意、创新与创造。基金成立之初的主要方式是通过项目基金的方式予以资助，最近几年开始尝试投资基金，并形成了项目基金和投资基金相结合的运作模式。其中项目基金主要以项目资助的方式促进英国创新发展的项目，包括如下 4 个领域：挑战创新项目、创意先锋项目、未来创新项目以及国家科学、技术与艺术基金联合项目。

投资基金则以风险投资和产业投资的方式为创新企业提供资金支持，主要有两种方式：一种是作为风险投资基金，为符合条件的初创企业提供风险投资；另一种是作为产业投资基金，与其他投资机构作为有限合伙人组成共同投资者对符合条件的企业进行投资。

（二）法国——电影与文化产业融资局的 IFCIC 模式

法国实施政府主导型文化管理，政府负责文化管理、投资等事务。但是 20 世纪末以来法国政府开始尝试一些新的文化投资方式，其中最具有代表性的是电影与文化产业融资局的 IFCIC 模式。电影与文化产业融资局是由文化部与财政部于 1983 年共同发起的一个独立融资机构，开创阶段的资本金主要由两部分构成，第一部分资金是来自政府委托 OSEO 和 Caissedes Dépōtset 集团的出资，占资本金的 49%；第二部分资金来自大约 20 家商业银行或贷款机构，占资本金的 51%。

电影与文化产业融资局的资产只有 1250 万法郎，但旗下掌管了 6000 万法郎的担保基金，其中有国家电影中心提供的电影和视听艺术担保基金、法国文化部提供的文化产业基金以及新闻出版担保基金，使其能够担保的贷款总额达到 2.11 亿法郎。电影与文化产业融资局的担保基金只针对贷款银行，其担保的额度一般在贷款总额的 50% ~70%，即如果担保贷款出现问题，担保基金将分担损失的一半以上。

（三）韩国——电影投资专门组合模式

韩国电影振兴委员会（KOFIC）是文化观光部辖下的独立机构，虽然预算来自文化观光部，却拥有独立制定电影政策的能力，但必须受到政府及国会的监督。电影投资专门组合是指由中小企业厅与 KOFIC 共同合作投资电影。电影投资专门组合也是一种代理投资公司，其功能类似于创业投资公司，但是资金规模更大，可以操控更多资金，同时可以投资数部影片来分散风险并追求最大经济效益。政府规定它须将保有金额的 60% 以上投资用于制作文化商品，以此确保电影资金的稳定来源。电影投资专门组合从 2000 年开始，每年投资 100 亿韩元，以 5 年为一个周期。由 KOFIC 来投资电影，做信用担保，风险较低。

（四）对国际经验的思考与借鉴

研究发现，鉴于意识形态、历史文化以及价值观存在差异，各国的文化政策很难有可比性，但就文化领域的财政投入方式而言，则其他国家的经验具有重要的借鉴价值。我国在文化财政投入机制方面，还存在诸多与公共财政建设以及社会主义市场经济发展不相匹配的问题。在市场经济条件下文化的财政投入方式、效率、监控等方面，许多国家的经验值得学习和借鉴。首先，尊重本国文化发展的特点，实施差异化的混合资助模式。其次，注重财政投入的科学性、透明性以及效率，实行决策、执行、监督分立协同的模式。最后，创新文化财政投入方式，发挥财政投入的杠杆作用，破解文化产业发展领域的资金瓶颈。

（五）2016年国家级文化产业专项资金改革的方向

近年来，国家级专项资金对促进我国文化产业的发展发挥了积极作用，政策部署的战略性和聚焦性明显增强。在科学使用、充分发挥作用的过程中，也逐步厘清了国家发展文化产业的战略定位、阶段性目标和中长期发展目标。然而从宏观层面看，在当前文化产业与其他产业深度交叉、文化与科技有机融合的现实背景下，置身于涉及面广、分类复杂的产业环境，文化产业发展专项资金的分配和使用也存在不可忽视的一些共性问题。一是资金分配相对分散，集聚效应难以充分体现；二是局部统筹水平较低，缺乏统一的文化产业整体性规划，导致有限的财政资源被分解、消耗，事倍功半；三是管理模式缺乏创新，难以监督管理，绩效考核亟待完善。为贯彻落实中央关于加大文化领域供给侧结构性改革力度，我国财政部对2016年文化产业发展专项资金做出了重大改革，实行“市场化配置+重大项目”双驱动，做到“三个首次”。有些做法值得我们深思甚或采纳。

第一，首次大幅引入市场化运作机制。出资15.6亿元，完善参股基金等股权出资模式，创新通过重点省级文投集团开展债权投资路径，放大财政杠杆和乘数效应，提高资源配置效率。第二，首次取消一般扶持项目，28.6亿元全部投入重大项目，聚焦媒体融合、文化创意、影视产业、实体书店等8个方面，着力提高财政推动文化领域供给侧改革贡献度。第三，首次建立牵头部门负责制。重大项目征集、评审分别由中宣部、文化部、商务部负责，中央财政“退后一步、站高一层”，突出顶层设计和政策规划，推动项目遴选与资金分配有机衔接。第四，落实国务院关于财政资金“由补变投”指示精神，2016年财政部对文化产业发展专项资金管理模式做出重大调整，加快由无偿向有偿、由直接分配向间接分配转变，努力实现市场化配置目标①。

（六）北京、上海、深圳改革的经验与启示

国内近年来涌现出了北京、上海和深圳三个文化创意产业发展一线城市。《北京文化发展报告（2016~2017）》数据显示，2017年北京城市文化发展的总体实力居全国首位。北京的城市文化、文化竞争力、文化形象竞争力和城市科技创新力度具有独特优势，尤其是文化设施、文化意识、文化资源、城市营销能力等指标排名稳居第一。2016年底，北京文化创意产业增加值达到3570.3亿元，占GDP的14.3%。上海也在“十二五”时期成为国内文化创意产业先导城市，在文化产业规模、产业结构、空间布局、产业政策、产业国际化等方面获得持续快速增长和稳步提升。未来5年，上海文化创意产业将围绕建设“国际文化大都市”“设计之都”“全球科技

① 《文化产业发展专项资金有重大改革》，《光明日报》2016年8月6日。

创新中心”“中国（上海）自由贸易试验区”等，着力构建创新活力型的文化创意产业体制机制。

地处改革开放前沿的深圳市文化产业已率先形成了“文化国际博览会”“国际设计之都”等品牌。2016 年深圳文化产业增加值达到 1949.7 亿元，占 GDP 的比重达 10%。

上述城市能取得如此大的成就均得益于文化创意产业专项资金的深度支持，一些政策和方法值得借鉴。

第一，关于专项资金的支持方式。2014 年 11 月北京出台了《北京市文化创意产业发展专项资金管理办法实施细则》，文件显示其支持方式分为贷款贴息、项目补贴、政府重点采购、奖励、贷款担保、创业投资引导基金 6 种，并对其都做了细致的规定。这在国内是首创的。深圳文化产业专项资金规定，将采取银行贷款贴息、配套资助、奖励、项目补贴 4 种资助方式资助文化创意项目。精准分配年度专项资金，其中 15% 用于文化产业基地的项目补贴，85% 用于对企业的扶持。按照精准比例分配专项资金是深圳的特色。上海则在 2014 年 4 月出台了《上海市促进文化创意产业发展财政扶持资金实施办法》，在“管理原则”中强调：扶持资金按照“总体规划、分步实施；编制预算、确保重点；专款专用、加强管理；绩效评价、公开透明”的原则管理。扶持资金采取无偿资助、贷款贴息和政府购买服务等方式安排使用。这与其他城市有所不同。上述三种方法均起到了扩大财政资金支持范围的作用，使文化企业和文化项目得到了全方位资助，极大地促进了文化资源的有效配置，撬动社会资金向文化创意产业领域聚集，提升了其价值创造能力①。

第二，关于支持方式的最新改革。支持方式的最新改革出现在北京。2016 年 2 月，北京市国有文化资产监督管理办公室在原政策基础上发布了北京市文化创意产业发展专项资金一揽子扶持政策，包括企业项目征集评审管理办法（试行），项目补助实施细则（试行），项目奖励实施细则（试行），项目贷款贴息实施细则（试行），项目贴租实施细则（试行），项目贴保实施细则（试行），文化创意产业孵化器奖励实施细则（试行），文化创意企业上市、挂牌

① 北京市国有文化资产监督管理办公室：《北京市文化创意产业发展专项资金项目补助实施细则（试行）》，中国经济网，2016 年 2 月 19 日。

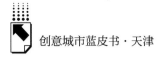

和并购奖励实施细则（试行）8 项，更进一步提升了财政资金精准支持的政策效率①。

第三，关于重点项目的支持比例。深圳提出了重点扶持项目的原则：“对重点扶持的文化企业的资助要占企业扶持资金总量的 65% 以上。对于重点扶持的企业，从被认定之日起的 5 年内，企业申报前 3 年的税收指标平均年增长率达到或超过 15% 的，则以上一年该企业实际缴纳和减免的全部税额为基数，按其新增额的 50% 给予奖励。”

第四，关于补助和奖励的资金计算方法。2016 年 2 月北京国有文化资产监管办公室在文化创意产业发展专项资金扶持政策中，在项目补助（试行）和项目奖励（试行）两个文件中提出了补助和奖励的资金计算方法：“项目补助按照以下标准测算支持额：以项目补助类预算总金额为基数，以项目核定投资金额、申报单位上一年度净资产、申报单位上一年度纳税额和专家打分情况等为权重指标，分别设定项目核定投资金额权重为 50%，净资产权重 10%，纳税额权重 20%，专家打分情况权重 20%。”项目奖励资金计算方式同此。利用多维度指标科学计算资助金额，进一步体现了政策创新的公平公正性。

第五，关于项目评审的方法。深圳成立了“深圳市文化产业发展专项资金专家评审委员会”，由知名专家、学者和企业家组成，为专项资金的资助、管理和决策提供咨询、论证和资助项目评审意见；评委会按照相对独立、封闭操作的原则进行评审。与其他城市不同的是，文化企业的项目资助申请由深圳市文化产业发展办公室常年受理。

六　对天津文化产业专项资金创新的政策建议

天津文化产业专项资金将依据“十三五”文化产业规划的总体布局进一步创新，将模式创新和管理创新放在首位，大力提升政府资金的使用效率，提高财政政策的有效性，以“看得见的手”推动资源的优化配置，促进文化发

---

① 《“北京市文化创意产业发展专项资金”一揽子扶持政策出台》，搜狐网，2016 年 2 月 19 日。

展方式转变和结构战略性调整，使天津成为文化开放程度最高、发展活力最强、最具竞争力的地区之一。

（一）关于投入方式的改革建议

2016 年，经反复论证，财政部确定了文化产业发展专项资金投入方式的改革总体思路：除保留部分资金继续用于落实党中央、国务院和宣传文化部门确定的重大政策、项目外，逐步引入市场化运作模式，通过参股基金等方式，提高资源配置效率。以往财政扶持文化产业发展多数采用行政无偿分配的方式，通过直接给予型补助，及时弥补改革成本、释放发展潜力，但其弊端也很明显，即容易弱化市场配置资源的效率①。因此提出如下建议。

1. 市场化运作模式

天津市文化产生发展专项资金应逐步过渡到市场化运作模式。应积极创新专项资金的投入模式，着力解决财政资金在竞争性领域科学投放的问题。从国家层面的制度设计看，文化要作为产业发展，相应的财政扶持政策应当在市场基础性作用的框架内运作。但财政部考虑到文化产业的发展要始终强调把社会效益放在首位，专项资金还不能完全引入市场化运作模式。因此，遵循中央的改革思路，建议天津市除保留部分资金继续用于落实市级“十三五”规划和宣传文化部门确定的重大项目外，逐步引入市场化运作模式。主要通过参股基金等方式，提高资源配置效率，要从顶层设计上把政府政策与市场真正衔接起来，既体现政府的引导作用又不破坏市场的运行规则。

2. 从“扶贫扶弱”到“扶强扶优”

“十三五”时期天津市财政资金支持的模式要从“扶贫扶弱”逐步过渡为“扶强扶优”。针对“十三五”文化产业规划中提出的要提升产业竞争力、推进国际文化贸易、支持京津冀和“一带一路”协调发展，以及推动中国文化“走出去”的思路，应进一步支持天津市“强、优”文化资源加快转移到上述领域，切实发挥财政资金的引导和杠杆作用，积极引导社会资本进入目标文化产业领域，并通过参股基金等使市级财政资金获得一定的投资回报。

---

① 中华人民共和国财政部：《财政部明确文化产业发展专项资金改革思路》，《中国财经报》2016 年 5 月 31 日。

3. 破解“双创”融资难题

投入模式要破解“双创”融资难题。比对中央扶持模式，天津市要逐步探索开展债权投资扶持计划，形成财政出资引导、文投集团配套跟进的全新投入机制。2016 年，中央曾依托北京文投、陕西文投两家全国领先的省级文投集团，中央财政出资 5.6 亿元，带动配套资金 46.8 亿元，推进完善融资租赁、无形资产质押等创新型业务，直接降低了融资成本，为破解长期困扰文化企业发展的融资难、融资贵问题提供了新的思路。

4. 优化资金投入结构

要优化资金投入结构，聚焦阶段性重点扶持的文化产业领域，推进“以奖代补”“奖补结合”“重点倾斜”等资金拨付方式；进一步发挥资金的引导效应，通过财政补助贴息、信用担保、有偿使用等形式拓展文化产业专项资金的平台属性，使具有重要市场潜力的文化企业与文化项目能够快速吸引社会与民间资本；建立市级专项资金与区县配套资金相结合的动态协调机制，出台配套资金扶持政策，重点扶持融合性强、带动性突出的文化产业类型。

（二）关于投入模式的改革建议

在“十三五”的远大目标面前，可考虑将专项资金模式分为“重点文化企业发展专项资金”、“重大项目专项资金”和“一般项目专项资金”。

1. 设立“重点文化企业发展专项资金”

天津市应设立“重点文化企业发展专项资金”，资助方向为以下 3 个。第一，鼓励打破部门和区域限制，推动天津市有实力的文化企业联合重组，合并组建新的文化企业或集团公司，作为兼并主体通过购买、直接入股等方式取得其他文化企业的所有权或控股权，加快公司制、股份制改造。第二，加快推进文化企业之间的强强联合、传统业态和新兴业态的融合，打造一批新型龙头企业和品牌。如推进北方电影集团、北方动漫集团、出版传媒集团、北方网新媒体集团、今晚网络公司、广电网络公司、天视卫星传媒公司等国有文化企业的上市步伐，通过上市融资，拓展新的业务，实现做大做强。第三，突出推进龙头企业建设。重点打造一批在全国具有行业优势和影响力的国有或国有控股文化产业集团，加快建立产权清晰、政企分开、管理科学的现代企业制度。支持通过文化企业跨地区、跨行业、跨所有制的联合重组，“十三五”时期形成 10 个左右资产超过百亿元的大型文化企业。

2. 设立“重大项目专项资金”

天津市应设立“重大项目专项资金”，资助方向为以下3个。第一，扶持传统业态转型和新兴业态发展。依据规划，“十三五”时期要推进广播影视、出版发行、演艺娱乐、文化旅游、文化会展和广告、艺术品交易等传统产业，大力扶持创意设计、新媒体、数字出版、动漫游戏、软件服务等具有高知识性、高附加值的新兴文化产业，加快发展与移动互联网紧密结合的新媒体、云计算、物联网、大数据等新型文化产业。第二，扶持“文化+”重大项目工程。大力推进文化内容、文化创意、文化设计服务等与实体经济深度融合，推进“文化+制造”“文化+新兴数字产业”“文化+人居环境”“文化+旅游”“文化+贸易”“文化+金融”“文化+创意农业”“文化+体育”等新兴工程；催生新技术、新工艺、新产品，推动传统文化行业数字化转型和经营模式创新；深入实施国家文化科技创新工程；形成一批创意新颖、制造精良、知名度高的自主品牌，全面提升产业竞争力。第三，扶持引导外向型文化产业。推动对外文化贸易平台建设，在自贸区建立外向型文化产业聚集区。完善国际文化市场的信息收集、研究和发布机制，加大对文化出口重点企业和项目的扶持力度，支持外向型产品开发、优秀产品对外推介及企业海外落地经营，通过新设、并购等方式在境外设立文化企业，参与联合经营，建设文化产品国际营销网络，推动文化产品和服务出口。充分利用自由贸易试验区的政策优势和海港、空港的有利条件，大力发展文化产品和服务的对外贸易，加强与“一带一路”沿线国家和地区的文化贸易合作。

3. 设立“一般项目专项资金”

天津市应设立“一般项目专项资金”，资助方向为以下2个。第一，扶持壮大天津市中小企业。针对中小企业融资难、抗风险能力弱等问题，加大政策扶持力度。通过鼓励银行设立文化产业特色支行、发展文化产业担保公司、扩大文化产业股权投资基金、建立文化产权交易所、成立文化产业小额贷款公司等，进一步拓宽融资渠道，支持符合条件的文化企业在主板、中小板、新三板、股权交易所等不同层次的资本市场挂牌融资，资助完成“十三五”规划确定的重点扶持100家专、精、特、新中小企业做大做强的目标。第二，扶持民营企业做大做强。抓住京津冀协同发展带来的产业转移、资本人才流动等特殊机遇，用足、用好自由贸易试验区等政策优势，继续降低文化产业准入门槛，引导和带动更多社会资本、人才进入文化产业领域创业、就业，完成“十三五”规划确定的重点扶持1000家左右前景好、后劲足的小微型民营文化企业的目标。

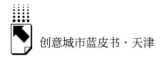

（三）关于构建激励创新的补助机制建议

天津要着力构建能够打造和增强文化企业核心竞争能力的差别性政府补助机制。只有当文化企业将政府补助用于研发创新能力的构建和提升时，政府补助的“能力效应”才会得到体现。不应仅将政府补助用于贴补成本费用，要建立政府补助激励文化企业研发投入的个性化引导分类机制和长效保障机制。

1. 建立差别性引导机制

在政策层面，建议建立政府补助与文化企业研发投入的差别性引导机制。为了改善政府补助的政策效果，还需要研究分类资助机制，完善政府补助后评估机制，落实一系列配套政策，从而促进文化企业持续研发创新，不断增强核心竞争力。

2. 建立研发投入的长效机制

要研究政府补助引导文化企业研发投入的长效机制。思考如何优化政府补助的制度设计，确定合理的比例范围，专门用于文化企业的技术研发、内容原创、技术标准服务平台构建以及文化人才的培育，从而促进文化企业进入持续改善绩效、不断增强核心竞争能力的良性循环。

（四）关于管理制度的改革建议

要保障政府文化产业发展资金的使用效率和规范化，关键在于管理制度的完善和创新。

1. 完善政府管理部门的协作机制

当前我国文化产业的各行业分属不同部门管理，每个细分行业又各具特点，各主管部门对行业属性以及行业内相关企业更为熟悉，应充分借助行业主管部门的力量，推动宣传部、财政局等政策部门共同成立“文化创意产业协同发展领导小组”，建立工作联动机制，提高专项资金在不同运行环节的操作效率。

2. 完善专家评审机制

在当前文化产业与其他产业深度融合、文化与科技高度融合的时代大背景下，文化产业涉及面广、分类复杂，这就需要各方面的专家参与咨询、评审。在“十三五”时期天津应继续拓展专家队伍，优化专家结构，大量吸收有产业经验的专家，大量吸收具有丰富经验的文化企业家，大量吸收跨行业、有复合知识结构的专家，大量吸收懂科技、懂金融、懂产业的复合型专家，以适应专项资金申报项目日趋复杂化、多样化的需要，切实保证项目评审的科学、公平、公正。

3. 建立科学的政策评估机制

加强针对文化产业发展与资金扶持政策的评估队伍建设，建立与完善标准化、规范化的评估程序、评估方法与指标体系，结合网上办公等方式向社会公开评估结果。相应地加大项目监督与管理力度，完善专项资金使用的绩效考评机制，建立相对完善的“专项资金绩效综合评价指标体系”，以全面评价专项资金的经济效益、社会效益，并据此建立大数据库，为实施积极的财政政策提供依据。同时规范资金的监督检查，依法接受人大监督和审计监督，着力强化制度建设，不断提高财政管理水平。

4. 构筑风险规避机制

由于文化产业专项资金要逐步引入市场机制，因此效益与风险同在。为有效规避风险，应构筑风险规避机制。

第一，设置风险补偿机制。在专项资金中划定风险补偿资金的比例，为按有关规定登记备案、所投资企业属于重点新兴文化产业领域的文化企业以及处于创业期和成长期的中小微型文化企业提供风险补偿渠道，提升专项资金的综合性扶持能力。

第二，实行资助阶段到位机制。严格、细致的把关是降低财政资金风险、防止市场失灵的必然手段。这要求文化产业发展专项资金的协调标准是动态的。以往“投资先行”的资金投入模式，可能会因项目实施过程中的偏差或偶然因素，而最终难以实现预期的经济收益和社会价值，而主管的宣传部和财政局也确实很难在申报阶段准确预知项目的实际成果。因此，建议实施“前期投入加后期阶段补助”的动态结合机制，以“审核 + 激励”的方式有效规避投资风险，同时阶段式的分配给予了被扶持主体在实施过程中调整方向的机会。动态、分段式的协调机制会相应地增加政府监管成本，可相对于资金配置的合理性、低风险和效率最大化而言，是值得的。

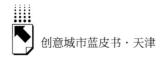

参考文献

财政部文资办《文化产业发展专项资金管理暂行办法》（财文资〔2014〕4号），中国经济网，2014年11月27日。

财政部《关于重新修订印发〈文化产业发展专项资金管理暂行办法〉的通知》（财文资〔2012〕4号）。

财政部《文化产业发展专项资金管理暂行办法》（财教〔2010〕81号）。

中宣部、财政部、中国人民银行《关于金融支持文化产业振兴和发展繁荣的指导意见》（银发〔2010〕94号）。

天津市人民政府办公厅《关于转发市财政局拟定的天津市市级财政专项资金管理暂行办法的通知》（津政发〔2015〕63号）。

天津市财政局《天津市文化产业发展专项资金管理暂行办法》（津财教〔2010〕46号）。

北京市财政局《北京市文化创意产业发展专项资金管理办法（试行）》（京财文〔2006〕2731号）。

北京市财政局《北京市文化创意产业发展专项资金管理办法实施细则》（京财文〔2010〕2170号）。

北京市国有文化资产监督管理办公室《北京市文化创意产业发展专项资金项目补助实施细则（试行）》（京文资发〔2016〕2号）。

上海市财政局《上海市促进文化创意产业发展财政扶持资金实施办法》。

上海市财政局《上海市促进创意设计产业发展财政专项资金实施办法》（沪财教〔2015〕12号）。

上海市财政局、市委宣传部《上海市宣传文化专项资金管理暂行办法》（沪财教〔2008〕73号）。

南京市委宣传部、财政局《南京市文化产业发展专项资金管理暂行办法（修订）》（宁委宣通〔2008〕28号）。

重庆市财政局、市国有文化资产经营管理公司《重庆市文化产业发展专项资金管理办法》。

杭州市委宣传部、市财政局《杭州市文化产业发展专项资金管理办法》（市宣通〔2007〕30号、杭财教〔2007〕442号）。

湖南省财政厅、中共湖南省委宣传部《湖南省文化产业发展专项资金管理办法》

2015年7月22日。

江西省财政厅、省委宣传部《江西省文化产业发展专项资金管理暂行办法》（赣财〔2003〕号）。

江苏省政府办公厅《文化产业引导资金使用管理办法》（苏政办发〔2007〕7号）。

财政部驻广东专员办业务二处课题组《当前文化产业财政扶持政策的现状、问题及建议——以广东省中央文化产业发展专项资金为例》，《财政监督》2015年第14期。

B.4
天津滨海新区特色文化产业发展战略与对策研究

段吉闯　倪方树*

摘　要： 特色文化产业是指依托各地独特的文化资源，通过创意转化、科技提升和市场运作，提供具有鲜明区域特点和民族特色的文化产品和服务的产业形态。这一概念强调在各地独特文化资源的基础上，结合创意、科技和市场运作，形成具有区域特点和民族特色的文化产品和服务。

关键词： 特色文化产业　创意转化　天津滨海新区

2014年，文化部、财政部发布了《关于推动特色文化产业发展的指导意见》。天津滨海新区特色文化资源丰富，发展特色文化产业有着得天独厚的优势。自上升为国家战略以来，天津滨海新区特色文化产业发展势头强劲，取得了不俗的成绩，但目前仍存在一些问题，有待进一步解决。为此，在借鉴国内外发达地区经验的基础上，提出了天津滨海新区特色文化产业的发展思路、发展重点和对策建议。

一　特色文化产业的概念及特征

特色文化产业是指依托各地独特的文化资源，通过创意转化、科技提升和

* 段吉闯，博士，天津滨海综合发展研究院体制改革研究所所长；倪方树，博士，天津滨海综合发展研究院发展战略与规划研究所所所长。

市场运作，提供具有鲜明区域特点和民族特色的文化产品和服务的产业形态。特色文化产业的概念强调在各地独特文化资源的基础上，结合创意、科技和市场运作，形成具有区域特点和民族特色的文化产品和服务。特色文化产业的涵盖范围比较宽泛，不过，从目前的研究情况看，其范围的界定主要依据2014年8月26日文化部和财政部联合发布的《关于推动特色文化产业发展的指导意见》。具体来说，特色文化产业主要包括工艺品、演艺娱乐、文化旅游、特色节庆、特色展览五大领域。

从特色文化形成的过程和特色文化产业发展的过程看，其特征主要有以下3个。一是具有独特的地域标识性。特色文化资源除具有文化资源的共性以外，还具有自身的一些特点，即唯一性、不可复制性、不可转移性和不可再生性。二是具有较高的附加值。特色文化产业是文化产业的重要组成部分，其发展主要依靠智力、科技投入和市场运作。一个故事、一个人物形象可以转化为出版物、影视作品、动漫游戏、舞台演出等一系列衍生品，只要消费者认可，就能在经济收益上产生叠加效应，实现一次投入、多次转化、持续回报。同时，资源消耗少，环境污染低，属于典型的绿色低碳产业，具有很好的可持续发展特性。三是具有较强的融合性。在各种产业中，文化产业是一个综合性、渗透性、关联性比较突出的产业，与多个产业存在天然的耦合关系，具有融合的深厚基础和广阔空间。

二　天津滨海新区特色文化产业现状及问题

（一）天津滨海新区特色文化产业发展现状

天津滨海新区历史文化遗存丰富，民俗文化体系特色鲜明，现代文化娱乐设施较为完善。聚集着中国近代民族工业的发源地天津碱厂、建于1880年的北洋水师大沽船坞遗址和中国化学工业摇篮“黄海学社”遗址等一批知名度较高的工业遗存。拥有大沽口炮台遗址和始建于明朝的海神庙、海门古刹潮音寺等国家级、省级文物保护单位。作为中国民间文化艺术之乡，形成了版画、刻字、评剧、飞镲等较为健全的民间民俗文化体系，其中飞镲被列入国家和天津非物质文化遗产目录。已经初步建成航母军事主题公园、热带植物园、天津极地海洋馆和亚洲规模最大的国际邮轮母港等项目，使天津滨海新区特色文化旅游资源挖掘整合的潜力巨大。总的来看，天津滨海新区特色文化产业的发展主要表现在以下几个方面。

1. 特色文化产业发展势头较为强劲

天津滨海新区特色文化产业快速发展，形成了以文化旅游、文化科技、影视动漫和特色节庆会展等为重点的特色文化产业。其中，在文化旅游方面，初步形成了工业游、军事游、海滨休闲游、民俗文化游四大旅游板块。在影视动漫方面。目前，通过采取“完善发展环境、树立原创品牌、坚持产业化道路”等具体措施，天津滨海新区已经聚集了全市近 90% 的动漫企业，形成了滨海高新区和中新生态城两大园区动漫生产基地。

2. 重大项目实施顺利，特色文化园区载体粗具规模

新区大力推进各类特色文化产业园区建设，依托各类创意产业园区载体，聚集入驻一批具有较强创新能力和带动作用的创意企业，形成了一批特色鲜明、主业突出、配套齐全的园区品牌。其中，国家动漫产业综合示范园、中国天津 3D 影视创意园、国家影视网络动漫实验园、国家级文化和科技融合示范基地、国家数字出版基地、天津滨海广告产业园等一批国家级文化产业园先后落户新区，集聚引领效应明显。

3. 特色文化环境建设日趋完善

天津滨海新区文化产业在企业融资、政策扶持、人才培养方面积极探索，形成一个有利于发展的产业环境，先后出台了《滨海新区加快文化产业发展的支持意见》、《滨海新区文化产业投资指导目录》和《滨海新区金融支持文化产业振兴与发展繁荣的实施意见》等。

（二）存在的问题

虽然天津滨海新区的特色文化产业发展取得了一定成绩，但与先进地区相比还存在不少问题，主要表现在以下 5 个方面。

1. 特色文化品牌不够突出

虽然天津滨海新区的历史文化底蕴较为丰厚，文化创意产业近年来发展也很快，但是还没有形成一个独立的、具有滨海新区特色的文化创意品牌，虽有国家动漫产业综合示范园、国家级文化和科技融合示范基地等产业园，但缺乏

具有影响力的事件和品牌效应，还不足以成为新区的“城市名片”。

2. 特色文化资源整合力度不够

滨海新区特色文化资源种类较多，但“碎片化”现象较为严重。从发展现状来看，分布过于零散，进而导致规模小且竞争力不强。此外，政府在整合力度上存在较大的调整空间，多扶持，不如精扶持。

3. 现代文化市场体系亟须优化

滨海新区现有的国有及国有控股的骨干文化企业规模和实力还不够大，民营文化企业的数量还不够多，市场竞争力不强。文化自主创新能力不足，拥有自主知识产权和核心技术的企业、产品和知名文化品牌还比较少，影响力和市场占有率较低。

4. 文化发展要素支撑体系滞后

受文化消费市场规模和文化产业结构影响，天津滨海新区文化人才汇聚速度相对较慢。受投融资渠道等影响，滨海新区文化发展投融资力度与第三增长极的地位不相匹配。

5. 体制机制改革需进一步深化

文化行政管理的协同机制有待完善，经营性文化单位转企改制效果有待加强，政企不分、政事不分现象依然存在。同时，特色文化发展还存在行业和地区壁垒。

三 国内外特色文化产业的发展与经验借鉴

（一）欧、美、日、韩等特色文化产业发展概况

当前世界文化产业的发展主要有 3 种模式：以美国为代表的北美模式——“市场驱动型”；以英、法、德为代表的欧洲模式——“资源驱动型”；以日、韩为代表的东亚模式——“政策驱动型”。这 3 种模式都在国际上获得了广泛认可，成为发展文化产业的经典模式。

1. 欧洲文化旅游产业的发展

在一系列特色文化领域中，欧洲文化旅游业一直保持着较快的发展趋势，目前已经进入规模化经营、产业化发展、良性化运行阶段。第一，欧洲文化旅

游资源丰富；第二，欧洲旅游竞争力名列全球首位。2015 年世界经济论坛评选的 2014 年全球最具旅游竞争力国家中，排名前五的依次是西班牙、法国、德国、美国和英国。据世界旅游组织年度报告，2014 年，欧洲入境游客达到 1700 万人次，产生的出口收益为 5090 亿美元，旅游产值占全世界的 43%。

2. 美国特色文化产业发展概况

近 30 年来，美国特色文化产业一直保持强劲增长势头，其影视业、广播电视业、报刊出版业、广告业、体育业、旅游业等十分发达，以影视娱乐为核心的演艺娱乐业是商业化成型最早、最具当代典型模式的特色文化产业，也是国际文化贸易格局中不可忽视的重要组成部分。以电影娱乐业为例，该产业是美国的支柱产业之一。当前全球电影业每年总产值约为 900 亿美元，其中美国电影产值约为 380 亿美元；美国电影每年的产量约为全球产量的 1/10，却发行到 150 多个国家和地区，年均占全球电影票房收入的 65%。电影附加产品也逐渐成为电影业收入的重头，1994 年美国仅电影衍生产品收入即高达 70 亿美元。

3. 韩国特色文化产业发展概况

1997 年，韩国政府开始大力扶植文化产业。近年来其发展主要体现在影视产品和游戏产业两大领域。韩国政府在 1986 年就放开了对电影的限制。为促进文化产品的出口，韩国政府 2000 年特别成立影音分轨公司，对将韩文翻译为外语和相应的产品制作给予补助，并设立“出口奖”，最高奖励金额为 1000 万韩元。伴随韩剧等文化产品席卷全球，韩国将传统文化、饮食、服饰、旅游等捆绑销售，2012 年韩国电影的海外输出总额达到 416 亿韩元。

4. 日本特色文化产业发展概况

动漫产业是日本最典型的特色文化产业，具有鲜明的民族特色，时至今日动漫已成为日本的第三大产业，占其 GDP 的 10% 以上。由动漫带动起来的衍生产业的发展更是迅猛。目前，日本动漫产业已经形成了由动漫生产—播出—衍生产品开发—收益—再生产组成的完整产业循环链，已是与邻接产业相融合，具有多样化特征和复合价值的全新行业。

（二）我国特色文化产业发展总体状况

十八大以来，党中央、国务院全面推进文化体制机制改革创新，文化产业增速始终高于 GDP 增速，保持强劲发展势头。截至 2016 年 12 月底，全国文化及相关产业企业数量达 297.65 万户，注册资本 14.29 万亿元；全国规模以上文化及相关产业法人单位数量从 2012 年的 3.6 万家发展到 2016 年的 5 万家，实现营业收入 80314 亿元。

2016 年，我国广播电视服务业总收入 5030 亿元，较 2012 年增加 1761 亿元；动画电视制作 15 万小时，电视纪录片制作 5 万小时，电视剧累计播出 689 万集；全国电影银幕数 41179 块，较 2012 年增长 213.91%，居世界第一位；总票房收入 492.83 亿元，较 2012 年增长 188.64%，国产影片市场份额达 58.3%；电影海外票房收入达 38.25 亿元，是 2012 年的 3.6 倍。全国出版、印刷和发行服务营业收入 23162 亿元，出版图书 49.6 万种，国民综合阅读率达 79.9%。资产总额超百亿元的出版传媒集团达 17 家，较 2012 年增加 42%。数字出版营业收入 5300 亿元，较 2012 年增长 173.8%。在体量增大的同时，文化产业的质量效益也持续提升，初步构建起结构合理、门类齐全、科技含量高、富有创意、竞争力强的现代文化产业体系。2016 年，全国文化产品进出口总额 885.2 亿美元，其中出口 786.6 亿美元；文化体育和娱乐业对外直接投资 39.2 亿美元，较 2012 年增长 18.6 倍；国际版权输出不断增加，图书版权贸易逆差逐步缩小。近年来表现抢眼的是电影产业、文化旅游产业和会展业。2015 年我国影院总票房收入为 440.69 亿元，占全球总票房收入的 17.8%，居世界第二位；国产片票房收入达 271.36 亿元，占总票房收入的 61.58%。从 2004 年到 2014 年，国内文化旅游从 7.44 亿人次增长到 36.11 亿人次，年均复合增长率 11.87%；2014 年国内旅游收入增长到 3 万亿元，年均复合增长率 18%；2016 年全年，国内旅游人数达 44.4 亿人次。同期，我国会展业在国际市场低迷时却表现为逆势上扬，2015 年，会展经济直接产值达到 4803.1 亿元，比 2014 年增长 14.8%①。

（三）国内外发展特色文化产业的经验借鉴

1. 敢于创新创造，重视与科技创新的融合

无论是美国和韩国的影视产业，还是日本的动漫产业，无不彰显着一股很强的创新意识。如美国影片《泰坦尼克号》把一个众所周知的海上遇难事故，

---

① 商务部：《中国展览业发展统计分析报告（2016）》。

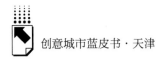

包装成为一个经典爱情故事，带来18亿美元的票房收入、衍生产品收入53亿美元。

2. 树立精品意识，打造特色文化品牌

特色文化产业发展的实践说明，其成功之处无不是悉心打造本国特色的文化品牌，如美国的电影和传媒、德国的出版、日本的动漫、韩国的网游和电视剧、印度的歌舞都已发展成为国际文化产业的标志性品牌。精品品牌已成为文化产业健康发展的必然要求和迫切需要。

3. 强化政策支持，完善产业保护体系

国外文化产业大发展的一个很重要的原因就是各国政府的大力支持。欧洲理事会与欧洲比较文化研究所估计，2011年，欧盟各国公益性文化产业单位实收资本的70%~80%来源于政府支出。又如，2009年加拿大政府对公益性文化产业的支出额为101.4亿加元，其中联邦政府支出41.6亿加元，占41%，地方政府（包括省、地区和市政府）支出59.8亿加元，占58%。

4. 投资主体与融资方式多样性

特色文化产业的发展离不开强大的资金支持。当特色文化产业的商业价值凸显时，需要更多的资金投入以进行开发和扶持，才能发挥产业效应、创造价值。另外，拥有一大批高素质的文化创作和经营人才、能适应数字技术环境中多种产业需求的文化资本人才、数字艺术软件开发人才和媒体产业经营管理人才也是重要经验之一。

四　天津滨海新区特色文化产业发展总体思路

（一）发展思路

天津滨海新区发展特色文化产业重点打造“1834”工程。其中，“1”是指完善“一岸两轴两片区”的发展格局；“8”是指重点发展八大特色产业，即文化旅游、文化科技、动漫游艺、演艺娱乐、创意设计、文化贸易、特色节庆会展、特色民俗；“3”是指促进三个融合，即部门融合、区域融合和产业融合；“4”是指健全特色文化信息公共平台、文化金融平台、文化科技服务平台、文化产权交易平台四大支撑平台。

（二）发展重点

1. 文化旅游

依托新区历史文化、特色民俗、自然生态和现代工业等资源，着力于传统与现代、陆地与海洋、文化与旅游、文化与休闲的融合发展，积极推进文化和旅游融合，加快构建文化旅游产业创新发展体系，整合文化旅游资源，打造“百年工业游”“百年军事游”“百年民俗文化游”“生态休闲游”等文化旅游特色品牌，开发文化旅游精品线路，加快推进文化产业、旅游产业转型升级，实现跨越式发展。到2020年，实现文化与旅游产业深度融合，文化与旅游等生产要素高效集聚，力争将新区打造成国际、国内旅游目的地。

2. 演艺娱乐

以滨海航母主题公园演艺娱乐等项目为依托，推动演艺娱乐企业发展壮大，提升演艺娱乐产业竞争力。运用“互联网＋”思维，发展电子娱乐业，创新娱乐业态，鼓励连锁娱乐企业发展；树立品牌意识，实施精品工程和品牌带动战略，扶持引导健康向上的原创演艺娱乐产品的创作生产和推广营销，将新区丰富的海洋文化、军事文化、工业文化以及名人故事等搬上舞台，鼓励演艺娱乐产品特色化、品牌化发展；推进演艺娱乐资源整合重组，探索组建新区综合性演艺公司。

3. 特色节庆会展

发展壮大北塘古镇旅游节、茶淀葡萄节、冬枣节等具有新区特色的节庆活动，挖掘整合各功能区和各街镇特色节庆资源，培育具有新区特色的节庆品牌。以滨海国际会展中心等为平台，积极借重首都展会资源，加强与天津主城区会展业的合作，大力吸引和招揽有国际影响力的高端会议、展览项目落户滨海新区。

4. 特色民俗

挖掘、整理、开发优秀的民俗文化资源，打造民俗文化旅游新名片。不断加强对北塘古镇文化的收集整理和管理保护，大力开发北塘古镇的民俗文化资源。每年定期举办潮音寺文化庙会、妈祖活动、飞镲艺术节、版画展览等特色活动，增强保护、发展民俗文化的意识，为打造民俗品牌营造浓厚氛围。

5. 文化科技

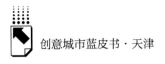

借助新区物联网、云技术快速发展的科技优势，以国家级科技与文化融合发展示范基地为载体，深入推动文化与科技融合，大力推进文化科技创新，提升文化产业发展的层次，促进文化产品创新，发挥好“1 + 1 > 2”的叠加效应。

6. 创意设计

大力发展工程设计和工业设计，增强创新能力，提升品牌影响力，培育一批具有较强国际竞争力的工业设计服务外包领军企业。依托国家超算中心，面向生物医药、装备制造、动漫设计、工程仿真等领域推进信息技术与文化创意和设计服务融合。完善提升滨海新区集成电路设计服务中心的服务能力，为中小型 IC 设计企业提供 EDA（电子设计自动化）、MPW（多项目晶圆）、测试等共性服务。

7. 文化贸易

抢抓京津冀协同发展和“一带一路”建设重大机遇，集聚国内外文化贸易企业、人才等要素资源；建设文化产品和服务的出口交易平台、文化艺术品监管库等，为国际、国内文化的生产、传播提供专属保税服务，大力引进国外著名的影视机构、演艺机构等落户新区。大力发展特色节庆会展业、动漫游艺业、演艺娱乐业、文化艺术品交易等产业，突出规模化、品牌化、特色化，努力建成北方创意产业领航区，打造环渤海海洋文化产品交流和交易中心。

8. 动漫游艺

依托国家级动漫产业综合示范园以及滨海高新区和中新生态城两大动漫生产基地，大力发展集研发、培训、生产制作、展示交易、衍生产品开发及国际合作交流六大功能于一体的动漫产业。培育发展网络文化服务、动漫网游、策划设计等新兴文化业态，树立原创品牌，实现动漫游艺的产业化发展道路。

五　天津滨海新区特色文化产业发展的对策建议

（一）完善特色文化产业发展的空间布局

1. 整合建设特色文化产业发展带

整合新区特色文化资源，加强对地缘相近、文脉相承区域的统筹协调，建设形成优势互补、相互促进的“一岸两轴两片区”的特色文化产业发展带。“一岸”主要是沿海发展带。主要包括生态城、东疆保税港区、天津港、北塘经济区等，代表性文化资源包括海洋博物馆、航母主题公园、水魔方、方特欢乐世界、邮轮母港、游艇码头、北塘古镇等，重点发展文化旅游、文化科技、特色节庆、特色民俗、特色演艺等。“两轴”主要是沿海河流域发展轴和沿开发区、保税区等的工业发展轴。其中，沿海河流域发展轴主要包括中心商务区、塘沽街、大沽街、新河街、新北街等，代表性文化资源包括海河外滩公园、极地海洋馆、洋货市场、大沽炮台、大沽船坞、潮音寺、黄海学社、彩带公园等，重点发展文化贸易、文化旅游、特色民俗、特色会展等；沿开发区、保税区等的工业发展轴主要包括开发区、开发区西区、空港经济区等，代表性文化资源包括康师傅、丰田汽车、大火箭、长城汽车、空客基地、海鸥手表、数字出版基地等，重点发展工业文化、文化旅游、文化科技、数字出版、特色会展、文化贸易等；“两片区”主要包括以汉沽街等为代表的北部片区和以大港街为代表的南部区域。其中，北部片区主要包括汉沽街、茶淀街、杨家泊镇等，代表性文化资源包括版画、刻字、飞镲、评剧、葡萄采摘节等，重点发展文化旅游、特色节庆、特色民俗等；南部片区主要包括大港街、海滨街、中塘镇、太平镇等，代表性文化资源包括古贝壳遗址、北大港湿地公园、官港森林公园、金秋文化艺术节、冬枣节等，重点发展文化旅游、特色节庆、特色民俗、工业文化等。

2. 建设特色文化产业示范区

结合各功能区和街镇产业发展定位和各自特色，建设一批特色文化产业发展示范区。主要是建设以北塘古镇民俗文化示范区、保税区工业旅游示范区和数字出版物聚集区、高新区文化与科技融合发展示范基地和影视动漫示范区、东疆保税港区邮轮游艇旅游示范区、中新生态城国家动漫产业综合发展示范区、中心商务区影视文化和文化贸易发展示范区等。通过特色文化产业示范区的示范辐射作用，带动全区特色文化产业创新发展，不断增强新区文化产业发展的核心竞争力，提升区域文化品格，打造地方文化名片。

3. 打造特色文化街镇和乡村

将特色文化产业发展纳入新区街镇发展规划，延续塘沽、汉沽、大港等街镇历史文脉和记忆，突出传统特点，彰显文化特色，保护历史文化名镇名村和乡村原始风貌、自然生态，鼓励文化资源丰富的村镇因地制宜发展特色文化产业，建设一批文化特点鲜明、主导产业突出的特色文化产业示范街（镇）、特色文化乡村。

（二）健全各类特色文化市场主体

1. 充分发挥各种特色文化产业集聚区、园区的带动作用

依托特色文化产业集聚区、园区，积极培育、孵化中小型文化企业，努力形成以大带小、以小促大的良好企业生态。以功能布局的思路引导文化企业实现集聚发展和功能互补，完善园区的公共服务平台和配套设施建设。实施文化产业重大项目带动战略，以文化旅游、文化贸易、动漫游戏、数字内容、文化科技、特色节庆会展等产业为重点，以骨干企业和大型龙头企业为主体，充分调动社会各方面的力量，加快扶持一批成熟度高、成长性好，具有战略性、示范性、融合性和巨大经济社会效益的重大产业项目入驻集聚区和园区。

2. 着力培育一批有实力、有竞争力的特色文化骨干企业

加快推进文化企业跨区域、跨行业兼并重组，促进规模化、集约化经营，集中力量打造一批有实力、有竞争力、有影响力的国有或国有控股文化企业和现代企业集团。全面提升从事特色民俗、演艺娱乐等传统产业的大型企业的竞争力，加快培育从事文化贸易、数字内容与动漫、文化创意园区、文化主题公园等战略性新兴企业，扶持从事文化会展、艺术品交易、文化旅游等相关产业的企业。加大对各类小微特色文化企业和创业个人的扶持力度，支持个体创作者、工作室等特色文化产业主体发展，成为带动新区特色文化产业发展新的增长点。

3. 促进文化科技融合，培育新型文化生产主体

加强技术创新服务平台建设，加快建设以文化企业为主体、以市场为导向、产学研相结合的技术创新体系。鼓励文化企业在加大自主创新投入，主动与高校、科研机构联合开展关键技术研发和创新平台建设，构建产学研一体化和利益共享、风险共担的运行机制及协作联盟，使文化企业真正成为技术创新投入的主体、创新项目实施的主体、创新成果转化的主体。

4. 发挥行业协会的作用

推进社会组织和行业协会的建设，加强政府对社会组织的指导和扶持，

加快发展和规范功能区内相关协会、中介组织和产业联盟，充分发挥行业组织在制定标准、整合资源、搭建平台、协调利益、加强自律等领域的作用。

（三）培育特色文化品牌

支持各功能区和街镇实施“一街一品牌、一镇一特色”战略，形成一批具有较强影响力和市场竞争力的产品品牌。通过积极实施品牌策划、品牌设计、品牌包装、品牌营销等战略，在巩固版画、刻字、飞镲等传统文化品牌的基础上，做大做强一批具有国际竞争力的区域特色文化产业品牌、强势品牌。同时，发现和扶持一批新兴文化品牌，对真正具有文化价值和经济价值的创新品牌给予土地、资金、财税、金融等方面的支持。

（四）健全各类特色文化服务平台

1. 文化信息公共平台

加强各功能区和各街镇的信息和中介平台建设，为特色文化企业的技术创新、资源保护、业务合作、发展战略分析、市场影响提供准确可靠、方便及时的信息资源共享和智能支持服务。加强文化与信息的融合，注重各类新媒体对特色文化产业发展的传播和带动作用，有意识地引导自媒体在发展中关注特色文化的发展，营造新媒体助推特色文化产业发展的良好氛围。

2. 文化金融平台

引导银行与企业、企业与企业、社会资本与企业之间的交流对接，成立滨海新区文化投资发展集团。依托重点文化产业园区发挥孵化功能，吸引各类风险投资，为科技含量高、成长潜力较大、市场竞争力较强的中小企业提供综合服务。建设和完善文化设施、设备融资租赁平台。

3. 文化科技服务平台

围绕文化科技融合主线，重点建设传媒影视板块，出版发行板块、设计服务板块的技术服务平台，为区内企业的研发、实验、测试、生产提供公共设备、认证和技术指导服务，积极拓展移动互联、人工智能、大数据、云计算等产业融合新兴业态。

4. 文化产权交易平台

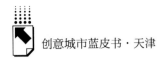

以公共服务平台为载体，提供涉及知识产权信息查询，知识产权申请、保护、交易、评估、融资等方面的服务，行使知识产权侵权举报以及行政执法、知识产权培训等职能。

（五）创新特色文化管理体制

1. 全面深化文化管理体制改革，逐步转变政府文化发展职能

按照“政企分开，管办分离”的原则，文化主管部门从办文化向管文化转变，从主要依靠行政手段管理转向依靠法律、经济、行政各种手段综合管理，增强宏观调控、指导、监督和服务的职能。建立特色文化产业推进小组和特色文化产业发展联合会，形成联席办公机制，定期召开联席工作会议，以此形成职责明确、富有效率的文化管理机制。

2. 加强文化人才培养，为特色文化产业发展提供充分的人力资源保障

成立“滨海新区特色文化后备才人培养基地”，加大对特色文化科技研发、教育、应用等环节的投入，加强对特色文化产业人才的培养，培养一大批具备较高文化艺术素养和创新能力，又懂得特色文化产业经营管理规律的专门人才，尤其是能适应多种产业融合需求的文化资本运营人才、系统数字艺术软件开发人才和媒体产业经营管理人才。进一步加强对本地高校音乐、美术、影视、出版等文化艺术类人才的培养，为滨海新区特色文化后备人才培养基地提升艺术素养。采取签约、项目合作、技术入股等多种方式，鼓励以岗位聘任、项目聘任等多种方式集聚特色文化人才。制定人才培养规划，在确立明确的人才培养目标的基础上完善文化人才考核、使用、评价、奖励制度，扩大知识产权、技术、管理、创作成果等要素参与分配的范围和额度。

3. 拓宽特色文化融资渠道，建立多元化投融资机制

建议设立特色文化产业发展专项资金，重点支持有战略意义和市场发展前景的文化项目进行产业化开发。探索多元化的资金投入渠道，鼓励非公有制经济以参股、联营、特许经营等多种方式进入特色文化产业领域，支持有条件的特色文化企业上市融资或发行企业债券融资，从而形成政府资金引导、社会和民间资本以及海外资本共同参与的多元化投融资格局。

参考文献

任广斌：《我国文化产业发展分析——以天津市文化产业发展为例》，《山东农业大学学报》（社会科学版）2016 年第 2 期。

赵昌文：《基于因子分析的天津市文化产业竞争力研究》，《时代金融》2015 年第 2 期。

崔志莉：《天津市文化产业发展研究》，《天津市社会科学界第十一届学术年会优秀论文集（下）》，天津市社会科学界联合会，2015，第 8 页。

徐锋：《滨海新区特色文化助推滨海经济可持续发展分析》，《天津科技》2012 年第 6 期。

苏丹丹：《文化部、财政部印发〈关于推动特色文化产业发展的指导意见〉》，《中国文化报》，2014 年 8 月 26 日。

B.5
产业园区联盟：新时代的产业园区建设

付　正*

摘　要： 天津市产业园区联盟是以天津市创意产业协会为首，联合数十家产业园区和行业协会发起的行业性组织；联盟是“平台+智库+金融”综合型创新组织，为联盟成员及园区产业链企业，提供产业定位、产业规划、咨询策划、园区的代理运营、产业招商、专业培训、品牌植入、新业态的植入、企业孵化等园区服务。在时下经济发展进入新时代的前提下，整合园区的发展资源，联合园区产业互动，构建新型园区资源共同体是为未来园区发展的必行之路。天津市产业园区联盟将通过长效、严格的联盟机制，探索天津地区地方产业园发展特色与规律，促进企业守法经营、加强自律，促进园区和企业间合作，推动产业园区科学有序发展。

关键词： 产业园区联盟　行业性组织　资源整合

一　天津的产业园区和产业园区联盟

（一）天津的产业园区正在崛起

除了天津经济技术开发区，天津市目前拥有5家国家级经济技术开发区（见表1）、31家市级示范工业园区（见表2）和42家市级文化产业示范园区（见表3）。

* 付正，天津市创意产业协会内部刊物《产业园区联盟》杂志主编，天津园区联萌企业管理咨询有限公司总经理。

表 1　天津市 5 家国家级经济技术开发区

序号	名称
1	东丽经济技术开发区
2	天津西青经济技术开发区
3	天津武清经济技术开发区
4	天津子牙经济技术开发区
5	天津北辰经济技术开发区

资料来源：天津招商网，www. tj. zhaoshang. net。

表 2　天津市 31 家市级示范工业园区

序号	名称	序号	名称
1	天津电子商务产业园	17	天津大港太平工业区
2	京津科技谷	18	天津中塘工业区
3	天津汽车零部件产业园	19	天津东丽航空产业区
4	天津京滨工业园	20	天津宝坻节能环保工业区
5	天津西青汽车工业园区	21	天津宝坻低碳工业区
6	赛达工业园区	22	宝坻塑料制品工业区
7	天津西青学府工业区	23	天津马家店低碳工业区
8	天津双港工业区	24	天津静海大邱庄工业区
9	八里台工业园区	25	天津静海北环工业区
10	天津海河科技园	26	静海唐官屯工业区
11	天津小站工业	27	宁河现代产业区
12	天津高端制造产业园	28	汉沽生态型高新技术产业园
13	天津陆港物流装备产业园	29	宁河潘庄工业区
14	天津医药医疗器械工业园	30	天津专用汽车产业区
15	华明工业园	31	天津上苍示范工业区
16	天津空港物流加工区		

资料来源：天津招商网，www. tj. zhaoshang. net。

表 3　天津市级文化产业示范园区

序号	园区名称	所在区域
1	意库创意产业园	红桥区
2	凌奥创意产业园	西青区
3	6 号院创意产业园	和平区
4	辰赫创意产业园	河北区
5	北新文化传媒集团有限公司	河北区
6	C92 文化创意产业园	南开区

续表

序号	园区名称	所在区域
7	天津泰达国际创业中心	滨海新区开发区
8	天津滨海高新技术产业园区文化创意产业园	滨海新区高新区
9	智慧山文化创意产业基地	滨海新区高新区(华苑)
10	陈塘科技商务区创意产业园	河西区
11	天感科技园	河西区
12	桥园创意产业园	河东区
13	绿领产业园	河北区
14	1895 天大建筑创意大厦	南开区
15	天津鑫茂青年大学生创意创业孵化器	滨海新区高新区(华苑)
16	天津武清开发区总部基地	武清开
17	天津生态城动漫园	滨海新区中新生态城
18	陈塘科技创意园	河西区
19	巷肆创意产业园	河北区
20	天津青年创业园	红桥区
21	西沽公园	红桥区
22	东丽妇女手工编织发展中心	东丽开
23	天津市和平区创新大厦	和平区
24	天津水滴 IRENA 体育文化创意产业园	南开区
25	天津 101 汽车文化广场	西青区
26	天津空港经济区创新创业中心	滨海新区空港经济区
27	天津市宁河县手工艺创意产业园	宁河县
28	中北高科技产业园	西青区
29	中关村(天津)双街创意产业园	北辰区
30	天津天明创意产业园	河北区
31	棉 3 创意产业园	河东区
32	华苑创意产业园	滨海新区高新区(华苑)
33	天津 C·18 世界之窗科技创意产业园	南开区
34	中国民航科技产业化基地	滨海新区空港经济区
35	泰达服务外包园	滨海新区开发区
36	天津东方环球影城	西青区
37	天津微电影产业园	东丽区
38	滨海新区中心商务区文化创业大厦	滨海新区于家堡
39	中韩文化创意园	津南区
40	天津市通达教育产业园	河东区
41	意庄艺术区	津南区
42	460 国际设计园区	河西区

资料来源：谢思全主编《天津文化创意产业发展报告（2015～2016）》，社会科学文献出版社，2016。

现阶段北京的创意产业园区已基本趋于饱和的状态，而天津则充满机遇。天津市是直辖市，少了省一级政府的税收分成，所以各个园区的留成比例较高，相对于其他省份的园区，天津经济园区的扶持政策较有优势。在北京、河北省大部分园区扶持政策很少甚至没有扶持政策的情况下，更多的大型企业或税收缴纳较多的公司便将注册的地址转移向天津市，优惠政策吸引了更多的企业落户天津。

但是随之而来的问题也慢慢显现，产业园区遍地开花，许多园区的基础设施尚未完善就进行招商，企业入驻后发现许多园区的文化企业及创意阶层之间并没有频繁互动的机会，部分园区花费大量资金进行基础设施建设而入驻的企业屈指可数。也有很多园区并没有真正地为入驻企业尤其是中小微文化企业提供所需的政策咨询、财税、法律、人力招聘与培训、营销推广方面的支持。此方面需求在园区内不能获得满足，文化创造力也难以获得最大限度的发挥与释放，逐渐导致大量企业的流失。产业园区的成果也难以在第一时间投入文化消费市场，难以实现创意、创新、创造资源与活动的转化。还有很多园区不顾及天津本地的文化生产与文化消费能力和市场需求状况，不考量天津文化的资源和特色，只是简单地照搬成功园区的发展路径和模式，缺乏个性化特色，各个产业园区发展过于单一，这些都是天津产业园区的发展目前所要面对的问题。

（二）新时代下的产业园区建设

当前，我国产业园区的开发建设只是开始，更重要的在于园区运营与产业服务。从“搭框架”到“精装修”，我国产业园区的运营也从“1.0”到“4.0”，正在不断地颠覆传统的思维模式。具有产城融合、创新驱动和复合经营特质的第四代产业园区（园区4.0）是园区未来的发展方向。

1. 互联网经济风生水起，“互联网+”成为产业园区发展的助推器

我国互联网新贵崛起，大量创投资本涌入中国TMT（科技、媒体、信息）领域，互联网经济正在成为经济增长的“新引擎”、经济转型升级的“新支点”，同时互联网经济也成为企业发展的“新动力”、扩大消费需求的“新渠道”。在互联网技术蓬勃发展的背景下，“互联网+”通过聚焦资源、让利市场、加强资产流动性，成为中国产业园区升级发展的新动力。

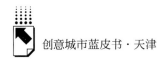

2. 现有产业园区模式单一，亟须创新模式推进产业园区转型升级

在国际产业转移、区域产业转型升级及大众创业万众创新的新形势下，产业园区的开发运营模式依然过于依赖土地红利，缺乏产业经营能力，存在重开发轻运营的问题。在新的经济形势下，园区亟须从“租赁型”“卖地型”向“管理型”“投资型”转变，由单纯的土地运营向综合的产业开发和氛围培育转变。

3. 产业园区呼唤以人为本，产城融合成为产业园区未来发展趋势

传统产业园区的发展“重产业发展轻人居打造”“重工业制造轻服务塑造”“重土地开发轻氛围营造”，导致产业园区人居环境缺失、商业服务业发展落后、创业氛围显著不足、人文主义严重缺乏。产城融合是产业与城市融合发展，以城市为基础，承载产业空间和发展产业经济，以产业为保障，驱动城市更新和完善服务配套，以达到产业、城市、人之间有活力、持续向上发展的模式。

4. 创新型经济快速发展，集聚创新元素是产业园区发展的新动力

创新是经济增长的“发动机”和“加速器”，产业园区要不断在模式、思维、技术和环境上加强创新，促进园区资源的有效配置和产业结构不断优化。集聚创新元素以强化园区持续发展的内生动力，使园区真正成为经济转型的引擎。

（三）产业园区建设需要多资源融合

在未来，中国产业园区将面临政策、宏观环境和产业内涵三个变化，靠成片批租模式进行开发难以为继，新旧动能转换，倒闭行业转型升级，“互联网+产业集群”的园区4.0模式逐渐兴起。产业园区的未来发展建设面临转型升级任务，需要政府、社会、市场各方携手共进。园区方面也同样需要进行招商、融资、配套建设、服务、推广和金融创新来助力产业园区的转型和升级。一个园区运作起来不仅需要基础服务、商务支持服务、投融资服务、市场销售服务、创新服务，部分园区还需要做好自己的App、公众号、网站、微信、微博等。园区运营需要一个全套的体系，但部分园区配备的体系利用率并不高，花费金额巨大，在构建园区的过程中需要长期的连续投入才能产生效果，这就导致目前多数产业园区运作困难。

（四）天津市产业园区联盟应运而生

目前天津市产业园区联盟集合天津市42家挂牌园区会员，汇聚100余家产业协会资源，联合中国500家产业园区同盟，合力筑造天津本土产业园区资源共同体。同时还有园区专家和专业机构与联盟联手，共同助力园区发展。

园区联盟还将根据产业园区自身的资源禀赋、市场需求、周边竞争力等因素，对园区资源进行整合。利用互联传统媒体加网络平台等宣传平台，不断集聚产业资源，优化产业组织，高效、无边界地将各种信息对接起来，提高园区效率。联盟将依托丰富的资源，突破传统的招商模式进行营销推广活动。园区联盟还将通过《天津产业园区联盟》杂志、网站、公众号、线下沙龙等平台集成各个园区的信息及服务功能，使园区拥有属于自己的对接出口，高效解决园区各项实际问题。

二　2018年天津产业园区发展论坛

（一）2018年：构建产业园区资源共同体

由天津日报集团、天津市创意产业协会、天津市产业园区联盟共同主办的“布局新时代，2018产业园区发展论坛”于2018年1月19日举行。该论坛主题为“构建园区资源共同体”将土地、资金等资源进行紧密结合，联合50余家产业园区共同探讨今后园区的发展导向，为目前园区产生的问题互相进行研讨和交流。

本次论坛将天津市现有的文化园区、科技园区、健康园区、影视园区、工业园区、汽车园区、特色小镇等十几个主题园区聚集一堂，共建新时代园区发展资源共同体。本次活动还邀请了产、学、研、商的专业机构，面对当下园区发展中的规划、招商、运营三大难题，探讨新时代背景下产业园区发展的模式。

参加本次论坛的嘉宾包括天津市创意产业协会、天津市开发区协会、天津市传统文化产业发展协会、天津景观协会、天津市远程医疗协会、天津日报社、天津临港高新技术发展有限公司、天津市津房置换有限责任公司、天津

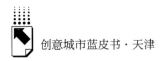

OTC、天津天保房产、天津滨海团泊投资有限公司、华夏幸福基业股份有限公司、智慧山文化创意产业基地、棉3创意街区、凌奥创意产业园、东方嘉诚C92文化创意产业园、滨海文化中心、460国际设计园区、中新生态城信息园、侯台集团以及来自山东省烟台市的有关代表等①。

论坛的三位演讲嘉宾分别是天津南开大学经济研究所教授谢思全、意大利设计师弗兰西斯科及天津产业园区联盟顾问李锦江。他们分别就“天津产业园区的现状及发展”、“产业园区与大数据”和“共建园区资源共同体”三个不同主题进行了演讲②。

经过将近一年的筹备，天津市产业园区联盟在此次论坛上正式亮相。天津日报社广告中心主任尹涛、天津市创意产业协会前会长樊月龙、天津产业协会副会长张鲲、凌奥创意产业园董事长赵光勋共同为联盟揭牌。凌奥创意产业园董事长赵光勋、智圣阳光传媒总经理付正分别受聘为联盟的轮值主席及秘书长。

会上，天津市产业园区联盟现场与天津日报社、天津OTC、天津临港高新技术发展有限公司、天津天保房产、天津滨海团泊投资有限公司、天津市传统文化产业发展协会、天津市远程医疗协会、凤凰商业公司、天津园区招商服务网9家单位签署了战略合作协议。

最后，天津市产业园区联盟秘书长付正向与会嘉宾汇报了2018年产业园区联盟的工作计划。联盟后期计划将从6个方面着手开展工作。携手主流媒体，做好园区宣传工作；联合商业机构，拓展招商渠道；深入园区一线，了解真实需求；聚集多种资源，服务入驻企业；开展对外联系，加强合作交流；建立研究机构，汇总园区数据③。

三 《产业园区联盟》杂志

《产业园区联盟》是由天津市创意产业协会发起，联合了多家行业协会和

① 天津创意产业协会公众号，2018年1月19日。

② 天津创意产业协会公众号，2018年1月19日。

③ 天津创意产业协会公众号，2018年1月19日。

产业园区创办的专业性内刊。旨在促进天津市产业园区的协作发展，为各园区提供信息沟通、经验交流的服务型平台。

《产业园区联盟》将通过媒体的宣传和活动的推广，探索天津地区产业园区的发展特色与规律，促进企业守法经营、加强自律，促进园区和企业间的合作，推动产业园区科学有序地发展，全心全意为联盟单位服务。

产业园区未来的发展方向

改革开放以来，伴随着世界产业转移与中国城市化的快速推进，尤其是经过“园区＋地产”的商业模式催化，产业园区便如雨后春笋般迅速崛起，成为许多地方政府与地产企业的核心生产力。

经过30多年的发展，我国产业园区从开发探索起步，经历了高速膨胀、治理整顿、二次创业、转型升级的发展过程，以国务院《关于促进开发区改革和创新发展的若干意见》（7号文）的出台为标志，迎来了改革与创新发展的一个新阶段。

——《产业园区联盟》载文

文创园区快速发展后迎来调整期

近日，中国文化部办公厅发出通知，撤销上海城市演艺有限公司等4家单位的“国家文化产业示范基地”命名。自2010年以来，文化部累计摘牌4批共1家国家级文化产业试验园区、12家国家级文化产业示范基地。2016年，文创园区进入了重新整合、监督整改的阶段。

从现在来看，供给侧结构性改革有着重要的意义。就文创园区来讲，需要进一步整改、升级，不然很难发挥作用。总体来看，我国文创产业园区的建设速度很快，但截至目前，运营得好的园区仍是少数。其中大多数存在问题，主要原因是，过去的园区建成之后疏于招商和运营，因此在产业运营和经济效益上，并没有达到预期。如今，随着国家对园区的进一步规范、整改，文创园区真正进入一个发展新时期，需要扎扎实实地搞好园区的运营工作。

如今的文创园区，严格来说，主要有三种形态：一是辅助性园区；二是串联式园区；三是并联式园区。

并联式园区，是指园区内都是同一类型的企业，和过去的工业园区比较相近；串联式园区，是指联动产业上下游，以产业链方式组成的园区；辅助性园区，指的是以一两家龙头为主，其他企业为辅的园区。

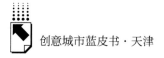

毫无疑问，这些形式在2016年都要经过进一步严格的市场审核，主要通过三方面进行。

第一，清退无关企业。

首先，对于那些为了招商而招商进来的杂乱无章的企业，园区要坚决进行清退；其次，对一些非文创类的企业也要清退；再次，对于一部分艺术品、文物收藏类企业，要实施有选择性的准入。

第二，更关注成长性。

如今大热的“互联网+”概念，带有很明显的跨界性质，在此基础上，即使有些小企业目前还没有明显的效益，但考虑到其成长性，也要允许其进入。

第三，孵化小微企业。

园区要做孵化器，支持创客空间的发展。发展前期，创客空间有成有败，这很正常，只要其中一部分小企业能够迅速发展壮大起来，就能形成园区新的发展方向。

文创园区的未来在哪里?

2016年，园区要摸清消费者真正需要什么、经济发展需要什么，并以此作为发展的主流方向，才能站住脚、不被筛出去。因此，旅游、设计、电影成为文创园区值得关注的发展方向。

2016年，文创旅游产业园、文创设计产业园、电影文化产业园等值得重点关注。2015年，随着国产片的强劲势头，电影文化产业园或再迎发展热潮；文创设计产业对其他产业有很好的促进作用，如装备制造业、消费品业、建筑业、农业、旅游业、体育产业等。2016年应将文创设计作为一个大概念来努力推动；而文创旅游产业园，则尤为需要升级。一是因为如今的现实是，人们更喜欢出国旅游，国内文创旅游产业的发展迫在眉睫；二是随着“互联网+”、创客等不断发展，文创旅游迎来了新的发展契机。

未来，与旅游相关的园区要做好服务，将休闲、娱乐、养老、健身、度假、养生等相结合，让园区有新的生力军加入。

实际上，许多文化巨头企业都已经进入了这一领域。这就要求园区依照人们的需求和市场的发展方向，不断调整自身的定位和目标，才能不落伍、有竞争力。未来文创园区的发展可以从6个方面推进。

一是鼓励与“互联网+”相关的企业发展，通过渗透、跨界打造新业态；二是鼓励与设计相关的企业入园发展；三是积极鼓励一大批与IP开发相关企业的发展，打造具有中国特色的发展方式；四是关注互联网金融及与文化产业相关的投资，要进一步规范、提升，发挥好杠杆作用；五是积极“走出去”，对外投资要进一步发展；六是艺术品再度寻找发展新路径，实际上，过去已经进行了很多尝试，比如艺术品的股份化等，但不能因为一次两次的失败而停止尝试，还是要鼓励艺术品市场的发展。

其中，网上虚拟创意产业集聚区或文化园区要加速发展。园区可以在当代文化潮流、文化消费、文化市场、文化时尚的基础上，构建某一创意产业的科研、生产、流通、交易的数字化平台，吸引大量散在各处的创客线上进驻，构成线上创意集聚区。线上园区通过吸引巨量信息和订单汇聚，开展网上信息交换、商务交易和产品推介销售。这一网上创意产业集聚区将成为面向世界市场的无国界、多语言、低门槛、高效率的国际化平台，可以为国内也可为世界各国的客商服务，可以解决不同语言转换的问题，可设置多语种交流平台，建立完善的商务翻译服务。

——《产业园区联盟》载文

产业园区除了招商，还需要什么？

“纸上论坛”是《产业园区联盟》杂志开设的一个重要栏目，每期邀请3~5位嘉宾做客，就园区发展理念、园区文化建设、园区服务内容与形式等进行畅谈。

本期就论题“产业园区除了招商，还需要什么”开设了专家论坛。论坛邀请智慧山创意产业园的张伟力、凌奥创意产业园的赵光勋、东方环球影城的曹昊和1946文化创意产业园的王韵之4位嘉宾共同探讨。

主持人：“当前的园区运营经常会遇到这样的问题：服务不好，商户进不来，进来留不住；没有商户园区也无法生存。大家觉得园区当下应当先做好服务还是先做好招商？”

王韵之：“我认为服务和招商都属于园区运营要素的一部分，应当齐驱并行。招商难是‘短板’问题，不能单纯依靠增加‘服务’来解决。园区建设的第一步应当是品牌建设，却常常被人忽略。比起‘服务’和‘招商’的关系问题，更值得关注的是先有‘文化’还是先有‘园区’的问题，因为只有理清这条思路，才能够有的放矢地进行品牌建设的规划。”

赵光勋：“服务不好，商户进不来，进来留不住；没有商户园区没法生存。这是个先有蛋还是先有鸡的问题，无论是招商还是服务，都和产业园区发展的趋势紧密相关。现今产业园区越来越注重规模化、集约化、融合化招商，同时对服务的质量要求越来越高，如今服务已成为产业园区运营过程中最为核心的竞争力。因此，招商与服务并重，只有这样才能在如今相对众多、政策宽泛的环境下发展。在招商中不能简单地提供一个物理空间，不同类别、不同层次的创意企业聚类，要激发产业融合，产生资源‘溢出效应’，都需要通过服务来引导，从工商注册、法律服务、财务服务等基础性服务到企业资质、项目申报等政策引导服务，再到资源聚集、融合发展等产业化服务，从而形成‘创业—孵化—加速’的产业链，打造产业集群。这样，最大限度地扶持企业发展，规避风险，抱团取暖，从而壮大产业园区发展，反之园区生存空间会越来越小。”

张伟力：“服务与招商并不矛盾，每个企业园区针对自己的特点会有不同的判断。但是服务一定是吸引各个企业入驻的条件之一。在我们园区就投入了很多短期内，甚至是很长一段时间都看不到收益的软服务，也就是‘文化配套’的建设。虽然在短期内看不到收益，但是长期以来一定会对招商起到不一样的效果。”

曹昊：“在这个问题上，我是唯服务论者，招商只是一个重要环节，而服务要贯穿始终，而常态化的招商更应列入服务范畴！招商与服务本就是相辅相成、相互促进、密不可分。产业园区招商和服务应为一体，招商为阶段性重心，以服务为重点，放大自身优势。将服务战略化应用放在园区整体运营的哪个层级，取决于园区管理者的经营意识和管理素养。我们已经身处‘服务为王’的时代，可以说‘无服务不招商，好服务招好商’！当经济和社会发展到一定高度，产业园区的竞争最终会落脚在运营服务上，全方位服务已经是产业园区的生命力、生产力和附加价值，决定着所有园区的生命周期，但是在园区运营的过程中服务存在虚实角色转换的问题。”

主持人：“我们的服务到底应该从哪方面着手，是现实的物质还是虚拟的精神？”

王韵之：“园区也应当在正确的时候做正确的事。对于文化底蕴深厚、明星企业众多的园区来说，‘精神’方面已经充足，当然应当首先提升园区的物质条件。在园区的物质条件很优越的情况下，整理发掘精神文化则是首选之举。园区运营的‘物质’和‘精神’是互补的，而非对立的。二者就像园区发展的两条腿，一条腿粗一条腿细当然不能走得又快又稳，应当根据园区的具体情况和发展阶段来提升不同方面的服务。”

赵光勋：“作为产业园区，我们的服务应从基础的物质服务开始。如果说精神的引导服务是吸引企业的关键，那么园区的基础配套则是留住企业的根本，需要加强和完善硬件设施建设，包括环境、交通、商业及金融等配套，无论是生活配套还是商业配套，必须便利、快捷，为企业创造良好、无忧发展的环境，有了物质生活才有精神寄托。对于一个企业而言，在发展的各个阶段，所入驻园区能否提供各阶段的服务至关重要，是衡量一个企业能否留住的关键。园区企业应该从这几个方面入手：基础型服务、引导型服务、产业型服务。基础型服务是指在企业创业的初期阶段，也就是苗圃阶段，为企业提供创业辅导，可以帮助企业少走些弯路。而引导型服务是指从原来的‘保姆式’服务提升到‘教练式’服务，主要提供政策申报、法律、财务、人事、产学研、投融资等方面的服务，帮助企业有针对性地来梳理。随后的产业型服务是在企业进入壮大期后做的工作，是实现园企双赢的过程。在这期间需要做好产业链上下游的资源合作与共享。此时必须提升园区服务团队的水平，要像入驻的企业一样懂这个产业，这样才能指导并服务于入园企业。”

曹昊：“一个园区即是一个小世界，应该具备的条件一个都不能少，内在事物相互关联影响，虚实相得益彰！世间万物得以和谐共生有其内在发展规律，皆因日月更替、四季轮回、阴阳平衡、生生不息！所谓阴阳就是虚拟与现实，精神与物质。阴阳平衡即虚与实协同发展，相互促进又相互制约。一般招商所展现的是区位交通、空间结构、硬件配套与投资环境，属于园区实体部分，可能会有些冰冷；而全方位的服务则是为园区注入血液与灵魂，使园区充满活力而温暖，以灵活多样的专业化服务满足不同的企业需求，展现出园区的未来价值。此时的服务应是全方位的招商运营专业服务以及内外联动的立体服务，现实的物质维持服务品质，虚拟的精神营造的是品牌和影响力，二者同样重要不可或缺。”

主持人：“在园区的运营当中，您更注重打的是管理牌还是感情牌?”

王韵之：“园区管理实际上和企业的管理是一样的，当你的企业在制度和物质条件还不成熟的时候，就要用感情来凝聚人心。当企业发展壮大后，物质条件成熟的同时，也对员工的管理提出了更高的要求，就要更多地用一些管理方法来引导。除了‘管理牌’和‘感情牌’，管理园区应当还有一张牌——‘文化牌’。对于一个园区来说，文化是精神纽带，能够把志趣相投的企业凝聚在一起；文化也是现实价值，能够为园区、为企业创造更多的附加值。”

赵光勋：“园区注重企业的管理，从入驻企业的业态到企业运营中的管理，同时也注重企业的沟通，每年定期会举办沙龙座谈、年会、运动会等一系列活动，增加与企业的感情沟通，了解企业之所需、了解企业之所想，吸取企业好的建议，从而整体提升园区服务质量。”

张伟力：“员工的行为在很大程度上会受到情感的影响，在工作中也难免表现出情感、情绪，这些都是难以避免的，科学的运营管理方式在园区经营中具有重要的作用，它们是企业竞争力的根本源泉。而同时在运营管理中，情感管理可以增强管理者与员工之间的情感联系和思想沟通，满足员工的心理需求，提高工作效率和效果，促进组织目标的实现。”

曹昊：“这同样是一个哲学问题，‘管理牌’是必需的，无规矩不成方圆，是园区运营的根本。但管理的水平有高低，我认为‘感情牌’应属于管理范畴的一种应用方法，在实际管理中‘感情牌’也是必须打的。真正好的管理应是一门懂得运用虚实的哲学，也是一种虚实的艺术，即管理为实、感情为虚。管理制度是生硬的、不近人情的，这时就需要用感情拉近距离、相互理解、获取支持，使管理更人性化。只要将管理的共同目标设定为园区现在的成长与未来的价值，就不会偏离轨迹。”

主持人：“目前的园区除了招商之外的头等大事是什么?”

王韵之：“园区运营就像拍电影一样，拍电影之前要清楚自己拥有的资源，导演、设备、场景、剧本、演员等，而园区运营则需注重品牌、设施、位置、服务、招商五位一体。我习惯第一步先注重整体品牌的打造，第二步进行招商，第三步提升现实物质条件，最后跟上服务，扬长避短，园区才能拥有稳健长期的发展。当然每个园区实际情况不同，各家也有各家的高招，这只是我对于‘玩转园区’的一家之言。”

赵光勋：“目前凌奥产业园需要在提升园区楼宇环境，同时提升服务质量，并以此为核心结合李七庄街‘一江、一水、一城、一线、两路、五区’的发展思路，打造凌奥创意街区，使之成为天津市创意企业的聚集区、城市市民的休闲娱乐中心、游客的地方文化体验中心、城市产业升级的创意驱动中心，并达到与天津发展相融合的最终目标。”

张伟力：“打造平台、树立品牌形象。目前智慧山，除了招商之外更重要的是要提供全方位增值服务，助推企业升级，产生集群效应，吸引更多更优秀的基因相同的企业汇集于此，形成合力，产生质变。智慧山提供的不仅是办公物业，更要创造一种与之相适应的文化氛围，有利于更好地激发创业与创意激情。除了办公空间，智慧山还有餐饮、便利超市、金融、会展等配套设施，更有电影院、实验剧场、书店书吧、画廊书院、艺术中心等文化设施，智慧山是个性鲜明的文化地标、城市名片和精神会客厅。”

曹昊：“我觉得最重要的是定位准确，思路清晰，执行力强，招商跟着定位走，定位可以根据招商进行调整。最主要的是要善于学习和调查研究，及时转变思路，根据市场变化调整战略布局。成功之路都是独木桥，有的时候要为1%的希望付出100%的努力。世上唯一不变的就是变，顺应变的趋势，掌握变的动态，才能改变变的结果。我们已经建好4.2万平方米的室内场馆，连同室外场地总计约9万平方米，即将启动游乐和影视基地的全球招商，开启永不落幕的游乐博览！”

在此次论坛上，大家虽然说法不一，但是也有共识：目前园区除了招商、企业运营模式及园区服务，园区管理精神同样重要，在这样一个全面发展的社会里，园区只有面面俱到才能在当代立足。只有将全面发展进行下去，相互平衡，园区才能找到出路。

参考文献

天津市创意产业协会内部刊物《产业园区联盟》（双月刊），2017年1~3期。

B.6

我看文化创意产业园

——中国文创产业园兴起十年回顾

张合军*

摘　要： 十年园区发展历程，文创产业园的发展特征从最初的“文化创意产业要素集聚”，演变为“文化创意产业要素融合渗透”，再上升到如今的“文化创意产业要素辐射联动”，从而形成创意社区、创意生活和创意消费三位一体的新模式。文创产业园的建立要从主题内容策划和园区发展规划入手，进行明确定位。园区定位要结合自身区域的文化资源、企业分布资源、本地经济发展水平、社会消费习惯等，明确主题产业内容，对细分市场前景进行论证和分析，从而做好园区定位。在确定园区定位的前提下，招商引资，建立服务体系，构建园区完整的主导产业生产链，不断拓展延伸，以形成规模，产生集聚效应。

关键词： 文化创意产业园　园区定位　发展规划

作为介于政府、市场和企业之间的新型社会经济组织，文创产业园是为入驻企业提供一系列生产要素，形成以文化为主导的创意产业规模集聚的企业发展平台。通过这个平台，帮助及扶持入园企业对一般文化产品进行再加工再创造，赋予其新的观念和价值，从而带来高附加值、高收益的新商品，进而推动

* 张合军，天津市创意策划研究会会长，天津市创意产业协会副会长，中国文化产业园区联盟秘书长。

区域经济的发展。

我国文创产业园最初兴起于2002年11月党的十六大正式提出要大力发展文化产业之后，各地掀起了一股文创产业园的建设热潮，以北、上、广、深等一线城市为代表的文创产业园相继涌现。到2009年《文化产业振兴规划》发布实施以后，我国的文化产业进入了发展的黄金期。而文化产业的重要载体就是文创产业园，它是文化生产与消费活动的呈现。文创产业园的核心是产业集聚，产业集聚能够产生爆发效应，带动区域文化创意产业的发展。

一　分布情况及类型

自2010年7月文化部出台《国家文化产业示范园区管理办法（试行）》以来，我国经文化部命名的国家级文化产业示范园区有10家，国家级文化产业试验园区有10家。另据中国文化创意产业网的统计：2015年6月我国共有文创产业园1990个。其中，华东地区的文创园区数量最多，达到934个；其次是华北地区和华南地区，分别有298个和235个；西南地区和华中地区分别为153个和147个；西北地区和东北地区分别为99个和82个。此外，港澳台地区共有42个文创园区。截至2016年底，全国文创产业园比2015年新增59个，达到了2049个。目前，我国文创产业园已经初步形成了以国家级文化产业示范园区和基地为龙头，以省市级文创园区和基地为骨干，以各地特色文化产业集群位支点，共同推动文化产业加快发展的格局。

我国现有的文创产业园按园区性质可分为五种类型，即产业型、混合型、艺术型、休闲娱乐型和地方特色型，其中产业型园区数量为529家，混合型园区数量为1392家。艺术型园区、休闲娱乐型园区和地方特色型园区这三种类型的园区尚处于起步阶段。

（一）发展路径

早期，我国文创产业园数量有限，内容单一，主要是关于书画艺术。2004年以后国家相关政府机构加以政策引导，尤其是2009年《文化产业振兴规划》实施以来，文创产业园建设热遍全国。文创产业园的发展路径可归纳为自发型和规划型两个大类。自发型，主要有艺术家松散自发、商人有目的的自发、企业主导自发三类。艺术家松散自发，就是民间艺术家或艺术机构自发组织聚集在某一区域，形成特定文创产业园，内部联系不是很紧密。典型代表是北京的798艺术园区、天津六号院创意园。商人有目的自发，就是在某一区域，由某个人或某家企业牵头，组织画家或画工进行商品画的生产和销售活动，最终形成以该区域为中心的文创产业园，如北京宋庄画家村、深圳的大芬油画村。企业主导自发，即企业自行规划开发，主要是建立产业孵化平台，为政府招商引资，形成品牌和产业集群效应。比较典型的就是上海德必集团、北京尚八集团和南京世界之窗文创园。规划型文创产业园在我国数量较多，主要方式是政府在城市开发区或城市外围地区征用土地，与投资商合作兴建大型文创园区。此类园区一般拥有雄厚的经济实力，并有大量优惠政策支持，吸引相关企业入驻，以此来推动相关文化产业的快速发展，如天津中新生态城动漫园、北京石景山数字娱乐中心、长沙文创产业园等。它们一般都是按照政府引导、统一规划、分期建设、滚动开发的模式运营。

到了21世纪初期，文创产业园开始从单个园区向系统园区、集聚区过渡，由政府提供政策支持，如提供引导资金、基础设施建设资金、公共服务平台建设资金，以及各项奖励政策、贷款贴息、租房补贴、税收返还、税收减免等。随着城市发展，文创产业园的服务对象由内而外地扩张，越来越注重创新。这种创新的模式在于通过创业者和风险投资的联合将资金与具有创意的新创企业相结合，吸引大批优秀的文创企业加盟。

（二）园区特征

十年园区发展历程，文创产业园的发展特征从最初的“文化创意产业要素集聚”，演变为“文化创意产业要素融合渗透”，再上升到如今的“文化创意产业要素辐射联动”，从而形成创意社区、创意生活和创意消费三位一体的新模式，其特点有以下三点。

一是创新能力强、创意融合紧。文创产业园作为文化产品与服务的集群基地，其主要任务是推动文化产业提高生产力与创造力。文化产业最重要的推动力是创意，最重要的是人才，本质是文化、科技、金融三者深度融合的产业。文创产业园的创新能力和技术融合能力包括：创意人才的创新能力、文化资源的改造与市场化、融合科技创新以及应用能力、产业链整合能力与政策制度创新能力。同时，文创产业园需要积极与通信、互联网等新技术、新媒体进行深度融合。

二是文创园区、街区融合。文创产业园强调的是产业运行，是资金流、信息流、产品流、人才流的空间集聚和资源集聚，为企业发展提供综合、便捷的服务。而文创街区所提供的配套服务非常广泛，不仅包括空间上的基础设施还包括文化底蕴。从更广义来看，文创园区、街区的运营不仅是政府、企业的事情，还需要得到城市民众的认同，艺术型、休闲娱乐型园区还要得到游客的认同。

三是产业化集聚。具体来说有三个方面：第一，有利于产生规模效益，从数量上形成竞争优势，而且能够共享文化优势、智力资源，减少各种成本；第二，有利于促进文化企业的专业化，集聚的多家企业必然发生碰撞，从而产生“1 +1 >2”的关联效应，提高专业化水平；第三，有利于形成完整的产业链，获取产业链中附加值最高的效益。

二　园区功能

（一）产业孵化器功能

文创产业园之所以能够吸引企业，就是因为其能够提供孵化器的综合功能，尤其是对于新创企业而言，文创产业园具备孵化企业所需的空间、公共服务管理、业务渠道、政策对接服务、创业导师和市场网络支持，还有市场中介、商务、广告等服务，这些企业构成了多元的文化产业链的组合，相互之间良性互动，形成集聚效应，使企业尽快成长。

（二）教育培训功能

文创产业园对产业的重要支撑是其具有教育培训功能。发展文化产业核心的是人才，园区一般会与高校和专业培训机构进行战略合作，而且名牌大学也大多会在园区建立培训基地。文创产业园为院校提供产业教学，让学生学习到最前沿的产业知识，从而为企业提供后备力量，学生也能找到实习和就业的单位。

（三）创新研发功能

文创产业园本身以创新为驱动的就是研发基地，比如高校与园区合作的孵化器。设计中心与研究中心涵盖文化艺术的多个门类：广告、音乐、舞蹈、艺术管理、数字媒体、传播设计等。

（四）促进就业功能

入驻文创产业园的企业需要大量的工作人员，同时园区为吸引文化消费群体，还会配备酒店、餐厅、咖啡室、茶吧、图书室、私博馆、展示交易厅等，从而吸纳了很多服务人员，增加了就业机会，同时加速了企业人力资源的流动。

（五）会展交易功能

文创产业园为了扩大知名度、吸引企业入驻、传播品牌、促进产品交易，将会定期举办专业论坛等组织活动，以烘托气氛、留住记忆、增加文创园区管理方与入驻企业的黏度、带动专业客源。

（六）旅游休闲功能

文创产业园不仅提供有形产品，还具有观光、休闲、娱乐等功能。例如，安徽太湖 5000 年文博园和成都东郊记忆文创园都是 AAA 级旅游景区，定期举办的活动吸引了大量民众进入园区浏览。

三　运营模式

文创产业园以下三类运营模式。

（一）资源集聚自发形成模式

企业或者从业者受到某个区域特殊环境的吸引，自发地集聚起来并形成集聚效应，位于北京通州的宋庄艺术区就是这种模式。

（二）依托原有资源提升模式

一些区域内已经拥有了文化产业发展的资源条件，通过在现有资源中注入一些新的元素，或者依托现有资源开拓新的领域，提升现有资源的使用价值，从而形成新的产业价值链。例如，北京的琉璃厂、上海的田子坊、成都的宽窄巷，都是从最初的小街道成长为如今的文化创意街区。

（三）全新的规划模式

通过对一块未成型的区域进行重新规划，围绕文化产业的某一个具体方向，吸引相关龙头企业入驻，园区内配备较为完善的基础设施，提供公共服务平台，并为入驻企业提供一系列优惠政策，如天津中新生态城动漫园、深圳华侨城文创园等。

四　观点建议

笔者自2007年起至今，先后考察了全国数百家文创产业园。在天津又以行业协会名义先后考察、评审命名了七批共42家天津市级文创产业园。2015年，作为中国文化产业园区联盟秘书长，笔者配合联盟主席李季博士出版了《中国文化产业园区评价体系研究》（经济科学出版社）。笔者认为文创产业园建设必须解决以下三大问题。

（一）明确文创产业园的定位，是园区持续发展的关键

文创产业园的建立要从主题内容策划和园区发展规划入手，明确定位。已有的文创产业园，更要对园区形态和产业定位进行总结分析，抓紧调整完善，明确园区发展方向。从目前园区的发展实践看，园区定位要结合自己区域的文化资源、企业分布资源、本地经济发展水平、社会消费习惯，明确主题产业内容，对细分市场前景进行论证和分析，从而做好园区定位。在这方面做得比较好的如：北京DRC工业设计园、天津动漫园。在确定园区定位的前提下，招商引资，建立服务体系，构建园区完整的主导产业生产链，不断拓展延伸，以形成规模，产生集聚效应。

（二）提升文创产业园的运营管理水平，是建设园区的当务之急

园区服务体系是运营管理的核心，基本内容有以下五个方面。第一，基础服务包括场地和物业服务、生活设施等。第二，商务支持服务、财务服务、人

力资源服务、法律服务、政策咨询。第三，投融资支持服务，包括创业投资服务、债权融资服务、金融中介服务等。第四，市场支持服务，包括展示交易、会展服务、出口服务、市场推广、信息交流、圈层交流活动等方面。第五，创新支持服务，如在园区建设自己的数据库，做好 App、公众号、网站、微信、微博等，提升运营管理水平。再如引进或转让专利技术、建设交易平台、加强园区内外的融合创新，重点是提倡体验互动，在园区内注重人性化细节、浸入式互动、场景化设计、后续黏性等。在这方面做得比较好的有深圳 F518 和武汉光谷文创园。

（三）理顺文创产业园管理体制，加强园区品牌建设

目前，文创产业园的投资建设类型有政府委托国企主导型、民营企业主导型、多种所有制企业混合型。由于投资机制和体制不同，许多文创产业园存在管理相对粗放、管理部门指令不一、园区内管理人员和制度缺乏整体协调性、从业人员缺乏系统培训和专业人员指导、公共服务平台不完善及发挥作用不够等问题。要解决这些问题的最好办法是加强文创产业园的品牌建设，这也是提升园区运营管理水平的重要内容。在构建园区品牌的过程中，要确定不同的运营管理体制，做到责、权、利明确，管理部门协调一致。对园区的集群企业做整体的品牌形象塑造。仅靠一两次邀请地方政府官员和业内专家来园区参加各种活动宣传是不够的，长期的连续的投入才能产生效果，要将园区的品牌建设作为长期的战略发展目标，持续地在文创产业园的规模化、品牌化、专业化、服务化等方面下功夫。

参考文献

天津市创意产业协会内部刊物《产业园区联盟》（双月刊），2017 年 1～3 期。

B.7
动漫产业链制作链环发展分析

成 文*

摘 要： 在动漫产业中，内容制作是产业的核心层和基础。在动漫产业链中，内容制作位于上游，决定着整个产业的水平和规模。内容制作一般分为前期、中期、后期。前期包括策划、设计环节，主要包括编剧、角色设定、分镜等内容。中期是加工制作环节，分为2D制作和3D制作。后期包括特效制作、剪辑、配音环节。前期侧重创意，依靠编剧的创作能力，中期侧重技术能力和管理能力，后期侧重技术。

对于动漫企业来说，拥有一定的上下游资源整合能力才能做IP，互联网恰好具有资源整合能力。新浪、腾讯、盛大等大型互联网企业都在进行动漫IP全产业链开发，这样一来可以提升动漫产业前期、中期的衔接能力，也能提升制片管理能力和产业价值，扩大产业影响力。

关键词： 动漫 产业链 资源整合

依据国务院《关于推动我国动漫产业发展的若干意见》对动漫产业的界定，动漫产业是指以创意为核心，以动画、漫画为表现形式，包含动漫图书、报刊、电影、电视、音像制品、舞台剧和基于现代信息传播技术手段的动漫新品种等动漫产品的开发、生产、出版、播出、演出和销售，以及与动漫形象有关的服装、玩具、电子游戏等衍生产品的生产和经营的产业。近些年我国动漫

* 成文，天津社会科学院研究员。

产业规模持续高速扩大，与影视、游戏成为我国文娱产业的三大核心支柱。2016 年我国动漫产业实现总产值 1497.7 亿元，相较 2015 年增长 23.3%，占我国文娱总产值的 24%。2017 年我国动漫行业总用户达 3.1 亿人，比 2016 年增长 14.8%。“90 后”“00 后”用户占 60%，成为动漫消费市场的主力①。

一　制作链环在动漫产业链中的地位

动漫产业有着清晰的产业链，包含上游制作、中游出版播出、下游的 IP 二次开发。中游出版播出链环按传播媒介或形态来分，可分为漫画出版、电视动画、动画电影、桌面互联网动漫和手机动漫等。下游的二次开发包括动漫衍生品、动漫主题公园等。文化部产业司 2016 年相关统计数据显示，在动漫产业细分领域中，动漫衍生品产值为 392.4 亿元，占动漫产业总产值的 26.2%；动漫主题公园产值为 350.5 亿元，占 23.4%。动漫版权收入 266.6 亿元，占动漫产业总产值的 17.8%，成为仅次于实体动漫经济的板块②。这说明动漫版权供给的充分，为整个动漫产业的发展提供了强大的支撑。由此可见，在动漫产业中，内容制作是产业的核心层和基础。在动漫产业链中，内容制作位于上游，设计、制作公司直接负责动漫产品开发，决定着整个产业的水平和规模。

从制作的角度来看，每一部作品的制作都是一个系统工程，涉及不同环节的协调整合，也涉及每一环节的工艺水平。

二　当前动漫制作行业发展特征

我国漫画历史源远流长，春秋战国时期青铜器上记载的攻伐事迹的连环图画，已经具备连环画的基本特征。我国动画始于 20 世纪 20 年代万氏兄弟的动画短片《大闹画室》。我国动漫行业发展至今，呈现出前所未有的兴旺繁荣景象。当前我国动漫制作行业总体呈现以下特征。

① 孙立军、孙平、牛兴侦主编《中国动画产业发展报告（2017）》，社会科学文献出版社，2018。

② 作者访谈。

（一）出现前期、中期、后期全流程制作团队

我国出现了一大批有情怀、愿意潜心做原创动画的团队、公司，如追光动画、光线彩条屋影业、青青树动漫、海岸线等。它们大多以三维动画为切入点，制作流程覆盖前期、中期、后期，让我国三维动画的全流程、工业化有了一定的基础。

（二）互联网企业介入动漫行业

近些年，腾讯、网易等互联网企业介入动画领域，为我国动漫产业的工业化发展增添了动能。互联网与动漫产业有机整合，最直接的好处就是制作者收入提高了。从业者薪资的提升，能实现人才引流。对于动漫企业来说，拥有一定上下游资源整合能力才能做 IP，互联网恰好具有资源整合能力。新浪、腾讯、盛大等大型互联网企业也都在进行动漫 IP 全产业链开发，这样一来可以提升动漫产业前期、中期的衔接能力，也能提升制片管理能力和产业价值，扩大产业影响力。

（三）大量资金涌入

我国国内动漫行业的市场规模稳定扩大。2010 年我国动漫行业的产值是 471 亿元，2016 年是 1497.7 亿元，6 年时间增长了 218%。这也吸引了不少资本进入。2017 年动漫制作行业完成 39 笔融资，总金额约为 22.7 亿元，较 2016 年的 9 亿元增加 152%。良好的现金流，促进了动画制作水准的持续提高①。

（四）动漫制作的市场分类逐渐清晰

我国动漫企业在以前并没有清晰的市场定位，但目前国内动漫产业已根据市场受众的不同完成初步分流，不同的动漫企业制作出品的动漫作品出现少幼向（儿童至少年）与成人向（青年至成年）的分野，成人向动漫作品的上游生产与下游开发基本区别于少幼向动漫作品，两者的前期创作与后期开发已初步完成分割，面向不同群体展开市场运作。这些动漫制作企业开始专注于自己

① 孙立军、孙平、牛兴侦主编《中国动画产业发展报告（2017）》，社会科学文献出版社，2018。

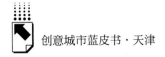

熟悉的市场精耕细作，为特定的受众对象持续提供优质的动漫产品。

对整个产业而言，动画制作最好的阶段正在逐渐到来。盈利多元化，二次元用户群体不断壮大，全年龄动画作品增多，生产、制作、宣传、营销等产业链进一步完善，以及众筹等多种融资模式的发展，都为我国动漫制作创造了条件。

三　动漫制作链环生产模式的分化与合作

我国动漫产业规模快速扩大，上游制作、中游播出及下游衍生开发全方位扩张。在上游制作的产业布局中，逐渐呈现“平台为主，多方合作”的原创动画生产模式新趋势。从已公布的2018年动画名单中，可以发现腾讯平台出品并参与制作的有11部，独体公司原创的有8部，总计19部作品。在两类模式中，平台在这一阶段处于强势地位，而独体公司直接完成IP开发的处于补充地位。

（一）独体模式：旧有模式在新时期的发展

独体公司独立生产原创作品具有较悠久的历史。事实上，这种模式也是传统国内原创动漫的主要生产模式，其中的佼佼者包括三承卡通集团（蓝猫淘气三千问）、宏梦卡通集团（虹猫蓝兔）以及原创动力文化传播集团（喜洋洋）等。这类不具有联动性，以单个团体独立完成创意策划的方式，在过去基本以推出少幼动画作品为主。2012年以前，也就是视频网站入场之前，国内的动画市场基本以此类原创生产模式为主。从早期的《大闹天宫》《黑猫警长》到2010年的《喜洋洋与灰太狼》，都是这种原创模式的结果。而在目前，包括光线彩条屋、玄机科技、柏言映画等推出的原创动画，其前期过程都与上述前程具有较强的相似性。这一模式的具体特征包括独立企划、单核运转、版权自有、抗风险能力差、衍生能力不稳定等。

独体模式普遍以自生企划为原创基点，其创意初始阶段普遍与市场不存在直接关系。以柏言映画为例，旗下出品的原创作品《少年锦衣卫》在初期原创策划阶段并不与市场直接接触，在后期完成后，才能得到市场反馈。因此，这一模式下创作的IP稳定性一般较弱，抗风险能力普遍不强。独体模式的资金回笼具有不可控性，其最终成果需在制作完成后才能在市场上得到体现。因此成本始终是独体制作的关键，而回报风险则长期存在。如追光人制作的

《小门神》《阿唐历险记》《猫与桃花源》三部曲，普遍亏损严重，以至于在2014年完成B轮2000万美元的融资后，迟迟无法得到下一轮资本进入。另外，由于采用独体模式的企业或团体通常不具备产业链后端的衍生开发能力，因此作品的衍生开发十分依赖作品的市场反馈。在反馈较弱的情况下，衍生开发往往缺位。

与之相对的是，独体模式具有版权自有、单核运转等优势。相比平台模式，独体模式在原创自生的情况下，对作品IP具有较强把握能力。一旦市场反馈良好，IP的后续开发依然能从产业链中得到充分支持，如玄机的《秦时明月》、柏言映画的《少年锦衣卫》，等等。另外，采用这一模式参与原创生产过程的独体，普遍以单核在市场展开运作，因此原创IP的运作资本较为集中，对于市场非头部作品而言，这一模式也具有更为灵活的特点。

（二）平台模式：平台成为载体和核心

在2018年的国产动漫预告中，腾讯出品占据了半数以上，而对腾讯平台采取的方式展开探究，能够发现以互联网为载体的平台模式正慢慢成为动画产业链前端主要的策划制作模式。与传统的独体模式不同，平台模式是在互联网发展和视频网站资本入场的基础上才最终形成的前期策划制作模式。在此之前，这一模式均未能对国内动画产业形成较大影响。这一模式的创意策划以平台为基础，通常具有强大的资本支持和较完整的产业链闭环，并在来源上具有很强的开放性和联动性，其他文创IP的改编是平台模式的主要方向，与市场结合极为紧密，具有很强的抗风险能力。

作为一种新兴模式，平台模式产生的动画作品多数来源于其他文创IP的改编，包括小说、漫画、游戏、广告、真人电影等。因此，在动画创意策划的来源上具备远胜独体模式的广度，但同时受制于原IP，在剧情、人设等创意策划方面具有一定局限性。不同于独体模式以公司、工作室等创意主体为核心，平台模式的核心已移交到平台方，创意主体在承担创意策划的职责以外，并不承担任何其他的成本支出，也不参与其他过程，仅作为单纯的创意策划提供方与平台进行合作。在平台模式下，创意策划主体事实上已成为单纯的前期生产者，并与IP的后续开发完全割裂，即创意策划方仅享有版权收益，并不能参与到IP衍生品或其他IP开发的利益分配中，平台作为整体取代了独体模式下的公司或工作室，成为 IP 的具体运作者，在承担开发风险的前提下，享有 IP 开发的多数收益。

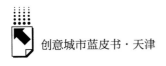

由于前期创意策划多数来源于其他文创 IP，在内容上已得到市场的检验，IP 的成熟度普遍较高，因此承担的风险也较小。另外，平台可以同时运营多个项目，具有较强的资本支持，对产业链的资源整合具有很强的虹吸效应，有利于形成完整的产业链闭环，降低运转过程中的资源消耗，进而促进动漫产业整体的发展。

（三）平台为核心，独体为补充

尽管动漫产业链前端的生产制作呈现独体与平台两种模式并行发展的趋势，但在现实的动漫产业中，两种模式其实处于互相纠缠的状态。独体模式与平台模式的最大不同，在于前者以自生 IP 为运营主体，后者则来者不拒，而两种模式下的动漫企业最终都以形成动漫产业链闭环为目标。在这一过程中，独体模式的企业与大平台展开合作是比较常见的情况。比如，2018 年将出品的《斗破苍穹第二季》，就是玄机科技与腾讯平台的一次合作。在动漫产业高速发展的前景下，平台模式能减少前期创意策划的成本，并对市场具有更大的开拓作用，而独体模式丰富了国产动漫的类型和内容，并往往独具特色，具有很好的补充效果。

四　动漫制作行业的发展瓶颈

在肯定动漫制作链环取得长足进步的同时，我们必须看到，中国动漫在内容生产上仍不够成熟，作品质量参差不齐、内容粗制滥造的情况一直存在。中国动漫要想赶超美、日，必须突破以下发展瓶颈。

（一）整体制作成本偏低，缺少资金支持

国内动漫作品大多是中小成本制作。以动画电影为例：据统计，我国动画电影制作成本为 2000 万 ~7000 万元，整体市场平均成本在 3150 万元左右，极少有成本超过 1 亿元的作品。而在美国，以梦工厂为例，近 10 年的动画电影制作成本为 1.3 亿 ~1.75 亿美元，平均成本是 1.47 亿美元。迪士尼的平均制

作成本更高，是 1.71 亿美元。动画电影制作周期长、劳动力密集、科技含量高，因而爆款作品的制作成本一直都很高。对比可以发现，中国动画电影制作成本与美国存在巨大差距。这背后与中国动漫产业整体制作水平偏低、缺少资金支持、劳动力成本相对较低有关。中国动漫产业与好莱坞相比，起步晚、发展慢，在人才、规模、资金、技术等方面都存在不小差距。

近年来，国内动画电影低龄市场占比较高，票房收入较高的动画电影多是低幼向的影片，如《喜洋洋》系列、《熊出没》系列。《熊出没·变形记》的制作成本为 4934 万元，《熊出没·奇幻空间》的制作成本为 3953 万元，《熊出没·熊心归来》的制作成本为 2890 万元，《熊出没·雪岭熊风》的制作成本为 3155 万元，《熊出没·夺宝熊兵》的制作成本为 2626 万元。即使是出现了动画工艺水准接近好莱坞的《大圣归来》《龙之谷》《小门神》《阿唐奇遇》《猫与桃花源》等作品，制作成本也没有破亿。中国动画电影市场的制作成本还需进一步提升。另外，中国动画制作工作室一般都是从动画代工开始，背后没有行业巨头支持，相互之间也是独立发展，单打独斗，缺少协同性。没有行业巨头支持，就意味着资金有限，往往很难有大制作出现。因此，中国动画电影行业经常出现因制作资金问题而项目搁浅的现象，不少头部作品也都经历了资金问题，《大圣归来》更是因缺少资金，花了 8 年才完成制作。

（二）工业化水准有待提高

目前中国动漫产业实现规模化、量化产出，还不是一件容易的事情。究其背后原因，是中国动漫产业工业化水平低，没有完整的工业体系。虽然多年来我国一直从事动画加工，但与日本相比，中国动漫制作工业化水准还有很大差距。日本大部分动画公司都使用统一的生产方式制作动画片，即在本土创作和外包管理，同时在韩国加工原画，在中国加工动画扫描和上色。

溯源中国动漫产业，也有过大放光彩的时代，出现过《铁扇公主》《大闹天宫》《哪吒闹海》这样的优秀作品，但没有出现产业集群、产业分工现象。后来，中国动漫产业进入工业化初级阶段，有了产业分工，不过更多的也是代工。一开始，主要代工对象是日本动画公司的二维动画，主要做中期环节中的中间画环节。这是一种低级的工业，这种代工不需要艺术创作力，也不需要很强的管理能力。因此，中国动漫产业工业化在技术、人才、工业体系方面实现进步、升级的空间并不大。现在也有不少团队、公司开始做原创动画，但是成本与收益倒挂，时常亏本，使动画企业在投入上小心翼翼，制约了工业升级。

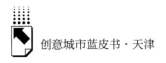

（三）制作团队规模有瓶颈，团队管理难度高

动漫作品创作周期长、成本高。就二维动画而言，画师要画一张张分镜，工作量大且烦琐。巨大的工作量，需要投入大量的人力成本，这时制作团队的规模、团队管理都成为关键点。在中国从事二维动画的人，基本工作就是绘图，按张计数付费，很多都是作坊式工作。这样，制作团队很难扩大，产能也是碎片化。做三维动画涉及的人员结构比二维动画更为复杂，成本也比二维动画高出不少。三维动画不仅需要绘画人才，还需要技术、软件支持。《疯狂动物城》的制作团队多达 550 人，而中国做三维动画的团队一般不超过 200 人，限制了产能增长。

当前中国动漫产业既活力十足又压力重重。缺少市场认可的作品而生存压力巨大，但互联网技术与动漫行业的整合又让动漫产业的收益增加，缓解了投入与收益不成正比的困境。对于中国动漫产业来说，打造强大的动漫工业体系，形成分工合作的模式，夯实创意策划、生产制作链环，为下游动画放映、播出、出版及衍生品开发提供精良内容，才是根本的解决之道。

参考文献

孙立军、孙平、牛兴侦主编《中国动画产业发展报告（2017）》，社会科学文献出版社，2018。

艺恩：《2017 中国在线动漫市场白皮书》，艺恩网，http：//www. entgroup. com. cn/baogaonr. aspx？bid = 18187，2018 年 4 月 25 日。

陈维东：《中国漫画史》，现代出版社，2016。

《2016 年中国动漫产业市场现状及发展趋势分析》，新浪网，http：//comic. sina. com. cn/guonei/2016 - 12 - 01/doc - ifxyiayr8699753. html，2016 年 12 月 1 日。

乐晴智库：《了解一下“动漫产业”这门大生意》，ZAKER 网，http：//www. myzaker. com/article/5abb29c177ac6466390bdc7e，2018 年 3 月 28 日。

国宏嘉信：《中美动画电影行业对比研究》，创业邦，http：//www. cyzone. cn/a/20171229/321028. html，2017 年 12 月 29 日。

B.8

天津休闲农业发展进程中的文化发现与深度开发

——以蓟州小穿芳峪田园文化遗迹为例

苑雅文*

摘　要： 笔者选取蓟州区小穿芳峪村作为考察对象，对这一区域的田园文化遗迹进行了深入调查，不仅挖掘到很多珍贵的历史文化遗存，也探寻到破解这一区域休闲农业发展难题的特色文化资源，对休闲农业发展路径进行了有益的探索与尝试。小穿芳峪一带园林群落遗迹和文献遗存的发现，为天津休闲农业的发展注入了新的文化内涵，引起了天津市文化产业等各界有识之士的高度关注。天津社会科学院将小穿芳峪村作为“智库实践基地”，以“挖掘优秀传统文化资源、建设现代生态文明乡村”为主题，召开了首届“小穿论坛”，40 余位专家学者就活化乡村历史文献、提升休闲农业发展格局发表了见解，为乡村发展建言献策。

关键词： 天津蓟州区小穿芳峪　田园文化　休闲农业

前　言

党的十九大首次提出实施“乡村振兴战略”，这是今后解决“三农”问

---

* 苑雅文，天津社会科学院副研究员。

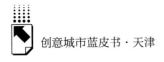

题、全面激活农村发展新活力的重大行动。十九大报告提出：“促进农村一二三产业融合发展，支持和鼓励农民就业创业，拓宽增收渠道。”发展休闲农业与乡村旅游，是农业产业提档升级和增加农民收入的重要路径，是今后农村产业发展的重要方向。

近年来，天津市的休闲农业稳步发展，2017 年，全市休闲农业综合收入突破 75 亿元，比 2016 年增加 13 亿元，提高了 21%；全年接待游客数量超过 1995 万人次，直接从业人员超过 6.9 万人，带动农民就业人数超过 30 万人。休闲农业对加快天津市农业转型升级、提高农业经济效益起到了促进作用。

但是，必须看到，天津市休闲农业的发展还存在很多问题：大项目的经济效益不佳、低端民宿占主导地位、项目成长性和持续性较差，等等。为了找到依托文化提升天津休闲农业发展水平的有效路径，笔者选取蓟州区小穿芳峪村一带为考察对象，对这一区域的田园文化遗迹进行了深入调查，不仅挖掘到很多珍贵的历史文化遗存，也探寻到破解这一区域休闲农业成长难题的特色文化资源，对休闲农业发展路径进行了有益的探索与尝试。

一　小穿芳峪田园文化遗迹的发现与开发思路

（一）小穿芳峪田园文化遗迹的发现

2016 年底，笔者和文学博士罗海燕组成了跨学科的课题组，通过田野调查和文献考证发现，蓟州区的小穿芳峪村一带有着丰富的历史遗存——晚清 8 位田园文人所建的园林群落遗址和大量底蕴丰厚的历史文献。

重要园林遗址有：同治元年进士，曾官居驾部主事的李江所建的龙泉园；咸丰五年举人李江门生王晋之的问青园；同朝状元热河都统崇绮致仕后建的问源草堂；咸丰年间曾任吏部尚书的万青藜的响泉园；等等。相关文献包括清光绪二十年（1894）木刻本《龙泉师友遗稿合编》和民国三十年（1941）《里党艺文存略》，以及《乡塾正误》《广三字经》等。初步判定，这是中国北方京津冀地区罕见的一处田园文化及乡贤园林群落遗迹且有丰富的历史文献。

通过进一步调查发现，1949 年以前，小穿芳峪村与穿芳峪村、南山村合属一个村落。晚清时期，李江等 8 位雅士在这里修建园林，耕读劳作，敬老教子，留下很多美好故事和大量文献资料。我们在天津社会科学院图书馆、天津师范大学图书馆、蓟州区档案馆等处查找到不同时期整理出版的古籍文献，其中，《里党艺文存略》是最全面的汇总版本，文字总量超过100万字，汇集了李江、王晋之、李树屏及其挚友和门生的作品；在国家图书馆以及其他地方图书馆还收藏有多种单行本。

小穿芳峪村是近年发展起来的旅游村，对于这些宝贵的资料，村里并不知情，更没有能力去做调查研究与开发应用。在村领导班子的支持下，课题组的调查研究以该村为核心展开，确立了从资料整理入手，逐步扩展到田园文化开发的工作思路。为了让这些珍贵的历史遗存能够面世，特别是希望特色文化能够助力旅游村的发展，笔者和罗海燕博士义务进行资料整理与应用研究工作。根据这些资料，整理出90万字的点校本《小穿芳峪艺文汇编・初编》《小穿芳峪艺文汇编・二编》，影印本《龙泉师友遗稿合编》（共6册25卷），目前这3部著作都已上市发行，受到各界的好评。

小穿芳峪一带园林群落遗迹和文献遗存的发现，为天津休闲农业的发展注入了新的文化内涵，引起了各界有识之士的高度关注。著名学者罗澍伟、罗永泰、文魁、刘重等亲临现场进行了考察，提出整理出版相关文献、定向发展文化旅游的建议。天津市创意产业协会专家组就蓟州乡贤文化园林群的开发提出了构想。天津社会科学院将小穿芳峪村作为“智库实践基地”，以“挖掘优秀传统文化资源、建设现代生态文明乡村”为主题，召开了首届“小穿论坛”，40余位专家学者就活化乡村历史文献、提升休闲农业发展格局发表了见解，为乡村发展建言献策。

（二）穿芳峪田园文化的内涵与表现

按照现在的村落分界，8位雅士建设的园林分布于大、小穿芳峪两个村。龙泉园、问青园、龙泉寺以及义塾旧址位于穿芳峪村（民间称为“大穿”）界内，状元崇绮题写“唐槐”碑的古槐树如今依然茂盛，有着“状元槐”的美誉，吸引了很多人在此结绳许愿；小穿芳峪境内可见响泉园、习静园、井田庐、八家村馆等遗迹；坝尺峪等周边村落也有雅士们留下的墨迹与故事。

调查发现，这些园林群落地处龙泉山和卧牛山之间的谷地中，如今虽然园林建筑已然无存，但所幸山林谷地的空间环境依旧，没有现代建筑。除因水位下降原有丰沛的泉源溪流暂时无法恢复外，园林遗址区域的响泉园、龙泉园、井田庐遗址等地，以及文献中记载的“龙泉园十六景”“梦园”等园林文化空间均有复建的可能，或可移植到现有的乡野度假区域内。

课题组还在民间访查到大量遗存物品和丰富的故事传说，如“邵窝”匾额、“龙泉园图”画模、李树屏手书识字课本等，展现出清末 8 位文人雅士在这一带修建多座园林、同游共乐、赋诗怡情、办学助贫的生动场景。这些不仅具有研究价值，而且匾模课本和文字描述展现的园林景观、特色产品以及多种文化活动，生动而有品位，完全可以成为现代农村休闲旅游的核心元素。

课题组认识到这一历史遗存的珍贵难得：天津蓟州区素有“京津后花园”之美称，通过园林文化历史元素的发现和挖掘，可以打造穿芳峪园林文化群落，纳入特色文化小镇的建设体系，在保护文化遗迹的前提下予以规划和开发建设，把传统的田园文化资源融入天津市休闲农业发展和特色小镇的开发建设之中。

（三）小穿芳峪田园文化遗迹的总体开发思路

以文化遗存为核心，对小穿芳峪村的旅游产业重新布局，与周边的相关区域联合开发，将其升级为特色文化乡村旅游综合体。课题组建议，总体开发定位为：穿芳园林·汇生活，下设“事农”“观景”“求知”“访古”“雅好”“养生”“众乐”“逸居”八大板块。根据田园文人所著的历史文献文本，将小穿芳峪园林遗迹及诗文景观描述，用当代的技术手段重新规划设计，与现有的乡村文化旅游项目相结合，全面提升现有景区和旅游设施的在地文化内涵。遵循全域旅游、产业融合、文化提升的发展原则，结合景区和旅游设施建设和改造，推出一批展现田园文化的景观景点，打造具有独特韵味的旅游平台。

开发思路可以分解为以下 3 个方面。

一是加强文化创意产品的开发，延伸产业链条，提升乡村旅游的竞争力。大力开发文化创意产品，如对古籍进行批量复制，发行限量珍藏版。对精品古籍进行点校、出版发行，向游客展示和销售图书产品。对古籍中的描述进行复原，建立小穿芳峪园林集群，开展多种主题的旅游活动，开发挂件、装饰画等可外销文化产品。用现代营销手段提升小穿芳峪的品牌影响力。

二是建立文化主题博物馆，增强文化体验活动的吸引力，弘扬优秀文化传统。对现存的有关物品进行文物鉴定和保护，加强对知情者的走访和资料整理。建立以穿芳峪文史资料为核心，涵盖蓟州区民间文学、历史文化的蓟州传统文化博物馆。广泛征集蓟州传统农具和生活用具，激活对民俗民间文化的保护机制。

三是引入现代投资和管理模式，推动这一区域的经济更快发展。以小穿芳峪为核心，按照历史痕迹，带动周边村落合理布局。强化传统文化的核心地位，重视京津冀协同发展，引进北京等先进地区的品牌与合作，建立蓟州名品作坊街、穿芳园林、义塾等景点，增强旅游活动的互动性开发，提高内部管理和服务水平。

二　小穿芳峪田园文化的文献挖掘

（一）田园文人的作品重现于世

点校本《小穿芳峪艺文汇编·初编》包括《李江集》，而《小穿芳峪艺文汇编·二编》则包括《王晋之集》与《李树屏集》，是对李江、王晋之、李树屏3位田园文人的文集进行的标点整理。

《李江集》主要是以清光绪二十年木刻本《龙泉师友遗稿合编》中的《龙泉园集》为底本，同时参以民国三十年《里党艺文存略·元编》中的《龙泉园集》写就而成；《王晋之集》主要是以清光绪二十二年（1896）木刻本《龙泉师友遗稿合编》中的《问青园集》为底本，同时参以民国三十年《里党艺文存略·亨编》中的《问青园集》写就而成；而《李树屏集》则主要是以《里党艺文存略·利编》中的《八家村馆集》为底本，并参以《龙泉师友遗稿合编》等汇编成书。

李江（1834～1883），字观澜，蓟县人（今属天津市蓟州区），自署龙泉山人。曾任兵部主事。精研性理之学，长于古文，更兼善诗词。不尚空谈，尤重躬行践履。同治九年（1870）因病辞官回归乡里，从事讲学，著书立说，更建义塾，兴义仓，并引导乡民树艺农桑，以振兴实业。李江一生著述颇丰，现存有《龙泉园集》等。

同乡王晋之（1835～1888），字竹舫，晚号问青山人，与李江交游最密，两人亦师亦友。王晋之不仅长于诗文，且书画皆擅，名重一时。同治十年

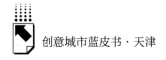

(1871)，王晋之追随李江，携家同居于穿芳峪，建问青园。王晋之重农田水利，于理学之外，对农桑、水利等多有实践，且在教育思想、教育制度和教学方法方面，多有独到见解。其著述留存至今者，主要有《问青园集》等。

李树屏是李江的高徒，幼时即移居穿芳峪。李树屏刻苦为学，擅长古文，诗词亦俱佳，其不以举业为念，安贫乐道，一生践行“耕读结合、士农合一”理念。李树屏一生著述近百种，但多散失，仅存《八家村馆集》等。

天津市图书馆研究馆员李国庆提出，穿芳三师友身为乡贤，热爱故乡山水，造福一方，遗泽久远。他们同道之间，不仅经常论学问道，而且诗文唱酬频繁，因此留存下大量的相关文献。周堃评价：“入其村，耕织弦诵如见三代遗风。”他们在地方推广种棉、植瓜果、树桑、修水利，让乡民多能“明治家，衣食足，仓廪实，知礼节”。

《龙泉园集》中有这样一段叙述：“王晋之尝云，居穿芳峪有四乐，一曰山水之乐，二曰友朋之乐，三曰文字之乐，四曰家庭之乐。”可见先人重视朋友和家庭的生活理念。受三人的感召，除李江的龙泉园、王晋之的问青园和李树屏的八家村馆之外，在穿芳峪，万青藜建有响泉园，崇绮置有问源草堂，纶雨芗修建了乐泉山庄，赵静一筑有习静园。众多士大夫齐聚穿芳峪，修建了多处园林，不仅可以独步北方，较之江南也不逊色。

罗海燕认为，对田园文人李江、王晋之、李树屏等的著述进行整理，意义重大：就文学而言，三人均创作丰富，成就不俗，超过了大多数的同时代作家；就教育而言，三人均从事教学，对教育理念、教育制度、教育方法等多有独特见解，并形诸文字。这些著述，都是研究中国晚近教育史的重要文献。其以经济自强，追求学术独立的理念和做法，不仅在当时，而且在当今社会，也对学者多有启悟和借鉴。就乡村建设而言，众师友躬耕课读于穿芳峪，不仅建构了众多的园林，而且以饱含情感的笔墨载记书写了大量有关家乡山水、人情、风土的文章与诗词，可为清末乡村社会情态研究提供第一手资料。

李国庆认为，在当今政府大力提倡乡村旅游和传承中华优秀文化的背景下，对园林进行复建，对历史文脉加以承传，是当前农村建设的一项盛举。

（二）古籍文献的内容分析

古籍文献中清晰记录着8位文人雅士在穿芳峪建园的来龙去脉，叙述着他们劳动和生活的经验与乐趣，也表达着他们读书的体会与感悟。他们与乡亲们友好相处，建起了义塾义仓，普及文化、播撒爱心、弘扬美德，让这片土地受到优秀传统文化的熏陶，使民风更加淳朴，人人知书明理、崇德向善。书中弘扬的人与自然和谐共处的理念以及耕读文化，潜移默化地影响着村民的生产和生活。

书中对地域风光有很多美好描述，如“三面山环绕，东南少开张。入山不见村，惟有树苍苍。山山有流泉，流多源并长”，再如“山水难相兼，吾园据其胜。泉源讶斛涌，峰势俨虹互。入谷不见宅，到门尚迷径”。

李江、王晋之等雅士重视植树，并颇有研究。今天村里依然延续着植树的风尚，既是产业发展方向也是家园美化建设。

田园文人们对于农耕更是亲力亲为，认为“耕织种植皆宜专精其事”，还发展种蔬养蚕，开辟了中草药园。

倡导忠诚守信，提出“兴家勤俭是根，传家忠厚是根，保家诗礼是根”。

在生活上很有情趣，亲手制作小烧酒、梨醋、蜂蜜、醉梨、潦豆、雷蘑等特色农产品，颇有地道农家风味。

劳作之余，雅士们笔耕不辍，留下大量美文，如“约伴游山，即以觅句”，再如“课儿句读，即以温书；循溪散步，即以行饭”，为我们描绘了当年的乐居景象。

（三）穿芳雅士的诗文片段解析

穿芳雅士的文集中有大量的诗词、楹联、牌匾、警句等韵文资料，在乡村文化的环境建设中可以直接使用，一方面可提升环境的文化品位，另一方面也可作为乡村文化传承的载体。天津图书馆研究馆员、天津市文化创意产业的专家康军先生，在仔细研读文献的基础上，从文集中辑录了部分可供今人使用的诗文资料并做了点评，现摘录部分文字。

1.《家山吟》（清）王晋之

“蓟州古渔阳，素号山水乡。东北三十里，有峪曰穿芳。三面山环绕，东南少开张。入山不见村，惟有树苍苍。山山有流泉，流多源并长。夏秋水暴涨，南溪更汪洋。窍渠灌蔬圃，曲折随园方。虽居乱山中，田畴莫不良。一村无别业，不读便耕桑。有学申孝弟，有仓备凶荒。薄收即乐岁，况乃足稻粱。

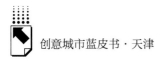

花时开满山，万树成一香。秋来果实熟，禾稼复丰穰。方之隐者居，兹地费评章。秦时桃花源，吾家辋川庄。”

这段文字是王晋之应李江要求，在诗文互酬过程里，精心撰写的一篇全面描绘穿芳峪村自然地理、环境景观以及农民基本生活状态的五言韵诗，被公认为最佳的穿芳峪风景诗，曾被多位蓟州学者收录于史志文集中。

2. 园林楹联精华

“山不高，水不深，藏矮屋两三间，茅黄苇白；
寺之傍，村之外，有小园四五亩，柳绿桃红。”

（赵鹤琴）

“四望云山成壁垒，小栽花木验桑麻。”

（崇绮）

“园林似此全无俗，啸咏其间大有人。”

（贵静泉）

“林屋幽深，恰树作围屏，槛外自开三面画；
石峰错落，更城为峭壁，窗前疑起数层山。”

（李江）

“绿树青山，此中大有佳处；清风明月，闲者便是主人。”
“皆山也，西南诸峰，林壑尤美；归来兮，幼稚盈室，童仆欢迎。”
“无地不清幽，有山有石有花有树；随处可坐卧，于斋于台于亭于廊。”
“人何以堪居，无竹地不爱。”

（王晋之）

“美景恨无多，幸天与清风明月；幽情谁共领，有客来酌酒敲诗。”

（铁寿卿）

3. 穿芳诗文集中写柳诗句集汇

为配合小穿芳峪村的园林景观设计，康军先生潜心搜集了 29 首咏柳的诗词。

“山边杨柳柳边溪，菜色青青麦色齐。更有杏花知点缀，随人红过水湾西。”

（李江）

“村柳摇风吐轻絮，径草带土抽新芽；呼来稚子记诗句，笑与牧童分野花。”

（李江）

“梨花如雪柳如烟，阁阁蛙声水满田。携榼大家来聚饮，溪光山影落樽前。”

（李江）

“接柿栽梨太觉迟，算来晚景不相宜。我今但种千株柳，转眼明年挂碧丝。”

（李江）

“杨柳阴阴覆绿堤，乱山青过小桥西。流莺也识春光好，飞向桃花红处啼。”

（李树屏）

“风飘柳絮团征旆，潭落桃花涌去波。悔未寻芳纵游目，韶光九十竟蹉跎。”

（李树屏）

“游客看花添别恨，诗人临水笑情痴。殷勤戏嘱风前柳，更系残春住少时。”

（李树屏）

“柴门浓覆柳阴清，茅屋疏篱画不成。好是小桥东去路，月明添出读书声。”

（李树屏）

“溪草碧如染，溪花时送香。蝉鸣杨柳岸，人立石桥旁。”

（李树屏）

“蓼花秋水岸，疏柳夕阳村。野老喜相识，停鞭语细论。”

（李树屏）

“烟波空阔水程遥，晓日初晴宿雾消。夹岸垂杨青不断，乱弹声里过苏桥。”

（李树屏）

“折柳攀条，痴情欲绾韶光住。落花无语，怅望东风路。
为问春残，莺燕还知否？伤迟暮，萝清吟苦，枉把离愁诉。”

（李树屏）

“宿雨初晴午日迟，东风吹瘦小桃枝，等闲又到晚春时。
冷抱残红怜蝶病，惯捎飞絮笑莺痴，花魂柳影尽相思。”

（李树屏）

“野老语多趣，村童闲自渔。晚农烟柳外，归荷夕阳锄。”

（王晋之）

“柳色绿到地，杏花红出墙。乱蜂苍翠里，淡淡挂斜阳。”

（王晋之）

“万条柳线锁诗情，野客乘凉树作棚。半亩菜香酣宿露，一林蝉语带秋声。”

（王晋之）

“握手旗亭酒一卮，麦烟蔼蔼柳丝丝。那堪送别人千里，正值将离花满枝。”

（王晋之）

“散步柳花村，归来天欲昏。贪敲新得句，误过自家门。”

（王晋之）

“荷花刚是半开时，携手齐来柳外池。有个山禽忽惊起，带声飞上绿杨枝。”

（王晋之）

“二月风多柳渐柔，沉疴初起试春游。怯寒不敢将山入，独立溪桥看水流。”

（王晋之）

“万籁沉沉晓日晴，柳阴院落碧天清。主人知道春来未？好鸟枝头唤一声。”

（王晋之）

“青帘风飏柳旁斜，石径柴门认酒家。小饮不辞连日醉，爱他墙角一枝花。”

（王晋之）

“云树苍茫水一方，遥从画里辩渔庄。有人疏寥垂杨外，戴笠持竿立夕阳。”

（王晋之）

“弯环石径绕羊肠，水复山重树影凉。转过药栏苔磴后，柳荫深处隐禅房。”

（王晋之）

“水边烟火数家村，一行垂杨绿到门。半亩浓荫凉似雨，有人团坐话篱根。”

（王晋之）

“半来问柳半寻诗，石压鱼竿手不持。蓦地晚风斜掠水，钓丝缠上蓼花枝。”

（王晋之）

“盈盈秋水绿参差，一片离情万柳丝。更有流莺知惜别，迎风啼上最高枝。”

（王晋之）

“杨柳千条水一湾，绿阴深处鸟关关。渡头舟子逍遥甚，既送行人又看山。”

（王晋之）

“夹河杨柳绿交加，风送归舟落日斜。谁把芳田添点缀，沿途栽遍小桃花。”

（王晋之）

三　古籍文献开发的意义与路径

（一）古籍文献开发对经济与社会发展的积极作用

让古籍中的文字活起来，不仅指对古籍资料的整理，更重要的是让历史文化资源能够助力社会和产业发展，对当今经济与社会发展产生积极作用。

小穿芳峪村坐落在蓟州东北部的穿芳峪镇，是个风景秀丽、空气清新的小山村，有人口 268 人，山场 200 亩，耕地 295 亩，已经发展为国家 AAA 级旅游景区。村里采取集体经营模式，2017 年成为宅基地改革试点单位。近年来，村里的经济发展很快，集体经济从 2012 年的零收入发展到 2016 年的 50 万元，村民人均收入也从 8400 元提升到 2. 6 万元，2017 年突破 3 万元，乡村旅游产业得到长足发展。

课题组在数十次调研的基础上，与村两委班子进行了深度交流与研讨，介绍这些文献资料的重要价值，决定将田园文化融入旅游开发中，从场景设计到项目经营，进行统一的规划和管理，将其打造为国内具有唯一性的特色旅游村落。

小穿芳峪村党支部书记孟凡全是天津市优秀党员，具有很强的学习和管理能力。他提出，作为党的基层组织，应该甄别先人留给我们的精神财富，传承优秀的传统文化，扎牢文化的根脉，为建设社会主义新农村的先进文化积淀养分。在出资出版印刷前文所述 3 部著作后，他提出“小穿芳峪文库”的建设计划，进一步开展专题研究，对村民文化生活进行总结，将更多的乡村文化产品纳入出版宣传中。在经济发展的同时，积极开展文化建设，让文化提升村民和游客的生活品质，让文化助力乡村经济的发展，建设具有独特魅力的社会主义新农村。

2017 年 1 月，中共中央办公厅和国务院办公厅《关于实施中华优秀传统文化传承发展工程的意见》正式公布，其中提出：“挖掘和保护乡土文化资源，建设新乡贤文化，培育和扶持乡村文化骨干，提升乡土文化内涵，形成良性乡村文化生态，让子孙后代记得住乡愁。”正是切中了振兴乡村文化的重要意义所在。今天，田园生活可以转化为一种积极的休闲艺术，以闲暇颐养身心，也是一种现代式的睿智和特征。开发小穿芳峪的田园文化，让人们调整身心，重创活力，把控人生的清寂与欢愉之本真，“不忘本来，吸收外来，面向未来”，使那些有益的传统文化价值深度嵌入人们生活，这就是开发近代历史上小穿芳峪田园文化的当代价值和新的思想财富。

（二）历史典故与文化活动开发

专家组提出很多历史文化开发思路，如蝴蝶会、邵窝安居、梨坞书屋、龙泉踏月、唐槐书院、天下饮、梦园等景观或旅游活动设计，因涉及商业机密，在此只对前两条做简要描述。

1. “小穿乡会”活动策划之一：蝴蝶会

（1）渊源

“蝴蝶”为“壶＋碟”的谐音，意为朋友们各自带着酒和菜，会聚到一起聚餐，为今日“AA 制”聚餐之鼻祖。

李江有这样的描述：“余亦于园中仿而行之。或曰，盍仍为且园（李江在京城住所）之蝴蝶会，不尤便乎！按蝴蝶会余曾撰会约，其文曰：‘余既移埸于养素山房，与铁寿卿为邻。其地花繁而多石，亭幽而多树，居乎其中，如在山林。’寿卿曰：‘兹园之乐，吾与子岂可自私，盍邀同人为蝴蝶会！’余询其状，寿卿言：‘其会至期，客各载酒一壶，载爻二碟，以佐清谈，栩栩若仙，是谓之蝴蝶会。言一壶之外，翼以二碟，象其形若蝴蝶。’又其会第以壶碟谐音读之，故谓之蝴蝶会云。余曰：‘主人不费而宾集，其法行之于吾二人贫而好客者尤宜，是可举也，敢订期。’寿卿言：‘月各二会，会以晦望。晦望之会各订以夜望以观月，晦以观灯。灯出于客，客各一灯。灯各悬树，用以娱客。客散，即携以去。’或曰：‘客则以酒肴至矣，主人将何以出？’余曰：‘凡园之内，林容石态，花香鸟语，雨声云影，清风明月，画稿诗笺，茗炉香钵，皆主人所以供客也。益之以馋口一具，食指十枚，其所出不已多乎！’闻者绝倒，因戏次其语，榜之于亭，以待同人之愿入兹会者。”

康军先生认为，将这种古代餐饮方式植入当今的乡村旅游活动中，很有意义：一是大有文化情趣，在现场宣传这种文化餐式来源于本村乡贤人士的实践，具有传承优秀历史文化的作用；二是可以实际推动“AA 制”的流行，具有积极社会意义；三是提倡集体餐饮的廉洁进餐方式，营造趣味、适度竞争的进餐氛围，大有推广的必要。

（2）活动方案设计

为适应旅游活动的特点，摒弃各自携带“壶和碟”的做法，改用农家餐舍的菜式与器具，分别展示不同价位的单个品种。聚餐人群采取编号抽签制，每人抽取一壶两碟的饮品和菜式，抽中的即象征为各自的携来品。

第一，按一桌十人的标准，在成本和合理的利润核算后，按高、中、低三档（比如 1500 元、1000 元和 600 元）分别设计 10 种凉菜、10 种热菜；一凉一热搭配成一组，价格可以任意错开。一组编为一个号码。

第二，10 种饮品：白酒一种 1 瓶、红酒一种 1 瓶、啤酒一种 4 瓶，共 4 个号码，饮料两大瓶 2 个号码，总共 10 种饮品 10 个号码。（如不喝酒，饮品可以按此原则搭配，但尽量按 10 瓶计算）。

第三，菜品和饮品分别用两种颜色的标号 1 ~ 10 的竹制小牌对应所选好的菜组。

第四，取消点菜程序，改为抓号，每个人抽取的组合不一样，价格略有差别。

第五，进餐人到齐后，服务人员捧出反放有 20 张竹牌的茶盘，依次翻牌，各人记下牌号和对应的座位号。每人念四句古诗，以助雅兴。

第六，上菜时，侍者依次唱出菜名和菜牌号，让个人知道自己点的菜是什么，可以引起大家的兴趣和评价。

两碟菜有了，上酒也是如此操作。一壶两碟的文字谐音引申为“蝴蝶会”。

2. 邵窝安居

李江在龙泉园中修建了一座茅草亭，命名为邵窝。《龙泉师友遗稿合编》中有这样一段描述：“卧牛山之麓有坡，横互而平，主人命作团焦其上，余乃圆其基，方其壁，窗其三面，而覆以茅，若小亭然。客曰：是殆类窝，而不类亭。余韪其言，爰于其中，范土代床，可卧可坐。时而过宿，梦酣意适，觉邵子之安乐窝，真不是也，因命之曰邵窝。遂走书请于主人而榜其额。”

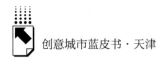

邵窝，有“安乐窝”之感，是北宋著名哲学家邵雍的居所，小穿芳峪为延续历史文脉，统一设计理念，将原设计中的陕北窑洞更名为“邵窝文化区”，外观似农家，内里打造高端私密性客房，设备环境一流，让游人体会到安逸舒适的乡野雅趣。

四　深度思考

对蓟州区小穿芳峪田园文化项目的挖掘和开发，是天津社会科学院开展实践调查的科研成果，也是产学研融合发展、科研成果就地转化的一个范例和探索。这一科研活动的创新模式和积极作用，让我们对社科研究的路径有了更多的认识。

（一）从乡村的发展看，科研活动需要接地气、促实践

小穿芳峪村党支部书记孟凡全用质朴的语言、切身的体验描述了这种科研与实践融合的感受，他说：“我在这里长大，和村民们一样，对这片土地上的一山一水、一草一木都有着难以割舍的乡愁与乡恋。正是这种情感，让我们满怀激情地投入旅游村的建设中，努力走出一条绿色、可持续的乡村发展道路，让这片土地成为村人与游客共同的宜居乐园。”

小穿芳峪村地处半山区，地貌极具特点，呈群山环绕状：村背靠卧牛山，村东有龙泉山，村西有穿芳山，村北有半壁山，村东北有鹦哥山。听村中老人讲，卧牛山状如卧牛因此而得名，牛尾横扫处是著名的龙泉溪水，遗憾的是现已干涸。穿芳山山峦起伏，林木花草茂密。半壁山“一峰崛削，壁立千寻”，被誉为“小华山”。历史上这里山泉交错环绕，泉水之美之妙，古籍中有相当多的描述。

孟书记的祖父曾任响泉园的园丁，在他的童年记忆中还有美丽的园林和清澈的水塘，村内如今还可见到响泉园的古井、古树的遗迹。一直以来，村民们对历史的记忆主要依靠长辈们的口碑相传，对文字资料少有提及。因此，当我们将挖掘到历史文化遗存的消息告知村民，大家既惊又喜：惊的是这么珍贵的历史文化资源一直被忽视，缺乏系统的研究与宣传；喜的是经过挖掘与考证，

这段历史被还原，让我们找到了地域优秀文化的传承脉络。古籍中的记载印证了乡亲们听到的故事，展现的信息更加翔实和丰富，使乡亲们更加深入透彻地了解了家乡的文化底蕴。

生活在这样的古村落，孟书记觉得很幸运，也坚定了打好文化牌的信念：党提出培育和践行社会主义核心价值观要立足中华优秀传统文化，利用好中华优秀传统文化蕴含的丰富思想道德资源，使其成为涵养社会主义价值观的重要源泉。

（二）从科研活动本身来看，需要挖掘隐性的实践需求，提高科研成果的应用价值

当《小穿芳峪艺文汇编》、影印本《龙泉师友遗稿合编》呈现在读者面前之际，作为这项工作的推动人和资料整理人之一，笔者内心充满了喜悦和成就感。因为这一过程充满了曲折和挑战，坚持创新和负责的科研态度，才使得埋藏于历史记忆中的优秀文化能够得到更广泛的关注，并最终为社会和经济的发展发挥积极作用。

这项调研活动表明，社科研究人员应该努力与社会融合，农村等基层部门对科研的需求往往是隐性的，需要我们去挖掘和考察，从而得出对乡村发展更为贴切的建议。习近平总书记高度重视中华优秀传统文化的传承发展，提出“中华优秀传统文化中很多思想理念和道德规范，不论过去还是现在，都有其永不褪色的价值。我们要结合新的时代条件传承和弘扬中华优秀传统文化，传承和弘扬中华美学精神”，并提出要“让书写在古籍里的文字活起来”。

点校发行穿芳雅士的古籍不仅能给今人带来文字上的享受，更是对优秀传统文化的解读与宣讲，还是对天津乡村优秀传统文化的弘扬。同时，其对旅游经济的拉动作用也不可小视。活起来的文字折射出丰富的信息，基于历史记忆的特色文化活动，必将助力天津的乡村旅游上升到更高层次，让乡村生活更加幸福和美好，使乡村成为游客与村民共同拥有的绿色天地。

（三）“小穿论坛”引发的社科研究智库效应扩散

2017 年 9 月 29～30 日，以“挖掘优秀传统文化资源，建设现代生态文明乡村”为主题的“小穿论坛”在蓟州区小穿芳峪村举办。

“小穿论坛”是天津社会科学院与蓟州区委宣传部联合举办的“三农”发展高端智库论坛。论坛主要围绕建设生态、文明、现代的美丽新农村设置议题，拟每年举办一届，重点研讨当前新农村建设中存在的突出问题和解决方案，实现以生态文明建设为核心的可持续发展与农村经济效益的统一、优秀传统文化与外来文化及时尚元素的融合、当代人的发展及对幸福生活的追求与子孙后代永续发展之间的协调。

2017 年论坛旨在通过对天津市蓟州区小穿芳峪村典型案例的研究与实践经验的总结，深入挖掘地域优秀传统文化的当代价值，激活沉睡中的历史文化资源，探索乡村优秀传统文化传承与产业开发新模式，解析产业发展和乡村治理环境的优化路径，打造“处处有历史、步步有文化”的特色村落，建设生态、文明的现代美丽乡村，为蓟州区生态环境建设与农业协调发展发挥引领和示范作用。

天津社会科学院闫立飞研究员提出，蓟州地方古籍文献具有完整、丰厚和广博的特点，应对蓟州区的古籍文献继续进行不同层面的开发和利用，包括扩大文献整理范围、构建平台开展深度研究、跟进文化普及、进行旅游开发、培育创建市级和国家级特色小镇。天津社会科学院罗澍伟研究员认为，乡村的重建与复兴，需要发挥乡村的独特禀赋，需要自下而上的内生动力，需要以田园生产、田园生活和田园生态为核心元素，重塑“山水田园人居”和谐共生关系，只有如此，才能促进乡村经济的整体进步，促进承载乡愁记忆、富有传统意境和充满桃源意趣的当代田园乡村的形成。南开大学查洪德教授认为，吸收古代文化，结合今天的情况，建设农村新伦理、新礼俗。南开大学文学院教授薛义认为，一个符合人文精神标准、永续生长的特色乡村，首先是宜居宜养的乡村，是农民、新移居者的家园。天津工业大学魏亚平教授认为，农业休闲文化旅游应实施跨界融合发展。天津社会科学院张宝义研究员提出，要关注传统乡村文化与现代文化的衔接，提取传统乡村文化中的组织性基因，服务于现代乡村社会。

这个论坛的设立与成功举办，还是智库实践基地的启程信号，彰显了社科研究向基层深入的实在举措。专家学者以及蓟州区的民俗专家就传统文化的挖掘保护和利用、生态文明乡村建设、农村经济社会发展等发表了见解，对于今后以小穿芳峪为代表的乡村文化旅游的发展有重要的指导意义。

参考文献

史瑞杰：《蓟州乡村振兴的五点启示》，《光明日报》2017 年 11 月 22 日。

苑雅文：《蓟州隐逸文化探源》，《天津日报》2017 年 2 月 27 日。

艾莲：《乡土文化：内涵与价值——传统文化在乡村论略》，《中华文化论坛》2010 年第 3 期。

B.9

文化空间生产视角下的天津城市传统节事开发研究

——以天津皇会为例*

刘洪艳　王晓睿**

摘　要： 2001年，“文化空间”被定义为一个可集中举办传统文化活动的场所，还可以被定义为一段通常定期举行特定活动的时间。空间中的传统文化表现形式，决定了这一事件和自然空间是如何存在的，文化空间往往被认为具有活态文化的特殊性质。为了探究如何使传统节事活动在城市中良性发展，本报告以文化空间生产为理论依据，结合天津传统节事活动的问卷调查数据，总结出政府、资本、民众、文化四维度开发模式，探究四维度相互之间的关系，依此对天津有代表性的传统节事活动天津皇会的发展现状及问题进行分析，然后提出可行性对策。

关键词： 文化空间生产　城市传统节事活动　天津皇会

马克思曾经指出，空间可以被认为是一种生产资料和生产力，其具有使用价值并可以通过使用价值来创造剩余价值。他认为，激发城市运动的主要是空

---

* 本报告系天津市2014年度艺术科学规划项目（“生态文明视野下天津非物质文化遗产资源产业化开发研究”，项目编号：C14007）阶段性研究成果。

** 刘洪艳，天津财经大学商学院旅游系副教授；王晓睿，天津财经大学商学院旅游系会展经济与管理专业2013级学生。

间的生产与空间的消费，进而将空间逐步扩展到“社会空间”领域①。在国外，法国著名思想家亨利·列斐伏尔（Hebri Lefebvre）在其 1974 年出版的著作《空间的生产》中首次提出“空间生产”（production of space）的概念。20 世纪 70 年代之后，西方的人文学者和社会学者开始关注到空间、时间、社会之间存在的本质关系，及其与地理学、建筑学、社会学等相关学科领域日益紧密的交叉渗透②。

一 基于文化空间的问卷调查

在 1997 年马拉喀什举行的“国际保护民间文化空间专家磋商会”中，“文化空间”的概念被首次提出。为保护人类口头和非物质遗产，1998 年联合国教科文组织专门设立了“文化空间和文化表达形式”的申报，从此国际上开始正式使用和研究文化空间。2001 年，“文化空间”被定义为一个可集中举办传统文化活动的场所，还可以被定义为一段通常定期举行特定活动的时间。空间中的传统文化表现形式，决定了这一事件和自然空间是如何存在的③，文化空间往往被认为具有活态文化的特殊性质。

当代的文化空间生产理论，结合了文化与空间生产的共同特征。文化“化腐朽为神奇”的魅力使得文化空间生产成为理性的选择，政府在寻求社会经济发展时开始逐步挖掘文化的重要价值。

为了解城市传统节事活动的发展情况，本报告采用问卷调查和随机访谈两种方式收集数据，并结合已有的开发模式，总结出文化空间生产理论下城市传统节事活动四维度模式。

（一）问卷调查结果分析

为探索城市传统节事活动的开发模式，本报告以天津传统节事活动为背景进行问卷调查，主要采用发放网络问卷的形式，共发放 135 份，回收有效问卷

① 伍乐平、张晓萍：《国内外“文化空间”研究的多维视角》，《西南民族大学学报》（人文社会科学版）2016 年第 3 期。

② 张京祥、邓化媛：《解读城市近现代风貌型消费空间的塑造——基于空间生产理论的分析视角》，《国际城市规划》2009 年第 1 期。

③ 乌丙安：《非物质文化遗产保护中文化圈理论的应用》，《江西社会科学》2005 年第 1 期。

128 份。为保证数据真实有效，此次问卷调查不限地区、不限年龄、不限学历。

从列举的几项天津节事活动中发现，很多被调查者不了解哪些属于传统节事活动（见图 1），说明对传统节事活动的知识普及不到位，尽管 4 种传统节事活动的占比很高，但还有很多民众会混淆。

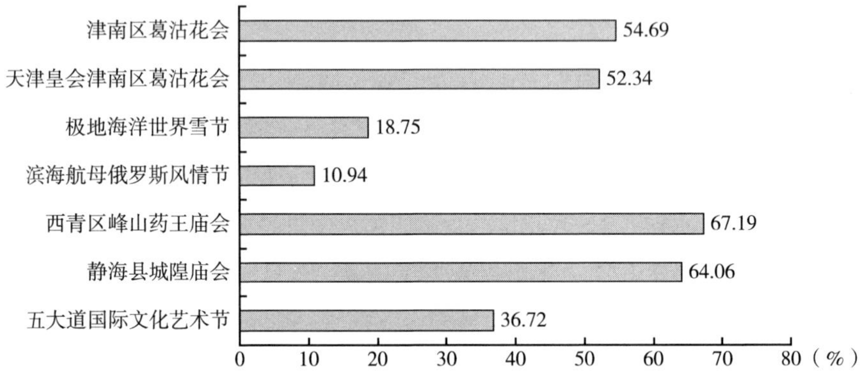

图 1 “您认为以下哪些属于天津传统节事活动”调查结果

资料来源：笔者通过调查得出的数据制作而成。

大多数民众通过亲朋好友了解传统节事活动，在现代社会发展条件下民众希望从多角度了解相关知识（见图 2）。在政府关注和认可的情况下，网络媒体、电视广播和报纸杂志都可发挥更大的作用，其宣传目的就是吸引民众参与，同时吸引企业投资。

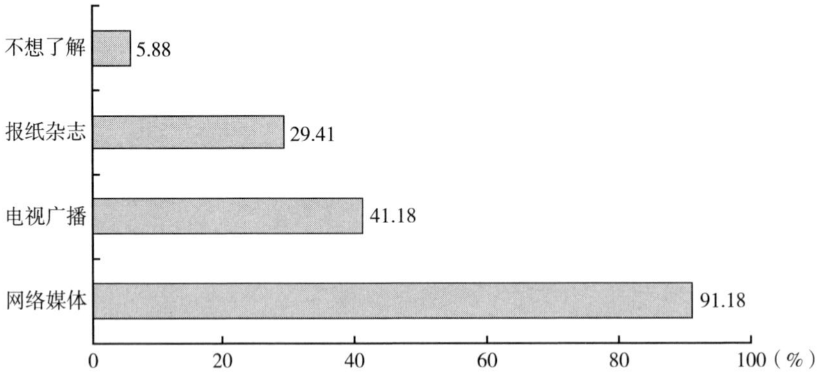

图 2 “您希望通过哪些方式对天津传统节事活动进行了解”调查结果

资料来源：笔者通过调查得出的数据制作而成。

不同年龄层次的被调查者对天津传统节事活动的感兴趣程度不同（见图3）。从图3可看出，各年龄层次对天津传统节事活动感兴趣的比例都很高。其中，由于“传统文化进校园”等活动的举办，20岁以下被调查者对传统节事活动感兴趣的比例较高，而由于历史记忆的存在，40岁以上的被调查者感兴趣的比例也很高。这说明传统节事活动在城市中具有一定的群众基础，民众可成为传统节事活动在城市发展的重要因素之一。

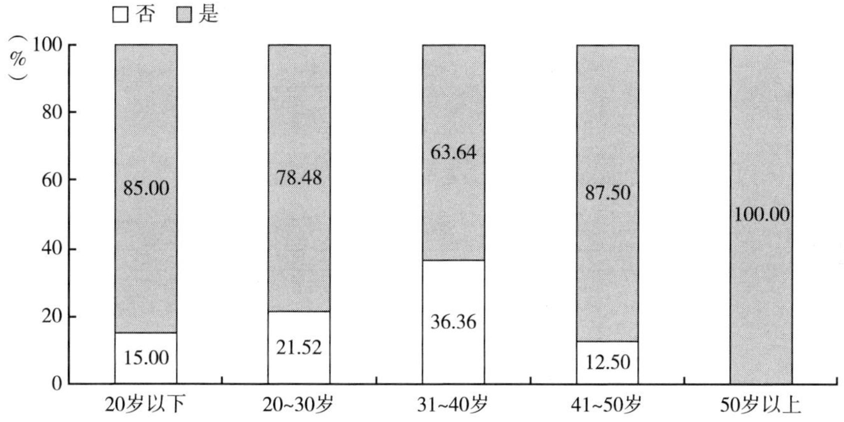

图3　不同年龄层次对天津传统节事活动是否感兴趣占比

资料来源：笔者通过调查得出的数据制作而成。

绝大多数被调查者认为天津传统节事活动的举办对城市的发展是有作用的，尤其是对文化的保护与传承有很大作用（见图4）。传统节事活动特有的

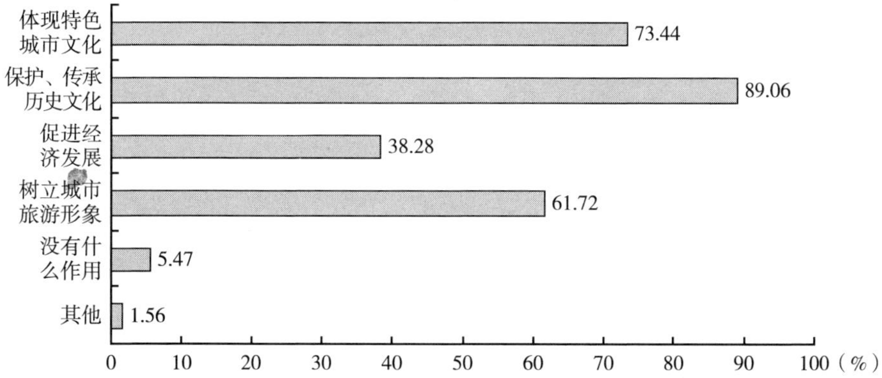

图4　“您认为天津传统节事活动举办的作用体现在哪些方面”调查结果

资料来源：笔者通过调查得出的数据制作而成。

历史文化性是需要保留并不断传承的，因此在探究城市传统节事活动的发展方式时要关注文化的特殊作用。

对于如何保护和发展城市传统节事活动，受访者大多数认为政府、社会资金、群众，以及对活动本身的宣传等几方面发挥着重要作用（见图5）。

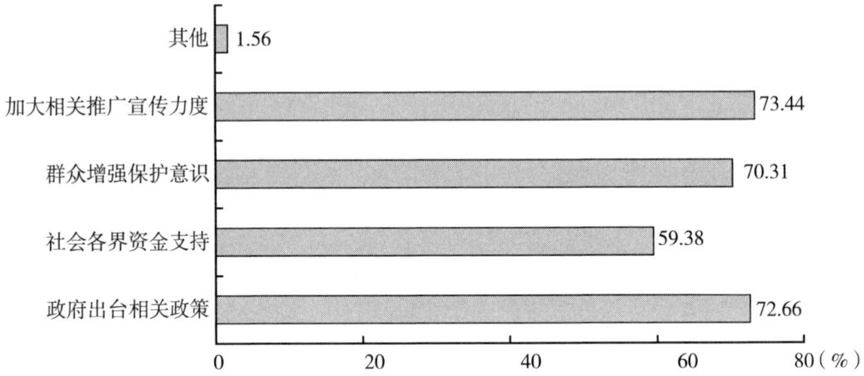

图5　保护和发展城市传统节事活动的主要方式

资料来源：笔者通过调查得出的数据制作而成。

（二）文化空间四维度开发模式构建

研究文化空间生产，首先要确定一个特定的文化空间，这个空间可以是传统意义上的物理性地域空间，如某个场馆、某片厂区或是某一个开阔的区域，也可以是具有文化创造性和体验性的文化空间。

结合学者的既有研究结果和笔者的调研数据可得出，城市中参与文化空间生产的许多方面都会产生不同的影响。其中，政府的政策指导往往会引导社会关注，宏观政策的保障会对文化空间产生最直接的效果。政府的导向性作用会吸引大量资本注入，以求资本增值与再增值，资本的良性循环为社会营造稳定的经济环境。在政府的官方宣传下，民众的主动参与性提高，充分发挥人的作用才能维持文化空间的持续生产。政府认同下的主流文化也是社会认同的主流文化，有文化的存在才能构成文化空间，文化沟通连接着历史与现在，也将人与人连接在一起。由此构建出政府、资本、民众、文化四维度开发模式（见图6）。

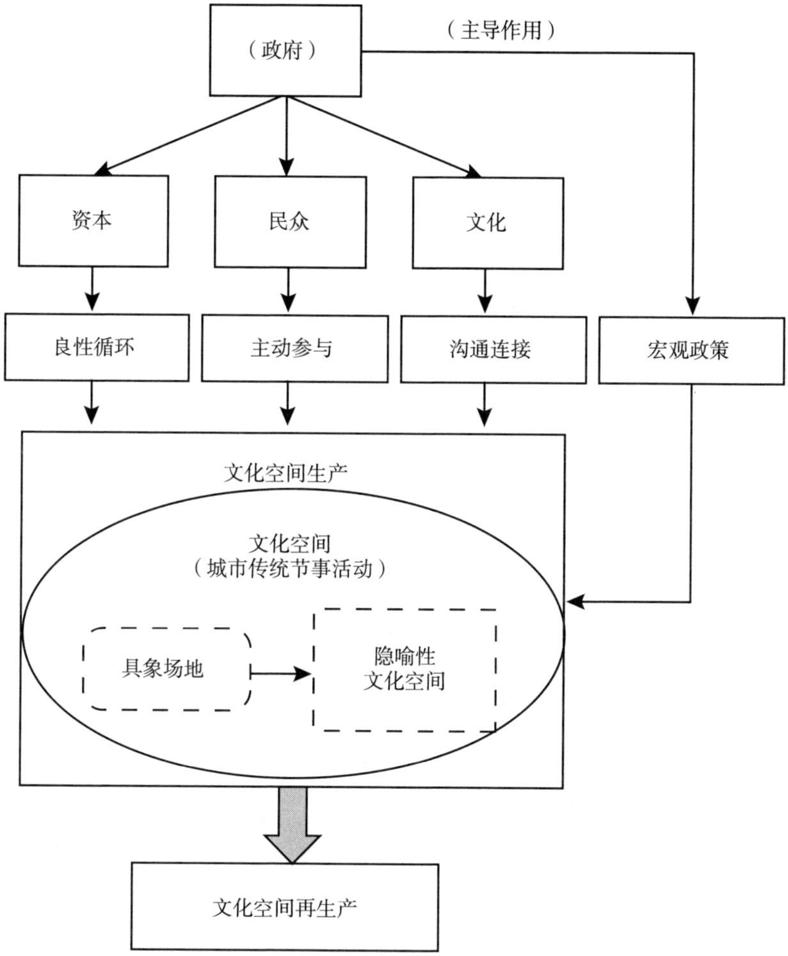

图6　四维度开发模式

资料来源：笔者整理编制。

文化空间作为核心生产部分可以具象为活动场地，也可以抽象为特定时间范围，或者说某些传统节事活动本身就是一个文化空间，因为传统节事活动往往更加注重文化形成的隐喻性空间，即文化圈。政府不仅直接作用于文化空间，还间接作用于资本、民众和文化。政府通过制定传统节事活动保护法规、活动举办优惠条款等政策对传统节事活动产生直接影响。政府的直接资金补贴可为节事活动的举办提供资金支持，同时税收优惠政策可吸引企业投资，传统节事活动的成功举办可为政府和企业带来回报，促进资本的良性循环。政府的认同与宣传可带动民众主动参与活动、主动宣传或是成为某一传统文化的继承人，起到推动传统节事活动可持续发展的作用。在政府作用下社会的传统文化认同感得到提升，进而将优秀传统文化传承下来并广泛传播，用文化的活态性将传统节事活动发展下去。政府、资本、民众、文化共同作用于文化空间的具象场地，同时作用于隐喻性文化空间，最终实现文化空间再生产。

1. 文化空间生产与政府

政府在文化空间生产中起到绝对的主导作用，文化空间也可以为政府生产出有利于城市发展的社会与经济效益，提供城市有效治理方案。文化空间生产过程中涉及的场馆、设施、土地都需要在政府的帮助与调控下进行合理安排与配置，政府控制并引导着城市发展的进程，通过对公共设施的管控来对城市空间的建设进行干预，在这一点上，政府的作为对文化空间的生产作用十分明显。

大多传统节事活动始于民间，随着新中国成立，城市化进程加快，越来越多的农村乡镇成为大大小小的城市，传统节事活动也成为城市传统节事活动。在转变的过程中，有些节事活动因文化价值较高或流传时间长而被政府关注，从而伴随城市发展一同保留发展至今，而更多的传统节事活动在城市发展过程中没有得到足够重视，便随着老一辈人的离世封尘于记忆中。因此，对于城市传统节事活动的发展来说，政府起着决定性的作用，而传统节事活动的发展所带来的一系列社会、经济、文化效益也会助力于政府对城市的管理。

2. 文化空间生产与资本

文化空间的生产与资本的注入密切相关，资本的加入为文化空间的生产提供动力，文化空间的良好发展运行会使资本增值，从而形成良性循环。没有资本的支持，文化空间就没有办法生产；没有文化空间作为载体，资本就无法增值。城市的发展就是资本增值积累的过程，传统节事活动中蕴含的浓厚城市文化具有“化腐朽为神奇”的魅力，成为一种能够挖掘城市潜在价值的要素，并逐渐使文化空间生产成为各类投资人理性的投资选择。

3. 文化空间生产与民众

文化空间生产的主体就是人，民众的参与提供了发展保障，文化空间的生产可以为民众提供更符合其现代生活品位的文化体验场所。民众对文化空间生产的作用体现在各个方面，文化空间是通过人的活动进行生产，生产出的文化空间又是为人服务的。传统节事活动最早都是从人们的生产活动中产生，之后逐渐演化为一种旅游活动，与其他节事活动相比更具有群众基础。生产出的文化空间民众参与度高才有价值，民众也可以决定文化空间的生命力。

4. 文化空间生产与文化

传统节事活动作为城市文化空间生产的重要策略，其重点就在于文化本身。传统文化适应现代社会是文化空间良好发展的重要前提与保证。传统文化空间生产要以具有文化底蕴的场所为依托，打造隐喻性文化空间，此文化空间生产出的不仅包括政治、经济、社会的发展，还包括文化的沟通与连接。

二 文化空间生产理论下城市传统节事活动的开发

（一）政府角度对策

1. 制定保障政策

政府需要在文化空间生产过程中起到稳定性作用，制定有效的经济制度和社会制度。稳定城市的经济制度，才能使政府合理有效地解决社会经济活动中可能产生的各种问题。通过与市场运作相结合，提高制度修订与政策反应灵活性，传统节事活动的各方参与者就可以在合理高效的制度保障下放心地进行活动。社会制度的许可对传统节事活动的开展和推广也有十分重要的作用，社会的有序化促进城市经济发展，稳定的法律、法规和政策能够保障城市传统节事活动的成功举办。

2015 年 11 月，湖南省文化厅印发了《湖南省节庆活动管理办法实施细则》，其中对传统的民俗节庆活动进行了详细的描述，通过相关政策进一步规范了传统节事活动的举办行为，加强了监督管理，使其健康发展。政府通过制定财政税收、文化保护、节事活动管理等相关政策，为传统节事活动的文化空间生产建立了坚强的制度后盾。

2. 批准公共资源使用

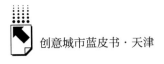

城市传统节事活动在文化空间生产的区域上不同于现代节事活动，传统节事活动的举办往往不拘泥于某个场馆或是某个建筑，具有相同文化空间背景的地方都在同一时间举办节事活动，尤其是在少数民族城市这一点最为突出，如蒙古族那达慕大会。在城市中，对公共资源的使用需要经过政府批准，地方政府利用管理公共资源的行政批准权，组织节事活动。政府将街道、广场等城市公共空间变为临时性的活动空间，为民众营造了可进入的节事空间，配合传统节事活动的特征融入文化色彩，维护公共秩序。

3. 引导社会关注

政府的观点导向常常带动社会对事物的态度转变，传统节事活动作为城市文化空间生产的重要策略，可以从历史方面奠定城市发展的主基调。对于传统节事活动的举办，政府利用官方对新闻出版活动和内容实施监督管理的权力，组织对传统节事活动的报道，带头宣传节事活动背后蕴含的传统文化，配合媒体和群众自发性的报道宣传，会起到极大的引导民众关注城市传统文化的作用。政府的有效关注还会激发各企业投资人的投资兴趣，从而吸引各类投资，不仅保护了传统节事活动，还为城市经济发展注入了新的活力。

（二）资本角度对策

1. 政府资本投入

一些由政府和社会认可的传统节事活动的举办大多是由政府包办，政府安排决定举办的时间和地点，当地居民在政府的帮助下协同举办。这样虽然有效保护了传统节事活动的传承和发展，但并不是长久之计，这样的方式使传统节事活动缺少了本真性，而且为政府带来了巨大的财政负担，有可能会间接影响到全体社会群体的福利水平。政府向文化空间生产提供财政支持，也是希望通过塑造文化空间，以达到提升城市整体形象，从而促进城市经济发展的目的。因此政府可以作为行政权力的执行者采用间接财政政策或税收政策，引进外来投资，在减轻财政负担的同时还可以获得文化空间生产带来的经济利益。

2. 企业投资开发

企业作为城市发展中的巨大经济体，是带动城市经济发展的主要力量，企业追求的是经济利益的最大化，基于资本投入最少而利益最大化的原则，企业对文化空间的投资选择性更强。传统节事活动的举办是在传播城市历史文化的基础上带动各方面经济共同发展，虽然在短期经济效益上略显劣势，但从长远来看比其他节事活动更具备可持续发展性，因此对传统节事活动的投资应更受大企业的青睐。

（三）民众角度对策

1. 民众参与

传统节事活动从古延续至今可以有长久生命力，主要原因就是具备一定的群众基础且参与度高，传统节事活动的魅力充分体现在广泛的民众性上。城市传统节事活动要想得以发展，关键就是必须首先得到广泛的民众认可和支持，只有民众愿意参与，才能得到发展。还要注重民众间的互相带动，特别是活动的核心参与者，以及传统文化的忠实追随者，在宣传过程中更具亲和力和感染力，可以达到更好的效果，带动更多的民众参与其中。

2. 民众保护

传统节事活动具有非物质文化遗产特有的文化价值，从前为适应当时的社会发展背景，各种传统节事活动逐渐出现，现在作为城市传统文化空间，则更多的是以文物性质存在，现代民众有保护意识是对文化空间存在的认可，也体现了民众素质的普遍提高，民众开始从文化自觉提升为文化自信。

3. 民众发展

文化空间的生产服务于民众，民众的发展意识对文化空间的再生产有着极大的作用，文化空间生产带来的文化价值和市场价值，是推动城市经济与文化延续的重要载体。民众发展一是体现在积极参与文化空间生产，共同寻求发展之路；二是体现在自发宣传，作为社会一分子宣传发扬创新精神，将城市文化内涵向外推广。传统节事活动的特点在于传承人，没有传承人就无法进行文化空间的生产，也就更谈不上文化空间再生产了。

（四）文化角度对策

1. 文化认同

传统节事活动中蕴含的文化往往是城市的历史文化，有些在特定历史背景下是当时社会普遍认可的，但随着社会的发展，有些文化已脱离时代背景，不再受到普遍认同，这样的文化就应考虑是否还有继续存在的价值或者是否可以改进。

2. 文化传承

文化空间生产之所以有别于空间生产，就在于文化空间生产还有文化传承的作用。通过传统节事活动发挥文化活态性和传承性，将各地文化融合，形成文化圈，从而更好地传承发展。正如以妈祖文化为依托，天津市、莆田市、厦门市等许多城市都有与妈祖文化相关的传统节事活动，至今已有几百年的历史。传统节事活动的表现形式体现着文化传承，因此也要注意在传统节事的表现中保留文化纯真性，这样才能发展传统的一面。

3. 文化传播

文化空间生产的最终目的就是将文化进行再生产，通过传统节事活动的作用，将传统文化以现代人更能接受的形态和方式生产出来，并且将文化整合，从而带动更多的人加入进来，提升活动知名度、文化知名度、城市知名度。传统节事活动的举办让妈祖文化广为流传，全世界有超过5000座妈祖庙，从而形成世界范围内的巨大文化空间，在提升城市整体形象、带动城市旅游经济发展的同时，还通过文化将世界联系在一起。

三　案例分析——天津皇会开发研究

（一）天津皇会的历史背景介绍

1. 天津皇会的起源

天津皇会是由民间“娘娘会”发展而来的，最初是天津本地民众举办的酬神、谢神庙会活动，目的是感恩海神妈祖的庇佑。会期为每年农历三月十五日至二十二日，共计9天，后因康熙、乾隆两位皇帝的重视更名为“皇会”，被誉为“全国唯一之神话盛事”。每逢会期，在庙会中进香祈福、进行贸易往来和会亲访友的民众络绎不绝，天后宫相关区域举行盛大的祭奠仪式，包括抬宝辇出巡散福等。

2. 天津皇会的发展过程

三四百年前，天津皇会被称为“娘娘会”，祭祀活动相对简单，规模也相对较小，参与人员多为以打鱼为生的船工和渔民们。有文字可考的起源时间为清朝康熙三十年，圣祖康熙私访至天津见到娘娘会盛况，震撼不已，于是就有了“皇会”之称①。乾隆年间，乾隆皇帝见到娘娘会的各色表演，觉得精彩不已并大加赏赐，从此以后娘娘的地位逐渐提高②。在那段时期，天津皇会十分繁荣。

天津皇会从几百年前出现，虽不是年年盛大但从未间断举办，清朝后期由于辛亥革命等战争爆发，皇会举办的时间间隔越来越大，1936 年，天津举办了最后一次皇会。1949 年新中国成立，天津皇会的部分活动恢复，但规模较小，到了“文革”期间，天津皇会再一次中断。

直到 20 世纪 80 年代，皇会在天津逐渐恢复。1988 年，皇会以“民间花会”的名义重新登上天津民俗文化的舞台③。从 1994 年开始，天津皇会进入全面复兴阶段，天后诞辰祭奠仪式恢复，花会开始在天后宫进行。2001 年皇会表演回到古文化街上，自此天津皇会得到完全恢复。2006 ~ 2008 年在福建莆田会馆举办皇会，2012 年还与台湾共同举办妈祖诞辰祭奠的民俗活动。

3. 天津皇会的文化空间背景

天津皇会的举办以古文化街、天后宫为实体文化空间，以妈祖文化为精神空间。时至今日，其文化功能从神灵的威慑和号召转变为一种地方性的文化象征符号④。随着天津社会经济文化的快速发展，天津皇会已经逐渐演化成一种将宗教信仰、祈福还愿、赛会演剧、社会交往、商品交换等活动汇集一体的城市传统节事活动。“先有天后宫，后有天津卫”，有了妈祖文化为背景，才造就了天津的传统文化空间，天津皇会的意义就是以传统节事活动的形式进行文化空间生产。

---

① 蒲娇、马知遥：《“非遗”视角下的天津皇会传承发展研究》，《山东艺术学院学报》2013 年第 3 期。

② 凤凰天津：《皇会，旧时的狂欢节》，http：//tj. ifeng. com/a/20160129/4246385_ 0. shtml/。

③ 蒲娇、马知遥：《“非遗”视角下的天津皇会传承发展研究》，《山东艺术学院学报》2013 年第 3 期。

④ 蒲娇、马知遥：《“非遗”视角下的天津皇会传承发展研究》，《山东艺术学院学报》2013 年第 3 期。

（二）以文化空间生产理论分析天津皇会的发展现状及问题

1. 政府方面

（1）相关政策制定

2008 年，按照《国务院关于加强文化遗产保护的通知》（国发〔2005〕42 号）和《国务院办公厅关于加强我国非物质文化遗产保护工作的意见》（国办发〔2005〕18 号）的精神和有关要求，天津市人民政府批准第一批市级非物质文化遗产名录（共计 30 项），其中就包括天津皇会。随后政府和社会的关注点从恢复传统仪式转到现代旅游节的创建上，对天津皇会没有过多的政策制度出台。

政府在天津皇会发展中体现出的作用并不明显，未充分发挥主导作用，对于天津皇会等传统节事活动在制度上的保障存在缺失，虽将皇会纳入非遗名录，但并没有采取行之有效的保护机制。以天津皇会为代表的一系列传统节事活动与民间手工类非遗不同，皇会传承人往往不能依靠道会来维持生计，政府未从实用角度满足他们的生活需求。政府的“输血”维持法没有为传承人带来经济效益，无法充分调动其积极性。

（2）官方引导和支持

现在政府对天津皇会不采取直接管理的方法，而是政府统筹、企业管理。在活动前政府负责帮助协调，积极发挥政府的职能作用，帮助皇会解决在发展过程中遇到的困难和问题。前期宣传以及活动开展期间进行官方媒体介入，带动其他媒体共同关注皇会的发展动向。政府还会定期安排相关活动来展示皇会的特色传统文化，从而提升城市形象。天津皇会在出巡时会采取不同路线，从前不需要经过政府的各项审批，但会在花会进行过程中增派人员进行安全保障，以确保整个活动顺利进行。

举办节事活动所需的基础设施、街道等均须经过政府审批，同时政府会指派武警、交警等安保力量，这保证了活动开展的正规性和安全性，体现了政府的保障性措施逐渐趋于完善，但同时表现出了政府中心化问题。例如，从前行会、赶会、跟会的传统模式逐渐演变为以主席台模式为主；会场布局与现代政治性会议惯用的模式基本相同；小会场各种限制相对严格，仅有小部分民众可以近距离观赏，大部分民众只能站在隔离栏外的相对较远处观望；交通、治安、环保等因素的制约严重，民众参与度下降等。这些因政府加入而产生的变化扭曲了皇会万民同乐的意味，减弱了的民众的参与热情，影响了民间与官方真正的平等交流。

2. 资金方面

（1）民间文化保护基金会

2010 年天津皇会民间保护奖励基金会成立，是冯骥才民间保护基金的子项目。作为首个民间文化基金会，也是完全公益性质的基金会，主要是为皇会筹集活动基金并合理分配使用，将资金投入文化空间生产中，同时倡导民间保护传统节事活动和传统文化。

对于天津皇会来说，没有形成商业化模式，企业的资金扶持完全属于公益性质。例如狗不理集团、东达房地产等大企业主要向基金会投入资金，而基金会并不会为这些企业进行任何广告性质的宣传，这些企业的管理人员也加入基金会的管理中来，为皇会的保护注入资金动力。基金会是民间自发组织成立的，其成员包括从事文化行业的专业人士，也有大企业家，但没有项目传人参与其中。

（2）其他资金来源

除了大型企业之外，小型企业商户以及当地百姓也会向皇会进行自发性捐助，同样是公益行为，没有在文化空间生产中获得经济利益，仅仅是为了天津文化的传承。作为皇会中的传承人就更加义不容辞，通过其他演出所获得的津贴、补助来维持皇会的运转。

政府本身在财政方面没有足够的资金拨款，仅有的一些资金补贴也难以足够支撑皇会所有道会的发展。面对这些问题，政府没有制定相应的辅助计划，对招募企业投资的宣传力度不足，缺少对企业投资的优惠政策。

皇会中的项目很多，可以达到上百种，然而不同的道会在市场上的需求不尽相同，因此可以获得的经济回报和社会资源支持也不尽相同。传统的商贾巨富赞助皇会的方式已经少见，现在仅有少数当地大企业有自愿捐助行为。企业在对节事活动投资时注重资金的回报，投资商企图将传统节事活动商业化，以谋取巨大利益，纯粹的公益性投资少之又少。皇会举办地周边的商业环境决定了投资人不是将发展传统节事活动作为第一要义，而是希望通过皇会的吸引，实现自身经济利益最大化。

3. 民众方面

（1）民众参与

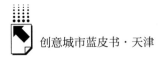

近年来，对天津皇会有兴趣的人越来越多，参与的人也越来越多，甚至有人会专程慕名而来，加入充满浓郁传统文化氛围的文化空间中来。与往年相比，近些年由于宣传力度加大，皇会本身提升了创意性和体验性，定期来参与的游客数量呈逐年上升趋势，有些是源于对妈祖文化的信仰，有的是想通过这样生动的方式了解天津的历史文化，感受不一样的城市魅力。调查数据显示，79.7%的人对天津传统节事活动感兴趣。在未参与过天津传统节事活动的民众当中，86.3%表示有机会的话愿意参与，由此说明传统节事活动具有一定的群众吸引力。

传统节事活动表现出来的同质化问题减少了其对民众的持续吸引力，碎片化时代也决定着民众会更加青睐相对贴近现代生活的文化表达形式，不愿花费过多时间了解传统知识。调查显示，在参与过天津传统节事活动的民众中，仅有28.57%参与过天津皇会。虽然大部分参加过的民众表示愿意再次参加该节事活动，但仍有部分民众表示不想再次参加。

（2）民众保护

对于妈祖文化的信仰者来说，保护一项传统节事活动就是在保护一种文化，保护一个传承已久的文化空间。对于本地百姓来说，保护一项传统节事活动就是在保护本城市的历史，了解一个城市最好的途径就是先了解这个城市的历史，而保护城市历史文化就是为了保护城市的文化价值。

民众对天津皇会的保护有资金上的支持、主动宣传，以及作为传承人深入内部，参与文化空间生产，从根本上对天津皇会的发展起到巨大作用。民众对传统节事活动中的项目普遍停留在好奇、感兴趣的层面，体验可以，但不会深入学习甚至将其作为毕生事业。各会有自己独特的表演方式、绝活、技巧，互不重复，且传授方式大多为口传心授，内容繁多、形式复杂。由于知名度普遍不高，因此很少有慕名前来学习的人，传承人大多来自道会所在的社区团体，从前多以家族传承的方式，而如今大部分年轻人热情持久度不高，加之为了维持生计，因此不愿意学习占用时间较多且没有任何经济收益的传统技艺。继承人的缺失导致部分花会存在继承空白，面临解散失传的危险。

4. 文化方面

（1）文化自身

从前天津皇会的作用是人们通过节事活动进行祈福、拜神、交换商品、沟通交流，是以劳动生产者的身份参与其中，表现出的是一种生活文化。历史的巨变，对文化体系有着不小的冲击。现代人们的生活环境和模式发生巨大变化，传统社区人人参与的情况已消失不见，出会机会变少也使文化失去发展的土壤。某些道会表演器具和制作工艺的失传也是迫使部分花会项目面临消失危险的原因。有些器具传统工艺繁复，但暂时找不到维护的途径，再加上自然的风化和人为的破坏，很多早已是面目全非，还有一些由于出会次数的减少而逐渐束之高阁被人们遗忘。传统节事活动形成的文化空间在老一辈人心中根深蒂固，但在新一代人心中只是一个历史符号，并没有对其进行深入的了解探究。

在如今要求高效快捷的社会背景下，办会期间表演时间的缩短、表演场地的限制、表演规模的简化，导致很多花会的传承技艺不精，有传承人的道会也由于出会时间短，被要求只表演最精彩的地方而忽略表演完整性，再加上平日疏于练习而频频遇到“速食化”危机。

（2）文化表现形式

部分会种是时代造就的产物，其社会功能已经被替代或不符合现代审美。天津皇会的观赏性较强，但不能满足现代人注重的体验参与感，因此对传统仪式的保护逐渐转为现代节事活动的形式。皇会中的几百种道会都是在从前百姓的日常生活中产生，流传至今人们对大多数表演中表现出的动作内涵已不再了解，只看其表不知其里，好奇心满足之后便没有再次参与的想法。据笔者调查，民众不想再次参加天津传统节事活动的原因最主要就是体验感不足，其次就是缺乏创意新鲜感、形式化严重和活动气氛不活跃，这些都可归结于文化表现形式，已不能满足现代民众的需求。

（三）文化空间生产视角下天津皇会的活动开发策略

天津皇会作为天津极具代表性的传统节事活动，对其进行保护不仅停留在保护皇会这一个层面上，更是为了保护天津的城市历史。在文化空间的生产中，应有效发挥城市传统节事活动兼顾文化和经济效益的特点，增强城市传统节事活动的生命力，从而带动城市的政治、经济、文化全面发展。现在皇会在办会主旨、内容、形式、流程、筹备、赞助、协调等各个方面都已经有所改变，必须重建自身的文化空间生产模式，派生出新的社会功能，才能扩大传统皇会作为文化符号的影响力，使自身更具吸引力，更能反映天津城市魅力、文化精粹和国家的价值取向与民族精神。调查显示，民众普遍认为城市传统节事活动对城市的发展是有重要意义的，而保护城市传统节事活动的方式应主要从政府、资金、民众、文化四个角度入手。

1. 发挥政府的主导作用，助力城市建设

节事活动是城市进行城市营销的有力工具，通过借助文化空间生产，政府可实现对社会经济的有效管制。地方政府也逐渐意识到文化空间生产可提升政府形象、增强社会凝聚力、吸引外商投资、创造财政收入、提高城市竞争力。而城市传统节事活动特有的历史性为文化空间的生产提供了更深层次的内涵。

（1）完善政府的各项保障制度

政府作为统筹规划的主体，要做好对未来天津皇会发展的整体统筹规划，出台具体的保护细则，完善传承人认定和资金发放制度。政府应制定合理的政策，积极地为皇会的发展搭建平台，并遵循民俗文化的内在发展规律，汲取国内外节事活动举办的成功经验，制定行之有效的抢救性保护政策及法律法规。例如，倾听来自皇会内部的声音，从皇会管理者和老艺人的角度了解其所需，建立官方统计数据库，对道会的传承人、服装道具发放和练习场所批准等制定相应保护政策，以及保证对非遗项目的资金扶持补助等。政府可以建立道会会所，为皇会提供一处有文化底蕴的固定场所作为永久基地，设立真正意义上的文化空间，使其更好地生产。还可制定相关财税减免政策或其他企业优惠政策，鼓励企业投资人对传统节事活动进行资本注入。

（2）发挥政府的主要引导作用

相关政府部门应充分发挥引导作用，在保护皇会过程中表现出极大的关注和重视，对民众心理进行引导，力求拉进官方与民众的关系，同时达到增强民众对皇会文化回归感与认同感的目的。同时从官方角度，线上通过电视、广播、互联网等媒体途径，制作宣传视频、公益广告等，充分发挥 PC 端和手机客户端的优势进行宣传；线下制作宣传手册，设计各道会的特色徽章、传统节事活动的纪念品，举办公益宣传讲座等。据笔者调查，参加过或听说过天津传统节事活动的民众当中，活动信息来源主要是家人及朋友（见图 7）。而在互联网时代，相比电视广播和报纸杂志，民众更加推崇通过网络媒体接受信息。政府还可以从官方角度对传承人进行采访，将皇会的前世今生进行系统整理、编纂成书，让这一传统文化有官方可考性，既是对历史的记录和总结，也是对未来的期待和展望。

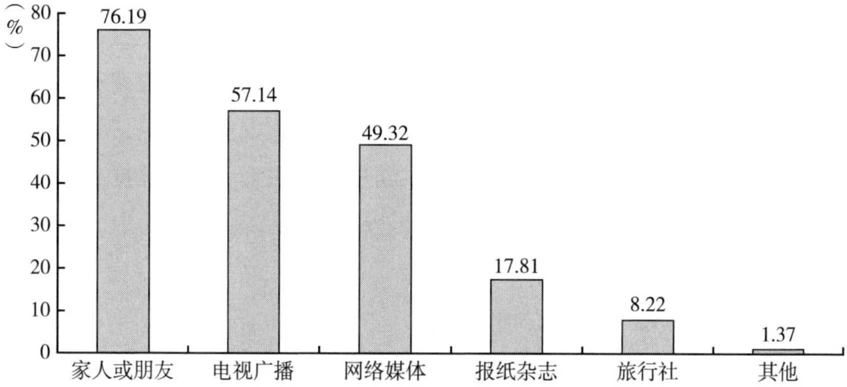

图7　民众获取活动信息主要来源

资料来源：笔者通过调查得出的数据制作而成。

2. 吸引资本投入，促进产业化发展

天津皇会现在的主要资金来源主要是民间基金会的基金扶持、政府补贴和道会传承人自行维持。政府及相关部门可为皇会表演进行招商引资，提供在各大活动中的表演机会，以此来增加表演者的经济收益。现在，皇会不仅是一种宗教行为，还是一种经济行为，是在旅游业的背景下发展起来的，旅游业作为当今社会经济发展中最为环保的产业之一，如果与具有深厚文化底蕴的皇会相结合，便会碰撞出新的火花。皇会的发展应注重向市场化和产业化的方向转化，政府“输血”不如“造血”，以产业经营的思路举办活动，着重提升活动的可持续性，从而对城市传统节事旅游的全面协调发展起到促进作用。传统节事活动的产业化发展可减少政府的行政成本，还可以增加政府的财政收入。市场化和产业化是为了更好地对传统节事活动进行保护和发展，而不是将皇会发展成商业化，使其成为经济利益驱动的工具。

3. 提高民众参与度，发挥主体作用

民众应树立“民间自救”的遗产观，民众是皇会真正的主人，是决定皇会能否发展的重要力量，这就意味着民众有自主权来决定是否要参与到皇会中去、要参与到什么样的皇会中去、要以何种方式融入其中。参与者应不分年龄、性别、地域，只要有对皇会的热情，有对传统文化的热情，都可以参与其中。皇会本身也要考虑当下社会民众的实际需求，创新表演形式，提升活动参与体验感。

作为传承的老艺人，要转变老旧的思维模式，吸引各地技艺仰慕者前来学习。对于皇会独有的群体性表演形式，各道老会还应认识到群体性传承的重要意义，在传承中除了教授每个人技艺外，还可以采用分批分组传授的方式，加强组内人员的磨合练习，培养高质量的技艺人才，形成良性竞争，将传统技艺完整地传承下去。当代社会民众愿意尝试新事物，在笔者调查数据中显示，受访者中的81.25%表示愿意自己或者推荐别人学习传统节事活动中涉及的传统技艺，这对于传承者来说是好的发展态势。

4. 传承活态文化，完成文化再生产

法国社会学家皮埃尔·布尔迪厄（Pierre Bourdieu）在20世纪70年代提出文化可以通过不断的“再生产”来维持和延续①。对天津皇会进行保护就要抓住文化中蕴藏的精神内涵，为社会与民众还原一个共同认可的文化空间。皇会作为城市传统节事活动对文化空间生产的价值就在于保留了原有的本真性和活态性，这也是文化空间独有的特性。传统文化与现实生活之间具有互相依存的共生关系。“乡音”“乡情”维系着人们的心，通过传承和引导来焕发新活力。例如杨家庄永音法鼓，乡音将老人们的牵挂与记忆唤起，并影响着年轻一代人的审美方向，使其在沉睡了许多年后重新活跃在皇会中。如今的皇会应被赋予新时代的使命，它不仅成为天津文化旅游的活态招牌，还成为沟通两岸四地的重要文化符号。

结　语

天津皇会现今已逐渐成为天津的文化旅游品牌，其影响慢慢深入人心，相信未来皇会可以在全国乃至全世界引起广泛关注，并以一种更加富有生命力的方式继续传承下去。天津皇会作为天津传统节事活动，其社会价值、经济价

① 郭凌、阳宁东、王志章：《民族旅游开发与民族文化的空间生产研究》，《西南民族大学学报》2014年第2期。

值、文化价值不可估量。

参与文化空间生产的有政府、企业、民众，还有文化本身。政府的参与起到提升城市形象、推动城市发展的作用；企业的参与为节事活动、投资者，以及政府带来更多经济效益；民众的参与为传统文化增添现代气息，成为传统文化的主要推动者和传承者；历史文化的参与积淀，让文化在传统节事活动中进行新时代的再生产。文化空间生产不应该局限于对非遗的研究，那些没有因城市化发展而消失的具有浓郁地域特色、民族特色的城市传统节事活动，也应该有其生存、发展的权利。

本报告以文化空间生产理论作为理论依据，结合天津传统节事活动天津皇会，研究文化空间生产下城市传统节事活动的发展方向，并提出相关建议。首先探究文化空间生产与城市传统节事活动的关系，再探究文化空间生产与政府、资本、民众、文化四维度的联系，随后将天津皇会与文化空间生产相结合，分析天津皇会的发展背景、现状、问题和发展对策，最后得出结论：城市传统节事活动的发展离不开政府作用、资本扶持、民众参与和文化再生产。本报告不把文化空间局限于某个具体地点，而是将其上升到隐喻性文化空间的层次，直接对城市传统节事活动的发展进行分析，更加具有针对性。分析得出的建议与对策虽然具体指向天津皇会，但在宏观上对城市传统节事活动同样有借鉴参考价值。

参考文献

周尚意、吴莉萍、张瑞红：《浅析节事活动与地方文化空间生产的关系》，《地理研究》2015 年第 10 期。

林贞：《亨利·列斐伏尔的空间生产理论探析》，硕士学位论文，兰州大学，2014。

刘润：《资本、权力与地方：成都市文化空间生产研究》，博士学位论文，兰州大学，2015。

伍乐平、张晓萍：《国内外“文化空间”研究的多维视角》，《西南民族大学学报》（人文社会科学版）2016 年第 3 期。

O'toole, W. , Harris, R. , McDonnell, I. , *Festival and Special Event Management* [M] . Milton: John Wiley & Sons Australia, 2005: 23 - 25.

B.10
天津滨海新区版画产业发展研究

尹　彦*

摘　要：　50 多年的塘沽版画镌刻成为塘沽悠久历史的一张文化名片，是塘沽宝贵的文化财富，也是滨海新区弥足珍贵的文化财富。在滨海新区被纳入国家总体发展战略的契机下，在经济快速发展的同时，滨海新区核心城区这一质朴又底蕴深厚的文化艺术表现形式如何重振威名？本报告的研究目的在于，使版画艺术的发展历史呈现出清晰完整的脉络体系，了解当前国际、国内版画发展领域的发展情况，结合滨海新区版画发展的特点，提出发展规划与发展策略，打造区域性的中国版画艺术之都。

关键词：　版画产业　发展特点　区域性中心

一　绪论

（一）研究背景

塘沽版画源于劳动和生活，1997 年，塘沽被文化部命名为“全国版画艺术之乡”。50 多年的塘沽版画镌刻成为塘沽悠久历史的一张文化名片，是塘沽宝贵的文化财富，也是滨海新区弥足珍贵的文化财富。在滨海新区被纳入国家总体发展战略的契机下，在经济快速发展的同时，滨海新区核心城区这一质朴

* 尹彦，天津财经大学副教授。

又底蕴深厚的文化艺术表现形式如何重振威名？

文化产业政策的导向性很强，单凭基层艺术家无法实现整个艺术形式的振兴。可喜的是，滨海新区塘沽相关部门已经行动起来，挖掘、保护、扶持塘沽版画。“明珠产于朴蚌”——这是20世纪80年代著名画家秦征先生为塘沽版画群体做出的评价。期待这颗明珠未来能够发出更璀璨的光芒，助力滨海新区文化产业大发展、大繁荣。

（二）研究意义

原塘沽版画兴起于20世纪50年代，工业题材特点突出；原汉沽版画紧随其后起步，以盐渔特色著称；大港油田创作群体也在20世纪就异军突起，加入全国著名的十几个创作群体行列。滨海新区版画创作团队的人才突出，成绩不俗。2011年滨海新区塘沽和汉沽再次因版画艺术被文化部命名为“中国民间文化艺术之乡”。本报告的研究目的在于，通过分析研究，使分散的原“塘汉大”版画艺术的发展历史呈现出清晰完整的脉络体系，了解当前国际、国内版画领域的发展情况，结合滨海新区版画发展的特点，提出发展规划与发展策略，打造区域性的中国版画艺术之都。

（三）研究内容

1. 版画历史沿革和相关概述

论述版画的概念、特性、发展历程尤其是滨海新区版画发展的历史特征。滨海新区版画创作团队人才突出，成绩不俗。

2. 版画与滨海新区文化创意产业关系

滨海新区发展文化产业以来，特别重视文化创意产业的发展，建立了滨海新区文化创意产业园区。此部分主要研究滨海新区文化创意产业的发展情况，论证滨海新区文化创意产业的核心价值，从而努力将版画打造成为滨海新区文化创意产业中的重要组成部分。将传统版画与创新、创意紧密联系，探索版画发展新模式。

3. 国内外版画发展现状

此部分主要分析版画的传统特点，同时结合江苏版画、四川版画、云南版画、黑龙江版画，以及观澜版画和学院派版画的发展现状进行分析，总结出适合滨海新区的版画发展方向。结合滨海新区几大战略机遇叠加的新形势，发挥新区的政策优势、资金优势、人才优势、创新优势，推进版画从传统文化向多元化发展的进程。

4. 滨海新区版画发展 SWOT 分析

滨海新区正在迎来开发开放、京津冀协同发展、自贸区建设、国家自主创新示范区建设以及“一带一路”倡议等几大战略机遇，发展形势利好。同时也面临各种挑战。全国各个新区犹如雨后春笋般冒出来，新区的优势越来越不明显。除此以外，新区流动人口多，财政压力较大，行政体制改革进行缓慢，这些因素都将影响新区文化产业的发展，也注定制约着新区版画的发展。

5. 滨海新区版画发展规划

将滨海新区打造成为北方版画艺术之都需要梳理发展链条，构建一个体系，发展七大产业，促进三个融合，强化四大平台。将散落各功能区的版画文化资源集聚、整合，充分利用现有资源，打造版画文化的产业链条，形成良性生态文化链。总的来说，需要构建“1+2+2+3”体系，包括1个智库、2个平台、2个中心、3个基地。

6. 滨海新区版画发展战略对策研究

面对新区当前的发展形势，新区的版画发展战略应该从搭建平台开始，与此同时，创新政策研究，将政策覆盖范围扩大，尤其是要研究制定创新人才吸引政策，打造新区版画人才高地，形成集聚效应。人才类型从艺术创意、文化金融投资、创意研发、生产销售到运营管理，健全产业链人才支撑，融入科技因素。完善文化市场，形成信用体系，从理论和实践两方面营造版画发展的市场环境。

二　版画产业发展现状分析

（一）版画行业市场分析

1. 版画拍卖市场行情

版画由于能够进行有限的复制，因此价格明显不及单幅的油画、国画等。再者，人们对版画的认知不深，普遍只停留在插图和装饰画的狭隘层面，这些都使版画在艺术品交易市场显得较为冷淡。在拍卖市场上，版画也属于“冷门”板块，整体上拍数量较少，被藏家关注的时间较晚。

自 2013 年后，越来越多的拍卖公司开始关注和引入版画。版画拍品大多出现在油画雕塑、古籍善本、西画拍卖等专场中，除此之外，有些公司也将版画作为单独的一类与其他画种同场登台，或者为版画开设拍卖专场。与版画有关的拍卖专场数量不断增多，有些拍卖行已将版画作为一个常规的拍卖门类。

总体来看，版画拍品在上拍数量上与其他绘画作品相比差距较大，但毫无疑问，拍卖公司对其的重视程度在不断提升，版画已逐步现身于多家拍卖公司的大小拍场。同时，国内进入版画市场的藏家逐渐增多，对版画的认知度也在不断提高。

2. 对版画市场的培育力度加大

艺术品流通不但需要成熟的市场、完善的制度、专业的经营机构、丰富的艺术资源，而且需要坚实的经济基础和对文化充满需求的群体。对刚起步不久的中国版画市场来说，这些因素还没有完全具备，因此目前国内版画市场还不甚活跃。也有拍卖公司人员表示，版画市场总体还较冷淡，导致不少版画家纷纷转行，使得现代版画的精品数量不是很多。不过近年来，艺术界已经开始重视对中国版画艺术的推广。中国美术家协会曾将 2011 年定为中国版画年，并举办了一系列版画创作、展示、研讨和推广活动；2011 年 11 月，“首届北京 798 国际版画博览交易会”盛大举办。这些都使更多的人去认识版画、欣赏版画。在艺术品二级市场，拍卖机构在培育和发展中国版画方面也起到了重要作用。

3. 版画更适于大众投资消费

由于中国大众对版画不甚了解，提起版画，人们首先想到的概念多为“复制品”，这在一定程度上使版画的艺术价值被人忽略。实际上，版画是由艺术家亲自构思、创作原版，并由其控制、参与限量印制，艺术工艺较油画和国画更加复杂。在整个过程中，艺术家的创作和艺术功底都构成了版画艺术价值的重要环节。因此，好的版画的艺术价值并不低于其他画种。

版画的复数性特征虽然让单幅版画的价格很难超越其他画种，但这也使同一艺术家的原创版画作品与国画和油画相比，在价格方面具有绝对的优势。1 万元左右就有可能购得当代一线版画家的作品，价格更加“亲民”“接地气”，受众面更广泛。

4. 国内外版画行业的市场比较

在欧美国家，甚至包括日本和韩国，版画都普遍为大众所接受，其收藏价值也得到普遍认同。在海外市场，版画的投资者大多为普通投资者。高价的大师艺术品普通人难以企及，因而他们会把目光放在大师的版画作品上。由于印数有限，又由大师亲自刻版制作，因此有较高的艺术价值和投资价值。在西方发达国家和地区，版画是艺术品消费和投资的一大门类。甚至在西方主要的艺术品投资市场，大多订立有自用的反映版画市场形势的版画指数。另外，国际上多家著名艺术博物馆也都拥有成系统的版画收藏。

目前，国内原创版画的概念正在被大家所认知，版画的价位也在不断攀升。版画市场才起步不久，还未形成价格泡沫，对于收藏或投资来说风险小，门槛较低，具有一定的投资上升空间。不少业内人士认为，中国版画在国际市场上受到的关注并不少，目前在国内市场上还处于价值洼地，可挖掘的空间还很大，在未来艺术品市场将有一定的收藏潜力。

（二）经验借鉴

滨海新区要打造北方的版画艺术之都，除了具备发展版画文化的独特优势之外，还需要充分借鉴其他版画发展有特色、有优势地区的经验。目前，国内版画发展最具国际影响力的就是深圳观澜版画，因此，从版画创作到商业模式运作，滨海新区都可以从观澜版画基地的成功模式中汲取经验。

三　打造国家级版画产业示范园区

（一）总体思路

在滨海新区推行引导和扩大文化消费试点的基础上，积极推进版画产业的试点工作，主要是以居民群众日益增长、不断升级和个性化的版画文化需求为出发点，充分发挥典型示范作用，培养版画产业成为滨海新区新的经济增长点，推动新区文化消费总体规模的持续增长和消费结构的不断升级，努力将滨海新区打造成北方版画艺术之都。同时，带动旅游、住宿、餐饮、交通和电子商务等相关领域的消费，提升版画消费拉动整体经济的作用，为稳增长、促改革、调结构、惠民生和推进供给侧改革做出贡献。

将滨海新区打造为北方版画艺术之都的发展思路是：基于“创新引领、融合发展”的理念，梳理发展链条，构建一个体系，发展七大产业，促进三个融合，强化四大平台。

1. 梳理发展链条

结合新区版画文化资源优势，加强规划引导、典型示范，构建版画创作、理论研究和产业化的生态链条。

2. 构建一个体系

坚持企业主体、市场运作，更好地发挥政府的引导、扶持作用，完善政策措施，健全市场体系，优化发展环境，提升版画文化发展的创新能力和发展活力，构建版画特色示范区集聚、重点领域突出、特色品牌集中的文化产业发展体系。

3. 发展七大产业

推动文化旅游、文化科技、动漫游艺、演艺娱乐四大优势产业发展壮大，积极培育文化贸易、版画会展、民俗三大产业成为新的增长点。

4. 促进三个融合

首先是促进部门融合，即积极推进新区文化主管部门与相关部门联动发展，提升部门协同工作效率。其次是促进区域融合，即加快推进新区与“一带一路”沿线国家和地区以及与京津冀地区的战略融合，同时推进新区各功能区与各街镇之间的融合，推进空间战略组合，有效开展国内外区域文化交流。最后是促进产业融合，即推进版画产业与科技、旅游、金融等其他相关产业的深度融合，从而有效促进文化经济的快速发展。

5. 强化四大平台

新区版画文化的发展需要构建版画文化信息公共平台、版画文化金融平台、版画文化科技服务平台、版画文化产权交易平台四大支撑平台。

（二）发展目标

到 2022 年，基本建立特色鲜明、重点突出、布局合理、链条完整、效益显著的版画产业发展格局。版画文化资源得到更为有效的保护和合理利用，市场在文化资源配置中起到积极作用，文化资源向文化经济的转化率大大提高；

建设一批典型带动作用明显的版画文化产业示范区，版画文化产业集聚区的集散效应进一步凸显，形成若干在国内外有影响力的版画品牌；形成由一批骨干型文化企业引领的多种所有制共同发展的多元文化市场主体并存的格局，版画文化消费与版画的对外文化贸易获得新一轮的高速增长；版画文化与科技充分融合、版画旅游快速发展、版画文化与金融深度合作、版画产品不断创新，形成一批具有核心竞争力的版画文化企业、产品和品牌；版画文化产业产值明显增加，通过版画产业的发展助推文化产业在 GDP 的占比增长 1～2 个百分点，吸纳就业能力大幅提升，产品和服务更加丰富，北方版画艺术之都初步形成。

四　滨海新区版画发展的策略研究

加快新区版画文化发展，必须正视版画文化发展存在的问题，科学把握文化发展的趋势和规律，充分挖掘丰厚的人文和自然资源，努力推动文化产业规模进一步扩大，文化生产和服务能力显著提高，形成特色鲜明、效益显著的文化发展新格局。建议重点从以下几方面开展工作。

（一）创新版画文化管理体制

1. 全面深化文化管理体制改革

按照“政企分开，管办分离”的原则，尽快实现政企分开、管办分离。政府文化主管部门从办文化向管文化转变，从主要依靠行政手段管理转向通过法律、经济、行政等手段综合管理，增强宏观调控、指导、监督和服务的职能。打破地域、行业、主管部门的界限，对版画文化产业的管理以经济手段为主，行政手段为辅，给版画文化企业以充分的自主权，实现版画文化资源版画文化生产要素的合理流动。坚持市场主导的方向，打破地域和行业界限，以资产为纽带，整合各个功能区和街镇的优势资源，鼓励有条件的版画文化企业跨行业、跨地区经营。同时，建立版画文化发展推进小组和版画文化产业发展联合会，形成联席办公机制，定期召开小组会议和联席工作会议，以此形成职责明确、富有效率的版画文化管理机制。

2. 加强对版画文化人才的培养

要培养一大批具备较高的版画文化艺术素养和创新能力，同时又懂得版画文化产业经营管理规律的专门人才，尤其是能适应多种产业融合需求的文化资本营运人才、系统数字艺术软件开发人才和媒体产业经营管理人才。运用艺术和经济手段培养和引进高素质的版画文化经营管理和版画文化艺术创作人才。加大对版画文化人才特别是复合型人才与营销人才的培养和使用力度，着力培养版画文化人才的战略思维和全球视野，使其熟悉国内外版画文化市场并拥有较强的开拓创新能力。制定完整的版画人才培养规划，在制立明确的版画人才培养目标的基础上完善针对版画文化人才的考核、使用、评价、奖励制度，扩大知识产权、技术、管理、创作成果等要素参与分配的范围和额度。

3. 建立发展版画文化的投融资机制

针对中小文化企业发展滞后、融资困难的局面，依靠政府的引导，拓宽融资渠道，助推其扩大产业规模、提升盈利能力。建议设立版画文化产业发展专项资金，重点用于支持传统和新型版画产品和衍生品的研究、开发与传播，以及对版画文化创意、版画文化贸易、版画文化旅游等新兴版画文化衍生品生产、销售等的扶持，并对专项资金的支持方向、扶持方式、申报资格、审批程序等做出具体规定，提高财政资金的投入产出效益。在科学界定文化单位性质和类型的基础上，根据版画产品和衍生品的不同类型，调整文化资金的投入结构，实行有所区别的财政扶持政策，重点支持有战略意义和市场发展前景的文化项目进行产业化开发。放宽文化市场准入条件，探索多元化的资金投入渠道，鼓励非公有制经济以参股、联营、特许经营等多种方式进入版画文化产业领域，支持有条件的版画文化企业上市融资或发行企业债券融资，从而形成政府资金引导、社会和民间资本以及海外资本共同参与的多元化投融资格局。运用好产业投资基金、风险投资基金等金融工具，发展面向版画文化企业的保险担保业务，提升金融服务版画文化产业发展的水平。建立和完善财政投入绩效评价机制和激励约束机制。

（二）构建版画文化产业发展体系

1. 构建版画文化发展网络

出台“滨海新区版画文化发展规划”，按照“一点聚集、多点联动”的原则，明确定位，突出重点，挖掘、包装、整合新区的版画文化资源，引领新区版画文化产业跨越式发展。进一步完善版画文化发展政策体系，在版画文化与科技、金融、贸易、旅游融合发展，在小微企业发展、国有文化产业发展、文化创意和设计服务等领域出台一批产业政策。依托新区版画文化资源，结合新区实际和发展机遇，优选创意设计、装饰设计、动漫游戏、版画文化旅游成为新区版画文化产业的主导产业。实施“科技＋”和“互联网＋”计划，借助新区的资源优势，通过版画文化产业与科技、金融、贸易、旅游等业态的融合发展，助推新区版画产业转型升级。创造条件，设立中国版画文化研究院，打造版画文化人才教育改革先行先试的试验基地。依托新区的版画文化优势，建设塘沽工业版画文化示范区、汉沽国际版画文化示范区和版画衍生品的聚集区、高新区科技与版画融合发展的示范基地、东疆保税港区版画展示示范区、版画产业综合发展示范区、中心商务区版画创作基地和版画文化贸易发展示范区等。

优选各层面的研发机构、会展机构、互联网相关创业团队等进入版画创新创业综合实践基地，增强其孵化功能。建设版画艺术衍生品基地和国际版画艺术品仓储物流展示交易中心。培育新区文化产业新的增长点，将版画产业培育为增长型文化产业。

2. 建设版画产业示范区

结合新区各功能区、街镇和企业的发展定位和各自特色，建设一批版画文化产业发展示范区。对投入力度大、工作取得明显成效的示范区予以重点扶持，充分调动各功能区的积极性，引导各地深入研究评估当地可供版画产业开发的版画文化资源，提出资源利用和转化规划，推动版画文化产业有序集聚，形成一批集聚效应明显、孵化功能突出的版画文化产业基地、园区和集群。通过版画文化产业示范区的示范辐射作用，带动全区版画文化创新发展，不断增强新区版画文化发展的核心竞争力，提升新区版画文化品格，打造地方版画文化名片。

3. 培育龙头企业，壮大市场主体

整合资源，建设新区版画文化发展有限公司，采用并购、重组、上市以及跨地区经营等多种形式，将其培育成为本地国有文化产业的骨干龙头企业。扶持培育区内大型民营文化企业，吸引境外、外省份和本市版画文化产业企业到新区落户或在新区设立分支机构。突出滨海特色，发挥品牌效应，大力扶持版画创意设计、版画旅游、版画设计、版画教育培训、版画拍卖、版画衍生品以及网络版画文化、数字版画文化服务等行业，重点扶持“专、精、特、新”中小企业做大做强，同时扶持从事版画创作的艺术家个人。建设公共技术平台，打造版画创意类众创空间，制定并落实人才政策。

4. 完善版画文化要素市场

鼓励与国外优秀版画艺术家和文化企业合作交流，并鼓励其进入新区文化要素市场。充分发挥市场在配置文化资源方面的积极作用，建立股权、产权、版权、人才、资本等多层次版画文化要素市场，整合现有版画文化交易市场资源，打造服务京津冀、面向全国、沟通境内外的版画文化要素流动平台。完善版画文化资源评估咨询体系，为版画艺术家和文化企业进入要素和资本市场提供服务。

5. 培育新区版画文化消费热点

2015 年文化部调整了互联网上网服务营业场所管理政策，鼓励上网服务场所多元化经营，拉动互联网文化消费。滨海新区可以申请设立关于版画的国家级文化和科技融合示范基地，带动版画文化创意产业快速发展。以设立中国版画研究院为契机，吸引高水准的版画文化消费群体，创建新型高雅的版画文化消费习惯，通过宣传教育提升消费者的版画消费意识。借助新区便利的交通环境，可以将现代新型版画文化与国外的版画文化相融合，形成多层次、多维度的版画文化消费层次结构。

6. 吸引版画创作和经营人才

利用滨海新区的区位和政策优势，吸引高端、国际化、有国际知名度的版画创作艺术家，形成版画创作的艺术家集群。同时要培养一大批具备较高版画文化艺术素养和创新能力的版画新兴人才。另外，还需要运用艺术和经济手段培养和引进高素质的版画文化经营管理和版画文化艺术创作人才。

7. 建设版画文化对外贸易市场

充分利用自由贸易试验区的政策优势，大力发展版画文化要素、版画产品和衍生品的对外贸易。加强对“一带一路”国家和地区的版画文化贸易合作。发展版画艺术品转口加工、版画创作所需设备融资租赁等业务。推动建设自贸区文化大数据中心的版画板块。

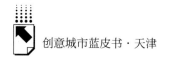

（三）凝练滨海新区将作为北方版画之都的特色

1. 倡导版画文化品牌战略

大力实施版画文化品牌战略，打造“版画名片”，建立滨海新区特色版画文化。全力推进将新区打造成北方版画之都的发展战略，精心选择支持版画文化产业的龙头企业和代表性的优秀艺术家，着力打造一批在中国乃至世界具有影响力的艺术家和企业品牌，以品牌效应联动整个新区版画文化产业发展。从世界创意大国的发展经验来看，选择艺术大师、版画衍生品产业作为培育版画品牌的出发点，创新版画文化创意产业模式值得我国思考和借鉴。通过艺术大师和版画衍生品产业的品牌效应，拉动整个版画产业链的发展。

加大对版画文化品牌的宣传力度。充分借助网络科技手段，不断加强与媒体的战略合作，组建版画文化产业宣传团队，建设版画文化专业网站，定期举办版画文化产业会展、论坛，扩大品牌的影响力。

加快实施版画艺术大师和文化企业“走进来”和“走出去”战略。这样既加强了与欧美、日本等版画文化产业发达国家和地区的合作交流，提升品牌产业发展的国际化水平，而且名片影响力不断扩大，能够吸引国际资本的进驻。通过建立文化品牌，以点带面，实现辐射性扩张发展，促进新区版画文化的全面繁荣。

2. 打造“版画名片”，发挥“版画＋金融”的示范效应

将版画创新创业综合实践基地和版画高端创作基地作为重点示范项目。鼓励银行对信用良好、发展稳定的版画艺术家和文化创意企业或项目给予信贷支持，建立银行对文化创意企业的信贷指标，积极为文化企业提供资本支持，鼓励企业实施并购或重组，促进文化产业链整合升值。依托高新区国家科技融合示范基地，坚持自主创新，建设“版画＋金融”“版画＋科技”“版画＋旅游”等具有新区特色的版画文化示范项目或基地，坚持政府推动与金融创新相结合，扩大产业规模和产业结构升级相结合，推动产业转型。积极探索创新具有版画文化特色的金融产品，充分发挥金融工具的集资作用，创新有版画艺术品信托、担保、保险、金融租赁的完善的金融服务体系。成立多方参与的版画产业专业服务小组，联合政府、金融机构、创意文化企业，梳理当前新区不同发展阶段的文化企业，提供有针对性、专业性的金融服务。对不同的企业和个人融资问题考虑金融创新，以示范企业或项目为切入点，进行资金重组，发行企

业政府联合债权，甚至可以尝试借鉴英国的彩票融资模式，采用试点先行，加快版画文化产业的资源整合，充分发挥“版画名片”的品牌效应，扩大版画文化产业的融资领域和机会。

（四）推动版画发展项目融资的政策建议

1. 深入建设版画文化产业金融服务平台

为加快“文化经济化”，实现文化金融市场化，政府需要构建版画文化产业金融服务平台。通过版画文化产业金融服务平台，引导促进版画文化与金融合作的项目，支持和奖励这类项目的开展，促进区域内有限的人才、政策、产业、资金等资源的整合，充分吸引金融机构支持版画产业的发展。轻资产、无形化的版画文化产业特征，导致信息交流和信用服务在该行业十分重要，搭建版画文化产业金融服务平台有利于实现版画文化产业与资本市场信息和资源的对称，建立文化、金融的和谐关系，进而升级金融文化服务，调整资金利用结构，加快实现文化、金融的对接。

2. 加快完善文化创意产业融资市场环境

（1）加大对版画相关产业的投资，引导投资版画文化

政府财政资金对版画文化产业的引资效应是影响版画产业发展的重要因素。运用专项资金支持版画文化创意产业，注重政府投资对版画文化产业的投资引导和培育消费机制作用。建议新区在运用专项资金支持版画产业的发展过程中，应逐步减少财政补贴等直接出资方式，通过财政支持制度和标准设计，努力加大对税收优惠、贷款贴息、后期奖励和后期收买等方式的使用力度，探索财政支持文化产业的新理念、新机制、新途径和新方法，不断提高财政资金的利用率，切实提升财政资金引导非公有资本的能力和水平。新区政府的直接投资方向应是激活版画产业的市场消费，积极培养社会文化消费观念，吸引其他企业或资本进驻版画文化产业，构建版画文化产业融资新模式。政府在加大财政支持力度和引导效应的同时，应侧重对文化消费机制的培育，开拓大众性版画市场消费，积极探索新的消费热点，促进全民进行版画文化欣赏、消费和投资，加快版画文化产业的全面发展。

（2）深化完善部门之间的协调与沟通

随着市场在文化产业中的基础作用愈来愈大，政府的角色应从管理者向服

务者转变，完善领导和协调推进机制，成立北方版画之都工作领导小组，创立促进版画文化产业发展的金融协调推进机制，设立版画文化金融研究机构，搭建文化企业、政府、金融机构之间的多层次信息沟通机制。此外，政府应该分析并吸收国内外版画文化产业发展的成功经验，充分认识版画行业的发展现状和特点，并预测趋势，完善《滨海新区文化发展“十三五”规划报告》。制定相关的扶持政策，利用政府增信功能，搭建版画文化产业发展平台。

（五）健全各类版画发展服务平台

1. 版画文化信息平台

加强各功能区和各街镇关于版画文化的信息和中介平台建设，为版画文化企业和个人的技术创新、资源保护、业务合作、发展战略分析、市场影响提供信息资源共享和智能支持服务。加大版画文化艺术板块、版画文化贸易板块、版画文化衍生品板块、版画文化旅游板块的中介服务平台和文化设施建设力度，提升其对版画文化发展的带动作用。改革探索技术、服务平台建设和管理运营机制，鼓励企业、协会组织投入建设和运营平台。

2. 版画文化金融平台

引导银行与企业、企业与企业、社会资本与企业之间的交流对接，成立滨海新区版画文化投资发展公司，作为新区版画文化投融资平台及重大版画文化项目的实施运作主体。成立版画文化产业基金管理公司，发起设立产业投资基金，对具有潜力的版画艺术家和文化企业进行股权投资。鼓励民营资本参与风险投资领域。拓展版画文化产业相关的业务领域。依托版画创新创业实践基地，发挥孵化功能，吸引各类风险投资，为科技含量高、成长潜力较大、市场竞争力较强的中小企业提供综合服务。

3. 版画文化科技服务平台

围绕文化科技融合主线，重点建设设计服务板块、创作服务板块等技术服务平台，积极发展和引导与版画产业相关的艺术家、科研院所、民间组织入驻功能区。积极拓展移动互联、人工智能、大数据、云计算等产业融合新兴业态。在动漫网游及数字内容功能区形成动漫网络的原创开发、设计制作、展示交易、运营服务、衍生品授权等完整产业链条，并逐步形成数字内容研发生产的产业集聚。着重强调版画文化与科技融合对科教资源、人才资源、资本供给的集聚能力，有效引导产、学、研的深度融合，带动科技创新在版画文化领域的转换，实现科技资源的跨区域共享。

4. 版画及衍生品产权交易平台

由知识产权行政执法部门牵头，引入专业的知识产权中介机构，组建面向全区版画文化产业及个人的统一知识产权公共服务平台，并实现知识产权保护平台与其他投融资平台和交易平台的充分对接。以公共服务平台为载体，提供知识产权申请、保护、交易、评估、融资等方面的服务。

（六）大力发展民间艺术

中国当代版画想要寻求发展，必须借助中国的传统美学，深入研究东方的传统艺术，将中国民间艺术的精华融入中国版画艺术，在中国民间的传统艺术中寻求珍贵的资源，大胆创新，力出新品。同时，充分挖掘版画自身的潜力，发挥版画的现代感、装饰感和复数性特点，在社会主流文化的引导下，以一种人们喜闻乐见的形式为载体，弘扬民族主旋律，才能被这个社会所认同，提升版画的社会知名度。版画的形式语言是极为丰富的，这也就意味着版画是包容性最强的绘画门类。“传统的就是民族的。”中国版画艺术如果想要寻求一条既能充分表达作者自己的情感、智慧，又适应当代人民的精神生活和心理需求的新的发展道路，就必须在创作中不断地挖掘我国民族所特有的艺术形式，吸取民族文化的传统和营养精华。从民间的艺术形式中找到古老而深邃的艺术内涵，将传统文化艺术的瑰宝和精华恰如其分地与版画艺术的创作相结合，大胆创新，推陈出新，在发展的过程中进行创作，在创作的过程中不断摸索，在摸索的过程中进行改良，在改良的过程中争取进步，才能够创作出具有时代特征的、拥有中国特色的、体现当前时代感的、为人民喜闻乐见的、精美的版画艺术品。在立足于中国传统文化的同时，也一定要放眼世界，多与国际上诸多艺术家进行交流，向诸多流派学习借鉴，寻找版画艺术生命力更为广阔的增长点，从而实现版画艺术走出中国、走向世界。

（七）促进国内外版画艺术的融合

版画的发展与社会文化和科学技术水平的发展密切相关，这就要求促进中国版画艺术与西方艺术、现代艺术的融合。当代社会结构复杂，不存在任何脱离社会的人或事物，当代文化同样讲究合作，合作才能达到共赢，无论是大的国家，还是小的个人，无论是物质文化，还是精神文化，这都是不能避免的。

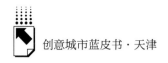

版画艺术作为一种与科学技术的发展紧密相关的艺术门类，从艺术观念、开放性思维、作品题材、社会功能、普及程度、基础教育的实施、工作室的建设、技法技巧的先进性等诸多方面来看，西方版画艺术已经远远领先于中国的版画艺术，这就更需要中国版画人积极向西方学习他们先进的版画文化和版画技术，并且我们一定要非常客观地面对西方先进的版画技艺，充分学习、利用西方的先进文化观念，使中国传统的文化理念与西方社会的文化创意真正地融合。

（八）努力开展版画教育

在与西方的文化交流中可以发现，中国版画的发展速度之所以缓慢，很大程度上可以归因于中国版画的大众化程度不够，群众基础薄弱。在西方国家，从古代开始版画就不是作为一种单纯的学科教育而存在的，“版画家”这个概念也不存在很明确的定位，因为版画在古代西方的使用，就像毛笔在古代中国一样，对于艺术家而言，只是一种很随意的可以选择的自由表达情感意图的方式。

版画想要创新，想要发展，必须要让大众认识，这样才会有更多的大众支持版画，从而吸引更多的版画爱好者进行版画创作。中国版画的大众化程度之所以不够，归根到底是由于中国版画的教育水平不够。因此，版画艺术想要发展，想要进步，想要成为大众化的精英艺术，必须从基础教育抓起。

同时，还有必要充分地利用大学内部良好的教育环境，多创造一些艺术交流的空间和机遇，既要多举办全国性的展览、年会、学术论坛等，也要加强我国版画艺术与国际的交流，多参加国外的版画展，与国外的版画家进行学术交流，将中国的版画推广出去，将先进的信息技术传递回来，为中国版画的教育和发展提供更为广阔的空间。

参考文献

齐喆：《精英还是大众——关于当代版画发展的一次笔谈》，《美术观察》2011 年第 9 期。

齐喆：《中国版画的再抉择》，《美术观察》2011 年第 9 期。
唐承华：《反思“低谷”中的中国版画》，《美术观察》2011 年第 9 期。
向勇、陈娴颖：《文化产业园区理想模型与“曲江模式”分析》，《东岳论丛》2010 年第 12 期。
万克俊：《主题产业园的营销推广模式研究》，《当代经济》2010 年第 24 期。
欧阳坚：《文化发展繁荣的春天正在到来》，《求是》2010 年第 19 期。
张谨：《文化产业兴起与发展的缘由及未来走向》，《理论与现代化》2010 年第 5 期。
任静、钟书华：《我国科技园区企业加速器的运营模式选择》，《科技进步与对策》2010 年第 16 期。
朱琰：《开发文化产业推动经济发展》，《江苏商论》2010 年第 4 期。
邓颖颖：《文化产业化的三部曲》，《四川省干部函授学院学报》2010 年第 1 期。

B.11

津味话剧的差异化定位与产业化运营

——兼论《澡爷》和《早点》两部话剧的票房特点

董微微　苑雅文*

摘　要： 津味话剧表现发生在天津的故事，展现天津的风土人情，部分演员使用天津话，构成了津味话剧的地域文化特色和鲜明的现实主义风格。“津味儿”，是指作品中的地域特色和地方风俗习惯，体现了乡土气息。通过津味话剧，从主人公所生活的文化背景透视其生活状态、生存模式以及背后的地域文化本质内涵。

本报告分析津味话剧对传承天津传统文化的意义，系统梳理国家和天津出台的文化产业政策措施，以今晚文化艺术中心的津味话剧项目产业化实践为案例，探究民营剧场在推进天津话剧振兴的过程中遇到的问题并提出发展对策，为助推文化产业繁荣发展提供一定指引。

关键词： 津味话剧　民营剧场　文化产业繁荣

发展文化产业是满足人民群众多样化精神文化需求、提高人民群众生活品质和幸福感的重要途径。党的十九大报告指出：“文化是一个国家、一个民族的灵魂。文化兴国运兴，文化强民族强。没有高度的文化自信，没

* 董微微，天津社会科学院城市经济研究所副研究员，主要研究方向为城市经济；苑雅文，天津社会科学院产业发展研究所副研究员，主要研究方向为休闲农业与文化产业。

有文化的繁荣兴盛，就没有中华民族伟大复兴。”促进文化产业繁荣发展，推动中华优秀传统文化创造性转化是提升国家文化软实力的重要渠道。健全现代文化产业体系和市场体系，创新生产经营机制，完善文化经济政策，培育新型文化业态。文化演艺产业作为文化产业核心层的重要组成部分，其市场化、产业化运作对于促进文化消费、丰富人民群众的精神文化生活具有重要作用。

一　津味话剧对传承天津传统文化意义重大

天津市是近代话剧发源地之一，更是北方话剧运动的摇篮。李叔同、王钟声、张伯苓，张彭春、周恩来、曹禺等一批话剧艺术家的涌现，以及一系列曲目的出现，把天津话剧运动推向一个新的高潮。作为中国话剧的开拓者之一，李叔同于1906年发起了中国第一个话剧团体“春柳社”，并于次年首次上演了小仲马的名剧《茶花女》。王钟声是我国最早倡导话剧运动的戏剧家之一，在南北两派话剧艺术的融合过程中做出了突出贡献。南开大学创始人张伯苓是南开话剧的先行者，作为中国北方话剧历史的一个缩影，南开话剧造就了中国北方话剧的繁荣。周恩来积极倡导剧团的成立，作为南开新剧团的骨干参演了多部戏的演出。曹禺被誉为“中国的莎士比亚”，也是当时南开新剧团的骨干，其以天津为背景创作的《雷雨》《日出》在中国乃至世界戏剧中都具有极其重要的地位。此外，著名导演艺术家焦菊隐、黄佐临，著名表演艺术家石挥、魏鹤龄都是在天津这片艺术沃土上成长起来的，为我国戏剧事业的发展和繁荣做出了积极卓越的贡献。

津味话剧表现发生在天津的故事，展现天津的风土人情，部分演员使用天津话。从20世纪50年代开始，就有了津味话剧《六号门》，80年代又出现了《闯江湖》，21世纪推出了《蛐蛐四爷》《望天吼》《相士无非子》《婢女春红》等作品。这些作品来源于津味小说，构成了津味话剧的地域文化特色和鲜明的现实主义风格。

津味话剧最能体现天津的地域文化特征，津味话剧的创作与天津的地域文化之间结合紧密。一方面，天津的地域文化使津味话剧积淀着深厚的文化内涵；另一方面，天津地域文化通过津味话剧的舞台得到了最为生动的表现。津味话剧呈现天津文化，天津文化浸润津味话剧，二者相得益彰。风土人情、生活习俗，最能表现天津的味道。

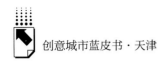

津味话剧所使用的天津方言是地域文化最好的载体。津味话剧的部分演员使用天津话来表演，天津方言来源于明成祖朱棣带来的淮北地区方言，经过几百年的发展和演变，天津话最能直接表现天津人幽默、仗义的性格。天津处幽燕之地，民风粗放豪爽，说话干脆利落，使得天津话有一种刚健之美。天津话的风趣与北京话的幽默不尽相同，在讽刺之中蕴含着调侃、戏谑、揶揄的味道。

津味话剧通过小人物的生活来反映社会的变迁。津味话剧的主人公大多是小人物，如《望天吼》的主人公赵如圭是玉器商人，《蛐蛐四爷》的主人公是玩蛐蛐的，《相士无非子》的主人公是相面算卦的，《闯江湖》的主人公是唱戏的，《六号门》的主人公是搬运工人，《婢女春红》的主人公是一个丫鬟，津味话剧以这些小人物的经历反映社会大事件。

二　多项政策措施支持文化产业发展

《国家“十三五”时期文化发展改革规划纲要》《关于实施中华优秀传统文化传承发展工程的意见》《文化部“十三五”时期文化发展改革规划》《文化部“十三五”时期文化产业发展规划》《文化部关于推动数字文化产业创新发展的指导意见》等一系列规划、政策的出台为文化产业的发展指明方向。《关于实施中华优秀传统文化传承发展工程的意见》，首次以中央文件的形式专题阐述中华优秀传统文化的传承发展工作，强调对文化遗产和方言文化的保护传承，运用丰富多彩的艺术形式将中华优秀传统文化的有益思想、艺术价值与时代特点有机结合起来。以戏曲振兴为契机，对优秀传统剧目进行挖掘和整理，推进数字化保存和传播。充分调动全社会的积极性、创造性，全民开展对文化资源的开发、保护与利用，创造出更多的高端文化产品和服务。《文化部“十三五”时期文化发展改革规划》重点推出约50部舞台艺术优秀作品，实现名家传戏1000人次，扶持100部舞台艺术剧本创作，推动舞台艺术和美术领域的作品量质齐升。支持建设综合性剧目排练中心，有选择性地向民营院团开放部分有条件的国有排练场所。支持和引导剧场、演艺区的发展，优化艺术产品的创作生产与剧场的资源配置；制定剧场运营管理的规划，力争剧场建设、运营、管理的科学化；采用多种手段相结合的方式鼓励和引导社会力量参与文化建设，包括政府购买、项目补贴、定向资助、贷款贴息等。《文化部“十三五”时期文化产业发展规划》强调，推进传统文化行业在内容创作、传播方式和表现手段等方面创新；采用政府购买服务、原创剧目补贴、以奖代补等多种手段相结合的方式扶持演艺企业创作生产，增强在市场服务中的竞争力。鼓励演艺企业创作高质量的文化作品，让中华优秀文化和当代中国形象在作品中得以体现。以演出剧场为中心积极开展演艺产业链建设，形成科学高效的剧场建设和运营模式，构建布局合理、场团合一、生产销售一体化的演出产品经营机制。《文化部关于推动数字文化产业创新发展的指导意见》指出要大力推动演艺娱乐、艺术品、文化旅游、文化会展等传统文化产业的数字化转型升级，推进文化产业结构调整和优化。

天津市高度重视对传统文化的传承和弘扬。2015 年实施文化惠民工程，在全国首创“文化惠民卡”，做大、做强文化惠民演出联盟，开展文化惠民季，组织“名家经典惠民演出季”、“海河情”慰问演出、“文化进万家”、“高雅艺术进社区”等活动，对市民观看演出进行补贴，大大降低市民走进剧场的门槛，也有力提升了各院团演出的平均上座率。但天津市文化发展中还存在着城乡文化发展不均衡、基层公共文化服务相对薄弱、艺术创作“有数量缺质量、有高原缺高峰”、文化产业规模和质量有待提升、骨干企业和知名品牌较少等问题。

《天津市“十三五”时期文化发展改革规划纲要》指出，天津将努力建设成为有新闻、有榜样、有名胜、有自信、有传承、有高峰的文化强市。传承弘扬优秀传统文化，实施中华文化传承工程，发展城市特色文化，做大做强戏剧、曲艺等传统优势艺术门类。繁荣文化产品的创作生产，实施精品创作工程，推出更多思想精深、艺术精湛、制作精良的文艺精品。构建完善的文化产业体系，推动文化产业结构升级，实施“文化 +”工程，促进传统文化和新兴文化之间的协调发展。完善文化市场体系，做强市场主体，扶持一批“专、精、特、新”中小文化企业和小微型民营文化企业，形成多种所有制文化企业相互促进、协调发展的良好局面。完善政策保障体系，转变投入方式，采取政府购买、项目补贴、定向资助等多种手段相结合的方式，支持和鼓励社会力量参与文化建设。提高天津市文化产业发展专项资金的使用效益，推动落实有利于文化内容创意生产、非物质文化遗产项目经营的税收优惠政策，对文化演艺、新闻出版等行业实施扶持政策。

《天津市文化广播影视“十三五”规划》指出，要构建优秀艺术作品创作推广体系，创作生产优秀文艺作品，题材紧扣时代发展，具有天津特色，推出一批质量上乘、影响广泛的文艺精品。全面落实国务院办公厅出台的《关于支持戏曲传承发展的若干政策》，促进天津戏曲繁荣发展。开展天津地方戏曲剧种普查，加大对京剧、评剧、河北梆子等传统艺术门类的扶持力度。加大对优秀戏曲剧本创作的扶持力度，构建文化产业和文化市场发展体系，促进演艺娱乐、文化旅游、工艺美术等提质增效。培育壮大文化市场主体，支持各类中小微企业发展。优化文化产业发展环境，建设文化产业项目服务平台，提高文化产业领域的公共服务水平。

为更好地发挥剧场在繁荣演出市场、扩大文化消费、丰富人民群众精神文化生活中的积极作用，天津市文化广播影视局修订印发了《天津市繁荣演出市场专项资金管理办法》，推进文化惠民工程，鼓励剧场增加演出场次，提高使用效率和服务水平。对于坐落于市内六区的剧场，每申报期内自办或承接的演出在30场（含）以上，坐落于其他区的剧场，每申报期内自办或承接的演出在15场（含）以上，均可以申报专项资金，用于演出组织、演出信息发布、演出设施设备维修维护等与演出直接相关的支出。

三　今晚文化艺术中心津味话剧项目运作

（一）发展背景：话剧市场振兴使命

今晚文化艺术中心是天津市首个“文化 + N”复合产业平台和精品原创话剧生产基地，主要致力于津味话剧的创作、出品与传播。今晚文化艺术中心由天津特基屋文化传播股份有限公司投资运营，并于2017年2月28日在天津OTC股改挂牌。今晚文化艺术中心是今晚传媒集团旗下的文化产业平台，依托主流媒体的巨大品牌价值和庞大的资源体系，集结各方优势资源，全力打造今晚传媒集团亮丽的文化名片。

优秀传统文化是中华民族的精神命脉，是最深厚的文化软实力。国家治理体系和治理能力现代化必须立足于中华优秀传统文化。与时俱进、推陈出新，推动中华文明创造性转化、创新性发展。今晚文化艺术中心秉承坚持传统、恢复传统、接继传统、振兴传统的态度振兴天津话剧。

经济发展促进文化需求。天津被誉为“曲艺之乡”，拥有丰富的文化资源，文化产业的市场潜力巨大。在全面建设小康社会的过程中，天津市民的精神文化消费需求越来越高，文化产品和服务的消费支出逐步增大。人们观看演出的消费支出占全民消费的比例呈上升趋势。

政策扶持力度大。近年来，天津市委、市政府对文化市场的政策扶持力度较大，刺激了天津市文化市场的发展，话剧文化随之兴盛。实施文化惠民工程，在全国首创“文化惠民卡”，对市民观看演出进行补贴，大大降低市民走进剧场的门槛，也有力提升了各院团演出的平均上座率。出台《天津市“十三五”时期文化发展改革规划纲要》《天津市文化广播影视“十三五”规划》等规划方案，推动文化领域的改革发展。对剧场在繁荣演出市场、扩大文化消费、丰富人民群众精神文化生活方面的作用发挥给予政策支持，实行演出超场次的不同政策。

（二）发展目标：以小剧场为中心的“文化 + N”产业平台

随着我国经济的迅速发展，文化消费的种类和场所日益繁多，人民群众对文化消费的需求呈现出多元化、个性化特点，话剧这一传统意义上的艺术门类在市场竞争中所占比例日益减少，呈现出萎缩的局面。话剧是一门对演员综合素质要求很高的艺术，同时，它对欣赏者也提出要求——话剧观众的文化素质及欣赏能力比通俗文艺的观众要高。这就限定了话剧是精品艺术，是高雅艺术，体现在市场方面即小众市场的艺术。

定位于走简约的小剧场话剧之路，振兴中国民族化戏剧。在院团体制改革背景下的文艺生产活力越来越重要，小剧场已成为当下戏剧生产最具活力的部分。在市场激励机制下，全国优秀小剧场的开放性、包容性不断提升，丰富了文化生态，引领民营剧场不断发展，但也存在着同质化、低俗化的风险。今晚文化艺术中心将自身的发展定位于走简约的小剧场话剧之路，振兴中国民族化戏剧。小剧场话剧最大的特征就是观演关系的开拓性。它的发展完全区别于传统戏剧，用实验与创新，用传承与发扬，寻找到一条话剧多样化发展之路，同时也造就了一批新的观众。

“文化+N”的发展模式全面实现文化与其他行业的融合发展，构筑全新文化生态圈。以今晚文化艺术中心标准化剧场为出发点，不断做加法，探索“文化+院团孵化”“文化+经典原创”“文化+两岸舞台剧交流演出”“文化+话剧延展培训”“文化+公共文化服务”等多种发展模式，以中心剧场为出发点，加的是市场，加的是渠道，加的是人群，加的是文化资源、政府资源和社会资源。

致力于打造具有强大辐射力和影响力的综合文化产业中心，振兴天津话剧文化，实现天津特色文化的传承与传播；通过文化产业的综合效益，改变话剧市场现有的浮躁之风，实现文化精致发展。以繁荣天津文化市场为主旨，通过话剧院团孵化、原创话剧出品、话剧培训、文化艺术交流、会议服务、展览服务等活动，不断出品高水准话剧，走精品原创话剧路线，同时还要接地气，繁荣天津文化市场。

（三）差异化定位：“原创+暖心+情怀”的津味话剧

当前，天津话剧市场上剧目种类繁多，特别是随着小剧场的繁荣发展，在市场化驱动下，或者是为了追逐经济利益，或者是迫于市场压力，为了将观众吸引到剧场，各种前卫甚至低俗的元素被塞进话剧之中，疯狂恶搞当下流行小说、影视剧经典，制造噱头、占领市场的媚俗化倾向表现得非常明显，背离了艺术追求的道路及其精神内核。今晚文化艺术中心为了与市场上的话剧实现差异化定位，使创作出来的话剧更符合需求，决定自己创作，用自主知识产权去参与市场。明确自身的定位是“原创+暖心+情怀”，已出品的两部原创津味话剧，凭借其独特的文本基础、入木三分的人物特点，历经时间的考验，成为当前天津话剧市场的一股清流。当前，话剧市场缺乏原创剧本是院团发展面临的主要问题，大量院团缺乏优秀的剧本，重拍、搬演、改变已有剧目的比例不断增大。今晚文化艺术中心策划出品原创津味暖心话剧《澡爷》《早点》，对促进特色文化资源向现代文化产业转化和特色文化品牌的推广有重要作用。对培育经济新的增长点、提升文化软实力和产业竞争力、推进经济结构调整和发展方式转变、提高人民生活质量也发挥了自己独特的作用。

关注生活、贴近百姓的创造理念也是当前话剧创造的重要理念。今晚文化艺术中心出品的两部话剧均来源于天津百姓的日常生活，选题贴近观众，更能获得观众的情感共鸣，体现了对观众的互动与体验的重视。在内容上，围绕普通人的生活，表达平凡人的喜怒哀乐，反映社会现实。《澡爷》《早点》等新创剧目的上演，票房收入可观，上座率也非常高，极大地满足了市场需求（见表1）。

《澡爷》是讲述老天津卫胡同邻里文化和乡情的津味话剧，折射出了天津人的精气神、人情味。这是原创津味暖心话剧系列剧的处女作。它不同于市面上流行的爆笑剧、快餐剧，是一部具有天津乡土气息的情怀剧，有笑点、有泪点、接地气、入人心。

表1　《澡爷》场次、上座率与票房

场次	票数(张)	上座率(%)	票房收入(元)
2017年4月18日	256	100.00	15300
2017年4月22日	252	100.00	15330
2017年4月28日	263	100.00	16780
2017年5月6日	243	96.43	14240
2017年5月19日	236	93.65	13640
2017年5月20日	232	92.06	12680
2017年6月3日	238	94.44	13980
2017年6月30日	231	91.67	13810
2017年7月22日	248	98.41	15280
2017年8月6日	191	75.79	11470
2017年8月19日	213	84.52	11890
2017年9月9日	189	75.00	10310
2018年3月29日	202	80.16	10140

注：剧场座位数为252个，售出票高于252张的为工作票。

《早点》自2017年12月23日首演后，上座率一直在90%以上，它是一部能让大学教授和快递小哥看了都倍感亲切的话剧。一条老街承载着一段天津卫的历史，一份早点道出了天津人内心温暖的情怀。这是一部向人间伟大的母爱致敬的作品。故事以开在天津卫的一条百年老街“顺义街”上的“利民早点铺”的兴衰为引线，讲述了江湖人物方子强在一次偶然当中，接到了一单神秘的“业务”，当他走近这单“业务”时，发现自己又回到了阔别已久的地方——破旧的顺义街，街上有那熟悉的早点铺，早点铺中散发出熟悉而亲切的味道。

（四）宣传策略：培养观众、互动营销

观众人数是衡量话剧市场是否景气的标准。为了更好地推动津味话剧走进市民生活，培育观众群体，制定切合实际的宣传策略至关重要。

第一，成立专门的营销部门，负责宣传推广。为了提升观众的观影率，今晚文化艺术中心设立了专门的营销部门，加大对剧目的宣传与推动力度。2016年1月，《澡爷》主创碰头会开始，着手制定宣传计划，通过主创亮相、媒体推介、召开新闻发布会、播放演出片段等多种方式扩大宣传，唤醒广大市民对澡文化的回忆以及年轻一代对天津传统文化的认知。

第二，制定不同阶段的宣传主题。话剧院团孵化阶段，将《澡爷》的宣传定位为“看《澡爷》话剧，品百味人生”。在《澡爷》论证阶段，丰富了《澡爷》的文化内涵，这一阶段的宣传主题是“北京看老炮，天津看澡爷”。随着观剧人数不断提升，《澡爷》为市民带来的乡愁认同感随之提升，宣传主题确定为“一条胡同、一间澡堂、一捧情怀、一缕乡愁”。到2017年复演阶段，宣传主题为“从一部剧看一个人，从一个人看一群人，从一群人看一座城，用一座城温暖你我”。

第三，发挥网络平台的载体作用，加大剧目宣传力度，搭建剧团与观众畅通的信息交流平台，及时将演出信息告知观众。通过微信、微博等多种方式与观众建立沟通、交流渠道，一方面加大宣传推广力度，另一方面获取观众的意见、建议，不断改进。

四　主要问题与对策

今晚文化艺术中心经过多年发展，在津味话剧创作出品与产业化运作中取得了一些成功，但仍遇到一些困难和挑战。

（一）主要问题

第一，津味话剧创作人才缺乏。在走向市场化的过程中，今晚文化艺术中心不断探索话剧艺术与大众需求更好对接匹配的问题。针对当前话剧市场上话剧作品质量参差不齐的问题，一直致力于打造原创暖心的情怀剧目，而来自天津市民生活、契合天津城市文化底蕴与风格的剧本创作至关重要。优秀原创作品需要经过时间的打磨，对已有剧本的同质化模仿难以实现津味话剧的可持续繁荣发展。津味话剧创作人才匮乏，特别是专业的编剧人员稀缺，制约了原创话剧的发展。

第二，演出产品过于单一。由于话剧本身是一个相对小众的艺术门类，在其推向大众化的过程中，需要不断积累、创新，才能更好地满足观众的需求。当前，今晚文化艺术中心原创出品了两部津味话剧，但总体来说，产品数量和类型过于单一，如何才能更好、更快地创作出观众喜闻乐见的新作品，满足多元化的需求，成为今晚文化艺术中心乃至整个天津话剧界亟待解决的问题。

第三，产业规模不足、模式简单。当前，今晚文化艺术中心虽然将目标客户群定位于中高端消费群体，但是由于受场地设施限制，其票价并不高，以门票收入为主的盈利模式过于简单，不利于产业持续发展。

第四，企业发展受到资金不足的限制。近年来，天津市政府不断增加文化产业专项资金。今晚文化艺术中心出品的《澡爷》于2017年获得30万元的财政资金资助，极大地满足了话剧创作、演出排练过程中的资金需求。然而，大部分财政资金更倾向于对国有剧团的资助，对民营企业的资金支持仍旧较为缺乏。因此，大多数民营剧团在运作过程中都会面临资金瓶颈，如果没有政府的政策和资助，剧团难以持续提升与发展。

（二）对策

第一，加强对戏剧人才的培养。人才是津味话剧可持续发展的第一资源。话剧项目本身是一个复杂的系统性工程，涉及编剧、导演、演员等人才，还需要词曲、灯光、舞美、服装、营销、策划、管理等专业人才。建立健全专业性话剧人才培养机制，探索“院校＋剧团”联合培养模式，鼓励在校学生参与到编剧、演出等全过程中去，打造一批有能力、有活力、有经历、有表演天赋的专业话剧人才。加强对潜在人才的培养，针对编导、戏剧、表演等专业的人才设立培养基金，鼓励高校青年建立话剧社团，提升专业人才的能力。

第二，扶持原创作品的生产并注重完整产业链的形成。加大力度鼓励和扶持各级、各类企业与个人进行话剧剧本创作，完善知识产权保护机制，着力扶持群众接受度高且具有艺术创新性的原创剧本。同时，构建创作人才、企业与推广平台的"利益共同体"，形成集原创作品创作、话剧孵化、衍生品开发于一体的产业内生循环发展机制。今晚文化艺术中心要对自身的定位、风格特征继续探索，开辟属于津味话剧的艺术生产机制。

第三，发挥新媒体的营销功能，提升观众参与度。今晚文化艺术中心在营销策略上取得成功的一条经验是不断提升观众参与度，推动津味话剧走进市民生活，培育观众群体。因其将发展目标定位于"津味"，立足于反映天津文化背景和地域特色的暖心剧，那么，在整个营销推广过程中，要时刻以向市民传递、传播天津文化为目标，综合运用多种营销方式和手段加大推广力度。结合话剧制作、演出历程制定不同的宣传主题，主打情怀、乡愁、温暖、亲情，以此提升广大市民对地域文化的认同感。

第四，提升民营戏剧的品质，争取更多资金扶持。政府应加大对话剧产业的扶持力度，重视对公众艺术素养的培养，提升市民的文化素养和艺术品位。从津味话剧自身出发，在明确市场定位的基础上，根据目标消费群体的消费倾向创造多样化、差异化的话剧产品，满足不同层次消费群体的需求。政府要加大对民营剧团的资金支持，鼓励和引导社会资本进入文化产业领域特别是话剧领域，为民营剧团的发展营造良好的环境和氛围。

参考文献

张炳琦：《天津市民营话剧小剧场皓剧坊运营研究》，天津音乐学院硕士学位论文，2016。

李秋乐、马振龙：《关于天津文化创意产业发展的调研及思考》，《艺术与设计》（理论）2016 年第 2 期。

钟佩妤：《先锋戏剧在文化产业上的地位与发展趋势分析》，四川省社会科学院硕士学位论文，2015。

任吉东：《弘扬天津特色文化　打造津味相声产业》，《环渤海经济瞭望》2013 年第 4 期。

邢慧颖：《天津话剧与观众的鸿沟因何而起》，《中国文化报》2005 年 7 月 25 日。

B.12
台湾多元化文创空间的探索

康 军*

摘　要： 为了对历史街区的文化发展提供思路，台北市政府的都市更新处于2010年开启了URS推进计划，该计划的核心做法是，由政府单位提供地点，鼓励民间单位进驻，让民间单位得以自由展现创新力量，将文化创意的种子埋进这些老旧街廓中。"都市再生"的概念包含了创新、开发导向、公私合伙、整合、生态永续等多方面的整合，通过城市的软实力创新，产出更丰富多元的城市记忆。笔者通过近几年对台湾文化创意产业发展的观察，看到了一种文创空间多元化发展的现象。这种多元化文创空间，大致可以分为历史街区、自动迁移小片社区、特别社区、独栋旧楼、老店更新等几种形态。

关键词： 文创空间　多元化　历史街区　老店更新

文化创意产业是后工业化社会的产物，也是城市文明在新的科技条件下重新组合的一种经济形态。因此，从早期纽约的SUHO社区，到伦敦的泰特美术馆，再到后来在中国土地上崛起的北京的798、上海的八号桥、武汉的汉阳造、天津的棉3、台北的松山，几乎都是从旧工业遗存的包豪斯老厂房开始的。甚至后来建城才30多年的深圳，其在改革开放早期建立的服装鞋帽加工厂，居然也在高速发展的经济背景下成为"老厂房"，迅速被文化创意产业占领。

---

* 天津市图书馆高级馆员，南开大学滨海开发研究院文化创意产业研究中心副主任。

进入21世纪第二个十年，城市大量的旧工厂已经被开发得差不多了，同时，原有的文化创意集聚区的发展模式太单一了，许多与生活相关联的文化创意产业业态并不喜欢在老厂房经营，更多的临街巷的原住户也看到了文创的发展前景。而老城区、老街区、独立楼栋的文创空间更适合创意生活馆、生活美学店铺等城市文化个性化发展的需要，于是，多元化的小微型文创空间就大行其道，越来越受到人们的关注。而这些老城区、老街区的政府改造计划，在保护城市历史文化的前提下，也在寻求新的发展模式。笔者近几年对台湾的文创产业发展的探索，也深深感受到这种发展趋势的变化，归纳起来，应该是一种文创空间的多元化发展模式。这种多元化空间，以我们观察到的来看，大致可以分为：历史街区、自动迁移小片社区、特别社区、独栋旧楼、老店更新等几种形态。

一　历史街区

为了对历史街区的文化发展提供思路，台北市政府的都市更新处于2010年开启了URS推进计划，该计划的核心做法是，由政府单位提供地点，鼓励民间单位进驻，让民间单位得以自由展现创新力量，将文化创意的种子埋进这些老旧街廓中。并将结合台北市文化局之“台北文创群聚推进计划”，依据每个地区的特性规划不同形式的文创群聚区，打造传统、人文、创意、次文化等创意街区，借由群聚效应与产业的带动，将台北建构成一个创意城市。URS以“再生”为主轴，有别于先破坏再建立的重建模式，URS将计划在旧的轮廓中加入新的概念。这些旧空间都曾经历过繁荣的景象，也曾是许多老台北人依靠着的生活重心，却随着无情时光的脚步而渐渐破旧荒废，成为城市里最不起眼的角落。如今，四周高楼林立，人们渐渐遗忘了它们，它们也仿佛成为影响城市发展与美观的绊脚石。台北市政府的都市再生计划应运而生。“都市再生”的概念包含了创新、开发导向、公私合伙、整合、生态永续等多方面的整合，透过城市的软创新实力，产出更丰富多元的城市记忆。

最经典的可以台北市大稻埕为例。大稻埕的区域大约在今天台北市民权西路以南、忠孝西路以北、重庆北路以西、西临淡水河。据说公元1851年

（清咸丰元年），来自福建同安的移民为了躲避海盗，从基隆迁移到大稻埕，从此大稻埕开始有汉人居住。由于大稻埕西临淡水河，拥有舟楫之便，船舶可以由此沿淡水河出海，前往“唐山”（当时台湾同胞对大陆的称呼），甚至远达欧美。于是大稻埕的贸易日渐繁荣。今天的大稻埕已经不算是台北市的闹区，但是大稻埕的迪化街（过去称为南街）一带，仍然有许多南北杂货店、茶行、中药店，同时保留了一部分带有西洋风格的老建筑，成为这个一度繁华鼎盛的港市的历史见证。近几年，台湾文创界开始了对这里的改造升级。

我们到迪化街的骑楼店面时，因时间太早，开门的店铺不多。随意看到了一家手工制皂文创店、一家个性化创意服装店、一家竹木艺术品创意店和一家咖啡店。给我们的突出印象首先是，产品和经营方式都有明显的文化创意元素。其次，这几家店铺几乎排列在同一段骑楼式街区里。这一段骑楼是经过现代设计改造过的，以适应时尚青年的需要。（这段骑楼的行人走廊和店内统一铺设了复合材料的木地板，在视觉上显得店门口非常齐整、美观。这在骑楼历史上从未有过。）店内装修、设计都会吸引当代年轻人的目光。古老店堂空间尺度适宜，后面多有面积不小的花园，与合围的后楼形成了一个纵深的发展空间。明显看到每家店都综合设计成一个具有销售、体验、休闲和研发功能的复合空间，是一种理想的文创产业发展模式。再加上整条街的规划设计有序运作，政府的扶植引导思路清晰，这样的文创发展是可取的、有成效的。迪化街是传统的年货街，这种新业态，也开始改变着台北人年货的内容。大稻埕经常会有大型活动，比如2017年9月，大稻埕创意街区发展协会联手大稻埕本草俱乐部等机构推出周日“徒步区”（步行街）活动，包含多场街头导览、表演、手作、产业体验等文创活动。台北市政府都市更新处特邀国际创意城市发展顾问查尔斯·兰德利在台北市举办工作坊，为城市更新的文化创意发展模式出谋划策，取得了良好的成效。迄今为止，台北已经建成南港瓶盖工厂、中山创意基地、天母白屋、华山大草原、大稻埕故事工房坊、玩意工场、创作分享圈、城市影像实验室、郊山友台、稻舍等URS概念基地。这种老街区翻新利用，改变经营业态，与传统商业融合，既方便市民生活，又发展了许多新兴文创业态，让市民不离开居民区，就可以享受现代文创生活，保护了历史文化街区，拓展了现代生活内容，何乐而不为？

二　自动迁移小片居民区

台湾另一处著名的城市街区改造的文创空间，就是台中市的“范特喜绿光计划”。事实上，我们可以称其为“自动迁移小片居民区”。近两年在台中西区市民最喜爱的勤美草悟道绿园道这一带的巷弄中悄悄地兴起了一些文创聚落，也带动了新的观光人潮。其实到现场一看，这里就是一条原汁原味、普通得不能再普通的小巷。“范特喜绿光计划”把这儿的老房改造成 18 间大小不一的特色小店。对这些几乎完全废弃的民房稍加改造，做些设计，简单搭建一些平台、铁梯，就引进了许多时尚店铺。进驻的店家以经营原创的服饰、皮件、雨伞等为主。我们来到这里时正下小雨，举着雨伞徜徉在充满创意氛围的小巷民居，那么简陋，但又那么时尚。有的门口停着装饰着花哨饰物的高级哈雷摩托，招牌上显示着店主的经营内容，比如纯粹从美国进口的文创商品店，量身定做各种材质和款式的雨衣、雨伞的手工制伞店，迷你型的轻食店，还有从英国来的小伙子开的一家迷你下午茶甜品店，等等。手工制作的文创饰品和生活用品往往是这里的大宗商品，所谓喜爱生活美学，就是要在这些创意满满的一件件单品里“淘”，才有趣味，才能体验慢生活。

这种特殊居民区还有台北的宝藏岩眷村居民区文创园。宝藏岩本指位于台北市中正区汀州路 3 段临虎空山北麓与新店溪旁的一处佛教山寺，是台北市的古迹。我们穿过佛教寺庙山洞一样的前廊，就站在了这个也叫宝藏岩的眷村的入口。因为现在是国际艺术村，还设有门卫。在几年前大家为这块地的存废吵得沸沸扬扬之前，很多久居台北的人甚至不知道台北还有这么一个地方。主张保留的一方认为被拆的理由正是它应该被留下来的理由。1949 年大批来台士兵缺乏住房，政府允许成建制的部队划地自建房屋，这就是叫作“眷村”的居住区。因为当年胡乱搭建到一种夸张的程度，一层层房屋随着蜿蜒山头而建，鳞次栉比，建筑物之间以楼梯、屋顶、露台或墙面相互连在一起，就像迷宫一样，简直就是惊悚电影里小孩玩捉迷藏的地方。再加上这里有成千上万来自大陆各省的老兵的故事，成为其该被保存下来的重要理由。这里小而精致，它是一个艺术家社群，自发性地做着与都市和建筑相关的思考，紧邻台湾大学的优势也使它多出几分学术氛围。在蜿蜒的街巷还可以看到小型艺术雕塑，许多门牌上还注明屋主的姓氏及简介，不亚于世界上任何一个城市名人故居门口的铭牌。

宝藏岩虽然不大，总面积只有3.97公顷，但拥有特殊人文景观，1997年6月后，受到部分台湾学者及民众的注意。经过整建与媒体报道，2006年，《纽约时报》将宝藏岩纳入台北最具特色的景点之一，与全世界最高楼台北101大楼齐名。我看到一家有木廊的石棉瓦民居，窗外摆着一对高脚凳，和窗台等齐，原来就是最简单的吧台，游人一敲窗户，就可以来一杯咖啡或其他饮料。还有一家，居然在台阶一角放置着一台自动压制纪念牌的设备，那是我在瑞士铁士力雪山顶索道服务区，或者巴黎蒙帕纳斯大厦顶楼观光服务区才能见到的设备啊！我强烈感觉到，台湾的文创青年不管在哪里做，他们的国际化视野处处可见。眷村坡地上用草坪围建成一处简易的音乐台，既可以演出流行乐，又可以演露天电影，成为城市青年的娱乐场所。周围的住户，敞开窗门就可以观赏。这里成为台北市国际青年文创艺术区。

无论是范特喜，还是宝藏岩眷村，这里的原有居民大部分迁走了，不值钱的住房被废弃，或者被政府低价收购，于是，就有了拆与不拆的争论，有眼光的决策者占了上风，成就了文创时代世界级的艺术街区。

三　特别社区

从宝藏岩出来，我们又来到了离此不远的纪州庵文学森林微型景点。纪州庵建于1917年，原为日本平松家族经营的料理店，吸引无数文人墨客。就在这一片充满台湾大学文学气息的街区里，聚集着纯文学、尔雅、洪范、远流等以文学为主的出版社，而且，像林海音、余光中、王文兴、刘守宜等知名作家的故居都在此地。由同安街辐射出去，水源路、金门街、厦门街的台北城南这一片，在20世纪50、60年代聚集了不少文学家、文学社团，文学气氛浓厚。

台北市政府将这里开辟为首个以文学为主题的艺文空间“纪州庵文学森林”，有志于推广文化的人士不定期在此举办各类文学推广活动。修复后的纪州庵古迹为日式木造结构，200 余平方米，两侧有走廊，室内展示的物品讲述了纪州庵的历史故事与修复历程。旁边的小楼，一层是一家文学书店，大致翻了翻，许多别处书店看不见的文学著作，这里会有。楼上空间也不大，但是常常举办文学讲座和活动。台北市文化局局长在开馆仪式上表示，今后纪州庵将规划展演区，将饮食、戏剧、旅游等各种主题与文学结合，不定期举办各种亲子工作坊、表演与讲座等活动；希望纪州庵作为文化专业场所，促进历史文化的传承。

两座风格相近，被一片青青草地连接在一起的艺文空间，加上附近的文学森林，应该是目前世界上城市公共场所最密集的纯文学社区，彰显着台北市的文化顶峰样貌。此外还可以说的是，再扩大点视野："温罗汀"街区（即温州街、罗斯福街、汀洲街三条几乎相连的街道）不仅曾经是去台学者和文化大师（比如钱穆、台静农）云集的地方，现在更是聚集着 40 多家独立书店、20 多家文化咖啡店，被业界称为世界上书店最密集的地方。如此高密度的文学圣地，真的令世人惊叹！

需要说明的是，由于直接探访的文创空间还是有限，像这样完全成长在城市原有空间里的"特别社区"，在台湾还会有其他的案例，如台北的"西门町"，它除了独栋建筑"西门红楼"，还有旁边电影主题公园，也可以被视为特别社区。其他城市笔者去得不多，但这种文创空间结构肯定还会有。

四　独栋文创基地

在台湾，还有许多独栋的废旧建筑，经过创意人士的设计开发，成为新的文创空间。著名的例子就是台北的"西门红楼"，它就是一栋日据时代台北繁华街区的百货楼，现在是文化创意聚集地。

我们 2017 年元旦来到基隆，在基隆港口区的一条临海马路上，一座依山而建的独栋旧建筑，由台湾中华经贸文化创新发展协会携手基隆的台湾海洋大学"三创基地"打造成一个以"点亮基隆"（基隆的文化创意产业相对较为落后）为愿景的文创机构。这栋依山而建的四层楼，地处基隆市金蓬莱社区，原来是残破废弃的危楼，有三层不同高度的路巷与楼体交接，楼旁还有石砌步道蜿蜒通往底层马路，楼的结构奇特。基地成员殚精竭虑、埋头苦干，与台湾海洋大学的师生紧密合作，并得到了基隆市政府、议会、在地里长的支持，在聚集了台湾其他地方文化创意产业艺术家的情况下，精心设计，打造成富有创意、有趣好玩的文创空间，吸引台湾著名导演、电影专家、装置艺术家聚集。

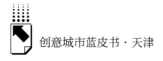

参考文献

《台北的文化创意地标：松山文创园、华山文创园》，人民网，2014 年 2 月 27 日。

《台北纪州庵修复开馆“文学森林”再度迎客》，中国新闻网，2014 年 5 月 24 日。

产业活动

Industrial Activities

B.13 京津冀文化产业的融合发展

——2017北京国际设计周天津会场暨第二届“京津冀文创+”活动

翟景惠*

摘　要：　“京津冀文创+”活动由中国文化产业协会作为指导单位，由京津冀文化产业协同发展中心、首都文化产业协会、天津市文化产业协会、河北省文化产业协会主办，整合京津冀三地文化资源，倡导三地协同、共享创意、资源互通，打造有创造力、有意思、有意义的生活方式。

北京国际设计周天津会场总主办方为天津东方嘉诚文化创意产业园有限公司。该公司是在京津冀协同一体化的机遇下，从北京来到天津南开区发展的。东方嘉诚依托京津两地资源优势，将总部北京东方嘉诚文化产业发展有限公司成熟及标准化的园区运营模式与天津社会及政府资源相结合，并

* 翟景惠，天津东方嘉诚文化创意产业园有限公司副总经理。

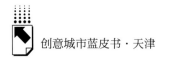

复制到天津 C92 文化创意产业园项目中进行整体运作。

关键词： 北京国际设计周 “京津冀文创 +” 融合发展

城市文化品牌体现着城市文化的特色、风貌甚至是品位，文化品牌的建设越来越成为提升城市文化影响力的关键。2017 年盛夏伊始，天津的文化产业圈中的大多数机构为着同一件事情忙碌，即为打造属于京津冀的文创品牌不断地耕耘着——2017 北京国际设计周天津会场暨第二届“京津冀文创 +”活动进入倒计时！

北京国际设计周作为经党中央、国务院批准的在北京举办的国家级大型年度文化活动项目和国际 A 类创意设计活动，由文化部与北京市政府共同主办。每年吸引参会设计师、机构代表、学术专家超过 2000 人，注册媒体百余家，观众超过 500 万人次，已成为亚洲规模最大的设计周和首都具有国际影响力、可持续发展的创意设计公共服务平台。

作为北京国际文交会的延展活动，“京津冀文创 +”活动由中国文化产业协会作为指导单位，由首都文化产业协会、天津市文化产业协会、河北省文化产业协会主办，整合京津冀三地文化资源，倡导三地协同、共享创意、资源互通，打造有创造力、有意思、有意义的生活方式。深挖三地文化创意的特色要素，覆盖京津冀三地 300 余家文化机构，包括画廊、设计商店、格调餐厅、文创空间等。

2016 年，天津第一次作为分会场参与北京国际设计周，共举办了 15 场活动。2017 年在 2016 年设计周的基础上，打造天津本土文化品牌“京津冀文创 +”，举办展览 17 场、音乐现场活动 20 场、市集 5 场，并面向大众推荐 50 处特色消费类文化场所。2017 北京国际设计周天津会场暨第二届“京津冀文创 +”活动的主题为“协同共享，创意生活”，于 2017 年 9 月 15 日至 10 月 7 日举办。

一 城市论坛和开幕式

2017 年 9 月 15 日下午，“京津冀文创 +”活动的主论坛——“艺术设计唤醒城市 2017 创意阅读城市之美”在智慧山飞鸟剧场展开，该论坛由南开大学文学院教授薛义主持，北京国际设计周组委会副主任陈工致开幕词。论坛邀请了北京市文资办副主任万代红、天津市相关领导，以及国内外著名专家、学者、实践者，共同探讨在当下的中国，理想城市与生活的本来面貌，以及创意阅读应该如何营建与浸润现代都市。

2017 年 9 月 15 日傍晚，北京国际设计周天津会场暨第二届“京津冀文创 +”活动开幕式在智慧山山丘广场正式举行。天津市委宣传部文化事业处处长李文利为设计周开幕式致辞。北京国际设计周组委会副主任陈工、北京国际设计周及“京津冀文创 +”天津项目负责人李巍发表讲话。

主办方为到场的嘉宾准备了一个特别的启幕仪式，由北京市文资办副主任万代红，北京国际设计周组委会副主任陈工，天津市委宣传部文化事业处处长李文利，京津冀文化产业协同发展中心常务副主任李文海，南开区文化和旅游局副巡视员王瑞馥，天津大学文学院教授、博士生导师薛义，与现场的观众一起点亮创享之夜。希望的萤火闪动三地，VR 艺术描绘未来城市，舞动光影，共同勾勒文创节之旅，科技与艺术结合，时尚与设计结合，让原本静态的创意“动起来”。

开幕式还特别邀约小海豚听障儿童合唱团的孩子们为到场嘉宾带来精彩的演出。

本次活动以“协同共享，创意生活”为主题，携手天津 C92 文化创意产业园、未来里十字街区、智慧山艺术中心、棉 3 创意街区、先农大院、万物社 23 号、天津滨海文化中心、考拉空间、风泉清听、国际版画藏书票收藏馆、西洋美术馆、BEGROW 生活大师、瀚琮艺术空间、伍拾捌艺术酒店、紫园艺术区、加宜第六空间、路道创意、影堂文化、民国书房、庄沅轩、选矿场等天津重要的艺术文化机构共同打造。

二　“京津冀文创 +”活动概览

文创节涵盖了创享之夜（Creative Night）、城市说（City Talk）、迷客思展（Mix Exhibition）、音果（Live Music Core Live）、十分天津（Find Tianjin）、有去处（G · O Place）6 个主体活动，覆盖天津市各大重要的文化创意场所，集中展示、推介文化创意与相关产业的融合发展。

（一）展览内容

1. 非遗天津 · 匠心生活节

时间：9 月 23 日至 10 月 23 日

地点：天津市熙悦汇购物中心

2. 生长——刘文斌个展

时间：10 月 5 ~ 8 日

地点：泰安道壹号院考拉空间

3. 诗意的栖居——艺术家客房

时间：9 月 16 ~ 30 日

地点：天津市空港经济区东五道 18 号

4. 雅人高步——八零后画家作品展

时间：9 月 16 ~ 23 日

地点：和平区新太原道与台儿庄路交口一号院 A9 底商风泉清听艺术馆

5. 国际版画大师艺术展

时间：8 月 26 日至 9 月 30 日

地点：天津市滨海新区汉沽藏书票馆

6. “从失败走向成功”——麦绥莱勒原作展

时间：9 月 16 日至 10 月 15 日

地点：天津市滨海新区汉沽藏书票馆

7. 女人

时间：9 月 23 日至 10 月 23 日

地点：天津市熙悦汇购物中心

8. 省亲归来——霍春阳作品收藏展

时间：9 月 15 日至 10 月 7 日

地点：天津市河北区元康里 2 号楼底商　瀚琮艺术馆

9. 机械迷城

时间：9 月 15 日至 10 月 7 日

地点：棉 3 创意产业园

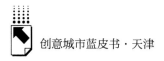

10. 本来生活

时间：9 月 28 日至 10 月 7 日

地点：先农大院

11. 无右设计创意展——特别好

时间：9 月 29 日至 10 月 7 日

地点：棉 3 创意产业园 3 号馆

12. 摄影展“锐 · 天津”

时间：9 月 30 日至 10 月 3 日

地点：泰安道壹号院考拉空间

13. 莲溪无尘——西洋美术馆国画精品展

时间：8 月 18 日至 9 月 21 日

地点：天津市和平区解放北路 77 号西洋美术馆

14. “一带一路”儿童画展

时间：9 月 9 日至 10 月 1 日

地点：万物社 23 号楼内

15. 津吾门——旧时非遗再造

时间：9 月 14 日至 10 月 7 日

地点：智慧山艺术中心　第二展馆

16. 破浪潮

时间：9 月 21 ~ 27 日

地点：泰安道壹号院考拉空间

（二）活动内容

1. 艺术 · 设计唤醒城市——2017创意阅读城市之美

时间：9 月 15 日

地点：天津智慧山艺术中心飞鸟剧场

2. 在未来里谈未来

时间：9 月 22 日

地点：未来里十字街区

3. 风泉清听雅集沙龙会

时间：9 月 30 日

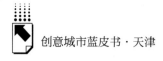

地点：和平区新太原道与台儿庄路交口一号院 A9 底商风泉清听艺术馆

4. 万物社·设计师沙龙

时间：10 月 6 ~ 8 日

地点：万物社 23 号三楼 Gallery 厅

5. 天津摄影论坛周

时间：9 月 16 ~ 24 日

地点：天津市南开区长江道 C92 文化创意产业园 6 排 608 影堂文化

6. 有去纸箱市集

时间：9 月 16 ~ 17 日

地点：天津长江道 92 号 C92 文化创意产业园

7. 创意市集

时间：9 月 16 ~ 17 日

地点：万物社 23 号广场

8. 吾及市集

时间：10 月 1 ~ 4 日

地点：天津市和平区河北路与洛阳路交界先农大院

9. 秋声赋——零基础创意丹青手绘宫扇

时间：9 月 17 日

地点：南开区青年路格调春天 18 号楼底商

10. 美食摄影分享会

时间：9 月 1 ~ 22 日

地点：南音食堂

11. 空瓶计划

时间：9 月 15 日至 10 月 7 日

地点：天津市和平区河北路 276 号

12. 煮梦记——驻店梦想家

时间：9 月 12 日至 10 月 12 日

地点：天津市和平区泰安道三号院 2 栋 103 号

13. 塔莎奶奶的花园

时间：9 月 23 ~24 日

地点：天津市西青开发区建福路 5 号紫园

14. 日式团扇制作

时间：9 月 23 日

地点：和平区新太原道与台儿庄路交口一号院 A9 底商风泉清听艺术馆

三　东方嘉诚在天津的发展

北京国际设计周天津会场总主办方为天津东方嘉诚文化创意产业园有限公司。该公司是在京津冀协同一体化的机遇下，从北京来到天津南开区发展的。东方嘉诚依托京津两地资源优势，将总部北京东方嘉诚文化产业发展有限公司多年成熟及标准化的园区运营模式与天津社会及政府资源相结合，并复制到天津 C92 文化创意产业园项目中进行整体运作。①

在空间打造方面，C92 遵循 Loft 工业建筑风格，建设展厅、孵化器等相关配套设施；在平台方面，东方嘉诚与南开区政府合作，共同建设服务于企业的公共服务平台；在资金方面，与南开区政府共同组建产业基金，将东方嘉诚的产业基金引入 C92 文化创意产业园项目中来，为天津文化企业提供创业生态服务和中小企业增值服务。顺应国家京津冀协同发展战略，在运营中与北京东方嘉诚文化创意产业发展有限公司通力合作，推动京津冀三地文化、科技产业快速融合发展。

近年来，天津东方嘉诚在打造 C92 文化创意产业园项目中先后获得“天津市创意产业园”“天津市文化产业示范园区”“天津市版权示范园区”“南开区电子商务产业基地”“南开区众创空间”“天津青年创业基地”“天津大学创新创业基地”“妇女创业就业基地”“津帼众创空间”“南开区人才培养基地”等荣誉称号。

东方嘉诚天津 C92 的发展取得了很好的社会效益，主要体现在以下 4 个方面。

---

① 人民网 - 天津频道，2017 年 4 月 21 日。

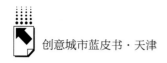

首先，搭建京企进津平台，为京津两区合作制造契机。天津东方嘉诚借助北京东方嘉诚运营园区的标准化模式和合作资源，推动南开区文化产业及园区发展，搭建一个北京企业进驻天津的平台，并为实现北京东城区与天津南开区两地政府的深入合作奠定基础。

其次，提升C92文化创意产业园的主题鲜明性，完善配套服务。项目以文化与科技融合为主题，补充及调整园区入驻企业结构，以标准化、规范化的筛选机制，聚集优秀的文化类、科技类企业，提升C92文化创意产业园的主题鲜明性，完善园区的配套服务和增值服务，为入驻企业的长远发展提供支持。

再次，突出长江道集聚创意产业的功能，引领产业升级。项目位于长江道西段沿线，承担着政府规划的文化创意产业集聚功能，项目的落地大大提高了该区域的文创产业集聚程度，并通过完善功能和提升服务引领区域内文化产业升级。

最后，拉动社会就业，促进周边相关行业和区域发展。本项目运营至今，入驻企业已有百余家，从业人员千余人，有效拉动了社会就业。同时，还将大幅拉动周边餐饮、交通、房地产及相关行业的发展。

东方嘉诚在天津的发展也促进了京津冀协同发展工作取得明显成效，主要体现在以下6个方面。

第一，接待2016夏季达沃斯青年科学家参观天津C92文化创意产业园。2016年6月，夏季达沃斯论坛在天津召开，35位与会的杰出青年科学家来到区工商联会员企业北京东方嘉诚文化产业发展有限公司在天津设计、改造和运营的具有文化创意示范效应的园区——天津C92文化创意产业园进行参观，重点参观了C92文化创意产业园中的4家入驻企业，这是天津C92文化创意产业园首次接待国际规格的考察团，标志着C92的园区运营取得重大进展，能够在国际化交流平台上展示自身成就，接待全世界的来访者。

第二，承办文化筑梦——创新京津2016“文化+”创业大赛活动。2016年8月，文化筑梦——创新京津2016“文化+”创业大赛天津赛区启动仪式在南开区C92文化创意产业园举行。大赛旨在挖掘天津地区的优秀创业项目和创业服务资源，实现京津两地文化创业资源的互联互通，扩大创业生态格局，力争打造一场协同发展的京津文化创意产业盛宴。

大赛自2016年7月启动天津赛区参赛项目征集活动以来，共征集包括动漫游戏、广播影视、创意设计、文化旅游等相关类别文化创意类的创新创业项目 80 余个，通过项目路演、参赛辅导、投资对接沙龙等活动，筛选出 2 个入围项目，代表天津参加在北京举办的总决赛。

根据大赛组委会介绍，这次“文化 +”创业大赛天津分赛区赛事，是北京市东城区和天津市南开区在创业工作京津协同发展上的一次有益探索。东城区和南开区都拥有丰富的文化资源和浓厚的创新创业氛围，也同样肩负着吸引和培育文化产业领军人才的重要使命，未来两地的政府机构特别是人力社保部门将在创业带动就业、人口调控等方面加强合作与交流，结合地区实际探索联合出台相关优惠政策，实现资源的互补与共享。

第三，主办 2016 北京国际设计周天津分会场活动。北京国际设计周是北京市具有国际影响力的大型文化活动，2016 年 9 月，天津东方嘉诚将北京国际设计周引入天津，并对该活动签下天津地区 5 年的承办权。

天津地区首次作为分会场举办北京国际设计周的系列活动——首届京津文创节，活动期间携手天津市重要商业综合体、科技文化中心、艺术机构、学术机构，开展城市艺术摄影绘画展、创意市集等丰富多彩的活动。

首届文创节是通过线上线下展览、学术论坛、设计沙龙等形式，把“一本城市的设计生活”理念以 C92 文化创意产业园为主场地，辐射全天津，为市民群众献上一场创意盛宴。

此次文创节是东方嘉诚继文化筑梦——创新京津 2016“文化 +”创业大赛后主办的又一重大活动，同时标志着天津迈出践行京津冀协同创新发展战略、促进实现京津冀文化创意产业联盟的重要一步。

第四，加入京津冀文化产业园区（企业）联盟，推动京津冀三地文化产业发展。为推动京津冀三地文化产业园区之间的对接合作，京津冀文化产业园区（企业）联盟（以下简称“联盟”）于 2016 年 9 月在北京成立，也标志着京津冀地区首个以建立完善的产业生态为目的的非营利性协同发展组织正式成立。

该联盟由北京市国有文化资产监督管理办公室、天津市文化体制改革和发展工作领导小组办公室、河北省文化体制改革和发展工作领导小组办公室共同指导，北京市朝阳区文创实验区企业信用促进会、北京东方嘉诚文化产业发展有限公司、天津棉三创意企业管理服务有限公司、承德“21 世纪避暑山庄”

文化旅游产业园区等单位联合倡议发起。在成立仪式上，联盟宣布了首届30家理事单位，包括京津冀三地各10家国家级、省市级文化产业园区。

联盟旨在联合京津冀三地的各个文化产业园区（企业），以平等互利、优势互补、资源共享、合作共赢为原则，共享园区的成功发展经验，推动三地地区之间、园区之间的合作，不断开拓文创园区、企业、项目间的合作渠道，构建京津冀文创产业协同发展体系，优化区域文创发展格局。未来，联盟将联合京津冀三地的文化产业园区，通过开展行业培训、宣传推广、调查研究、高峰论坛、实地参访、政策宣讲等活动，为园区提供资源对接、项目推介、信息咨询、招商引资等专业服务，实现信息共享与合作共赢。

第五，提升C92的区域品牌价值。2017年3月，全国知名品牌创建示范区建设暨2016年区域品牌价值评价结果发布会在北京召开，会上发布了160个区域品牌价值评价结果。天津东方嘉诚运营的天津C92文化创意产业园区荣登“2016年区域品牌价值评价百强榜”，品牌估值4.06亿元。全国知名品牌创建示范区区域品牌价值评价工作是由国家质检总局质量管理司委托中国质量认证中心开展的。

京津冀作为环渤海地区经济社会发展的核心地区，在区域经济一体化背景下，三地各具文化优势和特色，文化互融互通是协同发展的重要组成部分。国家文化部部长助理、文化产业司司长刘玉珠表示，近年来北京依托文化资源、创新资源的优势，推动文化创意产业全面发展，天津立足城市定位和文化特征，在新兴文化产业、海洋文化产业、休闲旅游文化产业和民俗文化产业方面发展显著。C92文化创意产业园具有很强的时代特性，是时代和国家战略赋予公司蓬勃的发展动力。

第六，建设京津冀首个12330知识产权保护联动工作站。为促进京津冀优质知识产权公共服务资源共建共享，服务京津冀创新创业企业，加快京津冀知识产权一体化进程，更好、更规范地服务京津冀三地文创园区企业，2017年4月18日，由京津冀三地知识产权维权援助中心主办、天津东方嘉诚文化创意产业园有限公司承办的《京津冀12330知识产权保护联动服务推进计划》发布会暨京津C92文化创意产业园12330工作站建站仪式在C92文化创意产业园举行。北京市、天津市和河北省知识产权局代表，三地知识产权维权援助中心负责人及60余家文化创意企业参加仪式。

活动中，京津冀三地知识产权局共同发布《京津冀12330知识产权保护联动服务推进计划》，三地知识产权维权援助中心负责人与京津冀文化产业园区（企业）联盟签署了《京津冀文创产业园区知识产权保护战略合作协议》，在北京、天津、河北省三地文化产业园区分别建立12330服务站，为三地的创新创业企业提供专业指导、人员培训、知识产权相关咨询服务，开展企业专项维权援助线索征集工作，引导京津冀文创企业积极调解知识产权纠纷，建立服务资源共建共享机制。

《京津冀12330知识产权保护联动服务推进计划》是深入贯彻落实国家京津冀协同发展战略和“一局三地”知识产权合作会商机制，加快推动京津冀知识产权保护公共服务一体化的一项重要举措。京津冀地区是我国经济创新能力最强的地区之一，拥有全国乃至全球最重要的创新要素以及丰富的智力资源，下一步，京津冀三地的维权援助中心将立足区域整体及三地功能定位，高效聚合知识产权，保护公共服务资源，构建一体化的知识产权保护公共服务机制，精准服务三地创新创业企业。

新成立的京津C92文化创意产业园12330工作站是首家跨区域的文创产业园区知识产权保护服务工作站。今后，C92工作站将依托京津知识产权保护公共服务资源，为园区文创企业提供精准高效的知识产权保护服务，形成具有特色的跨区域文创企业服务模式，向京津冀其他文创园区推广。

天津东方嘉诚结合北京产业资源，积极推广京津冀三地文化力量，以天津南开为立足点，搭建京津冀企业成长及合作的快速通道及桥梁，“以创意产业为引领，以科学技术为支撑，以改革创新为动力”，共同推动京津冀区域及企业协同发展，同时，大幅拉动南开区文化创意相关产业的共同发展，助推区域经济可持续发展。

四　创新创业十字街区项目

（一）项目建设背景

加快“两圈两区一中心”建设被南开区委列为2015年重点工作，建设环天南大知识经济创新圈，旨在以建设“科技南开”为核心，促进科技、教育、经济有机结合，推动激励自主创新政策先行先试，率先实现创新发展。2015年2月27日，天津国家自主创新示范区正式挂牌，南开区是核心区“一区五园”之一，建设国家自主创新示范区对于进一步完善科技创新的体制机制，推进环天南大知识经济创新圈规划建设等必将发挥重要的引领和带动作用。建设环天南大知识经济创新圈将进一步激发该区的科教创新资源活力，辐射带动全市乃至更大区域实现创新驱动发展。

中共天津市委十届九次全会审议通过《中共天津市委、天津市人民政府关于贯彻落实国家创新驱动发展战略纲要的实施意见》，提出创新发展“三步走”战略目标，为天津市创新驱动发展指明了方向，也为中心城区的发展提出了明确要求，尤其是将打造环天南大创新创业十字街区写入实施意见。加快环天南大创新创业十字街区建设，将成为南开区推进科技创新工作的重大契机。同时，本项目作为南开区唯一重点项目被纳入天津市“十三五”规划。

创新创业十字街区未来里项目位于天津国家自主创新示范区南开科技园环天南大知识经济创新圈核心位置，是南开区“十三五”期间优化区域功能和产业布局的关键，将成为科技型中小企业、创意产业、孵化器平台的聚集区。其中，创新创业十字街区未来里项目承担着集聚创新、创业、创意产业园区的功能，南开区正大力推动其沿线的开发建设，为科技、金融、创意、电子商务等现代服务业企业聚集式发展提供了沃土，将十字街区未来里项目建设成为服务业发展的典范。该项目建设正处于“科技南开”建设关键期及京津冀协同发展的政策机遇期，区位优势与资源优势明显。

（二）项目介绍

创新创业十字街区未来里项目，是由天津东方嘉诚文化创意产业园有限公司建设并运营，总建筑面积3万余平方米，主要打造主题创业区、众创空间、高校众创联盟总部、创新创业服务中心、科技成果转化加速器等产业空间集群。建成后将是一个集创业融资、交流、展示、培训、创业孵化、综合服务等功能于一体的双生态创业街区，成为天津科技成果转化与创业孵化的新引擎和产业高地，助推京津冀创新创业协同发展。据项目负责人介绍，作为创新创业十字街区龙头项目的未来里创业街区，将建成比肩中关村创业大街的青年创意、创新、创业生活社区，以“空间 + 生活 + 社交”的理念，把原本封闭的建筑组团更新为开敞的街区，打造一个以“创业者生活”为主题的青年社区，激励更多青年人才在这里获得创意灵感、展示机会、合作伙伴，形成创业者找人、找钱、找技术、找市场、找圈子、找组织的专业区域，成为天津最具代表性的本土创业生态社区、创新创业服务高端要素聚集区和创业文化新地标。

创新创业十字街区未来里项目位于由大学道与科研西路围合的区域，大学道全长1公里，聚集玑瑛青年创新公社、南开科技成果展示交易中心、北方技术交易市场、大数据服务加速空间等科技创新载体，科研西路两侧汇聚天津市创业服务中心、航天第8358所光电产业园等创新创业要素。

为更好地发挥创新创业要素集聚的优势，培育转型发展新动能，南开区以建设环天南大知识经济创新圈为龙头，抓住国家自主创新示范区南开科技园建设和打造创新创业十字街区未来里项目的两大契机，着力推进载体和产业双升级，把这一区域建成面向天津、辐射北方、特色鲜明、活力迸发的创新创业生态区。

据南开科技园管委会介绍，2018年南开区创新创业十字街区未来里项目建设工作将重点提升改造制造业生产力促进中心、激光所等载体，力争年内开街运营。建成后的十字街区未来里项目将成为南开区乃至全天津市科技创新的支点，撬动高校院所的创新资源，激发创新创业活力，形成创新发展新优势，为南开经济发展提质增效提供有力支撑。

（三）十字街区未来里项目产业合作服务体系

十字街区未来里项目主要以文化与科技创新、产业大融合为主旨，在园区引进资本的引导下，聚集文化创意、互联网科技、新媒体开发等跨领域创业团队与人才。该项目可为街区内企业提供融资、市场推广、管理培训、顾问咨询、工商注册、财务记账、活动展览策划等专业内容。

东方嘉诚的园区增值服务聚合了诸多政府政策资源和市场化合作资源，即搭建一个科技文化产业的公共服务平台，是可以标准化输出及无限复制的服务体系范本。随着东方嘉诚园区物业布局愈发广泛，其服务体系也可全部或部分嫁接到新园区项目，形成“1+N开放式拓展模式”。因此，本项目也可植入标准化、专业化的企业成长服务。

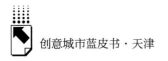

（四）十字街区未来里项目的建设有效带动京津冀协同发展

“京津冀一体化”“首都经济圈”的概念，于2011年被写入国家“十二五”规划，上升为国家战略。2014年2月26日，国家主席习近平提出“要着力加强顶层设计，抓紧编制首都经济圈一体化发展的相关规划”。之后，京津冀三地多方资源展开迅速对接，这无疑在一定程度上助推了京津冀一体化进程。数据显示，2016年第一季度，北京成为国内各省市在天津投资总量最大的地区。目前恰逢京津冀协同发展的关键时期，为本项目的长远发展提供了难得的历史与政策机遇，为京津冀深度合作再添一个实践范例。

B.14

艺术·设计唤醒城市

——2017 创意阅读城市之美圆桌论坛*

薛　义**

摘　要： 2017 北京国际设计周将继续秉持“设计之都·智慧城市”的理念，以“设计+”为主题持续关注和推动创新设计在北京疏解非首都功能、产业结构转型优化、京津冀协同发展、2022 冬奥会设计服务、非遗保护与优秀传统文化传承创新这5个方面所能够发挥的作用。城市的边缘越扩越大，城市功能越来越复杂，需要聚集更多不同背景的专家学者共同讨论城市话题。

关键词： 艺术　设计　城市发展

论坛时间：2017 年 9 月 15 日　下午 14：00～18：50

论坛地点：天津市华苑高新区开华道 20 号（智慧山艺术中心二层飞鸟剧场）

主持人：薛义

主持人：各位领导、各位嘉宾、各位同道朋友，下午好！很荣幸由我来担任今天下午论坛的主持人，衷心地感谢各位朋友在百忙之中相聚在天津智慧山艺术中心，参加北京国际设计周天津分会场第二届京津冀主旨论坛，我是薛义，现任天津市创意产业协会会长，也是南开大学文学院艺术设计系的教师。

---

* 本论坛系第二届京津冀文创艺术之旅天津分会场“设计唤醒城市”的主论坛。

** 薛义，南开大学文学院教授、艺术设计系主任，天津市创意产业协会会长。

我们能够聚到一起，是为了一个共同的主题，这个主题是国际设计周最大的一个主题，这个主题非常专业，又跟我们每个人紧密相关。中国近 30 年的发展非常惊人，我们的生活、城市功能以及方方面面都发生了巨大的变化。同时，也有很多方面的遗憾。现在城市的边缘越扩越大，城市功能越来越复杂，需要不同类别、不同背景的专家聚在一起，大家共同讨论城市话题，我想这是非常好的。

同时，今天也有很多老朋友来，如果每年我们都有这样的机会相聚在一起，共同讨论城市的问题，更多的也是我们生活的问题，这是非常好的。今天的讨论形式是圆桌论坛，本意就是我们共同为了一个内容而思考。所以，今天的机会很难得。

发言之一：陈工代表北京国际设计周组委会致辞

我很荣幸代表北京国际设计周组委会出席设计之旅天津分会场活动暨第二届京津冀文创艺术·设计唤醒城市主论坛。由文化部和北京市政府主办的 2017 北京国际设计周将于 9 月 21 日至 10 月 7 日在北京举办。自 2009 年首届创办起，北京国际设计周至今已举办了 8 届。今天，北京国际设计周已成为北京乃至全国重要的一个文化 IP 和可持续发展的创意设计公共服务平台。2017 北京国际设计周将继续秉持“设计之都·智慧城市”的理念，以“设计 +”为主题持续关注和推动创新设计在北京疏解非首都功能、产业结构转型优化、京津冀协同发展、2022 冬奥会设计服务、非遗保护与优秀传统文化传承创新这 5 个方面所能够发挥的作用。

2017 北京国际设计周包含设计之夜、主题展览、主宾城市、静电设计奖及设计之旅等 10 项主题活动，其中的设计之旅作为北京国际设计周最具广泛参与度的活动板块，已经成为聚合社会资源、展示“大众创业、万众创新”的创新设计成果、落实设计消费惠民相关政策、推动京津冀文化创意产业功能区协同发展的重要平台。2017 年设计之旅活动分会场已达到 42 个，涵盖北京市 9 个城区及天津南开区、河北省承德市、保定白沟等，涉及园区业态调整、社区提升、胡同改造、旅游景区转型升级、设计与相关产业融合等不同主题，共有上千场丰富多彩的活动。

2017 年是北京国际设计周走出北京，来到天津的第二年。各项活动 30 余项，成为一个热门文化事件传播到街头巷尾，出现在各类热搜榜上，这是我们文化创意与设计从业人员坚持不懈的成果。今天站在这里，我既非常激动，又充满信心，我相信北京国际设计周在天津会绽放出不一样的色彩，相信在不久的将来，京津冀“文创 +”也会像竹子一般，在经过一定积累过后，快速地成长。

值此天津分会场开幕之际，我谨代表北京国际设计周组委会诚挚地邀请国内外创意设计界的朋友们相聚设计周，共享创新设计思想，分享最新创意设计成果，相互沟通、增进友谊，建立更广泛的合作。

最后，预祝 2017 北京国际设计周设计之旅天津分会场活动取得圆满成功，预祝本次论坛取得丰硕成果！

发言之二：陈柳钦“迈向可持续的城市中国”

在互联网时代，人与人的距离越来越短，边界越来越模糊。

今天我的发言涵盖几个关键词，包括规划、设计、绿色、健康、幸福。通过这几个关键词，把我在城市发展规划过程中所理解、领会和感悟的东西分享给大家，以期抛砖引玉。

关键词一：规划

2015 年 12 月中央城市会议上提出了很多很好的理念，一是规划要先行，二是要科学规划。我们要规划一定的边界，之后才去行动。要在一个大的框架下立体地来看，“横看成岭侧成峰，远近高低各不同”，就是要有大框架、高水平，用世界的眼光来看。

规划先行和科学规划在习近平同志的眼里，就是决定中国未来 10 年、20 年、30 年甚至 100 年的大计。

关键词二：设计

两院院士吴良镛曾经说过，城市的设计历来贯穿城市发展的过程。在设计的时候要有自己的理念和思考，要有格局，要有艺术的修养，而不是搞一些奇怪的东西。

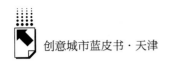

城市设计与城市品质有什么关系？这本身就是相辅相成的过程，其实城市也是一个活生生的生命体，它能呼吸和成长。在城市设计中，需要用这种理念来提升它的品质。正是基于这种认识，2017 年 2 月开始我们就从各种角度提出了很多观念，也列举了一些试点城市。城市发展、城市设计都要有问题导向，要对城市格局、风貌进行精细化的管理。“两会”上海代表团提出要像绣花一样去管理城市，即要细心、眼光要独到。

关键词三：绿色

习近平总书记提出绿水青山就是金山银山，要把绿水青山的发展和金融发展、城市发展结合在一起。在这种背景下我们要做的就是把自己的底色弄干净了，包括绿色生态环保。中央提出建设森林城市。建设森林城市就是还城市本色，让每一片土地、每一条河流、每一片森林都有人管。

关键词四：健康

现在我们都知道健康是 1，事业、家庭、名誉、财富等都是 0。其实，落实到城市发展、国家发展也是一样。我们不仅要有健康的体魄，而且要有健康的思想。思想也是一种生产力。“不忘初心”怎么来的，起心动念很重要。

在城市发展过程中一定要有这样一种初心：城市是一个生命体，城市发展的每一个细胞都要健康。如果每个细胞都健康，那么城市就不会被“癌症”吞没这些理念很重要，健康是城市发展的一个更高境界，我们必须要有健康的社会理念、社会共识，特别是在城市化快速发展的过程中，更要以人为本、重视健康，要将健康作为主旨。

关键词五：幸福

在城市发展过程中，幸福应在城市的每一个角落里。城市不仅要健康，还要有书香、有文化。幸福感怎么来，我们需要做什么？GDP 不断增长，但是国民的幸福感在下降，我们有没有思考过，有没有做过改变？心不苦，身就不累，这就是一种对幸福的感悟。

什么是幸福城市？我看了很多关于幸福城市的理念，特别赞同“一二三四五幸福城市理论”：一个中心是以市民幸福为中心；两个法则是既要爱情法则，更要亲情法则；三个层次是物质、情感、精神；四大支柱是指政府、市民、企业、社会组织；五大标准是物质有保障、环境利健康、情感有寄托、人际共和谐、社会普公平。

习近平总书记提出的五大理念中，其中有一个就是共享，共享才能更加幸福。我们要把共享作为发展的出发点和落脚点，我们的价值取向，城市发展的科学规律和时代潮流，要充分体现我们自己所在的社会的本质。不管现在是什么社会，一定要体现我们所在社会的本质，这样才是幸福的。

民生幸福是城市幸福感的根基，我们一定要想到人民来到这个城市是为了生活，人民居住在这个城市是为了生活得更美好。所以我们的出发点是更方便、更舒心、更美好。

从以上这五个关键词来理解、把握中国城市，更多的是要回报于民、与民同乐，迈向可持续发展的城市中国。

发言之三：朱雪梅“历史体验之旅＋互联网”

我们所做的项目是和互联网结合的关于历史文化街区改造的构想。天津五大道里面有很多小洋楼，非常漂亮，国际、国内的朋友都知道，而且历史上有很多故事和传说，最近两年又有很多新的更新项目，比如先农大院、民园体育场等。

（一）问题梳理

作为规划人员，我们听到了群众的一些呼声。有游客专门过来，但是完全找不到游览的方向。还有一些开店的店家，他们认为生意不那么好做。下面梳理一下这些问题。

第一，现有旅游资源缺乏整合。五大道有 37 处全国重点文物保护单位、2 处民国总统故居、5 处民国总理故居等，但是非常分散。

第二，现有旅游服务设施体验度不足。游客容易产生“晕头转向”“走马观花”的感觉。介绍非常少，另外有一些体验和互动是非常表面化的。

第三，现有商业服务分散零乱。缺乏有序的业态规划、统一的信息平台及与游客的互动。

（二）把“五大道”做成一条线

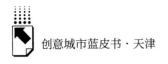

通过与游客和店家的沟通，我们想把“五大道”的旅游资源做成一条线，把零散的点变为连续的线。这些线路可以灵活地选择，把有资源的地方整合在一起，它还是一个可持续生长的，我们根据体验需要来做这项工作。

把传统景区作为旅游 IP，和互联网经济相结合。它的定位就是汇聚文化精髓，体验城市休闲。价值观是传递一种追求文化品位的生活方式，鼓励一种漫步体验的休闲旅行方式。

（三）打造四重体验

参照波士顿自由之旅的线路，我们打造了一条实体的线，地上有一条由地砖铺的路，大家可以顺着这个线路走。景区入口有提示柱进行方向提示，到了重要的体验点会有一些特殊处理。关于这些线路的选择主要是考虑四重体验。

第一，领略公共空间。

第二，寻觅里弄街巷。

第三，探访名人故居。

第四，多维旅游体验。

通过有序整合，游客可以沿着线路去寻找相应的活动，如现在已经有的“洋眼看天津”摄影展，以及每个月提供一次的深度旅游活动等。

（四）创新改造模式

现行的历史街区改造模式包括腾迁（复杂的产权关系、高额的腾迁补偿、较长的腾迁周期）、整修、运营、项目开拓等。传统的改造模式是非常有局限性的，而且是高投资、高风险、周期长、不可持续的。

目前我们创新了一种低成本的模式，即通过景观改造和环境整治做好公共空间的“一条线”，这样就降低了成本。景观改造、环境整治、设计策划，一条 3 公里的线路 2000 万元就够了，而且不涉及拆迁。

景观改造和环境整治的施工难度低、周期短、见效快，快的 3 个月就可以达到效果。而且线路整体打造后，街区的整体竞争力也随之提高。做这样一个线路，可以把很多利益主体串联起来成为共同体，包括科研机构、商户、运营主体、公众与投资机构、政府、个体游客等，可谓多方受益。

它是可持续的一条线，可以灵活生长，以点带线，把现有的点和想做的点串起来，通过线路整合资源，激发沿线活力。以点延线，发现新的点，这条线还可以进行延展。如此，就由之前的高投资、高风险、周期长、不可持续变为现在的低成本、抗风险、周期短、多方共赢和可持续。

发言之四：任宝华“运用设计思维打造创意生态——与平民分享创意”

798是在20世纪50年代建设起来的，后来成为一个艺术区，被很多有现代设计理念的人所发现。到底发现了什么？我们来看一下。包豪斯的建筑是现代设计的一个经典。这个建筑是从北面采光，整个空间的光线是均衡的，而且金属在建筑中也不会反光，考虑到这个功能性，用简约的元素构建的798的厂房，其实是现代设计一些最根本的主张的体现。

设计思维最根本的一点是以人为本，刚才我说的这个建筑，经过了1976年的大地震而没有受损，这就体现出一种人文关怀，这是以人为本的。

二是要体现出它的商业价值。三是要有技术上的可行性。其实历史上有很多案例，比如埃菲尔铁塔，这是世博会留存下来的经典建筑，在当时的条件下是有代表性的。

英国种子馆的设计师托马斯，是英国皇家艺术学院的毕业生。该学院院长在每年学生毕业的时候，都要请英国主管经济的大臣到这个学院来看他们的设计成果。大臣有时就说：“你看看我多忙，我关注经济和城市建设，但你总是把我的注意力拉回到设计上。”英国皇家艺术学院的院长笑说：“这就是经济，这是新经济。”

所以，从新经济的角度来认识设计的发展和设计的成果，可能会更加跨界，能理解到更深层次的地方。2017年7月，苹果公司的设计运营官担任了英国皇家艺术学院院长。苹果公司是在2008年美国次贷危机之后发展起来的一个设计巨无霸企业，这是新经济。这样的新经济在这十几年，我们已经深刻地感觉到了。

有一个人是设计思维最早的倡导者，这个人就是发明电灯泡的爱迪生。关于他有一个特别难忘的小故事，就是他五六岁的时候，钻到鸡窝里看老母鸡孵蛋，他就想他自己能不能孵蛋。设计思维就是学会发现问题、提出问题，进而对问题进行体验。这样的故事，我也是后来才明白，小时候吸引了我，但是我并不明白意义是什么，没想到他是最早的设计思维的倡导者，这种设计思维是我们要学习的。

设计思维在爱迪生时期已经诞生，但是没有形成比较系统的东西，没有进入大学成为一个专业，后来美国的斯坦福大学有了这个专业，在慢慢发展。创意是创新和创造力的合成，创意绝不是简单的一个想法，也不是传统上创意人的一个专利。在现在跨界发展的一个时期，很多人的文化背景、专业背景都不同，但是为什么能走到一起共同解决生活中的问题，是因为有了这样一个对大创意的理解，或者对大创意的认同。这是这个时代的一个特点，设计思维和创意生态结合在一起了。

在创意产业发展和城市打造过程中，应该让更多有潜能和积极性的人参与进来，不管是组织还是个人。创意生态有三个要诀。

一是人。创意生态离不开人。

二是人人都有创意。创意并不是某个设计师、画家、雕塑家的专利，每个人都有产生创意的潜能。只不过在创意产生的过程中是有一定条件的，所以我们要营造创意环境。

三是创意需要形成一个生意。

我把我的经历跟大家分享一下。做双年展的最大体会就是我们开始坚持的标准到现在仍然是标准，无论是一部电影还是一个标志，核心就是原创性。原创性代表这个时代的创新高度。原创性就是要旧元素、新组合，把过去年代的一些符号挖掘出来，但不是简单地复制，不是简单地搬和拼，一定要找到和新时代的关联点。

创意生态园区需要人、事、物三者并重，打造实用、现代、简约、环保的艺术品。我觉得设计思维早就存在，我们要营造这种创意生态，人、事、物形成循环，挖掘以人为本的设计。

发言之五：李辉“不因传统而传统”

我想分享的主题是“不因传统而传统”，刚才任先生也讲了关于设计方面的传统和创新，传统给我们带来了非常好的承载思想的内核，为我们提供了很多好的素材。

我觉得传统应该有延承，传统应该有当代性。之前的传统，拿天津来讲，有泥人张、杨柳青年画等，这是几代人的文化传承及呈现。如何让更多的年轻人了解这些传统文化，我觉得需要有当代性。举个例子，从唐代的煎茶到宋代的点茶，其实我们现在也在做很多这种复原工作，但是唐代和宋代的政治环境、文化环境等都有很大的不同，人们的生活状态也有很大的变化，如何把一些传统的、优秀的内容，不管是西方的还是中国的，用一种新的方式传承下去，再加上一些变革，这就是当代性。

听茶，大家听到这个会以为是茶室里的十七式、十八式等，其实这就是一个传统的概念。我们想把东西方的音乐结合在一起，我们选择了茶道。对我们来讲，茶只是一种交流的介质，在任何空间都可以用茶进行互动。

两把小提琴、一把中提琴、一把大提琴，我们用这些和茶进行融合，于是就有了听茶这个新项目。听茶是个音乐艺术现场，也可以是实验音乐。

听茶全程有一个半小时的演出，基本是止语的，大家完全通过行茶人的动作、音乐人的音乐来感受，包括在上第三道茶的时候，现场参与的来宾都会把眼睛蒙上，这时现场连音乐都没有，只有泡茶的自然的声音。当你把泡茶的声音细化的时候，会发现非常美妙。听茶还有一种理念，就是关注当下、关注细微。我们有时会不经意地听见草丛中一只蟋蟀的叫声或者听到一声雷声，这种瞬间的感动被你捕捉到了，你会觉得非常美妙，而且会有一种净化心灵的感觉。

听茶每年在全国 7 个城市巡演，基本上一到一个半月做一次巡演，我们已经做了 9 场演出，去了 6 个城市。其实我希望听茶是在不同的场合，比如在工厂、艺术馆，甚至在街头，我想把茶与音乐的宽度和包容性呈现在不同的空间里。通过在不同空间的展演，我们慢慢地积累和完善了很多感受。我们在秦皇岛的一个图书馆，把门窗打开，真是面朝大海、春暖花海。我们还在北京的长城上做了听茶的现场表演。打破艺术的边界，就是要把诗和远方融入生活，而不仅是在朋友圈里面发一些感受。除了在演出方式和内容上做了一些创新，我们结尾的桥段是古琴老师在弹古琴，大提琴是用手拨弹，当古琴和大提琴一起用手指合作的时候，你真的会产生一种穿越感。

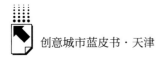

“用真诚去温暖一座城”，这句话是写给天津的，我是天津土著，我觉得天津真的需要用艺术来唤醒。其实天津有很多好的建筑和空间，但是不活跃，天津真的需要每个人用自己的能力去做一些小事，一座城市需要用真诚去温暖，感动自己才能感动他人。

发言之六：张学栋“都市之魂的艺术重塑与文脉传承——用‘图 · 像思维’整体感悟都市艺术再造”

我来自山西祁县乔家大院。我在太原学建筑学，太原的古建筑很多。我生在山西，在四川工作过，在海南、广西、北京都工作过。每一个阶段、每一个过程都使我感受到不同的亚文化，每一个亚文化都会给我启迪。如果你死守在院子里则会一事无成。

我在 42 岁形成“图 · 像思维”，“图 · 像思维”对未来层次的判断是 6 个字：视、场、道、灵、概、合。这里面有一个层次，最重要的城市要有“视”，上海的建筑有“视”，北京的建筑有“视”，但是不够，不成体系。“场”是指要有氛围感；“道”是指要有精神的命脉；“灵”是指要有灵动的艺术家在每个点上展示自己不同的气色；“概”是指要有气概、定力；“合”是指要适合人民的生活方式，不适合人民的方式是不可以的。

我对京津冀一体化未来的判断是冀的地利、天津的海、北京的天，天、地、海构成了京津冀未来城市发展的共融结构，和长三角、珠三角不一样。用“图 · 像思维”给天津定性的话，天津的第一个字是“盟”，一切北方新思想的进出口都在天津，这是我的一个看法，新的思想必然带来新的语言、新的生活。天津放得开，从历史到现在，天津总是有高人，所以诸位都是未来的高人，这是“盟”。天津有一个更核心的字，就是“龙”，鲤鱼跳龙门，天津的未来一定会更美好。北京现在需要的是高度、刚度，河北是散点式的珍珠项链。两个结构和一些散点就成了华北的中心。

发言之七：范小勇“天津城市文化及发展战略思考”

我的发言是关于天津城市文化的一些思考。回不去的乡村，寄不出去的乡愁。其实城市里面也有乡愁，乡愁对于我们生活在城市里面的人是一种特殊的情怀。

基于这个认识，城市未来发展的三大动力是改革、科技和文化，文化会成为更加重要的因素。今天来梳理一下天津的文化到底有什么特色，未来应该如何发展。

城市是文化的集中体现，任何城市都有自己的文化，并且以人文景观和特色来表达这种文化。城市文化随着实践的发展在不断发展，比如我们的海派文化、津派文化，随着城市的发展不断地演绎。从这个角度来看，认识城市文化要把握两点，一是人和人的生活方式，二是文化的空间和场所，这代表着城市文化形成的两大要素。

天津的城市文化是什么，特色是什么，载体是什么，未来发展路径是什么？

（一）天津的传统文化特色

第一，因河诞生漕运文化，漕运兴起商埠文化。

第二，移民托起民俗文化。

第三，洋务运动开启了近代工业文化。

第四，殖民带来租界文化。

（二）天津传统文化的现代演绎

租界文化到全球文化。在五大道地区、租界地区，把文化要素和相关的传统文化进行现代化的利用，来进一步地挖掘。天津城市文化中的“新兴文化”包括以下两点。

第一，会展文化。包括达沃斯夏季论坛、世界智能大会等。

第二，职教文化。天津是中国的职业教育基地。

（三）天津城市文化空间载体挖掘

第一，传统性文化空间：漕运文化、民俗文化。

第二，战略性文化空间：文化中心、创意产业文化空间、先农大院（复合型）、专业化产业园区、戏剧性文化空间（鼓楼等）。

（四）天津城市文化愿景

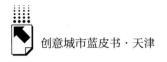

在营建策略方面，一是要保护自然山水格局，通过建筑和城市设计的手法来挖掘城市的风貌；二是要加强对历史建筑的保护，赋予其新的生命力；三是针对历史文化遗产、工业打造文化地标；四是要围绕文化和相关产业的发展，将其转化为旅游的资源。

发言之八：尚金凯“都市寻梦——令人误解的‘城市艺术’”

梦应该是美好的，城市也应该是美好的，但是都市人的梦越来越少了。难道城市就是高楼大厦、忙忙碌碌吗？融合东西文化、心怀宇宙境界，让我们共同探索城市艺术，让我们一起搭建艺术城市。

城市艺术的思考之初是以城市、空间为对象。以前很多建筑没拆的时候，我做了很多记录。如果不理解旧建筑的意义，修还不如拆。因为现在很多修的工作，它不是保护，而是翻新，甚至把材料全换了。

后来我就开始思考，导致城市成为现在这样，好也罢、坏也罢，其实都取决于人。从此以后，我就开始对人的思考。当时城市的生活比较丰富，有很多视角。我觉得中国桌子很有意思，其中一个是会议桌。中国人对会议都有很深刻的印象，领导讲话，然后挨个、转圈发言。领导不发言，你没法发言；到你发言的时候你不发言不行，发言不到位也不行。第二个对中国人而言很重要的桌子是饭桌，饭桌上很能体现中国人的特色。第三个就是吧桌，酒吧是一个城市活力的象征。

要实现中国梦，应该怎么做？我们要好好思考，而不是盲目地去做。

发言之九：张津奕“绿建筑，绿生活”

我今天的演讲偏技术化一些，我本身是建筑师，但建筑也是文化的载体。而且中央城市工作会议之后，建筑方针从 6 字方针改成了 8 字方针，即经济、适用、绿色、美观，把绿色的元素提到了更高的高度。

绿色建筑的内涵是在建筑全寿命期内，最大限度地节约资源（节能、节地、节水、节材），为人们提供健康、适用和高效的使用空间，与自然和谐共生的建筑。现在对绿色建筑的评价基本分3个等级，即一星、两星、三星。我国实行设计的双管制，在我国，绿色建筑刚刚兴起，大家对绿色建筑有个认识的过程，绿色建筑在设计时有一个评定，当然这是纸上的绿。经过一年使用，我们会根据使用的数据再对它的运行标准进行评估，这样才算真正落地。

核心理念是节约资源，减轻对环境的影响，创造一个健康适宜的环境。特点是因地制宜、整合技术、优化设计、高效运营。刚开始我们从一栋建筑开始，现在推广到绿色城区、绿色城市。

对绿色建筑的评价是全过程的，在不同阶段有不同的评价标准。

我举的例子是天津市建筑设计院的一个新建办公楼，2013年5月开工，2014年5月施工，拿到了国家建筑三星级标识，也通过了英国的评审。

绿色建筑必须采用集成的技术，不是靠单一的技术就能实现的，我们用了29项技术集成。建筑专业会用一些被动的技术，包括外墙外保温、建筑遮阳、中层采光等，这些是不需要能源消耗就能实现的，这是被动技术。主动技术是利用太阳能、地源热泵，等等。我们集成了29项技术，就不一一展开论述了。

在这个项目中，上面的屋顶用了5组藏式太阳能提供冷热源，同时在花园里埋了140口井，作为大楼的冷热源。另外，我们对水资源做了综合利用。我们会把雨水收集起来，过滤之后，用于汽车的冲洗。我们院里有4个研发中心，全程参与了这个项目，这个项目获得了中国创新杯一等奖。

我们最先启动的是太阳能，夏天的时候先启动太阳能，后启动地源热泵，冬天反之。这种交互的过程靠人的控制不可能实现，所以我们开发了智能管控平台。因为这个楼是建设部的绿色建筑示范工程，所以我们做了一个绿建展厅。

我们的设计理念是以研究的态度对待设计，以设计的手段进行研究，以低碳思想指导设计全过程，以绿色设计引领绿色生活。

发言之十：苏彤“创意京津‘双城记’与雄安新区千年大计”

我们从1999年开始思考，文化能不能在城市发展中起到决定性的作用，能不能产生基于底层的顶层设计，即文化是底层设计，在它上面做顶层设计。2009 年举办首届北京国际设计周，还有世界设计大会，那时我们起草最初的发言稿，一张白纸不知道怎么写，但设计就是从那个时候开始。

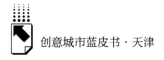

“创意中国文化圈地图”可以为创意家提供共同的底层平台，这就是中国声音、中国方案，它基于文化圈这个概念。京津冀这一带完全可以用这个方式来分析。由此，我们可以找到城市建设的坐标。我们说说雄安新区，冀这个地带自古以来就是东西融合之处，这种包容四海的精神在今天应该复兴。中华民族是文化民族、文明民族，以文化为根基。

我们要有更大的时空格局，京津冀文化的多元共体圈层格式即：共享常态化、产业智慧化、主体个群化、义利兼容化。

共建跨区域创意开发平台，基础是 2017 年数字创意产业首次被纳入国家战略性新兴产业，数字技术、文化创业、设计服务深度融合，使数字创意产业成为一个全新的具有独立开发能力的产业。数字创意产业将历史性地登上舞台，今天中国在数字经济领域已经走在前列，这一点我们应该有信心。9 月 11 日，我们在北京举办了中国数字创意出版论坛，发布了创意中国数字出版产业生态地图，形成了一个真正意义上的以资产为纽带的产业链，通过这种产业链，京津冀实现协同发展。

我在此倡议建立新兴的文创产业园区经济共同体，积极组团参与京津冀一核两翼规划与建设。京津联手，由创产界组团，描绘一个京津冀城市的美好未来。

B.15
天津有座智慧山

张丽君*

摘　要： 智慧山科技文化创意产业基地在过去7年的发展中成效显著，对推动区域自主创新、带动区域经济社会发展发挥了重要的作用。智慧山“文化创意+高新技术”的产业定位、“文化配套+商务配套”的建设规划以及“载体建设+产业运营”的经营模式，推动了科技与文化的高度融合，促进了区域新兴产业的快速发展。智慧山针对新兴文化产业，搭建由产业拓展、创业孵化、融资信贷、技术服务和资本运营5个子平台构成的公共服务平台，在载体建设、龙头企业集聚和中小企业孵化扶植方面均进展显著，并逐步树立了“智慧山”品牌，为智慧山文化园区的品牌复制经营打下了良好基础。

关键词： 智慧山　国家级文化产业示范园区　示范带动作用

文化部办公厅2016年8月发布《关于进一步完善国家级文化产业示范园区创建工作的通知》（办产函〔2016〕320号），正式启动完善国家级文化产业示范园区创建工作，要求按照“价值引领，内容导向”“政府引导，市场运作”“统筹规划，集约发展”“突出特色，辐射带动”的原则，立足本地区文化产业发展优势、工作基础和发展定位，发挥示范园区的辐射带动作用，促进文化产业资源要素合理配置和结构化升级，优化区域文化产业发展环境，提高区域文化产业竞争力，为实现文化产业成为国民经济支柱性产业的战略目标提

* 张丽君，智慧山产业中心总经理。

供有力支撑。

智慧山科技文化创意产业基地（以下简称“智慧山”）在过去7年的发展中成效显著，对推动区域自主创新、带动区域经济社会发展发挥了重要的作用。在新的发展时期，智慧山要认真贯彻党的十七大精神，全面落实科学发展观，按照文化部创建国家级文化产业示范园区的导向，全面提升文化企业的集聚能力和辅助作用，继续保持领先优势，在区域经济发展方式的转型过程中发挥更大的示范带动作用。

根据“十三五”时期我国文化产业发展的新形势、新要求，进一步提升文化产业的规模化、集约化、专业化水平。通过创建产业集聚度高、发展特色鲜明、创新能力突出、配套服务完善、社会效益和经济效益显著的示范园区，发挥其辐射带动作用，提高区域文化产业竞争力，实现文化产业成为国民经济支柱性产业。天津滨海高新区管委会围绕完善国家级文化产业示范园区创建工作的目标，形成了《智慧山——天津滨海新区国家级文化产业示范园区创建工作方案》。

一　园区四至范围

智慧山位于滨海高新区核心区华苑产业园内，是国家级文化和科技融合示范基地的重要载体。园区地处市内城区，南至开华道，北至工华道，东至桂苑路，西至榕苑路。交通便利、配套完善，具有良好的产业基础和区位优势。

智慧山项目紧邻津沪、津保、津塘等多条高速公路，毗邻天津南站；东纵、西纵快速路交会于此，市内各区一路畅通；紧邻地铁3号线，20多条公交线路经过此处；桂苑路、开华道、榕苑路、工华道4条干道合围交织。

智慧山地理位置独特，周边有丰富的教育资源，且商务办公氛围浓厚，依托人口密集的各大成熟居住板块，形成了三区交会的独特价值高地。

（一）第一区——高校教育区

以智慧山为圆心，5公里为半径，20余所高校云集。如南开大学、天津大学、天津师范大学、天津工业大学、天津理工大学、中德职业技术学院、天津青年职业学院、天津农学院、天津商业大学宝德学院、天津城建学院、天津广播电视大学、天津行政学院等。众多高校环境绕为智慧山提供了浓厚的学习氛围和天津市最丰富的人才储备。

（二）第二区——商务办公区

智慧山位于华苑高新区环内区核心位置，中国农业银行、华夏银行、浦发银行、中国银行、中国邮政储蓄银行等多家银行均落户智慧山，商务配套成熟，同时更遥望奥城商务区、鞍山西道商务区以及环外的南站沿线商务区，为智慧山的发展提供了良好的外部办公氛围。

（三）第三区——生活居住区

智慧山毗邻华苑居住区、侯台居住区、王顶堤居住区、西青中北镇居住区，总建筑面积约 1600 万平方米，并有快速路直达水上公园板块等高档成熟居住区，交通便利。紧邻成熟居住区将为智慧山及其入驻企业带来丰富的人力资源和更低的辅助办公成本，助力企业持续发展。

二　发展沿革和现状

2006 年，文化创意产业热潮席卷全国，滨海高新区深入贯彻落实中共中央和天津市委有关决策部署，按照“文化 + 创意 + 科技”的文化产业发展思路，利用国家高新区和软件产业化基地的科技与人才优势，通过“完善发展环境、树立原创品牌、坚持产业化道路”等多项措施，大力扶持文化创意产业发展。智慧山在高新区的政策支持下，在天津市率先启动动漫产业基地建设，由此开始全力推动文化创意产业发展。遵照国家“十三五”规划，2009 年以来滨海高新区全力打造天津新兴文化产业的发源地与聚集区，建设滨海高新区智慧山科技文化创意产业基地是高新区实现文化大发展、大繁荣的战略举措之一。

智慧山自 2012 年被认定为首批国家级文化和科技融合示范基地，并曾先后被列入滨海新区重大文化产业建设项目及天津市第二批重点文化产业项目。智慧山科技文化创意产业基地拥有国家综合性高新技术产业基地信息服务业核心区、中国服务外包基地城市示范园区、国家影视网络动漫实验园、国家影视网络动漫研究院、国家级滨海广告产业园等多个国家级文化技术创新平台，有力带动区域文化科技产业快速发展。近年来，滨海高新区大力扶持文化创意产业发展，确立了“文化+创意+科技”的文化产业发展模式，文化产业集聚效应日益显现，培育了一批科技文化“小巨人”企业，开发了一批拳头产品，形成了自己的特色和品牌，在天津市文化产业大发展、大繁荣战略中的重要地位和领航作用日益显现。

智慧山“文化创意+高新技术”的产业定位、“文化配套+商务配套”的建设规划以及“载体建设+产业运营”的经营模式，推动了科技与文化的高度融合，促进了区域新兴产业的快速发展。智慧山针对新兴文化产业，搭建由产业拓展、创业孵化、融资信贷、技术服务和资本运营5个子平台构成的公共服务平台，在载体建设、龙头企业集聚和中小企业孵化扶植方面均进展显著，并逐步树立了“智慧山”品牌，为智慧山文化园区的品牌复制经营打下了良好基础。

智慧山总建筑面积20余万平方米，固定资产总投资逾20亿元，园区内除多种形式的办公空间外，还建有艺术中心、数字体验中心、电影院线、实验剧场、书店书吧、画廊展厅等文化配套设施，为集企业办公、创业孵化、技术研发、文化教育、文娱休闲于一身的多功能综合型文化园区。已建成使用的智慧山数字文化园、虚拟科技园的各项建筑配套完备，园内竹林叠瀑、花廊石路，花园式办公环境塑造了天津华苑产业园区的建筑办公典范。智慧山南塔作为创意产业的总部基地，智慧山北塔双子座作为“互联网+文化”产业集聚地，已成功吸纳实力型文化科技企业进驻。同期竣工的艺术中心，除包含跨界书店、滨海印吧等具有特色的文化场所外，还提供展厅、多功能会议演播厅、小剧场、创意工作室等空间，满足园区的商务、会展、会议、培训等配套需求，可用作科技文化产品的展示交易中心与体验中心。

三　产业基础

智慧山重点引进和发展文化科技产业，形成了以游戏动漫、数字新媒体、创意设计三大领域为代表的国内领先的文化产业集群，各细分领域特色鲜明，在天津市文化科技产业发展中发挥了重要的引领作用。园区汇集了乐道互动、卓越互娱、颐博数码、创游世纪、今日头条、新浪天津、东华互联、意大利多姆斯设计学院、世纪坐标、深度广告、美域灵动等一批知名文化创意企业，涵盖动漫游戏、广播影视、网络新媒体、广告设计等行业。

（一）游戏动漫

游戏动漫业初步形成了游戏、动漫、培训等细分领域，是天津市游戏动漫企业的集聚地和产业发展高地。乐道互动是中国领先的集研发、发行于一体的网络游戏公司，其独立研发的《神雕侠侣》《魔力宝贝》《暗黑黎明》《圣斗士星矢》《拳皇97OL》等产品，均在上市后荣居我国大陆地区 App Store 的榜首，至今为止登顶率为100%。在未来，乐道将加强全方位的业务布局，成为一家拥有上下游生态的国际化泛娱乐领先企业。卓越互娱已经推出了《我叫MT Online》《佣兵天下》《我的部落》《卓越黄金矿工》《菜鸟飞吧》《疯狂牛仔》等多款热门游戏，并翻译成多国版本，在全球运营。颐博数码自主研发的客户端游戏《暗黑之光》，于2014年底获得了由中国国际数码互动娱乐展览会颁发的“金翎奖”，于2015年2月获得了由中国出版协会颁发的“第五届中华优秀出版物奖游戏出版物奖”。网页游戏《三国论剑》成功跻身第八届“中国民族网络游戏出版工程”项目，成为天津市首款荣获此项殊荣的游戏产品；《真三无双》因玩法新颖、画风精致，于2014年底获得了“金翼奖”。

（二）数字新媒体

以信息技术为支撑，聚集了新浪天津、今日头条等一批新型数字传媒企业，产业领域涵盖内容素材、制作开发、渠道服务、传播发行和终端客户五个环节，主要为用户提供内容制作和内容服务。其中，新浪天津依托新浪网及新浪微博平台，致力于建设面向天津网民的新闻资讯平台、生活服务平台和互动交流社区。同时，以网民和商业客户深度互动、高度共赢为目标，依托新浪丰富的媒体经验和品牌优势，以最新的 WEB 2.0 服务与产品，为天津企业以及有志于拓展天津市场的企业提供立体式精准营销服务。今日头条通过海量信息采集、深度数据挖掘和用户行为分析，为用户智能推荐个性化信息，从而开创了一种全新的新闻阅读模式。自2012年8月上线以来，目前已积累超过3亿名用户，日活跃用户近3000万名，位列国内移动资讯客户端前三强。

（三）创意设计

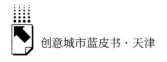

依托智慧山的特色发展优势，汇聚了意大利多姆斯设计学院、世纪座标、深度广告、美域灵动等一批行业领军企业。多姆斯设计学院 1983 年在米兰成立，是意大利前卫设计研究生院，吸引了多国留学生，也是意大利设计教学研究和企业咨询的中心。多姆斯设计学院以意大利文化为根基，成为设计哲学论坛的中心。在设计教育上偏重设计实践，重视设计文化的研讨，注重从科技、文化、市场等多角度的观点出发，转化为设计成果，设有工业设计、设计管理、服装设计等专业。世纪座标广告公司成立于 1997 年。作为一家以策划为先导、以平面设计见长的全案公司，服务领域涉及广告与品牌形象设计、博物馆及城市形象规划设计。基于对客户、市场与消费者的深刻解读，在“创意解决问题”的理念指导下，将策略创意、广告创意与媒介创意有机融合，成为最具竞争力的本土综合广告公司之一。

四　空间和功能布局

智慧山平面规划布局根据现状形成九宫格，在南北向和东西向形成十字形双轴线并中心对称，中间地块建成中心广场，空间布局显得庄重、沉稳、大气。高层建筑位于十字轴线的四个顶点，对中心广场形成直接的大尺度围合。多层建筑分布在用地四角，形成建筑用地与城市之间空间尺度的过渡与和谐。

智慧山主张体验式办公，规划的是集休闲、购物、娱乐为一体的新形态办公产品，旨在打造一个新的地标以及文化聚集地。其中，已建成的艺术中心，包含跨界书店、滨海印吧、数字体验馆、飞鸟剧场、展厅、多功能厅等场所，不仅是文化休闲地，还可以提供一些艺术、文化气息浓厚的活动场所，将体验式办公体现得淋漓尽致。

规划中的“那山书店”坐落于北塔双子座，建成后会是北方最大的文创书店。“那山书店”采取“书店 +”的模式，内含咖啡区、报告沙龙、店内阅读区、文创商品展卖区等。

“琉璃巷”的核心是琉璃空间剧场，坐落在数字文化园中庭，会有儿童剧目演出，同时也是展示、活动空间，外部沿街是与生活美学有关的创意产品商店。

“山丘广场”位于九宫格中心地带，是一个极富创意的大体量交互式公共艺术作品，落成后会吸引更广泛的人群关注到访，也会是园区内特色鲜明的公共休闲场所，并坐落在亚洲最大的全自动地下停车库上方，可供项目路演及文艺演出。

“后山小院”位于虚拟科技园后庭，平日可作为写字楼人群户外小憩的场所，也可洽谈业务或进行创意讨论。空间600余平方米，周围1～2层为星巴克等休闲体验类商家及知名时尚餐饮品牌。

五　园区获得的荣誉

智慧山的合理规划和良好运营已经获得了社会各界的首肯，并获得诸多荣誉与政策支持：国家级文化和科技融合示范基地（文化部、科技部、中宣部等五部委审批）；国家科技支撑计划项目“文化科技综合公共服务体系关键技术研发及应用示范”（科技部审批）；国家火炬计划科技服务体系重大项目“滨海高新区智慧山文化创意产业公共服务平台”（科技部审批）；国家级广告产业试点园区（国家工商总局认定）；天津市市级创意产业园（天津市发改委认定）；滨海国家智慧山新媒体产业园（天津滨海新区认定）；天津第二批重点文化产业项目（天津市政府认定）；天津市现代服务业重点项目（天津市发改委认定）；滨海新区重大文化产业建设项目（天津滨海新区认定）；滨海高新区文化创意产业专业孵化器（天津滨海高新区认定）；中国中小企业优秀创新成果企业（中国中小企业协会）。

附录：天津滨海国家广告产业园

天津滨海国家广告产业园坐落于智慧山文化创意产业园内，该园依托天津高新区传统的科技优势，根据“大广告产业链”的发展理念，专注TMT领域的移动互联、数字娱乐、社交媒体、大数据等内容，适应新兴广告的发展趋势，实现广告产业的集聚化和专业化发展。园区重点落实平台建设运营、人才创业孵化、招商引资服务等工作，加大对入驻企业的资源整合和产业投资力度，园区的运营管理工作获得国家工商总局领导及专家组的认可。2016 年 3 月 31 日，国家工商总局授予天津滨海国家广告产业园“国家级广告产业园区”称号。

一 园区建设运营情况

（一）园区建设进展

2016 年天津滨海国家广告产业园的基础载体建设全部竣工，规划总建筑面积近 20 万平方米的产业园，总投入使用面积 18 万余平方米，总投资 20 多亿元。除园区艺术中心、体验中心、实验剧场、书店书吧、展厅画苑等文化配套设施外，园区景观改造项目如山丘广场、后山小院、数字公园等配套设施已按计划建设改造，未来园区将与城市建筑形态、创意产业业态及周边环境相和谐，成为一个集企业办公、创业孵化、技术研发、文化教育、文娱休闲于一身的第四代多功能综合型产业园区。

（二）公共服务平台运营

天津滨海国家广告产业园运营管理有限公司完善基础载体设施建设，努力做好园区五大公共服务平台运营。高新区管委会与滨海国家广告产业园通过“互联网 + 政府服务”的新模式，继续落实“创新创业通票”制度的实施工作，通过技术租赁满足不同创新创业活动的需求。园区规划“金融街”，整合银行、创投等投融资金融机构的资源，通过项目对接和投资转化等形式为园区企业提供信贷、投资等服务。2016 年度推荐企业参加高新区国有资本意向调查，引入国有资本服务，加强金融平台服务建设。同时园区借力全国广告产业联盟，组织推荐重点企业参加全国广告联盟组织的“中国广告百强企业评选”，通过全国广告发展平台深化园区企业的服务与发展。

2016 年在落实五大平台的基础上，立足差异化定位，着力打造数字技术服务和展览展示推广服务两大平台，突出发展特色，发挥广告产业在整合广告资源、实现产业发展集聚化和规模化、助推经济发展方面的作用。

1. 数字技术研发服务

园区提供3D技术研发、测试、体验一体化的服务系统，一方面满足相关领域的现实需求，带动3D产业快速良性发展；另一方面基于园区综合公共服务体系建设和园区数字研发体验中心，建成交互式的技术产品展示与公共信息交流平台，使现实技术产生更直接的应用效果与开发成果，带动高新区3D产业发展。2016年研发团队基于3D技术策划虚拟演播室和虚拟互动游戏等项目，促进技术与应用的融合发展。

2. 展览展示推广平台

一方面，利用园区的新媒体广告氛围和推广演示厅，如艺术中心、数字体验馆、跨界书店等实体展示平台；另一方面，整合园区及整个天津的自媒体企业，如今日头条、一点资讯、微天津、看天津等，对入园企业的产品、营销案例和运营模式进行及时的推广传播。通过线上与线下、实体与虚拟的结合，为企业提供对外展示的窗口，在推动企业产品和理念传播的同时为企业引进项目合作机会。

（1）艺术中心

艺术中心是园区展览展示推广平台的重要组成部分。艺术中心秉承创新、创意、创未来的服务理念，是集商务、科研、展览、创意、交流于一身的现代化传播平台，为园区入驻企业提供一站式商务配套服务。2016年艺术中心的飞鸟剧场、滨海印吧、一二号展厅、媒体厅等先后主办多场高端讲座、论坛、展览活动，为园区企业营造良好的文创环境。

（2）数字体验馆

数字体验馆涵盖高新区发展政策、动漫游戏区、广告产业园、DIY创意设计、3D技术展示等内容，是一个集数字产品测试、互动体验、创意作品展示等功能于一身的广告文化展示平台。馆内硬件设施设备、创意作品均来自园区的新兴文化企业，为企业搭建从研发到展示的平台，为产业链各方提供产品互动体验和展示推广平台，实现产业拓展与融合。2016年6月28日高新区数字体验馆接待达沃斯青年科学家代表团交流学习，为园区企业产品、品牌的展示与推广交流起到重大作用，同时为园区企业对接重要的项目资源与合作，促进园区与企业的共同成长。

二　创业孵化体系建设

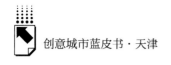

天津滨海国家广告产业园立足“大众创业、万众创新”的发展趋势，以人才创新为核心，一方面扶植创业人才，为创业者和有潜力的创新项目提供成长的土壤；另一方面拓展人才实习实训基地，立足高校大学生，通过专业理论知识和实操能力的培训，起到开拓思维、提高专业技能的作用，为广告业发展培养专业的高素质人才。

（一）创业孵化平台

创业孵化平台旨在通过降低创业企业的创业风险和创业成本，提高企业的成活率和成功率。三级孵化体系为园区中小微企业搭建创孵平台，通过创业沙龙、项目路演等为数千名创业者提供良好的学习交流及项目孵化机会，为创业企业的成长、成熟提供良好的创孵环境。2016 年 5 月 26 日，硅谷中国跨境天使平台金融科技专场路演在园区举办。

2016 年园区重点启动顶层众创空间、灵动众创空间，结合园区原有孵化平台，打造滨海国家广告产业园众创集群，依托国家级科技文化创意产业基地和滨海国家广告产业园的产业基础，以科技与文化融合为特色，在互联网发展背景下以“文化 +”“创意 +”“设计 +”为发展方向，推动多层次资本对接，通过产业集聚优势，扶持中小微创新、创业、创意团队的成长发展。

（二）人才实训平台

人才实训项目作为创业孵化的一部分，一方面通过与高校合作成立创业基地和实习基地，加强与高校大学生的交流互动，促进产学研的结合；另一方面联动园区龙头企业，借助企业人才资源，通过专业理论知识和一线实操技能的培训，真正地助力广告创意设计人才的培训和成长，为广告业的发展提供专业化人才及后备军。

1. 高校创业实习基地

园区重视与高校的合作，先后与南开大学、天津大学、天津师范大学、天津财经大学、天津美术学院、天津工业大学等高校合作，加强大学生的创业实习交流。2016年园区深化落实校企战略项目，将园区广告创意人才资源引入天津工业大学广告系，通过客座教授或创业导师的形式，推动高校与企业的战略合作关系。园区积极联动乐道互动有限公司，推进“艾美奇”人才计划的实施。通过游戏创意设计沙龙、大赛、公开课的形式，推进企业与高校间的产学研结合，目前已对接天津工业大学、天津财经大学、天津美术学院、天津职业大学、天津轻工职业技术大学、天津工艺美术学院、中德职业大学等10多家高校，将实现理论知识、人才资源、前沿趋势、人才就业等元素的校企融合与合作。

2. 专业人才培训计划

广告业的发展水平与行业氛围和从业者的水平密切相关。2016年园区与园区企业、相关机构联动，通过高端的学术论坛和专业实践活动，拓宽从业者的创意视野，提升其专业技能，为广告业提供充足的人才储备。园区联动天津高新区互联网协会、高企协、文创协会，举行天津互联网行业发展沙龙，与新浪、今日头条、颐博数码、乐动卓越、智明星动等TMT领域知名企业一起探讨互联网未来发展的方向。通过新产业的集聚，打造高新区在新互联网时代的标杆，促进产业的集聚系统化，培养高新区创新性的商业环境，快速打造了天津互联网产业的圣地。活动吸引了天津互联网领域的专业人士参与，为从业者带来新的视角和交流氛围。园区企业新浪天津联动高新区，举行金锋奖自媒体创意盛典，在自媒体爆发性发展的2016年，通过专业人士的分享和专业奖项的评选，为自媒体人营造良好的发展环境。

三　助推区域经济发展

作为国家级广告产业园区，天津滨海国家广告产业园从全国广告产业园的发展实际出发，立足天津的广告环境及经济水平，实现园区的差异化、区域化发展。园区一方面通过引进知名企业，整合上下游产业链；另一方面通过重大项目投资合作，为经济发展营造良好的人才环境，真正发挥推动天津经济发展的作用。

（一）乐道互动打造游戏创意设计沙龙，助力北方艺术基地发展

乐道互动作为中国领先的集研发、发行于一体的网络游戏公司，于

2015 年入驻园区。作为国内顶尖游戏公司，乐道互动的声誉、产品、人才、资源等将激活高新区的游戏产业，助推天津文创产业发展。2015 年 4 月乐道互动“艾美奇”创意文化产业沙龙活动在园区举办，同时宣布天津战略发展规划——“艾美奇”人才计划和“艾美奇”艺术计划，立足国内外美术人才的培训和输送，满足国内外游戏企业的需求。同时通过需求承转、人才输送、文创企业人气聚拢和本地品牌创造，建立以天津滨海国家广告产业园为核心的北方艺术基地。

2016 年乐道互动推出游戏创意设计沙龙，通过公开课专业培训、大赛等形式将乐道互动的一线实践技能、顶级专家人才、就业创业实训等内容输出到天津游戏、创意、设计市场，为天津游戏行业整合一个高端的人才资源交流平台，对游戏产业和区域经济的发展起到非常重要的助推作用。园区联动乐道互动对接近 20 所天津本科、高职层次的院校，涵盖艺术设计、动漫游戏等专业。

（二）成立新媒体研究院，打造高新区互联网行业集群

随着园区招商工作的进行，园区集聚了一批移动互联网企业，如今日头条、一点资讯、共识科技（美域国际新媒体事业部）、新浪天津等龙头企业。2016 年园区联动企业以大型活动合作为切入点，先后举办今日头条·教育收藏艺术分享会、数读天津·今日头条天津数据发布会、天津互联网行业发展沙龙、金锋奖自媒体创意盛典、对话硅谷双城路演等行业活动。基于园区移动互联网的发展氛围，园区与高新区政府、一点资讯推出新媒体研究院，重点打造高新区互联网行业集群。

（三）打造首家大学生创业孵化平台及顶层众创集群

天津滨海国家广告产业园与天津世纪座标广告公司联合创立首家大学生创业辅导平台，聘请各行业一线专家担任创业授课导师，建立一个大学生文化创意与设计服务领域的创业辅导平台，对在学创业和毕业创业的大学生，给予资金、资源方面的帮助，为大学生打造一个创新创业的平台。园区推出顶层众创空间、无界空间，与灵动众创等共同打造园区的众创集群。同时园区与高新区政府、共识科技共同打造高新区众创项目，开放闲置厂房设施作为创业平台，通过大赛、路演、培训等活动打造高新区创业孵化平台。

（四）联动今日头条，推动移动互联网时代的广告行业转型升级

天津滨海国家广告产业园与今日头条加强产业合作，以今日头条为龙头，带动天津传统广告行业转型升级。自 2015 年以来双方联合举办了多领域的数据发布会，通过今日头条的大数据搜索，探讨天津各领域的发展规律和趋势，洞察消费者的习惯与心理，并向传统企业展示移动互联网时代广告营销与品牌传播的新型方式。同时园区联合以今日头条为龙头的一批移动互联网企业，通过数据发布、论坛沙龙、技术交流、趋势探讨等多种形式，加强龙头企业与天津本土传统企业的交流与合作，开阔广告从业者的视野，助力区域广告行业转型升级。

B.16
天津棉3创意街区

天津棉三创意企业管理服务有限公司

摘　要：　棉3创意街区紧邻海河，全部由老厂房提升改造而成，在保留原有建筑风貌的同时赋予其全新的使用功能，并通过大量节能环保技术的应用，满足了现代办公和商务活动的需求。现已建成全国规模最大、硬件最完善的创意产业基地之一。

关键词：　老厂房　创意街区　创意产业基地

一　街区概况

棉3创意街区项目地处天津市海河经济发展黄金走廊，位于海河后5公里城市副中心建设的起点和东纵快速战略性节点位置，占地面积100亩，总建筑面积61000平方米。已建成全国规模最大、硬件最完善的创意产业基地之一。

棉3创意街区紧邻海河，全部由老厂房提升改造而成，在保留原有建筑风貌的同时赋予其全新的使用功能，并通过大量节能环保技术的应用，满足了现代办公和商务活动的需求。

（一）历史传承

原棉纺三厂的前身是始建于1921年的裕大纱厂，由我国著名设计师庄俊设计建造，著名京剧大师梅兰芳先生曾是其股东，八小时工作制的概念也是从这里率先引入国内。1958年该厂正式更名为天津第三棉纺厂，是天津轻纺工业的重要遗迹。在2011年全国文物三普过程中，天津第三棉纺厂被正式确立为文物遗迹。2012 年陈可辛导演的电影《中国合伙人》主要就是在棉纺三厂的老厂房进行取景拍摄的。

（二）改造思路

对于原棉纺三厂的旧址改造，是在完好继承其历史文化底蕴的同时为其赋予新的时代意义，让棉 3 创意街区保留了具有历史价值的工业厂房和德式建筑风格，使整个空间充满了工业文明时代的沧桑韵味。同时植入了文化创意元素，更为注重建筑的艺术性与实用性的兼容，恢复历史风貌的棉三老厂房也成为国内外艺术家和知名品牌创意设计公司青睐的办公场所。

（三）功能定位

棉 3 创意街区的发展定位为“文化 + 科技”“办公 + 时尚”。具体的规划业态以创意设计产业、新媒体产业、电子商务产业、动漫游戏产业四大板块为主，并辅以时尚消费、创业型企业孵化、文化艺术以及人才培训。棉 3 创意街区已经成为天津市首个集创意设计、商务咨询、艺术展示、新媒体服务、文化休闲、人才培训为一体的新型创意街区，预计可容纳创意类企业 200 余家。同时，本项目将创造较多的就业机会，提供包括设计、咨询、营销、企业管理、财务、商业服务、园区管理等多方面的就业岗位约 3000 个。

（四）M3 创空间

M3 创空间是棉 3 创意街区的一个重要业务板块，围绕搭建创新技术培育平台、创业活力激发平台、大众创业孵化平台、万众创新服务平台的功能定位，通过打造“孵化 + 平台 + 导师 + 资金 + 活动”的创业孵化体系，联合创投机构、天使投资人、创业导师、技术导师，整合天津市成熟企业以及高校的资源，提供一系列特色服务支持，共同帮助初创企业成长。目前，M3 创空间被认定为天津市首批市级众创空间，共服务创业团队 59 家。

除提供物理创业空间和基础设施以外，M3 创空间还提供包括金融、培训辅导、招聘、运营、政策申请、法律顾问等在内的一系列服务，面向互联网与新媒体、智能硬件、环境节能、文化创意、传统服务五大产业领域，计划每年孵化创业公司 20 家，转化创新产品 50 项，辅导创业团队或个人 300 个。

（五）“天住领寓”

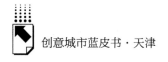

为进一步完善街区的服务功能，打造24小时“工作+生活+娱乐”的服务体系，由集团投资的“天住领寓”品牌青年公寓将于2018年7月试营业，建筑面积约15000平方米，共有228个房间，精装小户型，为客户提供标准酒店式的居住体验，室内的生活相关设施齐全，可直接拎包入住。青年公寓内部集居住、休闲、娱乐、餐饮等服务于一体，打造专业的管家团队，提供24小时贴心服务，安装无死角安全摄像监控，实现Wi-Fi全楼覆盖，满足青年人的集群心理与归属感需求。

（六）实力开发

项目的开发建设单位为天津新岸创意产业投资有限公司，该公司控股方天津住宅集团，是天津市国有大型企业集团，是中国500强企业，也是中国房地产50强企业。集团将利用完整产业链的综合竞争优势，在产品科研设计、科技建材、节能环保绿色施工及装饰、高品质物业服务、产业园区运营管理等方面寻求突破，提升产品品质，努力推动天津市现代服务业快速发展。

二　活动简介

（一）“棉3理想+”摄影大赛

由“棉3理想+”发起的街区主题摄影比赛，鼓励全社会摄影爱好者参与，最终评选出一、二、三等奖6名，优秀奖10名。线上线下参与人数1000多人。

（二）棉3《书房会》

2017年棉3官微将致力于用谈话的方式寻找城市的印记、探求生活的点滴。棉3《书房会》脱口秀节目每期一个话题、两三个嘉宾、数杯清茗、谈笑风生。这档节目既打通了棉3视频门户网站的宣传通道，更塑造了新的棉3品牌文化符号。

（三）棉3当代公共艺术计划

棉3当代公共艺术计划以两个当代雕塑的展览为发端：一是“同行——中国当代雕塑二十一名家邀请展”，主要由天津达沃斯论坛会场“东方——艺术天津”的展品组成，该展览汇集了当前中国活跃在一线的新时期当代雕塑艺术代表；二是“渡口——中国青年当代雕塑与装置提名展”，也是由著名批评家提名的青年当代作品展，代表当代艺术的主流思潮。参展的中青年雕塑家均毕业于天津美术学院雕塑系，有的在当代艺术界已崭露头角，有的在继续攻读硕士学位，他们是中国雕塑界的新生力量。因此，公共艺术计划不仅在天津是首次，在全国雕塑界也是一桩盛事。

（四）常青藤计划

2016年9月3日，“常青藤计划2016青年策展人项目”在棉3创意街区隆重开幕，由此正式拉开“常青藤计划2016天津青年艺术周”的帷幕，这也是2016年度常青藤计划展览活动的集中释放与展现。开幕当天共接待参观者近500人。

此次展览的四大展区设置在棉3典型的包豪斯风格工业厂房内，整个厂房空间充满了工业文明时代的沧桑韵味，厚重的砖墙、林立的管道、充满想象力的挑高使得艺术性与实用性兼容，成为天津绝无仅有的艺术展览空间。

（五）非遗双年展

2017年6月22～25日，由天津市文广局与河东区政府主办、天津市非物质文化遗产保护中心承办、河东区文化和旅游局协办的“非遗与生活”新作品双年展在棉3创意街区1921艺术空间正式开展。

“非遗与生活”新作品双年展以“寻匠取法”为主题，分别从地方传承、示范融合、艺术生活、特邀观察4个单元集中向社会发布“文化和自然遗产日”主题和优秀的手工艺探索实例。

（六）轻奢探索之旅——跨国设计师沙龙

邀请中外设计大师以及行业主流媒体参与，一同在有近百年历史的活动场馆见证一场关于设计、关于艺术的轻奢探索之旅。

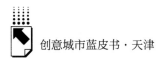

摒弃浮华造作的生活方式，探寻尊重品质生活的设计理念，提高人居环境的设计品位，是此次现代轻奢探索之旅的活动主旨。

（七）全国滑板博赛

天津举办2017年全运会“迎接全运会，健康新天津”系列活动之一，在此背景下，棉3创意街区主办“迎接全运会 M Park 全国滑板邀请赛”及“中国滑板30年历史回顾展”。活动呈现出两个亮点：一是由棉3创意街区投资修建的 M Park 滑板场以其场地设计建造的专业性，提升了赛事观赏性；二是与本次活动同期开展的“中国滑板30年历史回顾展”将滑板运动文化与现场比赛结合，完美地诠释了滑板文化的魅力。除了可以看到运动员的精彩表演外，还可领略滑板运动的发展及中国自主滑板品牌的成长历程，更深刻地了解滑板文化及运动。

（八）“民国故事会”现场版

“民国故事会”之“中国情书”活动在棉3创意街区1921艺术空间成功举办，活动以“从前的罗曼史，理想的如果爱”为主题，现场演绎并解读了五封民国时期风云人物的情书及其背后的故事。

此次活动隆重邀请了东南卫视《中国情书》节目主讲嘉宾、“民国故事会”主讲人徐凤文做现场解读，五位电台知名播音主持人芳忱、浩然、田翔、灏桢、张晓晨现场朗读五封特别挑选的情书。

（九）浪潮高级访问

天津广播电视台推出财经脱口秀节目《浪潮》。节目以“站在未来看今天”为主题，选取10个智能化的现实应用为切入点，邀请财经评论家吴伯凡与央视财经频道主持人章艳对谈人工智能时代的智能生活，录制地点选在了棉3创意街区1921艺术空间。

（十）黑山吉他音乐会

黑山吉他二重奏天津巡演在棉3创意街区1921艺术空间激情上演。黑山吉他二重奏组合（戈兰·克里夫卡维奇和丹尼耶路·赛罗维奇）用一种全新的技法将巴赫的英格兰组曲在两把吉他上进行了历史性的演奏，引起了台下观众及评论家经久不息的掌声。

（十一）双博士音乐会

青年钢琴演奏家、天津大剧院签约钢琴家金麦克博士与德国科隆音乐学院大提琴博士王盼联袂在棉3创意街区陆续演出三场，极大地丰富了街区的艺术生活，满足了爱好音乐人士的感官享受。

三　入驻企业简介

（一）国家电投

国家电投是世界500强企业。连续6年荣登榜单，2017年居第368位。公司注册资本金450亿元，资产总额9105.02亿元，员工总数14万人。拥有9家上市公司、公众挂牌公司，包括2家香港红筹股公司和5家国内A股公司。国家电投是一家致力于开展全球业务的国际化公司。境外业务分布在日本、澳大利亚、马耳他、印度、土耳其、南非、巴基斯坦、巴西、缅甸等36个国家，涉及电力项目投资、技术合作、工程承包建设等。

（二）华惠安信设计院

该公司自成立至今的20多年中，出色地完成了天津市众多的标志性工程，包括天津滨海国际机场、天津火车站以及棉3创意街区的室内装饰设计及施工，取得了优异的业绩和广泛的社会影响。该公司已于2015年8月正式进驻棉3创意街区。

（三）爱空间

该公司于2014年创立，率先提出互联网家装概念，作为中国第一家标准化家装互联网公司，通过整合知名品牌供应商，以“标准化、产业化”的理念，致力于改变传统行家装不规范、不透明的现状，通过互联网思维实现标准化、产业化，把家装过程中的不可控性降为零，真正解决一代年轻人的家装问题。

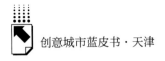

（四）棉里咖啡

作为棉3创意街区首家进驻的咖啡馆，棉里咖啡是一家以专业精品咖啡为核心产品、以主题咖啡馆为依托的咖啡创意产业平台企业。棉里以制作考究、时尚、健康的精品咖啡产品为理念，以推动咖啡文化传播为己任，致力于将咖啡的乐趣带给每一位顾客。棉里咖啡于2015年8月正式进驻棉3创意街区。

B.17

鱼坞众创空间

——一个新型的文创生态共同体

康　军*

摘　要： 2016年，受天津滨海新区自由贸易区于家堡中心商务区的邀请，鱼坞众创空间入驻大众创业、万众创新示范基地。“鱼坞”这个名称，一方面暗合了“于家堡中心商务区”的字首，另一方面也暗合了国家级“双创”基地孵化的功能。在一年多的时间里，鱼坞众创空间交出了一份让人骄傲的“答卷”：注册企业突破240家，实际入驻办公人员超过160人，积累纳税4000多万元。鱼坞快速扩张的原因何在？创始人姜一认为，于家堡自贸区的产业政策、企业服务、创新创业环境优势明显，但究其内在原因，鱼坞的IP、团队、社群是鱼坞发展的三大法宝。鱼坞的一切产品和服务都以为会员提供价值为依归，其所特有的文创基因也是众多文创企业选择在这里成长、发展的原因。

关键词： 于家堡中心商务区　大众创业、万众创新示范基地　孵化器

鱼坞小镇发端于天津滨海新区于家堡“双创”示范基地，现在已经发展到了周边的响螺湾和官港，并将其触角伸向了海河下游所有的老天津文化遗存。

---

* 天津市图书馆高级馆员，南开大学滨海开发研究院文化创意产业研究中心副主任。

一 鱼坞的创办

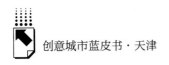

鱼坞的创办人姜一是个“80后”，从金融领域“下海”之后专注于与滨海新区团委合作，打造滨海国际电影节活动，从2011年开始至2015年，共举办了三届。

2016年，受天津滨海新区自由贸易区于家堡中心商务区的邀请，姜一的“鱼坞”入驻大众创业、万众创新示范基地。在一年的时间里，鱼坞众创空间注册企业突破240家，实际入驻办公人员超过160人，积累纳税4000多万元。跨越2017年之际，鱼坞众创空间已经会集了世纪鲲鹏、童乐影视、天宇浤信、鸿文传媒、十月工坊、精致影业等一大批优秀的泛娱乐企业。

2017年口碑票房俱佳的《摔跤吧，爸爸!》，其发行方天津孔雀山文化传媒有限公司就注册在鱼坞众创空间。像《我们的侣行》《大圣归来》这些品牌作品也都是由鱼坞会员企业推动打造的。

二 发展的法宝

鱼坞快速扩张的原因何在？创始人姜一认为，于家堡自贸区的产业政策、企业服务、创新创业环境优势明显，对北京文创企业有着比较大的吸引力，鱼坞众创空间有近40%的企业来自北京。

但究其内在原因，姜一认为，鱼坞的IP、团队、社群是鱼坞发展的三大法宝。鱼坞的一切产品和服务都以为会员提供价值为依归，其所特有的文创基因也是众多文创企业选择在这里成长、发展的原因。

（一）品牌建设

鱼坞众创空间品牌建设的短期目标，是打造一个泛娱乐文创社区，并朝着“互联网时代的好莱坞”这个产业目标大步前行。

长远目标是将单一的众创空间演变提升为多产品协同的共享经济IP社区，为京津冀地区乃至全国各地的文创企业提供最优质的服务，并实现“于家堡‘双创’基地”（或“鱼坞小镇”）的品牌和文化输出。

（二）团队建设

作为一家共享经济的文创社区，鱼坞众创空间并不满足于提供良好的服务和环境，而是通过打造“微电影节”“鱼坞骑行队”“鱼坞读书会”“鱼坞学院公开课”等多种活动品牌，为企业创造交流互动平台，让企业在于家堡找到团队和“家”的感觉。一年以来，鱼坞众创空间累计举办20余场活动，参与人数千余人。

鱼坞三大系列活动：鱼坞行，包括读书系列活动、骑行系列活动和马拉松系列活动；鱼坞开放日，包括分享会、见面会、发布会和推介会等；鱼坞大会，这是鱼坞文创生态体一年一度的融合文化、科技、金融的鱼坞社群全球大会。

（三）社群建设

目前在鱼坞，以影视产业为核心，涉及教育、体育、音乐、传媒等多个文创领域，鱼坞致力于建设一个文创社群。为此，鱼坞将为各类企业提供五大服务产品。

1. 鱼坞小镇

鱼坞小镇本质上是一个文创产业的“双创”发展平台，表现形式有众创空间、产业园区、特色小镇等多种形式，目前拥有响螺湾和官港两个基地。

2. 鱼坞传媒

鱼坞传媒主要负责活动、营销、媒体、公关等事宜，服务鱼坞社群的发展，目前正在筹备鱼坞传媒工作室，通过传媒工作室的建立更好地服务社群发展。

3. 鱼坞学院

鱼坞学院是鱼坞下一步的重点工作，产业发展需要产业人才，鱼坞学院的使命就是为鱼坞社群培养源源不断的文创产业人才，使培养过的学生具备一技之长，为创业、就业打下基础。

4. 鱼坞金服

鱼坞金服是鱼坞的金融服务平台，目前有鱼坞板等特色产品，未来会整合更多更好的金融产品助力鱼坞社群的发展，特别是2018年要推动鱼坞小镇基金的建立，通过基金加速鱼坞小镇的建设和发展。

5. 鱼坞公馆

鱼坞是一个文创社群，自然会吸附很多的社会组织。目前有鱼坞读书会、鱼坞骑行队、海鸥救援队、坚强孩子俱乐部、滨海助残协会等社会组织。鱼坞公馆是鱼坞向社会开放的社会组织孵化平台，本质上是一个社会组织的孵化器，在整个鱼坞社群当中发挥着十分重要的作用。

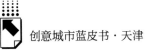

三　文创社区

鱼坞的发展方向，是要建设一个共享经济的文创社区。所谓文创社区，是指包括产业（厂房、商业楼宇）、社区（居民、住宅）、组织（机构、社团）和公共设施（学校、医院）等在内的多维度的生态共同体。图 1 是鱼坞文创社区发展的功能导图。

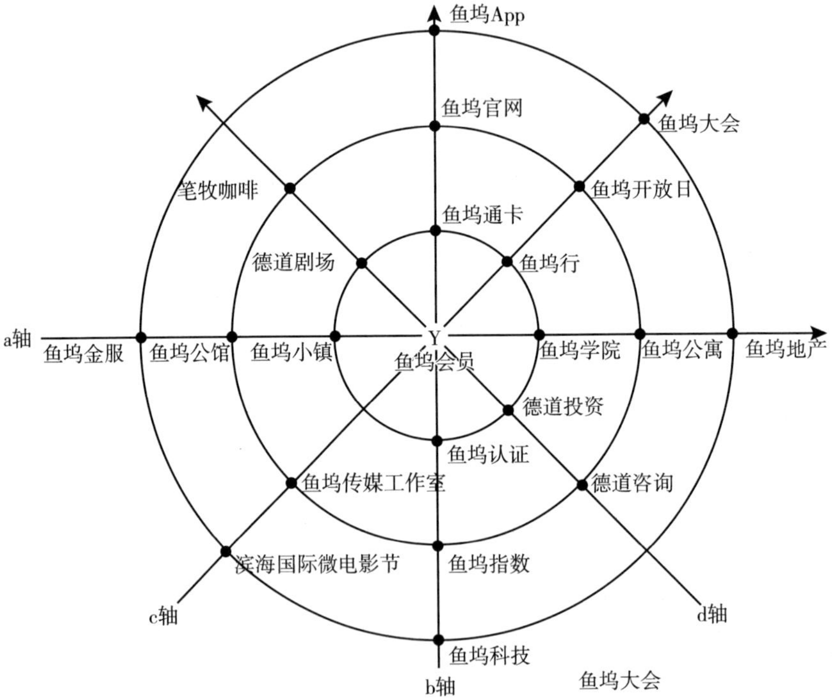

图 1　鱼坞未来：一个共享经济的文创社区

图1中的a轴，表示服务于鱼坞会员的核心产品，即鱼坞小镇、鱼坞公馆、鱼坞金服、鱼坞公寓、鱼坞学院和鱼坞地产。通过全方位的服务，打造社区的内生力、协同力和创造力。

图1中的b轴，表示鱼坞对会员的网上服务和认证体系，包括鱼坞官网、鱼坞App和鱼坞通卡，由此衍生出的新的价值链是鱼坞科技、鱼坞指数和鱼坞认证。鱼坞认证是鱼坞文创生态体引入的第三方评级机构，为各种合作交流提供参考标准，通过认证建立鱼坞文创生态体的信誉体系。

图1中的c轴，是鱼坞的文创活动系列。其中包括鱼坞行、鱼坞开放日和鱼坞大会等系列活动，还包括已经成为标志的滨海国际微电影节，以及作为技术平台支撑的鱼坞传媒工作室。该工作室不仅可以激发社群活力，促进社群发展，而且可以作为独立的实体创造价值，成为鱼坞文创社区的主力企业之一。

图1中的d轴，是鱼坞的精神文明建设系列。包括社区的德道咨询、德道投资、德道剧场以及附设的笔牧咖啡。

四　组织系统

上述完美而复杂的社区体系需要有合理的组织体系予以支持。为此，鱼坞正在积极地进行组织完善。鱼坞的组织建设包括经济组织建设、社群管理组织建设和党群组织建设。

（一）经济组织建设

经济管理需要遵循经济规律。鱼坞通过注册公司，按照众创空间、文化传媒、教育咨询、科技和房地产五大类别，分别进行公司治理和公司运营（见图2）。

（二）社群管理组织建设

鱼坞文创社区是一种新型社会组织形态，需要以新型组织方式来保障其发展，为此成立了鱼坞中心来进行统筹管理。鱼坞中心设立社群中心、传媒中心、党群中心，以便更有针对性地服务于文创生态共同体（见图3）。

鱼坞社群中心和鱼坞传媒中心的组织结构如图4和图5所示。

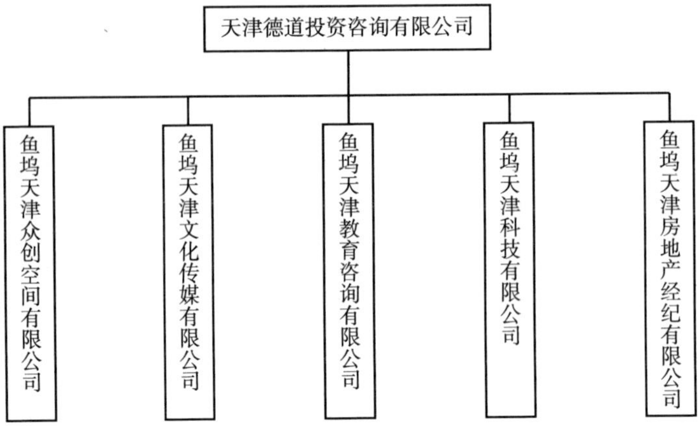

图2　鱼坞的公司体制

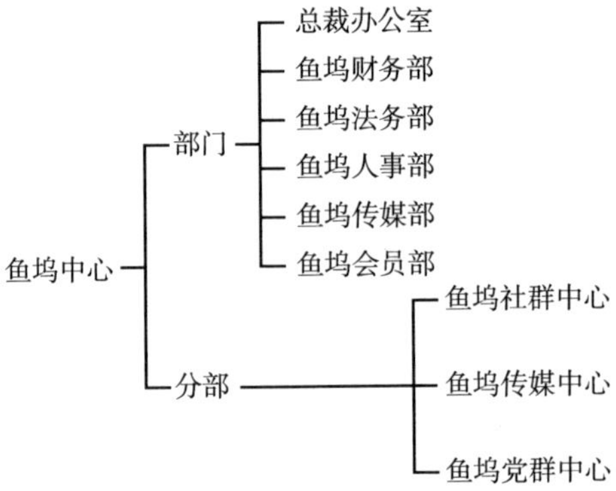

图3　鱼坞中心的组织结构

（三）党群管理组织建设

鱼坞党群中心主要服务鱼坞党支部、工会、团支部、妇联（见图6）。

五　鱼坞小镇

在文创生态社区建设的基础上，鱼坞建设团队把目光放到了更大更远的特色小镇的建设上。

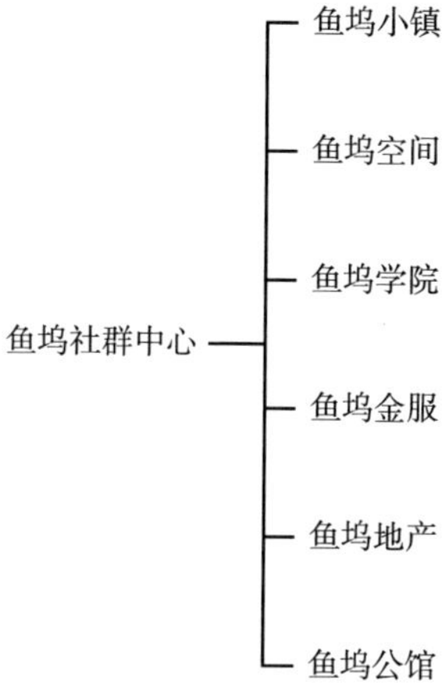

图 4　鱼坞社群中心的组织结构

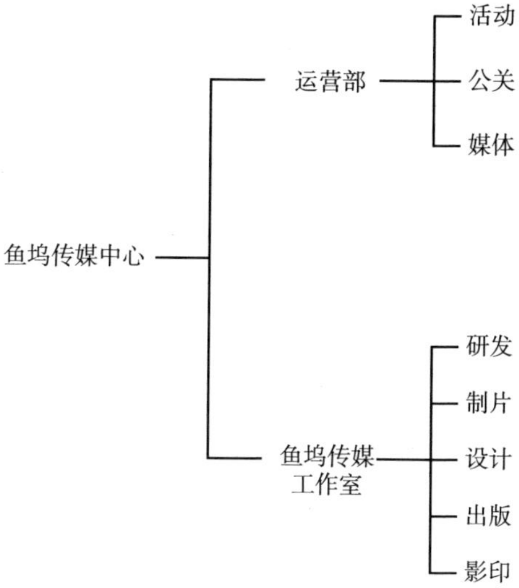

图 5　鱼坞传媒中心的组织结构

特色小镇是最近兴起的一种提升版的园区建设模式，是一种符合现代人和未来人特点的生活方式，是一种能更好地满足人们宜居宜业要求的产城融合的发展模式。特色小镇一般位于大都市圈，多以旅游文创搭台，包括多种形式，如产业小镇、科技小镇、金融小镇、创新小镇、教育小镇等。

目前，鱼坞众创空间已经和滨海新区的古林街官港森林绿化处签约，就该地区 22 平方公里的空间，以文体产业为方向联合打造“鱼坞小镇”项目，鱼坞

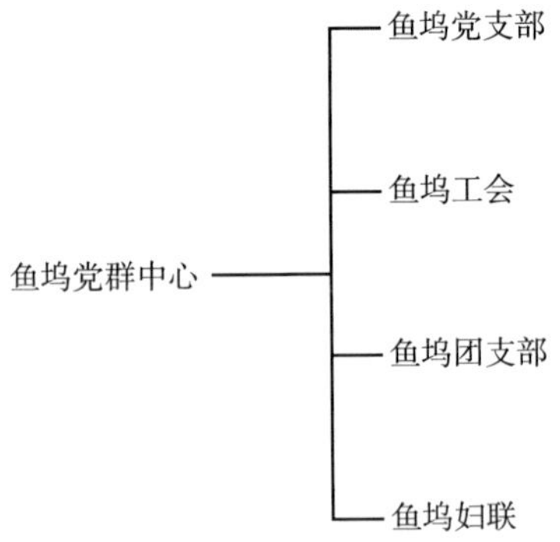

图 6　鱼坞党群中心的组织结构

也成为于家堡“双创”示范基地孵化出的首个升级到特色小镇层级的众创空间。鱼坞小镇的产业规划如图 7 所示。

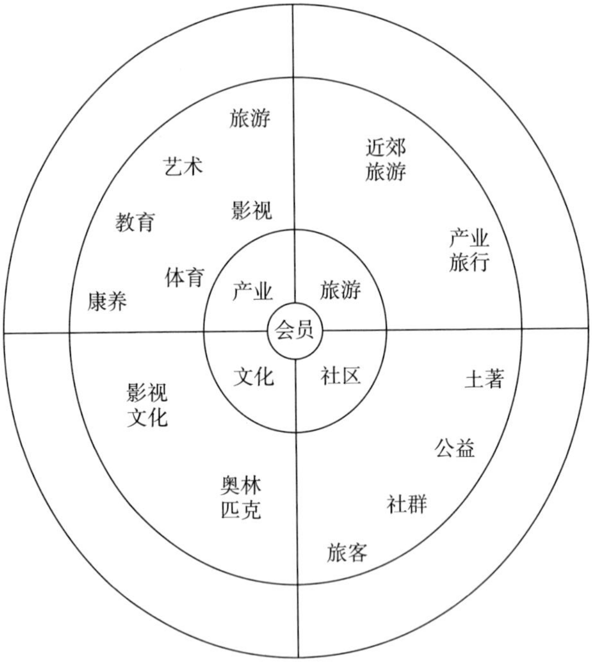

图 7　鱼坞小镇·官港的产业规划

六　更远的展望

创新人的创新思维是无止境的。就在鱼坞签下和两个地区联合打造“鱼坞小镇”协议的同时，一个关于在天津大道海河下游一侧建立“国际文化创意产业带”的想法已经在鱼坞创办人的头脑中诞生。天津大道海河下游一侧有着天津城市发展的历史遗存和当代建筑，如始建于明永乐和明嘉靖年间的佛教圣地潮音寺与华盛寺，在抵御外侵中发挥过重要作用的大沽炮台，民国时期建成的天津船厂，新区建设时代建成的彩带公园、极地海洋馆、龙大温泉城、宝成奇石博物馆以及新近建成的滨海新区自由贸易区和海河高教园区。

相信在不久的将来，鱼坞文创小镇，必定会夹带着东西两侧强大的政策优势和教育优势，在天津大道海河下游的广阔空间中，描绘出最新、最美的图画。

B.18 创客总部天津基地

崔晓乐　杨　艺*

摘　要： 创客总部是2013年成立于北京中关村的一家创新型科技企业孵化器，专业孵化高校和科研院所的前沿技术和技术精英，为其提供项目孵化、技术转让、融资对接和办公场地等服务。通过搭建科研人员、创业者、从业者、大企业、投资人、行业上下游机构的沟通合作平台，促进科技成果转化与科技创业者的能力成长和业务发展，孵化革命性的技术，推动我国产业升级。创客总部天津基地位于MSD－G1座泰达“双创”示范区，致力于加快推进滨海新区建设国家自主创新示范区。

关键词： 创客总部　创新型科技企业孵化器　国家自主创新示范区

一　创客总部的基本情况

创客总部是2013年成立于北京中关村的一家创新型科技企业孵化器，是由北大校友、联想之星创业联盟成员发起，首创“靠谱协同创业圈”的理念，专注实验室技术孵化的知识资本孵化器。创客总部专业孵化高校和科研院所的前沿技术和技术精英，为其提供项目孵化、技术转让、融资对接和办公场地等服务。

创客总部孵化专注于人工智能、新材料、医疗健康、消费升级等领域。截

* 崔晓乐，创客总部天津基地合伙人；杨艺，创客总部天津基地媒体运营主管。

至2015年底，通过评审入孵的项目有200多个，有100多个项目获得投资，共获得6.1亿元投资，单个项目获得最高融资2200万美元。2016年蓝桃文化成为第一个在新三板上市的创客总部校友。

创客总部的高速发展获得了社会各界的认可，其目标高远的孵化模式得到《人民日报》的专题报道，被中关村管委会认定为“创新型孵化器”，获得北京市科委首批授牌“众创空间”，获得首批授牌国家级“众创空间”，被共青团中央和中国移动联合授予“中国移动互联网青年创新创业孵化基地”，成为北京市经信委中小企业服务平台认证机构和中关村金种子企业优秀推荐单位。曾任北大校长的周其凤院士亲笔题写了创客总部的经营理念：靠谱协同创业圈。

经过前期的充分筹备，创客总部天津基地于2016年5月6日在滨海新区泰达“双创”示范区正式启动，秉承“打造靠谱协同创业圈，陪伴创业者共同成长”的理念，作为特色创投服务提供者，积极参与到滨海新区“双创”服务的进程中。一年来，在初创团队入驻起步、新企业设立、创业孵化辅导、天使投资等方面取得了良好的成绩，在滨海乃至天津创投圈树立了“专业、靠谱、踏实”的口碑和形象，不断加深本地区的“双创”氛围。

创客总部天津基地位于MSD－G1座泰达“双创”示范区，在加快推进滨海新区建设国家自主创新示范区，营造大众创业、万众创新的创新创业环境，促进互联网、TMT、健康服务及节能环保等产业领域项目的快速聚集和发展等方面做出贡献。

二　创客总部的服务内容

创客总部对入驻的初创团队提供服务和帮助的落脚点，主要在以下几个方面：一是产品和模式，帮助其判断在复杂的市场上，定位是否足够精准，商业模式在中国是否可行，未来用什么样的方式来获取用户和实现盈利；二是市场和运营，如何找到最初的用户，如何通过最初的用户磨合产品，快速迭代产品，建立运营体系，一方面给团队建议，另一方面为他们寻找资源；三是法律治理结构，帮助创业者分析创始人之间的股权和激励应如何配置，创始人团队如何搭配，以及在未来可能会引进的人才和核心员工；四是天使投资，创客总部于2014年下半年自己成立了一支天使基金，此外还找了6家合投基金，首期投入3000万元。

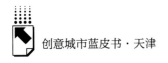

创客总部对入孵团队的评审标准由自己来制定。主要看三点：方向（该领域未来是否有机会）、团队（主要看主导的创业者）、产品（切入点）。

从入孵团队的规模来看，据创客总部的统计，2014年有338家企业申请，录取114家，每个月有9~12家通过评审，2017年的节奏比2016年快，基本上随时都在评审。规模并不设上限，创客总部认为规模十分有必要，因其能够带来氛围和协同效应，人多之后相互之间的协作和配合会多起来。只要创业氛围足够好，创业团队的自我管理和自我约束能力就会很强，不会有太多管理上的问题。

从已经服务过的团队来看，2014年有32个团队拿到投资，其中28个拿到天使轮投资。天使投资的平均金额为391万元，而创客总部自己投的多数在300万元左右。

创客总部提倡的创业文化为：互相帮助、目标高远、意志坚定、玩命极致、互相感染。

创客总部为创业者提供三大类服务：创业起步，有地儿（办公场地）；孵化成长，有班儿亦有伴儿；资本加速，有钱。

在创业起步服务方面，提供宽敞、明亮、低成本的开放办公区，入驻基地的创业团队先后已达57家，现签约入驻开放办公区工位80余个，入驻率超过80%。6个独立办公间，100%签约入驻。同时借助滨海新区良好的“双创”政策与服务氛围，累计服务近60个项目完成企业注册设立。

在创业辅导和创新氛围营造方面，举办针对初创企业CEO能力提升与素质培养的鲲鹏CEO特训班，目前已经举办至第五期。特训班采取全公益的形式，累计培训创业CEO近200名，在为期5个月的课程里面，分别提供产品课、营销课、模式课、融资课、团队课以及财税法律课等，系统全面地为创业者提供创业教育。

在盈利模式方面，创客总部在起始阶段主要做孵化器，发现只收工位租金是赔钱的，一直没有找到盈利模式，后来发现只有做投资才能实现盈利。事实上，市场化的孵化器基本都存在这个问题。目前，创客总部对自己盈利模式的定位是“产业链服务+天使投资”，关联产业相关的服务，重点做产品。

三　通过活动做好服务

创客总部自2015年下半年筹备期间，已经举办多场较有影响力的创业主题活动，包括“中国众创空间高峰论坛”，邀请全国知名众创空间孵化器从业者研讨如何更好地做创业服务，“京津冀创客嘉年华”在开业之际更是让近60个创业项目得到集中展示和媒体曝光。同时举办“9层创业沙龙”系列主题创业活动，邀请行业专家、创业成功者为初创企业领路。

作为特色，创客总部开办鲲鹏CEO特训班，面向高科技创业企业和传统科技转型企业的CEO，为特训团队免费提供系统的创业课题培训。师资均为具有丰富实战经验的企业高管、创业导师、资深投资人以及管理专家。特训班的核心课程围绕团队、产品、商业模式、创新能力4个方面展开，学员要求是在企业中占30%以上股份的科研项目带头人、创始人。

鲲鹏CEO特训班紧跟时代需求，在创客总部成功孵化近百个项目经验的基础上，由行业内顶尖专家、创业成功者开展专场授课，曾经帮助近百家初创企业获得融资和实现跳跃性发展。

创客总部聚焦深挖产业链服务，通过校友社区和开展多种特色主题活动构建靠谱协调创业圈。通过丰富多彩的活动帮助团队解决产品、人才、市场、资金等问题，减少摸索的时间和成本，助推企业快速成长。

作为“靠谱协同创业圈”理念的提出者，参加过鲲鹏CEO特训班的同学们在生活中成为朋友，在事业上成为伙伴，积极、利他、互助、协同成为创业中最强有力的语言。

“创客下午茶”，是针对创业者的具体问题，邀请行业专家、创业过来人集体讨论，以解决问题为导向的小型活动。固定每周三下午举行，任何创客都可以发起话题。烹茶闲叙，以“喝茶＋聊天”的方式，在轻松的氛围中产生灵感、获得启发。到目前为止，“创客下午茶”已经成功开展过以“大健康”“消费升级”“智能识别”“消费众筹”为主题的活动。

除此之外，创客总部还举办过“创客摇滚之夜”、“创客彩色饺子宴”和“百名创客百里毅行”怀柔徒步挑战赛等丰富多彩的活动，在创业过程中劳逸结合，既有放松愉悦的时光，也有锻炼身体、磨炼意志的时刻。

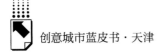

在创客总部的帮助下，创业者中的亮点项目不断涌现。

（一）分钟体检

让人人都能方便快捷地享受体检服务，其自主创建的“分钟体检健康一体机管理系统”可通过智能终端快捷地获取用户的基本信息及生理生化指标，为分级诊疗中基层单位提供低成本的体检方案，已经获得天使投资 200 万元，目前正在进行下一轮融资。

（二）车拉车

致力于成为散车物流领域的“顺丰”，平台整合社会闲散运力资源逐渐形成固定班次、限时送达的特色线路。在入驻基地的 9 个月时间内，通过创业辅导，对商业模式做了一次重大调整迭代，团队因此从 4 人扩充至 20 余人。目前正在进行天使轮融资，已得到多家投资机构的投资意向。

（三）惊帆健康

利用脉搏波监测人体多项健康指数，可以集成到各种可穿戴设备中，实现对用户连续便捷的脉搏监测和健康分析。在已经获得创客总部创客共赢天使基金的天使投资之后 1 年，近期又完成 Pre－A 轮投资，创客总部也再次跟投。

（四）尤金健康

国内首家以叶酸代谢基因为主题的健康管理公司，来自美国、中国的众多遗传及免疫学科的科学家组成专家顾问团队，并与美国佛罗里达大学等国内外高校、科研院所建立了广泛的合作，打造了能够为全国客户提供早期评估、精准检测和健康管理的全生态服务平台。项目目前已经与大港医院、泰达普华医院等多家医院签约，发展前景可期。

通过全方位、立体化、多层次的孵化服务，创客总部天津基地累计孵化辅导项目 200 余个，其中逐渐涌现出一批技术含量高、模式新颖、成长性好、市场潜力大的项目，必将成为天津经济转型升级的新动力。

附录1 “中国众创空间高峰论坛” 在滨海新区举行

2015年10月24日，由天津市科学技术委员会、天津市滨海人民政府主办，滨海新区科学技术委员会、天津经济技术开发区协办，北京创客总部、天津滨海新区科技金融投资集团、天津泰达科技集团承办，主题为“双创新常态下众创空间创新运营模式和时间探讨”的“中国众创空间高峰论坛”在滨海新区盛大开幕。

天津市科学技术委员会副主任李宝纯表示，2015年4月份以来，天津众创空间的建设如火如荼，第一批认定的天津市众创空间已经达到了42家，年底能够达到100家。李宝纯强调，众创空间的建设要体现低成本、便利化、开放式、全要素和可持续的发展理念。

天津市滨海新区科委主任黄亚楼表示，2015年天津市认定的科技型中小企业超过21000家，年收入过亿的科技小巨人企业达到1200家。国家级或省部级的研发中心、实验室、工程技术中心及企业技术中心达到387家，已经成为滨海新区创新的主要力量。

截至2015年，已经有260家企业入驻创客总部，超过100家企业完成了6.1亿元的融资。作为2015年首届全国大学校友创新创业大赛华北赛区主办单位，创客总部将带着成功孵化近百个项目、举办创业培训以及创业大赛的经验入驻天津滨海新区。首届鲲鹏CEO特训班已召集天津及周边地区的60名企业CEO学员，围绕企业关心的产品、团队、商业模式、创业能力四方面的核心课程展开为期4个月的培训。培训期间，将邀请创客总部创始人李建军、中国青年天使会会长赵志平、吉翔投资集团董事长王小东等组成此次特训班的导师核心团队，通过培训帮助团队减少摸索的时间和成本，助推企业快速成长。

（原载于中国商网2015年10月27日，有改动）

附录2 创业从0到1，见证蜕变的力量

2017年6月21日下午，创客总部天津基地举办了主题为“创业从0到1，

见证蜕变的力量”的创客下午茶活动，邀请两位年轻的创业者做客，分享各自的创业感悟。本期分享嘉宾一位是一年内获得两轮融资的鲲鹏 CEO 特训班 1 期学员——惊帆科技创始人张进东，他在谈及创业起步时说到，吸引投资的关键在于技术和团队，准备融资的前提在于一份好 BP；另一位嘉宾是 9 个月内实现团队裂变 5 倍、参与 90 天加速成长营并成功孵化的车拉车创始人陈功胜，他据自身经历总结，初创企业在方向走不通时要当断则断，但确定方向后就要不断验证和迭代。

张进东，惊帆科技创始人、UFUN 学习板发起人，从事嵌入式图像处理、小信号和智能算法十年。获得种子轮融资 100 万元，1 年后获得天使轮融资 600 万元。

主持人文青：我们知道您现在已经拿到创客总部两轮融资，您认为惊帆科技吸引投资人的地方在哪儿？又为融资这件事做过什么样的努力？

张进东：一是看技术，二是看团队。我们是所有入孵项目里唯一拿过创客总部两轮融资的，不仅说明我们项目是有前景的，也说明我们的人是靠谱的。在融资方面，我认为 BP 很重要，在做 BP 之前要把你做了什么事、为什么做、怎么做这些问题捋清。一开始路演我也是磕磕巴巴的，后来反复练习，进步非常明显，投资人的不断质疑也能够让你快速提升。

主持人文青：参加鲲鹏 CEO 特训班后对融资有没有帮助？

张进东：我是创客总部举办的鲲鹏 CEO 特训班 1 期学员，目前应该是到第 5 期了。几次课程下来，我在较短时间内有了极大提升，如果是自己摸爬滚打学习的话，这个进程对创业者来说太长了。同时，在我需要帮助时鲲鹏培训班的同学伸出了援手，这是我很大的收获。我的第一轮融资是创客总部领投的，同时借助这个平台吸引了很多其他投资机构跟投。

主持人文青：您现在的产品 JFC101 已经成功上线，对今后的发展有什么样的计划？

张进东：现在只是开了一个很小的头，以后要走的路还很长。我们希望把大数据做起来，为每一个用户提供健康监测。另外，这个便携传感器还能对血管阻塞等突发疾病进行预警，可能在两三年后才能验证我们的计划，但这个是有可能实现的，而且这一定是未来生活方式转变的一种趋势。

陈功胜，车拉车创始人，致力于推动汽车行业发展，将运车做成快递模式。在参加创客总部为期 90 天的加速成长营后，完成一次重大转型，在 9 个月内团队成员裂变 5 倍，目前已成功孵化。

主持人文青：从车商圈到车拉车，这段项目转型期您是如何渡过的？

陈功胜：项目转型不是一天两天的事情，也不是偶然，现在回头再看其实是顺其自然，同时也是我们团队集体决定的。我们本身就是做汽车行业的，只是切入点不同而已。创业贵在坚持，但不一定是说非要一条路走到底，其中经过 2 ~ 3 次转型都是正常的。我不避讳说车商圈没做起来，创业者就应如此，坦然面对，遇到问题当断则断。

主持人文青：车拉车团队的凝聚力和协作能力是我一直很羡慕的，我特别好奇您是如何选择伙伴和带领年轻团队的？

陈功胜：我觉得首先要明确我们要找的人是什么样的，我要找最合适的而不是最优秀的人，要找脾性相符的人。市场团队组建的时候，我面试了不下 100 人，面试的时候必须注重志趣相投，之后会给一个星期的时间适应。对于创业公司而言，没有特别完善的培训体系，时间成本是最贵的，所以最好不要图便宜大量招收经验不足的团队。

本次活动也吸引到了天津社会科学院、滨海电视台和众多创业者的广泛关注，今天的分享也是车拉车在创客总部孵化成长 9 个月后圆满毕业的一份答卷。

祝愿他们在从“1”到“N”的创业新征程上越走越广，风里雨里，创客总部靠谱协同创业圈，与你相伴！

附录 3　创客总部 2018 年 2 月快讯

“2018 创客总部天津基地鲲鹏 CEO 特训班创业者年会”于 2 月 3 日成功举办，近百位创业者、30 多家媒体及创投机构从业者参与其中，更有来自北京、河北的多家创投机构到场。在创客 show 环节中，数十家创业企业分享了 2017 年的进展、经验和新年的目标，互相鼓舞。在颁奖环节，创客总部为 40 余家表现突出、成绩卓越的初创企业颁奖。活动有力地促进了双创的开放融合，培育新动能，汇聚新力量。据悉，创客总部天津基地将在春节后举办第 6 期鲲鹏 CEO 特训班，培育更多双创英才，促进产业发展。

B.19

“有去”和“土也”

——一种分享兴趣的社群平台

冯 微*

摘 要： “有去”生活是一个基于兴趣、爱好的社群组织与分享平台。倡导分享更多新奇、有趣的生活方式，实现更多的互动体验交流。它是一种生活场景的打造，以活动内容为主要产品，以推广文创精英为主要任务，建立城市“趣缘”群体的新链接，发掘和创造有趣又实用的生活方式，并基于文创、商业、住宅地产资源和文化艺术资源，探索并完善文化创意产业的商业化运营模式。旨在立足天津，面向全国打造有会员、社群、品牌、供应链和产品力的内容产业。

关键词： 趣缘 社群组织 分享平台

在互联网时代，“趣缘”成为一种新的关系链接。“趣缘”的建立，既需要线上的快速反应，也需要线下的深度互动。一种分享兴趣的社群平台，应运而生。

一 “有去”平台释义

（一）“有去”生活是什么

“有去”生活是漾样文化耕耘了三年的社群化生活方式分享平台，根植

* 冯微，漾样文化品牌合伙人、总经理。

于“有去”微信平台建立的“达人”“去处”“活动”的内容基础，升级开发了“有去读书”“有去亲子”“有去艺术”“有去运动”“有去美食”“有去健康”等多个垂直分类产品，并分别延伸至行业领域内部深耕，打造多个独立品牌。

“有去”生活是一个基于兴趣、爱好的社群组织与分享平台。倡导分享更多新奇、有趣的生活方式，实现更多的互动体验交流。旨在立足天津，面向全国打造有会员、社群、品牌、供应链和产品力的内容产业。

（二）“有去”生活的维度构成

首先，“有去”生活是一个分享生活方式、引导消费的内容运营平台，包括有意思值得交往的人、风格独特值得一去的场所、新鲜好玩值得体验的活动三个核心要素。2016 年 4 月 12 日，“有去”生活平台经过一年多的探索和酝酿首次发声，第一次面向大众招募“有去”达人，近两年的时间，已发现天津地区的“有去”达人近 400 人，挖掘天津地区值得一去的特色空间 300 余处，发起及推荐活动 1000 余次。

耕耘了几年，“有去”生活成为内容中心，裂变为“有去”生活学院、“有去”生活馆和“有去”社群三大板块。

1. “有去”生活学院

“有去”生活学院是基于“有去”生活平台的生活达人资源体系打造的专注于生活方式的内容服务平台。这是天津首创的有达人汇聚属性，有场景感，有体验感，以引领多样、趣味的生活方式为主的课堂类型。

学院由四类场景课程和诸多资深场景老师组成。场景老师团队由在“有去”生活平台上精选的一批有实力的生活方式达人组成，致力于在不同领域制造最好的场景式体验，形式分为线上网络课、沙龙及讲堂、场景课和游学课四种，根据“有去”生活学院推崇的诸多类别的生活方式独立定制，每场课程都具备自己独有的特色。

学院宗旨：丰富用户的生活方式体验，帮助用户找到拥有同类爱好的朋友，提供丰富的精神生活与现实体验。

基于人、产品和消费的关系，“有去”生活需求理论将人对生活的需求分为三个层次：与饮食、运动健康、亲子等有关的大众化内容，特点是门槛低，能吸引广泛人群参与；与个性化艺术和生活美学相关的内容，特点是在大众人群中分化出对文化、艺术内容感兴趣的群体；C. 针对专业化小众群体的艺术、文化、美学等相关内容，特点是精细划分人群，推出更具专业化的升级课程。

互联网人口红利不再，线上流量成本攀升，用户离不开线下，且其回归线下服务的趋势已经日渐凸显，线上与线下的连接愈加紧密。中产阶级快速崛起，消费升级，文化娱乐需求呈井喷之势，对消费体验的内容和形式提出了新要求。针对不同的需求定制不同的场景，才能给予用户特别的场景式体验，也能更好地为产品做推广。

“有去”生活学院的板块涉及多个领域，几乎包含所有“有去”生活主推的有意思、有意义、积极向上的生活方式在内。除主推板块外，还涉及“有去运动”“有去美食”“有去健康”“有去音乐”等方面。

2. “有去”生活馆

随着商业的发展，实体空间和体验感的重要性日益提升。所以我们需要一个空间，将各类生活方式做出集中的展现。

在社区中，应该有一个空间，以满足业主对各种生活方式的需求，在居住以外能够体验到更多场景，完成社群的参与、爱好的培养，以及生活方式的更新与体验。按周期更改场馆主题，搭建符合主题的场景。

“有去”生活馆是“有去”生活理念的物质体现与构成，充分利用“有去”生活平台的资源（达人、产品及系列活动）进行输出，打造生活场景，提供系统策划及内容服务。“有去”生活馆具备展览展示的功能，具备社群的功能，具备休闲的功能，具备线上、线下联动的功能，具备多媒体放映的功能。

在一个线下空间内，基于同城达人和去处资源，将各种各样的生活方式以可视、可听、可体验的不同形式在空间内进行展示。对未来会在社群、社区内举办的各种课程、活动，精选其主题内容进行集中展示。在空间内实现品牌服务、内容运营和社群活化的目的。为用户搭建一个直接具备体验感的场景，做到内容共享、产品共享、社群共享、服务共享和空间共享。

“有去”生活馆多元的内容输出将内容转化为社群活动与生活场景，满足现代人由生活方式向生活场景转化的需求，而“有去”生活学院中涉及的达人和领域，可为“有去”生活馆提供内容填充。

对于品牌而言，“有去”生活馆通过在实体空间中对场景的打造，表达品牌的精神内核，通过一切形式展示品牌属性，服务品牌。也可在空间内设置场景式课程，将好的内容做输出和运营，让用户在空间内可以获得多种体验。还可以将线上、线下相结合，利用实体空间扩大社群规模，吸引不同人群。

3. “有去”社群

“有去”社群是内容、产品实现落地的人群基础。特别邀约具有丰富社群资源和场景号召力的社群召集人加入“有去”生活，从艺术生活、亲子、读书、旅行、女性成长等多个方向，做社群之间的跨界与联合。知名艺术活动家、城市人文旅行节目的当家主持、作家及知名读书会发起人等，都将携手一起踏入这段充满力量和想象力的旅程中来。从用户中来，形成超级用户，培养以“有去”生活平台为推手的优质文化产品的消费者和超级用户。

（三）案例分享

1. “有去”生活平台在城市文化推广中的实际案例——2017北京国际设计周天津会场暨“京津冀文创＋”活动

2017 北京国际设计周天津会场暨“京津冀文创＋”活动于 2017 年 9 月 15 日在天津智慧山艺术中心山丘广场开幕，为期 24 天，举行百余场活动，拉近了设计、文创产业与公众的距离。活动以创享之夜、城市说、迷客思展、音果 Live、“有去处”、十分天津六大板块为核心，并开设“京津冀文创＋滨海文化之旅”等活动。

“有去”生活作为天津文艺生活领航者，整合了展览、沙龙、讲座、市集、音乐演出等各类文化项目 80 余项，关联京津城市文化空间机构 100 余处。为“有去处”板块推荐特色空间，涵盖美食、休闲、体验、展馆等多种业态，包括环境最具设计感、口味最具创意的餐厅、咖啡厅、酒吧、酒店及时尚有创意的消费场所共计 60 余所，推荐去处全部被纳入“文创＋”导览手册。范围涵盖天津大悦城、鹏欣水游城、滨海文化中心、熙悦会等大型文化商业综合体，活动期间带动天津地区总关注量共计超过 50 万人次。

在“京津冀文创＋滨海文化之旅”的活动中，“有去”生活创意市集邀约 40 余家“有去”挖掘推荐的品牌入驻，带给用户很好玩、很有趣的假期体验。

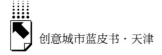

九大主题空间展厅刷爆朋友圈，同时邀请18位天津知名非遗品牌传人现身古香古色的街区，每天3场的互动体验活动，最高日访问量3.2万人次，得到社会的广泛关注和认可。

2. “有去”生活馆线下体验实际案例——海信盒子商店

创意就是未来，城市的发展需要聚集这样的能量。2017年11月“有去”生活携手酷天津为天津海信广场打造了一个只存在30天的由集装箱改造的圣诞盒子商店。将网红咖啡馆、文艺画廊、法式西餐厅、魔法市集等陆续搬进盒子，同时带入了“情景”体验业态。

这是“有去”生活馆线下体验的优秀案例，搭建了以不同生活方式为主的消费场景。它在展示的同时，将场景与受众进行关联。除了有休闲功能，还将线上、线下联动。多种主题的变化适应了不同的人群，这便打开了超级流量的入口。

2018年“有去”生活馆将在天津乃至其他城市进行落地和拓展，它将以社区、商业中心为依托，以文艺故事填充都市生活。

二 “土也六厂”——城市更新智库平台

“土也六厂”是如今国内领先的把城市更新与文化运营、艺术发展结合起来的跨界智库发展平台。

“土也六厂”是“地产”二字的拆分。地产指在一定的土地所有制关系下作为财产的土地，包含地面及其上下空间的总和。“土也六厂”脱胎于对地产的解构和升级，定位于城市更新者的智库：通过系统化地整合文化、艺术、人文等各类内容，成为资源和强IP的文化聚集中心，成为地产开发建设者、空间运营者、城市运营者的资源和军师，为城市文化的发展背书。

（一）城市更新不仅是硬件更新

城是什么，市是什么，城市需要被建造更新的内容又是什么？城市自然生长的逻辑，是先有“市”，后有“城”：日中为市，召天下之民，聚会天下货物，各易而退，各得其所。随着交易量和交易频次的增加，不再总是“易而退”，继而出现“筑城以卫君，造廓以守民”。因市而城，城因市兴，这才是城、市关系的本源。固本守元，方能与时俱进，不惑于未来。

“城”是居所，是遮风避雨的保障；“市”是人与人的社会联结。在全球化背景下，每个城市都以不同特色，形成自身的亮点和影响力。文化特色越强，城市影响力越大，经济社会发展也越快。中国的城市化有着极其深远的意义。这是世界上规模最大的城镇化，将确定今后 300 年的中国城市格局。这一城市化应当是城市的审美化与审美的城市化、城市的艺术化与艺术的城市化。

城市化需要创造内容和引领生活方式的人，而不仅仅是盖房子。开发商需要有互联网思维，需要承担运营一座城市的责任，需要增加客户黏度，提升人文体验。房地产行业的供给侧改革，是从开发到经营模式的升级，是从楼盘到社区化的转型。

（二）汇聚国内外创意地产优秀案例

在关注城市更新、体会城市人文发展，不断思考、探索模式的过程中，“土也六厂”不断地深耕天津、全国乃至世界范围内的文化现象，总结整理了现代城市文化运营中的优秀案例供城市运营者借鉴和学习。比如，深度挖掘分析台湾繁荣的文创产业，探讨台湾特色小镇的构成和运营模式，总结台湾创意产业园的经营之道。再如，分析欧洲的街头文化现象。

（三）解读城市，延续城市发展中的历史文脉

除了将发达国家和地区关于城市运营的经验和教训进行总结之外，“土也六厂”还从风土人情、地理条件、历史文脉等方面结合史料文献解读天津，把天津城市成长过程中凸显于历史长河中的闪光之处遴选出来，重新审视并从中获得感悟和启迪。比如，解读《天津地理买卖杂字》，综合介绍当时天津城市的地理风物、经济社会、人情民俗，通过对史料的分析还原清末至民国初期天津的城市面貌。上海、天津、武汉等均发端于江河交汇之处，故而对这几座城市进行对比分析，从另外一个角度理解城市的发源和商业的兴起。明清两代皇室均在天津建有“御园”——皇帝行宫，即直沽皇庄和柳墅行宫，现已消失殆尽。通过分析文献，还原两大行宫的地理位置、规模，通过还原历史为未来新的城市建设者提供设计灵感。梳理天津城市的民间信仰、历史文化街区、

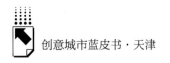

重要的工业遗存、重要的古物交易市场、至今还坚守在城市一角的书店和已经不存在了的书市，希望用这些文化符号来重塑城市人文精神。

（四）挖掘城市精神文明建设中的幕后推手

深耕城市历史文化的同时，“土也六厂”还不断挖掘为一座城市的精神内核努力耕耘和持续做出精彩贡献的人们。

平台建立的一年中，“土也六厂”关注并关联了对城市的文化运营有着重要作用的国际、国内著名文艺工作者与城市建设者。这其中有积极推动天津交响乐、歌剧、芭蕾舞的发展，促进天津文化内涵建设，使天津达到经济繁荣、社会文明、科教发达、设施完善、环境优美的国际港口城市发展定位标准的音乐学教授张蓓荔；有主张将美学与文化、情感注入作品的天津美术学院环境与建筑艺术学教授，世界商业美术学会中国景观注册师协会副主任，国家注册城市规划师，美国基业研究院董事龚立君；有从地产营销领域成功跨界的资深地产人，易居中国创始合伙人、CBO，太德励拓（中国）公关传播集团董事长、总裁，宝库中国执行董事，《FA 财富堂》艺术杂志出品人朱旭东；有历经 18 载坚守在城市一隅专注做文化的书店主理人卞红；有倾尽所有热情推广京剧艺术，坚持探索文化符号与城市间关系的戏剧梅花奖获得者，国家一级演员凌珂；有走在时代前沿的朦胧诗人的代表之一，先锋诗歌刊物《今天》的创刊人，同时也是当代著名的画家芒克；有倡导时尚美学生活的年轻创业者夫妇彭杨军、陈皎皎，他们通过媒体和电商连接的方式，用讲故事的手法，制定了一个围绕中产阶级方方面面的理想生活方式指南；有潜心钻研，为留住城市深厚的人文底蕴付出毕生心血的语言学家、民俗学家谭汝为教授；还有用艺术积极推动天津城市文化建设的女艺术家，策展人，玺朗艺术中心的主理人萧冰，她先后运营了天津第一个当代艺术馆梅江国际艺术馆，以及第一个也是天津目前唯一一个艺术家驻留区天津意庄艺术区，在天津这个当代艺术观念相对滞后的城市坚持耕耘，希望以艺术感染一座城市。

从引领型人物的发掘及对话，到对现象的论证，“土也六厂”以地产为原点出发，全产业链关注并服务于生活空间到城市空间的更新变化，撷取价值资讯，挖掘潜能 IP，洞察商业趋势，分享观察和判断，赋予生活更多可能。愿建筑撑起文化高度，文化赋予建筑灵魂。

“土也六厂”从2017年初开始运营到现在已经积淀了漾样文化在城市文化更新以及精神消费领域多年的经验和资源，而且在2018年以及未来的三年中，“土也六厂”将为天津乃至全国对城市文化更新、城市文化传承、文化艺术类跨界式内容运营的推广添上重彩的一笔。“土也六厂”在未来将研究重心放在品质革命爆发背景下城市更新中的商业升级，如长租公寓、主题小镇、产业园区、精品民宿、新型商业空间、文旅度假、生态文明等项目。同时在商业的边界泛化，对商业的打造必须从有边界的场所中心模式，转向无边界的用户中心模式的趋势下，“土也六厂”还将致力于对城市创意产业发展的研究和深耕，做城市运营的领跑者。

三　主理人及机构介绍

（一）主理人介绍

冯微，漾样文化品牌合伙人、总经理，曾从业地产行业17年，从策划、营销、市场一路走来，操作过很多非常典型的项目，对地产、商业的艺术化运营具备一定的经验和行业感悟，在天津市场有一定的影响力。

李巍，漾样文化品牌创始人，天津市创意产业协会理事，天津本土最具影响力的生活消费资讯网络平台“酷天津”的合伙人，天津特色时尚餐饮“贰楼”的创始人。

（二）机构介绍

漾样文化提供系统化传播服务，掌握各类文化、艺术资源，践行生活美学，倡导体验式文化消费。漾样文化集文化策展、品牌塑造、空间运营、项目推广于一体，以“互联网+”的思维方式，多维度整合文化资源，对品牌精准定位，建立自主生态系统，为客户实现形象更新、品牌升级。其中，“有去”生活平台是漾样文化着力打造的社群化生活方式分享平台。

漾样文化业务板块涵盖商务、文化、互联网科技等专业领域，涉及商业地产、传统住宅、旅游度假类项目等。曾服务过天津大悦城骑鹅公社、五号车库等主题商业街区，为其做文化运营活动输出与品牌提升工作，为魔法美术馆提供定制化营销服务，也为保利、路劲、富力等地产商举办生活方式类体验活动。同时承接了“北京国际设计周”大型文化 IP，并打造天津本土文创 IP——“京津冀文创 +”以及“天津国际诗歌周”，举办线上、线下多场活动，得到了业界的一致好评。

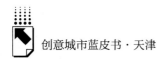

B.20

每一座村庄都是故乡

——九略乡建工作“西井峪计划”实施纪实

九略西井峪乡建工作室*

摘　要： 2015年，李谦成立了九略乡建工作室（简称“乡建”工作室），开始了乡村建设的探索实践——“西井峪计划”。该计划从2015年5月开始筹备，历时13个月，将石头村的传统农舍，改造成了原乡井峪的第一座院落——石间。

原乡的设定并不是走高端化路线，而是使在乡村入住的客户可以享受到在城市同样的品质。因此在服务方面，要有一个很大的提升。毕业于荷兰贝尔拉格学院的建筑师王振飞有一个基本理念：道法自然。这个房子就是长在山上的，这里的每一棵树就应该保留原有的样子，包括后山山坡上的泡池，怎么跟整个自然环境完成合一的状态，都做过精心的设计。

关键词： 石头村　传统农舍　乡村建设

位于天津市蓟县的西井峪，是一个因石而起的北方乡村，也是天津首个中国历史文化名村。因为石头，这里被列为中上元古界国家地质公园，8亿年时间的力量交叠，堆出的不光是这些远古时期的叠层石，还有这个小山村。

西井峪村依山而建，高低错落，行走村中，满眼都是碎石墙、碎石路，还有农家的石头房子、石碾、石磨……所以人们叫它石头村。

---

* 写作机构全称为：九略（北京）旅游管理有限公司西井峪乡建工作室。

一 遇见石头村

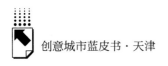

李谦，上海人，学美术出身。曾在20世纪80年代末靠绘制动画月入过万，当过第一代万科的营销经理，创建美亚音像成就202家连锁店，一手打造了当年上海最火的思考乐书局……

2008年，李谦创建九略咨询机构，深耕运营，聚焦旅游。他有累计超过5300平方千米的区域旅游测研经验，7年间，他在京津冀、西安、重庆以及福建等地，走访调研了近600个村子。

“对乡村的偏爱，不只是流连于这里原生态的生活方式。和村民们打交道，一看见他们的笑容，就老想着，要是有这样的邻居该有多好。更别提村里的一草一木，一茶一饭，都觉得特别亲切。去的村子多了，待的时间久了，我这个城里人，也早已把自己当成一个新村民了。”李谦说。

李谦在南征北闯中，始终保持着这样一个习惯：每到一个村落总要捡一块石头回来。和朋友介绍这些石头时如数家珍，因为每一块石头都代表了一个他去过的村落，同时也是一份乡愁，这还是一份对乡村文化复兴理想的初心。

都说石头是有灵性的，直到遇见石头村，他知道自己这些年的心愿，即将落地生根。

2015年，李谦成立了九略乡建工作室（简称“乡建”工作室），和当地政府一起，开始了乡村建设的探索实践——“西井峪计划”。

二 唤醒原乡的自然

从2015年5月开始筹备，8月开工，一直到2016年的9月才完工，历时13个月，将石头村的传统农舍，改造成了原乡井峪的第一座院落——石间。

李谦说，在整改过程中，会有很多地方需要反复磨合。“举个例子，我们这个村在山坡上，乡村所有的排污设施是最简单的化粪池，我们不仅希望做好民宿，还希望在整个西井峪计划的实施中，将环保循环的理念带给村民。所以我们反复推敲怎么通过传统的加减方式过滤，再通过最经济的排污处理方式和设备，最后将污水转换成中水，可以浇地、可以养鱼……这个过程花了很多时间，但其价值意义不言而喻。”

毕业于荷兰贝尔拉格学院的建筑师王振飞有一个基本理念：道法自然。这个房子就是长在山上的，这里面的每一棵树就应该保留原有的样子，包括后山山坡上的泡池，怎么跟整个自然环境完成合一的状态，都做过精心的设计。

标准的三间客房各有特色，一间客房可以看得见远山，一间客房可以看得到屋顶上的瓦松，还有一间客房可以看到夕阳西下的晚霞，于是分别给它们取了名字：远山、入松、过云。

轻柔晨旭、袅袅炊烟，一个惬意的早晨，就这样唤醒原乡里的院子。

三　留住原乡的美丽

在原乡的时间里，李谦希望游客的每一分钟都是安稳从容的。因此，他们专门改造了一个院子，作为他们的乡食庭院。所谓乡食，就是村子里自给自足的绿色产品。用有机的原味食材，守住地道的井峪乡味。

“乡建”团队还通过培育乡村农事体验接待户，相继开发了“跟着村民去放羊”“牵驴磨磨”“自己动手贴饼子”“识野菜挖野菜”等多项乡村体验课程，并与京津两地多个培训机构、旅游部门合作组织近百个家庭展开“疯狂的石头”“Running Baby”“农事也疯狂”“爱的诺岩”等不同主题的“西井峪乡村体验亲子营”活动。这里成为小朋友们驻足最久的欢乐地。

“将时光消磨在美好的事物上”，这是拾磨书店的缘起。拾磨书店最大的特点，便在于它植根乡土、接近自然、继承传统的“在地性”。这个空间既属于追求品质的城市人，也属于当地村民，他们一样可以来这里喝咖啡、听民谣。

冲一杯咖啡，挑一本书，三五好友，太阳一晒就是一个下午。在原乡，每个人都可以有一个自己的私人阅读时空，沉浸在为自己调制的节奏里。

他们的改造还在继续。“这个民宿脱离了我们原来居住的生活环境，能够让整个人身处另外的空间，这种感觉是其他建筑所没有的。而这个民宿所在的是一个相对封闭的环境，有种世外桃源的感觉。这里的生活跟城市比也是另外一种节奏。”一位客人曾对原乡做出这样的评价，这也是很多有过原乡住宿体验的客人的共同感受。

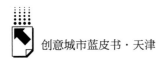

诚然，这里没有江南的清秀，却有北方小乡村的阳刚美，李谦和他的团队就是把村子这种固有的美，小心地保留下来。

四　嵌入城市的规范

作为一家建在北方小山村里的精品民宿，原乡一直秉持着这个宗旨，在西井峪迎接着一批又一批的客人。2016 年 10 月 1 日开业到如今，一年多的时间里，一期院落“石间”凭借它的高“颜值”及高品质，得到了广大入住客人的一致好评。

目前二期院落的建设也到了收官阶段，即将和大家见面。随着原乡民宿的规模越来越大，越来越多翘首以待的人有了更多的机会入住原乡。在欣慰的同时不乏问题的存在，客房接纳量的扩大，导致入住人数直线上升，与之配套的服务人员与服务品质必定要有提升，而当前的状态已不能满足未来的需求。

所以，对民宿现有及储备人员来一场服务标准培训，是一件迫在眉睫的事情。原乡民宿掌柜单秋红老师，最先预见到了这个问题。在原乡二期工程进行到中期的时候，她就有了逐步完善服务标准的想法。单秋红从原乡品牌创建的角度出发，考虑到原乡未来从三间客房逐渐要增到九间客房，会形成一个很大规模。

未来原乡的设定并不是要走高端化路线，而是使在乡村里入住的客人可以享受到在城市里同样的品质。这就意味着提供给客人的服务，既要达到星级酒店的标准，又要使客人能够感受到乡村生活的惬意，要两方面兼顾。所以在服务方面，要有一个很大的提升。

原乡能在西井峪顺利落地，除了各方面的努力，更重要的还是原住民的支持。为此，原乡也用自己的行动回报村里人。一期的石间院落的两个村嫂，就是从村里择优聘任的，因为她们以前都是开农家院的，本身具备一些技能与服务意识，对这个村子的熟悉程度自然不在话下。

在二期院落即将开业之际，服务人员的储备也日趋充足。但是村嫂的服务水平，跟城市服务人员相比毕竟还是有差距的。在这种情况下，原乡就要给这些来自乡村的产业工人，进行整体的服务培训。

原乡“行业酒店服务业初级标准”培训，邀请的是曾在五星级酒店凯悦供职30年的经验丰富的客房部主管赵莹老师，单秋红正是看中了赵莹的经验与阅历，特意邀请她到西井峪来，给原乡的管家和村嫂做培训。

培训的主要内容是服务意识和专业技能的提升。一是微笑服务。二是礼仪。作为服务人员，要注意站姿、手势等细节。三是客房的清洁。客房的清洁包括方方面面，大到对整个空间的卫生打扫，小到对布草的折叠，都有专业要求。比如说对布草的折叠，要求从上到下，从左到右。另外，客房必需品的采购更替，以及水电热硬件工程的维修保养，也需要达到标准。

从客人入住的那一分钟起，就要保证客房是舒适安全而又温暖的，原乡的村嫂给予的服务是温馨而带有亲切感的。

“纸上得来终觉浅，绝知此事要躬行。”在经过理论培训之后，实际操作演练是很有必要的。原乡村嫂的服务经验原本来自生活，虽然经过理论上的培训，但依然没有在脑海里形成具象，这就需要带领她们前往客房亲自实践，这样才能使其真正领会。通过实际演练，村嫂们觉得受益匪浅，学到了很多东西，变得更加专业。哪怕是叠布草，也有很多流程和方法。铺布草的时候要注意很多细节问题，如点线是否对齐，有无折纹与毛发等。

在整个培训中，村嫂们都全程参与，保持着非常好的状态，热情而又积极。在演练的过程中，赵莹展示了五星级酒店对每一个细节的严格把控，给村嫂带来震撼，同时激发了她们的求知欲。村嫂们说：“我们就是来学东西的。”同时，她们也提出了许多很有建设性的适合当地状况的想法。

原乡通过对村嫂和村民的培训，提升了服务品质，对整个村子旅游产业的长足发展是大有裨益的。西井峪很多村民都在做农家乐，但是客人没有特别好的感受，主要原因就在于服务意识和服务品质有待提升。

原乡最终的目的就是双赢，原乡在西井峪起到模范带头作用，慢慢地有更多的农家乐以及经过提升改造后的优选农舍，将此作为一个标准，他们也会提高他们的服务意识和品质，从而使西井峪的旅游产业迈上一个新的台阶。

五 讲好原乡的故事

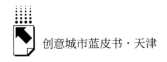

一个用心做好的村庄，还要讲好自己的故事。讲故事的本质是要挖掘原乡背后的文化底蕴，让消费者更加充分地了解西井峪的特色，在欣赏原乡美景的同时，加深对美丽乡村的情感。在讲好西井峪的故事方面，原乡团队做了充分的功课。

（一）作家妙笔生花

给西井峪的情诗：愿和你从天光乍破到暮雪白头

等闲之间
少年已白头
非是忧愁
而在这冰雨中
流连太久

悉数水滴
由无尽的源头直直落下
重力失掉了加速度
从早春耽误掉了整个夏秋
在目之所及的那一刻
他们早已把自己封印
图腾便是六菱

冷却经年的封印术
于此刻发动
空灵的梵咒在回响
无形之力附加在六菱上
每一个边角都裹挟着剑气
向着原野倾覆下来

苍白风干了生机
大地一片寒洌
枯败的草木奋力挣扎
无谓的扭曲瞬间被定格
像是生锈钢筋插在领地
真是一场胜利的宣告

大军源源不断
片片晶体恰似高洁的白鹭
背负着高傲与不羁
每一只都表演着绝伦的独舞
翩跹于密不透风的天色

玻璃若利剑
斩断温度的藕丝
冷暖立判
榻前红泥小火炉
焦炭染着红艳
陶壶中冒出细微的游丝
烧酒里满是真露
一低头
柴犬早就昏睡去

墨迹未干
扶着书案打盹
瘫软的时针搭在钟轴上
斜垂着
显得那么的慵懒
手里还有未放下的镇纸
我抬手

将浮雕上的兽纹置于茶海

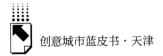

冰雪冲茶
回味甚佳
嫩芽舒展在一汪新鲜中
不时嗅到源自云端的气息
我不禁轻抿
十年饮冰
难凉热血
心
还是热的

白鹭已远
天空浮现出湛蓝
像极了高脚杯中的鸡尾酒
远处偶尔游荡过来几块薄云似的浮冰
倾倒下来
摞了一地白色的泡沫塑料
纯洁而又轻盈

远方空莽莽
白色的枝丫后面
露出灰黑的山的脊背
蜿蜒到了尽头

这一幅水墨布满了留白
我且撕裂出来个豁口
逃进这画风

（作者：谢虹。作于 2017 年 6 月 23 日）

（二）《井峪志异》讲述传说

西井峪历史悠久，数百年来的岁月里，世世代代口耳相传的神话传说自然不在少数，不管是村里的奇闻逸事，还是周边山林中的神怪传说，都在冥冥之中给这个小山村添了几分神秘感。

因此，诚邀村中的博闻长辈，将他们小时候听过的传说故事娓娓道来，而后在“乡建”工作室的笔下加以润色，打造了一部西井峪的神话传说故事集《井峪志异》。

这是西井峪专属的“聊斋志异”——《井峪志异》定场诗：

道德三皇五帝，功名夏后商周。
英雄五霸闹春秋，顷刻兴亡过手。
青史几行名姓，北邙无数荒丘。
前人田地后人收，说甚龙争虎斗。

（三）传承抗日传统

2017 年，是中华民族抗日战争爆发 80 周年纪念。1937 年 7 月 7 日，日本帝国主义者以制造卢沟桥事变（又称“七七事变”）为起点，发动了全面侵华战争。当尘封的记忆被揭开，西井峪的几位老人回想起那段镌刻下血泪的历史，都是经历了良久的沉默，才以带有一丝颤抖地说出来……

周连元，1902 年腊月十二出生在西井峪，是村里最年长的寿星。1937 年日本打进了中国腹地，那时候老人刚刚成年，日本人经常来扫荡，全村人只能经常跑来跑去躲避日本人的扫荡，整日惶恐不安度日如年。但抗战的那段岁月里也发生了一些有趣的事，日本人为了进山区要抓壮丁修路，白天抓村里人修完路，到傍晚解放军游击队到了就组织村里人去破坏路面。老人虽然没有拿起枪去前线，但是仍然身体力行地支持着八路军。老人当时是八路军联络员，给八路军传达了许多重要的消息、情报，为抗战工作做出了许多贡献。

卜静珍，1921 年五月初一生人。民国二十七年，卜静珍从县城嫁到了西井峪。结婚本来是一件特别喜庆的事情，但是生不逢时，战火下所有的欢欣都不复存在。谈及出嫁的那天，新娘子连轿都没坐，天黑就被送来婆家的过往，老人至今心有余悸。

战争带给人们的不仅是身体上的创伤，更有心灵深处的苦痛。卜静珍老人对于这场灾难的发动者——日本帝国主义，至今仍然有说不尽的愤怒与怨恨。

仇玉枝，1931 年九月十六生人。仇玉枝老人出生在蓟县城里东北隅，小时候是个活泼开朗爱说爱笑的小女孩，平日里最开心的事莫过于和小伙伴们一同跑去古城楼上玩耍远眺。美好的时光总是短暂的，当炮声替代了欢笑，留下的便是阵阵哀号。

有幸的是，抗日名将、八路军晋察冀军区冀东军分区副司令员包森，率领当时赫赫有名的“十三团”驻扎在西井峪，领导着蓟县地区的抗日工作。包森日夜在西井峪工作而不被日伪军发现，少不了人民群众的配合和拥护。西井峪人都有着一颗爱国之心，人人都给包森打掩护。而老百姓为了让战士们住得舒心，纷纷并屋，给他们腾屋子。白天男的都出去放哨，女的就在家里并屋，几家并成一个屋子给他们藏身。直到现在，仇玉枝老人心里都深深记得那位慈祥的八路军首长，记得他在西井峪与群众同吃同住的画面。

由于这一段八路军驻村抗日的历史，西井峪因此带上了“红色圣地”的色彩，形成了原乡口口相传的故事。

（四）保护民俗遗产

乡村建设务必要传承和保护民俗遗产。“乡建”工作室把民俗遗产融入现代文化活动之中，融入参与其中的各年龄层次人的心中。

1.“老奶奶的布鞋展”

“老奶奶的布鞋展”，为西井峪传统文化的复兴开了一个好头。这次展览的起点源于 2015 年。从那时起，周云龙和他的小伙伴们就开始筹划着要为村里的传统手工艺做记录、整理和复兴的工作了。他们开始用影像记录布鞋制作的过程、记录卜静珍老奶奶的生活。

2016 年，周云龙参加了新乡贤公益创业大赛，发起了公益众筹，共筹得善款 14800 元。周云龙将整个公益行动的善款使用情况做了梳理，向所有人公示，善始善终（见图 1）。

善款籌集及使用明細

公益籌款

14,800.00元

公益平台管理費	296.00元	/百分之二
傳統手工藝布鞋定制	8,800.00元	/ 100雙
西井峪紀念版光碟	60.00元	/ 10張
童鞋包裝盒定制	730.00元	/ 100個
童鞋包裝盒標簽	454.40元	/ 100個
紀念版明信片	368.00元	/ 60張
邀請函	226.00元	/ 60張
物料:麻繩	54.00元	
物料:手作課工具	385.60元	
物料:展覽畫板	838.00元	
手作課老師	100.00元	
人員車費	58.00元	
郵寄物流	960.00元	
紀錄片拍攝	2000.00元	

善款使用總計 15,330.00元

公益善款結算

-530.00元

*超支部分的530元由九略鄉建工作室捐贈。

图 1　公益行动善款公示

2017 年春节后，周云龙邀请了村里的十名热心村民与卜奶奶一同制作布鞋。3 月 18 日，“老奶奶的布鞋展”正式在拾磨书店开幕，传统手工童鞋制作体验课等相关活动也同期举行。

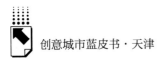

当年脚上的小布鞋被细细的麻绳挂上半空，成为供人欣赏的艺术品，人们心中产生了一种奇妙的感觉。在展出期间，不管是专程而来的观者，还是碰巧看到的游客，都对这种布展方式感到震撼，并被那一双双精巧的猫鞋、猪鞋，以及乡村传统手工艺的强大生命力所感染。

好的展出会让不同的人们生发出各种感慨：有些人回忆起童年的时光，从这细密的针脚，想到那疼爱自己的母亲；孩子们被鲜艳的色彩和可爱的造型吸引，传统的文化就此烙印在他们的记忆中；老人们被勾起尘封的回忆，多少往事轻描淡写，而这一双双布鞋是生活留下来的一丝痕迹。透过布鞋，历史穿越时空，回忆照进现实。为期一个月的展览已经落幕，但展览的结束不意味着记录传统、保留传统的工作的终结，复兴西井峪的传统文化和蕴含在其中的人情味，将是“乡建”工作室一项持续不断的工作。

2. 皮影表演

提起皮影，生于20世纪70年代以前的人都知道。蓟州地区的皮影来源于唐山皮影，蓟州人也叫“唱影”，是以前蓟州人最喜欢的一种夜晚娱乐节目。据《蓟州民俗录》记载，蓟州皮影历史悠久且分布广泛，几乎每个较大的集镇或较大的村庄都有皮影社，演唱的段子多是成本大套的古戏剧，如《朱元璋走国》《五峰会》等。

那时候倘若哪个村有搭台唱影的，不仅全村轰动，还会吸引周围村子的人成群来观看，有些家庭还会接来亲戚住在自己家来瞧影。到了夜晚简直是万人空巷，只有锣鼓和表演者的唱腔响彻农村的夜空。

皮影表演，要求演员的手、脚、嘴三方面都有硬功夫。可以说“眼观六路，耳听八方”，手要能熟练地操作影人，耍、打、跑、跳、跪、窜等动作要能熟练地演出。同时嘴上还要说、念、唱，功夫要全面，唱谁像谁。此外，脚下还要掣动敲打锣鼓进行伴奏。一专多能是唱影人的特点。

几十年来，随着社会的发展，唱影逐渐退出了人们的文娱生活。现在，随着西井峪的开发建设，为了挽救皮影这一非物质文化遗产，西井峪设立了皮影坊，定期为游客和乡亲进行演出，受到了来自天津、北京等众多游客的喜爱。

3. 麻梨根雕

西井峪的周雷擅长麻梨根雕，他最开始接触根雕，是因为在西井峪当地的山上，刨了一棵麻梨疙瘩，用它做了一个小葫芦。之后他慢慢地喜欢上了麻梨疙瘩，从此根雕便成为他的个人喜好。周雷做根雕，用的是从网上买的电动工具，有几十个专门用于雕刻的纯钢制的刀头。做一件小件的根雕，当天就能做出来，一些大件就需要几天的工夫。

目前，大众对麻梨的兴趣越来越浓厚，但懂行的往往不多，市面上麻梨的质量参差不齐。周雷介绍说，麻梨从质地上大概可分为：黑料（黑红料）、红料、红黄料、黄料、黄白料等。最好、最有收藏价值的是黑料（黑红料）和红料这两种。这两种料形成时间最长、形成环境最恶劣、密度也最大，其优良质地和花纹（做成小把件）不亚于黄花梨和紫檀。玩家在选择麻梨制品时，首先要考虑的是麻梨的质地，而不是花多花少，在确定了质地的基础上，再去考虑特色和品相的问题。

4. 绒线手鞠球

手鞠球，是一种传统绒线玩具，用彩色毛线在表面缝制出各种复杂而华丽的几何花纹。2017 年 10 月 20 日和 27 日，拾磨书店请到了手鞠球制作达人齐小球，她将自己亲手制作的手鞠球带到，还在现场开设手鞠球制作课程。报名参加的人数众多，让这个安静的小山村顿时变得热闹起来。

六　搞好节庆活动

（一）十月庆丰宴

金秋的西井峪，枫林尽染，秋高气爽。走在乡村的小路上，脚踏掉落的树叶，夕阳映红的天空，大雁南飞，温暖灿烂的阳光洒在石头堆砌的屋子上，各色的树叶、野果与常绿的乔木参差交错，色彩浓郁而润泽，如同一幅壮丽的油画。田里的谷子开始染上金黄，村民们已经做好准备，迎接秋收。

这片美丽的土地，物产丰富，这里的水果更是出了名的好吃。2016 年 10 月 3 日，第一届西井峪金秋庆丰宴在精彩表演中开办，几百位来自城市的游客和西井峪当地村民齐聚西井峪石头广场，大吃流水席，尽享丰收的喜悦。

下午 6 点的时候，身着火红服装的锣鼓队上场，锣鼓喧天，人声鼎沸……大厨们精心制作的大餐和村民们自制的好菜陆续摆上餐桌。操着不同口音、来自不同地方的游客和西井峪村的村民一起入席。丰富的菜品让大家胃口大开，人们从美食聊起，畅谈乡情，追忆乡愁。繁华落尽，秋天的星空澄澈分明，一场别开生面的庆丰宴达到完美。

2017 年的金秋，新一轮的庆丰宴会再一次勾起人们怀乡的情绪……

（二）阅读走进原乡

平日的拾磨书店是安静的。但是在 2017 年 4 月 15 日，拾磨书店举办了一场“让阅读从此走进西井峪”的活动，安静的书店开始热闹起来。这次活动的主题为“在乡村阅读中心留下你的印记”和“当‘拾磨’邂逅‘商务印书馆’”。下面是相关的宣传创意。

1. 在这里的一切旅程

从一本书开始

在“乡村阅读中心”留下你的印记

活动时间：2017 年 4 月 15 日 14：00 ~ 18：00 点

活动地点：天津市蓟州区渔阳镇西井峪村拾磨书店

参与方式：①16：00 点前携带至少一本书籍，在西井峪拾磨书店进行现场报名；②成功报名后每位可领取 1 张书卡，并将书卡副卷投掷抽奖箱内；③工作人员展陈图书，16：00 点开始换书活动；④17：00 点整开始抽奖活动；⑤接受捐赠书籍。

2. 当“拾磨’邂逅“商务印书馆”——让阅读从此走进西井峪

活动时间：2017 年 4 月 15 日 14：00 ~ 19：00 点

活动地点：天津市蓟州区渔阳镇西井峪村跃进广场（石头广场）

活动内容：商务印书馆拾磨乡村阅读中心签约揭牌仪式

村晚手作旧书市集

拾磨诗诵会

非遗皮影表演

“留下你的印记”换书、捐书活动

（三）“拾磨新声音”大赛

2017 年 9 月，拾磨再次发声，此次是要举办一场翻唱歌曲大赛。宣传创意如下。

拾磨新声音/惊天逆转？试看巨奖终落她家……

歌喉为弓，音符作箭，狼烟四起，决战在即。

临近最终之战，壮士自当骁勇。武艺修备，枪火在膛，摩拳擦掌，沙场亮剑。面对宣战强敌，不吝刚毅，拼力搏杀，即便赌上这歌王之名！

时至今日，战火乍熄。狼烟下遍布残甲，中央唯有勇士孑然而立，擎剑破天，激壮满怀！

比赛规则如下。将完整翻唱作品链接及信息（包括翻唱作品选取的想法）发送到公众号后台，从中择优挑选出20个入围作品。将20个入围作品分成4组，届时会将分组仪式在直播平台上实时直播，确保公开、公平、公正。每一组作品投票打榜一周，5个作品按票数高低决出周冠军作品，四周打榜时间决出4个周冠军作品。9月20日总决选结果名单公布。

拾磨书店“拾磨新声音”音乐翻唱比赛历时将近一个半月。自推出之时，便受到了外界的极大关注。报名参赛的粉丝数不胜数，好的作品层出不穷。总决选阶段，4个实力强劲的周冠军竞相发力，以广泛的影响力号召亲友粉丝投票，票数此起彼伏，甚至出现了后来居上“逆袭”夺冠的神奇情节，最终的结果让人惊叹不已……

举办音乐翻唱比赛的初衷是让更多的人参与进来，让更多的人关注“拾磨”这个扎根于乡村基层、服务于民的石头村的小书店。而此次活动，无疑增进了拾磨与客人之间的互动的。

（四）国庆3D奇幻灯光秀

2017年，西井峪第二届金秋庆丰宴的脚步越来越近，除了乡建工作室自身不懈努力，同时吸引了越来越多的外部团队的鼎力协助。

这些团队有着不俗的经验与实力，其中特别突出的便是负责庆丰宴现场灯光布置的团队，在打造庆丰宴灯光效果的同时，他们也在“十一黄金周”期间为广大游客带来了另外一场震撼的视觉盛宴，那就是蓟州紫云水岸香草园3D奇幻灯光秀。

（五）2017舞动西班牙

一个中国的小山村如何和西班牙Salsa舞蹈搭上瓜葛？现代“互联网+”

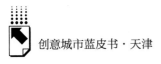

共享经济时代可以制造这样的神奇！宣传创意如下。

Salsa 舞女神与旅拍男神邀您共赴艺术国度

忙碌了一整年的你，是否无数次地想过要彻底放飞自己的心灵？是否想要给自己不一样的惊喜？您的机会来了，一生只此一次的超级 VVV……VIP 西班牙定制之旅，聪明睿智英明神武的您怎么能错过？

由原乡井峪度假山居、天津 MISalsa 舞蹈俱乐部、旅游目的地优质视觉内容传播者——未游共同为大家呈现的 9 晚 11 天饕餮游学盛宴开启了。

B.21
听茶，茶音自在

秦舒妍*

摘 要： 听茶是一个具有原创性、人文性与实验性的音乐艺术现场，通过东方茶道与西方弦乐的文化跨界融合，以巡演的方式呈现和传播一种专注于细微与当下生活的精神理念，同时将中华传统文化的千年人文经典呈现于世界。

关键词： 听茶　现场艺术　文化跨界融合

一　听茶是什么

（一）听茶介绍

东方的茶道与西方的弦乐，跨界之中以行茶之道潜心感受，用耳去听，让茶音说话。这是一个实验性的艺术现场，用音乐合着行茶的节奏，用音乐诠释茶的滋味，隔空中气息的流动附着着茶的本真味道，至此我们尝试开启一个音乐艺术现场，我们把它叫作“听茶”。语言的尽头，音乐响起，茶音自在。

听茶是一个具有原创性、人文性与实验性的音乐艺术现场，通过东方茶道与西方弦乐的文化跨界融合，以巡演的方式呈现和传播一种专注于细微与当下生活的精神理念，同时将中华传统文化的千年人文经典呈现于世界。静与动，开与合，有内敛，有随性，律动之美浮现于耳目之间，观者以心听茶，茶味而

* 秦舒妍，天津壹心家茶文化传播有限公司创办人。

非流连于口舌。由知名茶人与音乐人组成的艺术家团队通过现场演出将东方茶道的韵与西方弦乐的律以声乐、行为、视觉艺术的方式展现给观者，由此形成共鸣，完成一个人人介入却感知细微的音乐艺术现场。“听茶”还将通过音乐人与茶人的默契配合，用音乐的旋律解读不同茶品的属性，让“听”成为传达茶之内涵和中华传统文化与当下结合的媒介。

听茶由天津壹心家茶文化有限公司创作出品，于2016年11月11日于成都首演，12月在苏州，2017年1月在上海，4月在天津，6月在秦皇岛，8月在北京，11月在厦门，2018年4月第二季在洛阳首演。听茶每一年将遴选具有人文时代性与深厚历史文化的城市进行巡演，同时积极面向海外筹备巡演计划。

（二）听茶的社会意义

1. 中华传统文化传承与复兴的象征

听茶中重要的文化构建元素即是中国茶、中国茶道文化。中华传统文化似茶之丰厚，承载千年和美之道。听茶将传统茶道美学仪式与舞台设计、艺术表现相结合，使其具有鲜明的时代特征，并呈现了中华传统文化传承与复兴的尚美景象。

2. 从物质需求到精神需求转变的态势

听茶由茶、乐、器等具有人文精神理念与传统文化特质的高品质内容版块组成，是中华优秀传统文化传承发展体系中人文精神的基本组成形态。在与当代元素结合中充分体现了文化研究阐发、艺术培育普及、传统保护延承、形式创新发展、品牌传播交流等方面协同推进的成果，具有中国特色、中国风格及与世界相融合的文化态势。

听茶是从物质需求到精神需求转变的典型范例，在文化自觉和文化自信中，通过艺术现场实例验证了大众对精神文化的广泛需求，将当代中国社会大众在文化消费的高层次现状呈现于国际视野。

3. 文化创新性的展现与开放包容的世界格局

通过新的媒介巩固了中国茶文化的成果，通过创新性的文化载体反映了茶道在中华民族文明史保护与传承过程中的变革，通过跨界艺术元素的融合加强了中国茶文化在国际文化交流中的开放性与包容性。听茶让更多体现中华文化特色、具有较强竞争力的文化传统走向国际市场，将代表中华民族文化经典的茶和融合世界文化艺术元素的优秀内容进行创新传播，阐释好中国特色、展示好“最美中国”的创新形象。

（三）听茶的人文意义

内关自我，专注细微。日常行茶时的注水声，茶叶的翻转声，器皿间的蹚撞声，诸多平凡而微妙的自然之声易于被忽视，而它们被具象化后的呈现却能如此美妙，值得我们重新审视。

东方茶道与西方弦乐的跨界看似冲突却在打破边界中实现了融合。茶的包容性与音乐的宽度在艺术家们的本色演绎下已将听茶人置身于空灵的内关情境中，随旋律的变化用感官体验着不同维度所带来的精神滋养。茶与音乐只是介质，而决定“味道”的依然是当下的我们。因此，听茶所要传达的并不是视觉仪式的演变，而是一个情景的引导性载体，让我们从中珍惜细微，关注自我，听“茶”的声音。

听茶始于原创，行在自然，从东西方文化融合的维度介入人与自然的关系。原创的音乐，即兴的现场，生活中本真的模样，由此融入了一场真诚并触及心底的音乐艺术之旅。

（四）听茶宣传语

“总有一种遇见能让你的身体慢下来，不再去追赶；总有一些人你与之相遇后一见如初。”

“我想去一个地方，到了那处地方，教人不知时候。见月圆知是十五，不见月了想是三十。草生知春，雪覆知冬。一呼一吸，轨道如常。有个瞬间，感知自己。听茶，茶音犹在。”

二　听茶主创及参演艺术家分享

（一）听茶策划人、制作人：李辉

听茶巡演的每一城我都会邀请好友担当分享嘉宾，他们皆是来自不同领域的师者，设计师、建筑师、钢琴家、批评家、艺术家、企业家等，但他们不是以专业人士的身份去解读听茶，而是从一位观者的角色将聆听到的感受分享给众人。世事皆有机缘，也许巡演至某一城我会邀请宗教界的师者参与听茶。不同的社会角色，不同的人文背景，在千百年的东方茶道与西方弦乐融合中品读当下的滋味。茶道与音乐是艺术仪式，也是生活的呈现方式。

听茶的每一城巡演都在时间、空间、自然中变化，我并不追求单一的茶空间或是美学空间，这是因为茶与音乐的格局并不局限于既定视觉与思维的宽度。可以在富有禅意的东方茶道空间奏响，也可在古拙质朴的农家泥房之内共鸣，亦可在工业废墟之中聆听钢筋铁骨的回响。也许有一天，在一望无际的沙漠也能聆听到茶音。如此，听茶的理念方可诠释，听茶的意义方能深远。种种迥异的空间与情境带给你不同的听茶感受，而最终归于当下的内心，归于对细微的关注，当下才是我们思考与追求的生活本真。

（二）听茶主创茶人：秦舒妍

行茶，主要让观者体会到的是沉静、内敛与专注，由此可让泡茶者与同席者共同体会一种茶之境界。但表面的舒缓并不意味着单一或没有张力，或是让人昏昏欲睡的单调重复。其实，茶是有节奏的，所谓看茶泡茶，应该高冲还是低注，应该迅速还是缓慢，应该用力还是舒展等都有讲究，一个成熟的茶者无非是举重若轻，让人有轻松自然之感，但内里，他应该有节奏、有强弱、有张弛、有掌控，所有这一切，就是茶者的无声之乐。

因此，如若要在行茶过程中加入音乐，我想它不应是与茶独立存在的，应有默契、有感知、有交流，说得极致一点，它应该是为当时的茶而存在，又能加强茶之存在的。

初见果酱四重奏的两位音乐人，即被他们的音乐所吸引。无论在各自的音乐领域，还是在即兴的配合方面，他们都已经很成熟，所以当这次听茶的策划人提议做一次茶与音乐相结合的表演时，我一方面很高兴，另一方面又觉得不安。因一直以来不喜欢表演型的茶道，所以想不出会有怎样的呈现效果。但是好在作为乐队领队的 KUN 对这个提议很上心，他说，感谢有这次合作机会，让他们可以尝试音乐的另一种可能，争取实现由外而内的表达。这个说法深深打动了我。如果对于经常即兴演奏的音乐人，这是一个由放到收的过程，那么对于一向谨慎的我来说则正好相反，将是一个由收到放的尝试。如何表达，我还没有想清楚，但我相信，如果它能呈现出来，对我们双方都将是一次有益的尝试、一个突破。

第一次磨合，我们尝试把泡茶过程中所有的声音收集起来，将煮水、水入壶、茶叶入壶、开壶盖，甚至品茶、吞咽的声音做成一个音乐小样时，我惊讶于它的丰富与引人想象的空间。在接下来的日子，我们还需要不断完善，很期待听茶会有一个不一样的呈现。

（三）听茶音乐人：王国坤

这次体验，过程着实迷人，茶道与音声相和，在那个当下，双双入道，一茶一声都带有禅意，亦有“豁然而见新天日”的状态，这富于意趣的碰撞，似乎让这两门“技艺”上升到艺术的境地。拿当下时髦的话来说，好像参加了一次别开生面的艺术现场，茶道在音乐演奏中，不仅成为一种视觉元素，更是音乐的一部分，而行茶的整个过程，似乎是音乐的另一种存在形式——是声的“场”，是音的“律动”。而音乐演奏又从某种侧面表现出茶道的静怡之美，看似安静的冲泡，实则是对茶人心法的考虑，声音为茶人沉淀内心，也用独特的方式解读各色茶类的性格。

茶道并非乐道，但其自身亦有某种自然律动，数下拨弄，茶叶入壶碰出细碎声响，呼吸之间，沸水倾泻杯中，迸发几声清韵。若是有心人捕捉到这些茶外之音，整个“场”就变得有趣起来，茶音不争不抢，乐声随性而至，闭目体会，茶音入乐，乐声入茶，心耳盈盈。

三　听茶嘉宾及观众观后分享

（一）艺术批评家：郝青松

万物的存在不止于物质，更有形而上的意义。从生命的视角认知世界，没有什么不是废墟，不是废墟重生。茶，同样如此。作为自然生命体，新茶之绿被采摘下来，经过一系列复杂工序，成为陈茶。形容枯槁，若尘埃废墟。然而，忽一日，置于茶盏，开水冲泡，刹那间如铁树开花，生命重新绽放起来，废墟重生。那茶叶重新舒展开来，欢庆新生的愉悦，即便它的命运如昙花一现，只在几次冲泡之间。它的生命已化为天地精液，与人化合。

从原罪的角度，人也是期待重生的废墟。耶稣在最后的晚餐时，举起杯来说：“你们都喝这个；因为这是我立约的血，为多人流出来，使罪得赦……”而茶水进入人的身体时，在文化的意义上更是一种逍遥和自在。这是两种世界观的区别，往大里说，如何理解这进入身体的液体与今日世界文明发展的不同状态直接相关。进入身体，改变的却是灵魂，因此身体废墟才可以重生。每个人，都需要在成年之后经过灵魂的再生才真正成为一个人。天人合一，不应停留在所谓的逍遥与自在，而应是废墟重生。茶，喝茶，听茶，台上台下的每个人，都因此成为废墟艺术。

（二）建筑设计师：青山周平

我很感动，这份感动一部分来自长城这个建筑跟周围自然环境的结合，这种历史久远的建筑与我们当下的人、音乐、茶香的结合，有很强的逻辑感，总之，出乎我意料。生活在城市里的人，在繁忙和嘈杂中，经过一段时间的车程来到这里，安静下来，有种时空交错的感觉，很奇妙。

（三）当代艺术家：张锰

我觉得听茶在创造一种仪式感。会有更多的人需要这种仪式的体验。举个例子，在日本濑户内海漂浮着很多小岛，其中有一个美术馆与住所为一体的建筑颇受艺术爱好者的喜欢。这是由日本著名建筑师安藤忠雄设计的，建筑经过设计师的巧思，与自然做了完美的结合，虽然去那里要坐车坐船几经辗转，花费比较长的时间，但为了去感受那“心之宁静，美之本源”，一切都值得。我认为听茶有同样的效果。

（四）拾得大地幸福集团营销副总经理：文勇

听茶是东方茶道与西方弦乐的碰撞融合，也是传统文明与现代文化的对话。而长城是东方文明甚至人类文明的标志，这一场长城听茶现场，是长城脚下饮马川对东方传统文化与现代生活方式的探索、保护与修复。

建筑不是商品，它是一个人与天的平台。如果把人文、自然割除了，那它就只剩下建筑物了。只有把人文和自然找回来，它才会完整。因为建筑是人文的积淀，人文是从土里长出来的。建筑是自然与生活之间的平台，人要学着回归本源，建筑也需回归本源。我们要做的建筑，应该是对当下时代的响应，是在倾听了环境、人文及时代的讯息后的响应。里面是生活，外面是自然。

穿越时空的回响，闭眼聆听那一刻，会穿越到700年前，脑海中浮现修建这段明长城时的场景，之后驻守长城的将士和我们处在一样的夏日夜晚，这样一种与另一个时间、另一段历史的交互感，是之前从未有过的！我们不再是一个长城上的游客，也不是音乐厅里的听众，而是在聆听和内观中，完成了和长城、历史及驻守这里的将士们的一次联结。

（五）艺术家：张宏芳

千年等一回的长城之夜，感天动地，连日暴雨居然也停下来祝福。当听茶归来穿过午夜的城市，内心多了一份勇敢！人有太多未知未及的区域，个人有限的生活经验不足以成为推力，要借由某种艺术的形式、仪式方会唤醒并多维缔结起感通体验。

初秋，雨后，夜空下，长城烽火台。闭上眼睛，乘着音乐，借着热茶，破壁时空，超越历史、现实、记忆，以抽象的逻辑实现精神对流时，自己的内心和外在的世界、外界的物质与心中所理解的世界就结合起来。在千年面前，人是短暂的停顿；在长城脚下，人是不穷尽的力量！感谢李辉先生的邀请！感恩所有的因缘际会！

（六）听茶观众

曼妙无比的下午时光，茶道与音乐，古琴与提琴，和谐共奏，完美融合。静谧的时光里，轻轻闭上双眼，口中留着茶的余香，耳边飘起美的音符。时而高山流水，时而万马奔腾，带着灵魂与身体，一起翻越了无数个远近古今的时空。一个沏茶的过程，静心细听，却是一段大自然馈赠给人类的最美妙的天然乐章：烧开水的沸腾声，茶叶滚落杯中的轻撞声，水入杯中的注水声，杯杯相撞的清脆声，声声悦耳，享受无比，回味无穷。

四　听茶巡演城市文宣

（一）听茶厦门站

总有一种声音能让你的身体慢下来，不再去追赶。总有一些人你与之相遇后一见如初。他们由心而发，带着茶与音乐行走七城，彼此相应，心意相通。一年间与千人分享着每一场、每一城的听茶瞬间，11 月 25 日与 26 日第七城厦门听茶又将是旧友的重逢，新朋的相遇。一盏茶、四重奏、一张琴，从陌路到挚友，听茶的每一位艺术家从未放弃对内心的坚守和对彼此的信任，一年的创作与展演，一年的形影相随，才有了这听茶的五人七城。厦门，相约在冬日暖阳。

（二）听茶北京站

寻找中总会有遇见，偶然或是注定，而听茶遇见了长城。这即将是一场当代艺术与历史遗迹的对话，在世界文明前心怀仰慕与敬畏，用东西方的艺术融合表达当代人的文化价值观念和生活方式。在长城脚下饮马川，还大地以幸福，还生活以诗意。从自然中来，回自然中去。相同的理念，让相同的人总会相遇。

北京，呈现听茶的第六城，地理位置、空间、时间的变化，让听茶碰撞出很多奇妙的存在。对于空间，这一次，选择在中国的代表建筑长城之上，历史与当下的融合，在整场听茶的进行中，迂回又前行，好像出现了一种很强的逻辑感。

茶道与音乐，建筑与艺术，听茶依然在尝试着不同语境下的差异感受和共性思考。无论是茶还是乐，是建筑还是艺术，均在当下融于生活，而我们的生活又是怎样的？青山周平说：“我想做的设计就是通过空间、建筑改变我们现在的生活方式，改变我们对生活、城市和建筑的理解。”也如张锰通过新媒体艺术手段，从城市传统文化与当代美学相结合的观念入手，强调传统与当代并举，提供具有贯通传统文化与人文历史又兼顾新观念的全新理念。

（三）听茶秦皇岛站

阅尽繁华之后，心灵在寻找巢居，内心在倾听恬静，而海给了这一切的包容与传递，如同杯中的茶、耳中的乐。在阿那亚中国最孤独的图书馆做一场听茶是件幸运与幸福的事。“有质量的简朴，有节制的丰盛。”感受到的不只是面朝大海茶音犹在的心旷神怡，还有人对自然、对质朴、对单纯而自由的人生境界的向往。

在一场颇具仪式感的音乐艺术现场，诠释一种艺术融合日常的生活状态，选择，没有正确，只有适合。五人七城，听茶遇见最孤独的图书馆。夜幕下，涛声此起彼伏，人于此中找寻宁静却不失优雅，远离喧嚣而不失生活自然，嗅得海的味道，闻得茶音自在。

（四）听茶天津站

天津，我定居之处，听茶终于在五人七城的第四城回到了家乡，此中的情愫难以言表，如同一名游子归乡，既熟悉又陌生，既有坦然又有忐忑。天津，一座具有百年历史文化的名城，是开近代文明风气之先的城市，同时，在当下文化氛围中却又显得如此的孤寂和艰难。这座城市有很多人在文化领域执着着，其中包括我们，期望用微薄之力推动这座城市的人文发展，让游子归心向往，身在故乡。

（五）听茶苏州站

每一座城都有遇见，故友，新朋，而有一种遇见让我们犹如初见。初相遇的时候，一切都是美好，所有的时光，都是快乐，初见惊艳，再见依然，蓦然回首，原在本色人间。

苏州，听茶的第二城，本色剧场，听茶的演绎舞台。再来本色既有满满的憧憬也心怀忐忑，年度的千人茶会，当代东方美学的饕餮盛宴，每期赴约无不斟酌再三，谋求最贴合的人文表达，呈现最佳状态的理念主张，而这一切来源于对生活的态度和对日常的积淀。引用听茶出品人陈翰星先生的话：“初心不变，源自本性，演绎本我，本来面目。”这也是“听”与“茶”的本质所在。

B.22
天津人在韩城：影视基地的产业化、智能化和平台化

荆克迪*

摘　要： 从2012年开始，天津人胡凤林创立的海蓝潮文化传媒公司开始转型，初步涉足微电影产业领域。在5年的时间里，他将微电影从一纸论文做成了一个产业。微电影产业基地萌发于天津东丽区，开花结果到了陕西的韩城市，梦想正在步步成为现实。在当地政府的支持下，胡凤林用了两年多的时间，在韩城市建立了影视文化产业基地，也是目前国内最大的微电影产业化园区。2017年，分别被国家、陕西省和韩城市挂牌命名为青年创新创业基地、特色众创空间和文化产业基地。

关键词： 微电影　产业化　智能化　平台化

前　言

从2012年开始，天津人胡凤林创立的海蓝潮文化传媒公司开始转型，初步涉足微电影产业领域。为了把微电影产业梦变成现实，胡凤林在天津市东丽区建立了微电影产业基地。该基地包括从微电影剧本创作、制片、导演、演员中介，到设备研发、图像渲染及调色、后期处理、音效与音乐制作、特装设备

* 荆克迪，南开大学政治经济学研究中心助理研究员，中国特色社会主义经济建设协同创新中心办公室主任。

租赁，再到微电影智能化和云计算的企业集群。

在5年的时间里，胡凤林将微电影从一纸论文做成了一个产业。微电影产业基地也从萌发于天津东丽区，开花结果到了陕西的韩城市，梦想正在步步成为现实。

在当地政府的支持下，胡凤林用了两年多的时间，在韩城市建立了影视文化产业基地，目前也是国内最大的微电影产业化园区。国内首家“微电影制片厂”，首个影视智能化设备制造业态，首个微电影剧制作中心，首个微电影栏目，首部3D微电影等，都从这里诞生。2017年，分别被国家、陕西省和韩城市挂牌命名为青年创新创业基地、特色众创空间和文化产业基地。

2017年，韩城以率先在国内影视领域进行供给侧结构性改革被《中国经济周刊》大篇幅报道，报道称：韩城新兴产业示范基地，大力推进中国影视工业4.0，并率先对影视领域进行供给侧改革，成为影视领域高智能化、高技术和高科技综合体的典范。

一　2017年长足发展

（一）影视产业开发

2017年1月，基地黄河微电影制片厂“大型史诗系列微电影《史记》拍摄启动”成为2016年中国微电影十大新闻事件之一。

2017年2月，国内首款影视特技特效拍摄机器人首次进入剧组（《斗破苍穹》剧组），并被剧组租赁使用，全年共出场48次。

2017年4月，黄河影业投资拍摄了《千亿神偷》网络电影。

2017年5月，基地引资项目“演播大厅”正式投运，并进行初期的儿童剧院、剧院以及音乐会的运营；基地引资项目“音效制作室”从8月开始运行。

2017年7月，黄河影业投资拍摄了《树上有个好地方》《新田》两部院线电影。

2017年10月1～8日，“金帧国际短片电影节”启动，举办了由65个国家参与的韩城·金帧短片电影文化交流周。

2017年10月20日，《有我的那天》微电影参加釜山电影节，获得提名奖。

2017年11月成立产业经营部，2018年基地开始进入产业经营期。

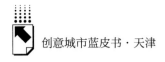

综上，2017年全年共拍摄院线电影2部、网络电影2部、微视频96部、微电影10部。

（二）签约项目

韩城市VR、AR全息智能体验剧场项目。北京韩韩旅游文化有限公司（韩城韩韩影业有限公司），引进投资4200万元。

西安邮电大学西北双创影视研孵基地项目。2017年6月1日签订合作协议，通过校企合作开展一系列“产、学、研”融合及实践教学和创新创业活动，培养高素质、高技能的应用型技术人才，发挥职业技术教育为社会、行业、企业服务的功能。2017年11月3日，西北双创影视研孵基地，迎来了第一期由西安邮电大学40余名师生参与的摄影采风活动。

二　2018年工作重心

2018年，基地要将工作重心从产业管理转向产业经营。根据新兴产业示范基地的现状，以及黄河影业未来的发展需要，确定2018年基地要厘清政府职能和平台经营职能两条线，逐步改变以政府补贴维持运营的状态。

对基地的产业发展定位，仍然坚持以打造微电影产业为战略目标，以形成微电影产业链为主线，逐步丰富影视产业相关业态及内容，深度打通互联网出口环节，逐步实现影视产业链闭环设计思路。定制剧、自制剧和购置剧“三管”齐下，继续推动已确定的产业发展目标；要在产业链形成、产品出口、业态促成、招商和外资吸纳以及相里堡电影小镇建设等项目上发力。在产业平台逐步完善的同时，向着产业经营迈进。

三　主要经营内容

2018年主体经营工作分为以下三大板块。

（一）第一板块

继续推进韩城智造影视特拍机器的扩容，在持续解决现场存在问题的基础上进一步研发，由合作经营状态，进入独立经营状态。

2018 年是韩城市发力发展的关键年。基地将围绕市委、市政府对数字、数据、科技，特别是黑科技、硬科技等方面的部署，加大研发和项目引进力度，其相关清单如表 1 所示。

表 1　新兴产业示范基地研发内容清单

项目名称	研发内容	时间	数量	属性
智能型影视特拍机器人	1. 移动摄影像机无线跟焦系统开发	4 个月	6 项	自我开发
	2. 应用端多组件及万能支撑架设计	3 个月	21 项	自我开发
	3. 机械臂末端轴开发	12 个月	9 项	自我开发
	4. 机器人移动轨道稳定系统开发设计	6 个月	12 项	自我开发
	5. 机器人联动摄像机镜头轨迹设计	24 个月	300 个	自我开发
	6. 技术及智能化设计技术专家咨询	6 个月	50 人	自我开发
指尖影院	1. 手机 App 版升级模块设计			自我开发
	2. 内容性模块后台代码编写			自我开发
	3. 视频植入驱动模块设计			自我开发
	4. 云存储及驱动操作系统设计			自我开发
立体测绘三维影像数据建模技术	1. 无基准控制点定位计算设计			合作开发
	2. 控制网几何图形及点与点之间测距设计			合作开发
	3. GPS 与控制网建模数据契合及精度设计			合作开发
	4. 同一坐标系统中三维信息提供技术研究			合作开发
	5. 大面积重复观测精度控制			合作开发
	6. 远距离（偏远地区）观测精度控制			合作开发
地下管道危险气体测试机器人（已有模型设计）	1. 测量行走车（水路两栖）结构设计			合作开发
	2. 全黑光夜视摄像头安装测试			合作开发
	3. 管道下微波传送监控图像测试设计			合作开发
	4. 有毒有害气体信号传输专家咨询			合作开发
无人值守智能灭火装置	1. 温感、烟感集控反应电路设计			合作开发
	2. 装置 GPS 智能报警精确定位系统			合作开发
	3. 小型高效灭火装置（落地水溶弹）设计			合作开发
	4. 全景视频数据编码装置设计			合作开发
园区 VR 全景招商系统为使用者带来的便捷性	1. SDK 开发（系统功能设计与开发）			合作开发
	2. VR 全景拍摄数据调用系统设计			合作开发
	3. 系统 UI 设计制作			合作开发
	4. AR 转 3D 人机交互 APK 设计			合作开发
	5. 数字地图设计制作			合作开发

续表

项目名称	研发内容	时间	数量	属性
智能全景互动招商模块	1. 水平及垂直360度环视效果设计			合作开发
	2. 真实场景,三维全景图像采集模块设计			合作开发
	3. 自主独立服务器系统建立			合作开发
智能全景旅游系统展示模块	1. 无线网络旅游信息平台设计			合作开发
	2. 景别网状模块设计			合作开发
	3. 手机360度全景离线版观看模式设计			合作开发
	4. 百度地图后台无缝连接设计			合作开发
	5. GPS卫星地图无缝连接及数据共享设计			合作开发
	6. 立体全景(VR)内容植入实验			合作开发

（二）第二板块

继续跟进院线电影《树上有个好地方》在国际参展的工作，计划于2018年底或2019年上半年在全国公映。

继续推进院线电影《新田》在全国公映的工作，争取2018年上半年能够排期下半年在全国的公映。

网络电影《千亿神偷》2018年上线播放。

代表韩城国有企业，推进60集电视连续剧《凤凰屏》的拍摄工作，按照预期实现盈利。

积极与凤凰卫视洽谈合作，力争有所突破。

（三）第三板块

基地内部架构体逐步进入自我经营期。

黄河影视特拍公司进入自我经营期。

花谷国公司实行民营混合经济体制，吸引民营经济进入。

组建新兴产业示范基地“新企联合会”，先期推进入驻基地的15家企业进入成长发展期，并考虑与基地共赢工作的开展。

四　基地产业规划

从2018年起至2019年上半年，基地将分三个阶段推进产业经营。

（一）第一阶段：经营设计阶段

从现在开始，考虑到未来 1 ~2 年基地整体经营工作推进需要，提前设置经营结构。在基地内部成立产业经营部，用这个经营体执行基地经营战略和指令并发挥其效能。

以市场为导向，充分发挥基地的平台效应，整合资源。以基地现有业态、项目及各个团队形成的经营内容为载体，进行统计和甄别，梳理和划分出产业链各个环节，去粗取精，找准主攻方向，在 2018 年加力推进，使基地的社会效益和经济效益都有所提升，进而创造更大影响力。

针对基地内部运营公司的实际效能和运营状态，对装备公司和花谷国两家公司加以重点考虑。关于装备公司，考虑其特拍装备市场经营潜力大的市场事实，要加大对机器人装备的投入和市场开发力度。这主要是指加大研发和人才培养力度，再购置 3 ~5 台机器人，用以提升市场租赁占有率。针对装备公司影视拍摄（影视拍摄制作、VR 拍摄制作）的能力，考虑将其与装备本身剥离，一是让其独立运营，二是采取混合经济形式进行运营。关于花谷国公司，要理性分析并审视其优势和劣势。对花谷国，以整合资源为手段，以舞台剧、歌剧为载体，以艺术培训为经营点，在基地已建立的平台上，做出经营动作设计，力主促成与中国音乐剧协会的合作，率先在韩城建立国家级别的业态，做强品牌，为经营动作创造良好的社会环境。

根据基地平台拥有的资源，设计基地影剧院、青少年儿童剧院（类似五四剧院）、基地广场等，2018 年加以推进实施。

深度完善“相里堡电影小镇”的概念设计，使其进入业态和环境设计中。在业态设计上，除按规划思路设计外，还要在影视旅游观光体验、业态内容特色上继续完善。要与邮电大学继续深度合作，与黄河新区管委会协商，推进相里堡道路、玻璃桥等物理环境的建设。

针对“相里堡电影小镇”的概念设计和规划纲要，开展招商引资工作，同时设计电影小镇的合作和融资模式。

完成相里堡立项工作，同时进行“百集系列微电影”立项和立项后的融资工作。

根据韩城影视产业的推进情况，2018 年考虑拍摄 1 ~2 部院线电影。

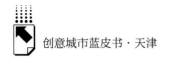

继续对指尖影院的内容进行丰富，2018 年下半年，应实现微电影等视频的出口打开目标，进而实现盈利。

在战略性开发九鲤坊方面，做好准备工作。

思考基地产业集群发展，迅速全面提升韩城影视技术及品牌的影响力，要以黄河影业为主导，将韩韩影业、装备公司（影视板块技术人员）和黄河微电影制片厂（改版黄河电影制片厂）等，共同组建成韩城影视集团国有和民营资本混合经济体，以期解决基地资金紧张和黄河影业资金使用性质的问题。既要考虑黄河影业投资的延续性，也要兼顾基地引资发展产业的理念与韩城影视的品牌地位。

思考众创空间的经营模式（可以思考对项目的合作经营以及购买项目和创意的内容），着力对接国家和省一级的相关申报政策。

为减少基地负担，考虑从 2018 年开始，向各个单位（包括基地、黄河影业）收取房租、物业费、水电费等费用。经营部拿出收费标准和依据，经请示国资委后，以国资委名义下发收费通知。

（二）第二阶段：运营经营阶段

开展与基地各个业态的合作。以花谷国品牌为载体，根据韩城少年素质教育现状，将入驻基地的钢琴工作室进行整合，成立韩城音乐教学基地，前期只针对钢琴培训、表演、比赛等，后期开始延伸至演出。与此同时，借助与交大韩城学校的合作机会，放大花谷国品牌，为花谷国的培训经济打下良好的师资和生源基础。

完善众创空间及平台机制，真正做成一个项目孵化育成的平台，发挥其引进资源、资金、团队的作用。

借助基地的平台效应，推进项目引资工作，要考虑吸引民营资本和外部基金进入。

将“百部微电影”立项，并与城投、投资商或韩城文化产业基金进行对接，落地资金 1000 万 ~1500 万元。如达到融资预期，启动“百部微电影”项目，由此促成产业链循环。

准备并布局基地市民广场业态，开展内部招商和外部招商工作，并规划相关活动内容，同时设计经营内容。

适时与成熟运营团队洽谈股份制合作模式。

从2018年1月开始，将装备公司的两个板块分开：装备公司影视专业人员进入韩城影视集团；机器板块继续加强推进，并自负盈亏。

深度推广和宣传“指尖影院”的出口渠道环节，2018年下半年，改版正式上线运营。

相里堡电影小镇将积极推进招商引资工作，2018年下半年开始进入开发期。

将影视机器人进一步扩容，力争通过2018年上半年的业绩积累，在2018年下半年，全面进入国内影视特拍市场，并同时在北京建立特拍机器人办事处，力争2018年底在全国叫响品牌，2019年进入全面的经营大发展期。

固化指尖影院版面，初步将广告内容植入“指尖影院”里。

视韩城影视集团建立并运营的情况，投资拍摄1部院线电影、2部网络电影、20部微电影、10部新媒体电影，并推荐自我拍摄的电影参加国内外奖项评选。

开始设计基地机器人或某个板块进入新三板或创业板。

五　推动文化装备制造（智造）

中国是个片源生产和引进的大国，而中国的影视工业特别是影视装备业却极其不发达，两者极度不平衡。目前我们国家的影视装备，特别是拍摄设备和辅助性设备技术，基本依赖于国外，这已经成为中国影视装备业的发展瓶颈。目前国内影视装备制造现状是水平提高缓慢，创新及智能化装备特别是特殊镜头拍摄装备匮乏，影视装备升级和发展急需突破。

影视装备的进步和发展，特别是中国影视装备制造迈向工业4.0，这是早晚的事情。韩城在2016年，在全国影视行业率先迈出了这一步，目前正在研发的影视机器人还处于机械臂应用端改装阶段，但已经开始用到了影视拍摄现场，这无疑是一种突破。这也为第二步机械臂散件组装技术改进积累了难得的经验，更是为第三步的自行生产奠定了基础。

伴随影视视觉观感的创意提升，特殊和特拍镜头将会逐步增多，影视机器人所拥有的人为达不到的镜头运行轨迹，必然被市场所青睐。央视两度使用该影视机器人以及国内一些剧组使用的事实证明，影视行业对此的需求趋势是一定的。相信不久，影视特拍机器人就会被广泛推广和广泛使用，会有大的市场需求存在。

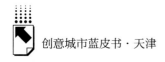

目前基地开发的影视机器人虽然优势明显，但也确实存在诸多不足，如体积过大、转场麻烦等。但这些问题，都会伴随深度的研发和设计以及人员的逐步成熟得到彻底解决。

目前国外影视装备制造业也在逐步升级，如原先剧组经常使用的大摇臂，已经基本被国外（德国、波兰、西班牙）生产的“伸缩炮”所替代。影视创作追求镜头视觉感的要求和人们欣赏水平的不断提高，使影视装备的升级和创新成为这个行业必然的趋势。基地目前开发的影视机器人虽然还显稚嫩，但顺应了行业发展趋势，尤其是它颠覆了以往人们对摄像机镜头的控制原理，对中国影视装备制造业确实是一场革命性推进，追近了与国外影视装备制造理念和制造水平的距离。

韩城要大力推进影视机器人的发展，应该从影视装备的系统性开发和影视装备服务业的发展这两个角度进行思考。在影视装备制作系统开发方面，应力主开发影视机器人系列内容，如快速轨道拍摄系统、车载拍摄系统、固定轨迹拍摄系统、自控轨道车、轻型摇臂等。还要研发开发大型晚会集中导演控制台、桌面电化教学系统（改变中小学电化教育体系）、短程空拍跟踪器，等等。

在开发影视机器人的过程中，还应关注与影视相关的机器人内容，并有选择地引进和开发，形成互补效应。可以引进国外的机器人研发、制造企业落户韩城，与国外的先进企业接轨，同时实现双方的互补。

六　众创空间建设

2016 年，国内首个针对影视专业创业并孵化的影工坊形式的专业化众创空间在陕西韩城市新兴产业示范基地建立。经过一年多的努力，目前已培养并孵化了影像技术、影视特拍、“双 R”影像特拍、智能影视民用数据、影视智能机器人、指尖影院等团队。开设了“创投咖啡”、“创业路演”、“青春驿站”、局地场景（冰川、沙滩、原始森林）、影视设备技术研发、装备服务、设备租赁、影视后期制作、音乐创作及跨境电商、网库等产业和内容性业态，并持续快速推进中。截至目前，每个孵化出的业态和内容都在健康地运营。

众创空间，在资源共享上，着力引进其他区域具有发展潜力的业态资源内容、青年及大学生创业者和专家，促进资源共享，共同进行文化产业学术创新及研究。在创新驱动力上，逐步推进影像内容的版权交易平台搭建，形成具有产业链效应的纯正型影视专业化众创空间项目。

众创空间在完善自身机制的同时，结合韩城建立的国内最大微电影产业基地，拓展功能，考虑未来影视领域最大的资源匮乏不是技术而是人才这一现实，植入了属性明确、具有影视艺术功能的“影工坊”内容，使得该众创空间成为属性特质明确的影视领域众创空间。

韩城市新兴产业示范基地众创空间从建立以来，做了大量的团队孵化和项目育成等工作，为众多创业者和就业者，特别是影视专业青年和大学生找到了创业、就业的好去处。基地围绕与陕西邮电大学建立的校企人才培养互动机制、与韩城市科技局建立的企业创新服务点以及与民营资本在建的“双创国际青年公寓”等内容性业态或平台，将韩城市新兴产业影工坊众创空间打造成绝佳的创业孵化环境。

众创空间的人才培养分为三种形式：其一，利用韩城良好的政治环境、发展环境和政府对人才尊重的环境；其二，以人才带人才，形成良好的人才培养机制；其三，形成发现人才、孵化人才、育成人才、毕业放飞人才的新模式。

众创空间由韩城市新兴产业示范基地管理有限公司作为主体运营机构，为相关的创业者提供一个低成本、便利化、全要素、开放式的创业服务平台。该众创空间致力于推动民间科技力量和创新文化的发展，整合人才和资源优势，鼓励发明创造和技术创新，为广大创新创业者提供良好的工作空间、网络空间、社交空间和资源共享空间。

众创空间建立了八个平台，内容如下。

（一）平台一

影工坊众创空间与陕西邮电大学共建了西北双创影视研孵基地。陕西邮电大学以新闻传媒学院的优势，与新兴产业示范基地所拥有的影视产业优势相结合，在影视人才创业就业、影视虚拟技术实验室、大学生创业实践开放课堂、影视人才理论与技术培训实体、创意文化产品设计开发平台、影视以及艺术类大学生采风多方面，进行优势互补、强强联合，达成深度合作关系。

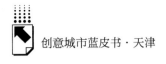

（二）平台二

影工坊众创空间与天津广播传媒新闻传媒学院，建立了校企人才培养互动机制，将众创空间与韩城职业技术学校合作的专业影视人才培养列为重点工作，同时利用学校的优势影视及新闻传播专业课程，与新兴产业示范基地的影视技术相结合，形成长期的人才互动以及作品拍摄和交流平台。

（三）平台三

韩城市科技局在新兴产业示范基地建立了韩城市科技局企业创新服务点。服务点对众创空间的研发中心给予了指导，尤其是在技术研发经费和影视科技专业技术知识产权申报等方面，给予了现场指导。同时积极与外部资源对接，支持众创空间开展科研工作，成为众创空间不可或缺的科技服务平台。

（四）平台四

众创空间建立了网络空间——“微企智能集群办公平台”。该网络空间结合众创空间的发展现状，设计了符合小微企业初期办公的网络办公平台，不但减少了小微企业的投入，还使得小微企业能够达到基础网络办公的条件。

（五）平台五

众创空间结合其影视的专业性，建立了影视展示平台——“西部微电影网”。该网目前已经运行，是西北地区唯一的微电影交流互动网络，促进了众创空间的对外交流和联络。

（六）平台六

众创空间依托新兴产业示范基地成立的国内唯一一家微电影制片厂——黄河微电影制片厂的优势，大量吸引社会相关影视团队来韩城拍片和进行技术交流，目前该厂已经拥有近千部微电影和200多部短片，以及近700人的演员队伍，成为众创空间影视专业的支撑性平台。

（七）平台七

众创空间根据自身在影视专业的优势，将自身拥有的影视专业设备和创业团队拥有的设备集中起来，建立了“设备租赁中心”。该中心立意为创业大学生服务，为孵化的影视专业团队提供技术和设备支持。

（八）平台八

众创空间大力开展招商引资工作，并与民企合作，目前在建的“双创国际青年公寓”，完善了众创空间的服务体系，使得众创空间真正在双创工作开展上，朝着产业化园区的方向迈进。

结语：一个在韩城奋斗的天津人

2015 年，胡凤林受韩城市委、市政府的邀请，从天津来到韩城，创办了韩城市新兴产业示范基地。该基地于 2016 年 5 月 20 日正式运营，截至目前，已经走过了两年的路程。

在这两年里，新兴产业示范基地在文化产业的发展方面，取得了骄人的成绩：中国首个在电影频道播出的微电影栏目在韩城诞生；中国首部 3D4K 级别微电影在韩城诞生；中国首家微电影制片厂在韩城诞生；中国首个移动式电影院指尖影院在韩城诞生；中国首个影视特拍机器人在韩城诞生，其对中国影视装备业是一个革命性推进，成为中国影视装备向智能化发展的先驱，同时从理念上，拉近了与国际的距离，尤其是摄像轨迹的智能化开发，在国际处于领先水平。

自 2011 年以来，中国的微电影风起云涌，胡凤林在国内率先提出了对微电影产业化的思考并发表了当时国内首篇论文《微电影产业之我见》，之后一直致力于微电影产业化的实践，并于 2014 年在天津市东丽区成立了天津微电影产业基地。

2015 年 8 月，胡凤林正式介入了韩城新兴产业示范基地的工作，并在市委、市政府的鼓励和支持下，实现了韩城影视业从 0 到 1 的跨越，迅速推进了韩城市整个城市影视业的发展。目前韩城人自己拍摄的电影、电视剧及网络电影和微电影都开始亮相社会。影视，俨然已经成为韩城文化产业的重要符号。

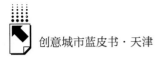

新兴产业的发展，是世界经济的驱动力，对一个城市来说，新兴产业的产生和植入以及推进，是其发展的必然路径。这必然会催发无限的创意和创新，也会不断地吸纳人才到韩城发展。胡风林，正是这样一个为韩城的微电影产业发展而努力奋斗着的天津人！

B.23

郑爱敏——生活美学的倡导者和践行者

晓然　擎宇*

摘　要： 在天津地产美学界有着极高知名度和极大影响力的郑爱敏，不仅是房掌柜天津微信地产专栏《早安地产》与 LADY CLUB 高端女性俱乐部的创始人，更是全新地产美学概念“人格化地产业”的倡导者，是引领天津地产美学的标志性人物。她致力于“中国地产美学”的国际圈层传播，用国际视野为中国美学筑起了一道独特的风景，也为中国美学找寻到了国际化的表达方式。作为当下中国地产美学的引领者，她经常在一个人思索。每当闲暇时刻，就会有那么一个身影，静坐在桌前，那样雅致与宁静。那是诗意的生活，是她对中国美学的无限畅想。

关键词： 地产美学　引领者　倡导者

郑爱敏，财经作家，知名房地产记者。1995 年毕业于南开大学中文系，同年进入天津日报社，从事财经新闻报道工作。几年来采写了大量富有专业价值的房地产报道，成为天津市财经地产记者第一人。出版财经类、亲子教育类专著，创办过多个地产类、城市生活类杂志，包括《解读顺驰》《地产情书》《主流 HOUSING》等专业读物。2003 年被评为住交会二十大知名媒体记者之一。

在当下纸媒衰败、以手机为主要媒介载体的时代，利用微信平台打开了地

---

* 晓然、擎宇，房掌柜网站记者。

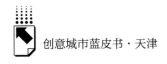

产媒体的新出路——社群营销。在郑爱敏的领导下，房掌柜公司与九大地产社区合作，以媒体人的专业角度指导运营了18个生活美学社群，全年开展线上微课262节，引领天津地产美学的发展。

一 中国美学国际圈层的推广者

在天津地产美学界有着极高知名度和极大影响力的郑爱敏，不仅是房掌柜天津微信地产专栏《早安地产》与LADY CLUB高端女性俱乐部的创始人，更是全新地产美学概念“人格化地产业”的倡导者，是引领天津地产美学的标志性人物。她致力于“中国地产美学”的国际圈层传播，用国际视野为中国美学筑起了一道独特的风景，也为中国美学找寻到了国际化的表达方式。

在京津区域过去的一年中，她曾组织策划了多场生活美学活动，引领筹办了美墅金岛“时光的宝藏”国际藏品鉴赏下午茶派对，出席了LOUIS XIII时尚晚宴等活动，这些活动彰显了其对美学的独到见解，在圈层内受到了多家地产和媒体的关注。同时，她所创办的LADY CLUB高端女性俱乐部，更是让中国美学迈向国际，成为闲情雅致与美学碰撞的主流之地。

作为当下中国地产美学的引领者，她经常一个人思索。每当闲暇时刻，就会有那么一个身影，静坐在桌前，那样雅致与宁静。那是诗意的生活，是她对中国美学的无限畅想。

（一）自媒体陷入僵局，社群媒体红利正在爆发

以微信号为主的自媒体，在经过近两年的爆发式增长，又经过一系列封号禁言之后，已经全面陷入僵局。一系列微信号都在以行动努力将自媒体升级为社群媒体，以期获得持续的粉丝和内容传播。

与自媒体单纯的“写－看”不同，社群媒体的运作模式更加立体和有机（见图1）。

1. 社群媒体，产出的内容是高精度的

例如，某地产商微信群初步形成了具有自发性的社区生态，涌现出一批活跃的群友。活跃群友作为社群的骨干力量，他们的言行能在很大程度上反映出

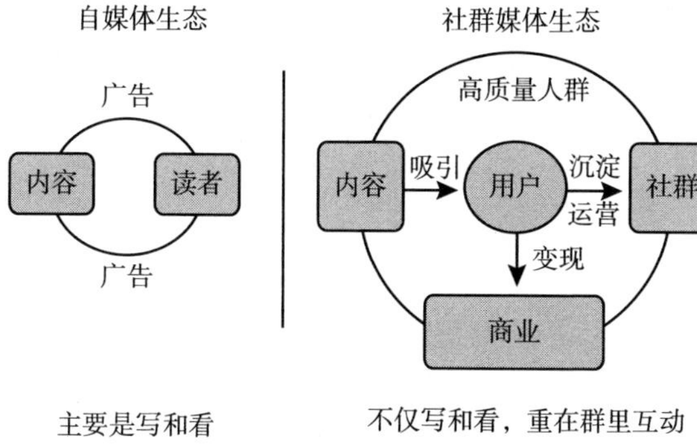

图 1　自媒体和社群媒体的不同生态

一个社群的生态层次，比如每天发布时事新闻和公益信息的群友能够反映出该社群的价值观、社会观。因此，价值观的统一是社群运营的真谛。

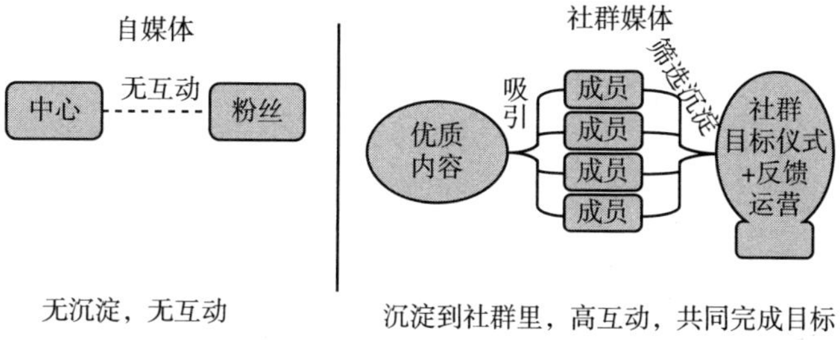

图 2　自媒体和社群媒体的不同沉淀状态

2. 社群媒体的内容由社群成员共同创造

社群微课的主讲嘉宾开始由业内名师、行业大咖担任，后来发展到由群内成员担任。因此，社群一旦形成良好的自我造血生态，它是能够自给自足，完成业主与业主之间的分享和沟通的，而不再依赖外力拉动（见图 2）。

3. 社群媒体产生的内容可以有效传播

社群媒体产生的内容，在群成员之间有效传播，而不再依赖其他媒体平台。就连销售商品，社群成员都会争先恐后购买，这就是社群媒体在内容传播上的魅力所在。

与自媒体想尽办法增加“粉丝”不同，社群媒体的成熟阶段就是自设规则和门槛。也就是说，社群媒体通过内容吸引用户，再通过规则来筛选用户。而社群媒体商业模式的真正伟大之处在于，群主和群成员共同创造内容和产品，共同创造出无限大的价值（见图3）。

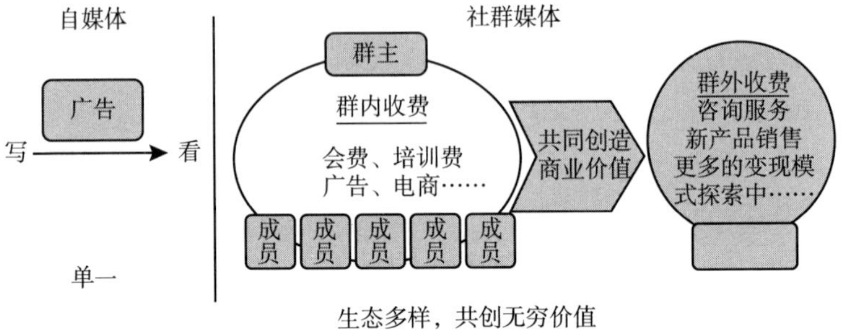

图3　自媒体和社群媒体不同的变现模式

可以预见，未来将出现无数社群，每个人都可以加入多个社群，而且人们将会以自己加入了某些特定的社群而产生优越感。而这将给媒体人带来巨大的机会，当人对社群媒体趋之若鹜的时候，即是流量红利爆发的时刻。

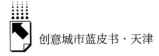

郑爱敏线上作品示例：没有人是一座孤岛，好社群的三大金律

一款好产品可以颠覆一个巨头的时代
一场好活动可以点燃一个城市的热情
上周最有格调的微信社群
美食创意鸡蛋料理征集活动完美收官
线上预热系列活动
线上铺垫……
微课详解……
模版示范……
行动是最好的老师
高手现身说法……
小伙伴陆续破冰……

群聚效应形成
线下引爆：听大厨手把手教美食
共同切磋交流品鉴美食
举行颁奖仪式，参与者获得美貌早餐大盘
本地小伙伴纷纷呼朋唤友关注这个有趣的社群平台
外地的小伙伴更是心动和眼馋
总结起来：
好社群不但有凝聚力
通过精心运营，还可以实现爆发力
好社群的三大特征：
①能够提升自我能力
②能够凝聚正能量的人
③能够自愿推荐给身边的人
线上线下的联动凝聚
印证了一句名言：
没有人是一座孤岛，每个人都是大陆的一片。
No man is an island,
Entire of itself.
Each is a piece of the continent,
A part of the main.
——约翰·多恩

郑爱敏线上作品示例：孤独，更高级的情感，是一场夏日里的高级社交趴

阳光灿烂的夏日，在静谧高贵的贵宾室，
一场内容丰盛、细节爆棚的社交 PARTY 正在悄然进行……
中海城市广场营销中心
古典英伦风的贵宾室
出现了来自五湖四海
有着不同行业背景

有着不同的经历
却有一个共同的兴趣
——手工匠造爱好者
这里没有冷漠
融化一切的笑容
和身边的人互动交流，消除了彼此的陌生感
这里没有尔虞我诈的现实
没有灯红酒绿的酒场饭局
大家开心地试戴头饰、花环、头冠
跟随美妆老师的指导
和身边的人互动交流
渐渐消除了陌生感
拉近了人与人之间的距离
这里没有奢靡
这里没有山珍海味
没有茅台五粮液
但是有清新的高品质的甜品
有精致的鲜花桌摆
前一刻还很陌生、不知姓名的大伙
此刻围坐一圈
交换彼此的收获
交谈各自的心得
轻轻松松地聚会
便建立了浓浓的友情
这里没有喧嚣
这里没有忙不完的业务
没有接不完的电话
这时的人们放下手机
放下匆忙
专注地学习

静心地制作
没有隔阂地坦诚相见
这里只有最纯净的欢乐
活动结束了
来一个潇潇洒洒其乐融融的全家福大合影
还收获了美得爆棚的个人肖像写真照
以及气质满满的真皮手工手包
发现更美好的自己
发现自己的更多面
在夏日里
就这样邂逅一场高级的社交派对吧

（二）如何将自媒体升级为社群媒体

随着移动互联网的发展，社群媒体是自媒体发展的必然趋势。作为媒体人，如何迎合当前的趋势，将自媒体升级成为社群媒体？

创造社群软文化，建立社群的观念，并不是简单地在脑海中强行插入“社群”这一概念，而是围绕社群的本质，组建具体有形的社群，做好理念上的准备。

1. 确立社群的共同愿景

所谓共同愿景，即是社群成员想通过社群达成的方向。任何社群的创建，都必须有一个共同的方向，这是社群之所以吸引成员的地方，也是社群成员参加社群的目的所在，更是社群主对社群成员的一个明确告知。

2. 明确社群的潜在用户

明确潜在客户也就是对社群的定位。自媒体人想要创立自己的社群媒体，首先应当花时间考虑社群是为谁而创立的，能够吸引到什么样的社群成员。

3. 调整社群的文化以及内容

群的核心价值观，代表了社群里面人员的独特品格，也决定了你所要组建的社群，应当输出什么样的内容。这样才能最精准地满足潜在成员的需求。这就要求社群的创建者逐步调整自己的内容。

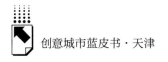

在具体的社群运营中，还要掌握一些小技巧。

社群的门槛。自媒体人在组建自己的社群媒体时，应当为参加社群的人设置一些规则。一个社群重要的是要能够留下一批忠诚用户，这批高黏性的成员无论是在口碑传播仍是在内容生产上都将发挥巨大的作用。如果没有规矩，进来的成员将会出现分歧，很难达成共同的愿景，这将给今后的社群管理带来麻烦。

社群互动。社群胜败的关键在运营，而运营胜败的关键在互动。既要设置规则，也要设置社群互动，互动是社群内容生产的最基本方式之一。互动既可确保内容生产，还能带来新用户。

社群体系。社群体系也就是群成员的分级制度，在本质上是一种反馈制度，包括奖惩体系、成长体系等。较早加入社群的，成长较快的，等级也更高。用户体系的建设，有助于社群成员更加清晰地认识自己在社群中的位置，从而鞭策自己正向成长。

总的来说，要想组建自己的社群媒体，自媒体人应当首先做好观念上的准备；打造社群的软文化，掌握一套有体系的社群运营方法，从而将社群媒体的建设落到实处，将之成功升级为社群媒体。

二　美学文化的大众传播者

作为资深媒体人，在经营文字之美的同时，郑爱敏也致力于美学文化的大众传播。近年来她投身于敦煌意象白描绘画之中，在绘画艺术的传播推广中颇有成就。2017 年 11 月，郑爱敏的首次艺术画展——“仙动四方”敦煌意象白描作品展在智慧山艺术中心启幕。其笔下的菩萨与飞天、亲切却又不染世俗，令人心生静穆、平添从容。此次作品展完美地呈现了郑爱敏对东方女性之美、人文情怀与文化传统的思考与理解，并且得到了艺术界专业人士的认可与赞扬。正如知名画家爱新觉罗·启荣的评价：“其佛像气度超然，慧目低垂，尽脱红尘之态，恍若自天上来”。

2018 年 1 月，“一眼万年·容颜之美”达人线下沙龙在地产界首次举办。作为美学摆渡人的郑爱敏，在绘画时致力于追求传统东方女性之美，同时借鉴西方油画作品之神韵，其画中佳人慈眉慧目，眼波流转，千娇百媚。从其微张微合的眼眸中、仪态万方的身姿中，你会发现超脱世俗的美与不染尘埃的灵魂。

（一）从楼盘地标、建筑地标到文化地标

每一座城市都有地标，城市地标是一座城市最具标志性的建筑或景观，它聚集了一座城市的魅力，是这座城市区别于另一座城市的特色之所在。

我国历史上唐代长安之曲江，南宋杭州之西湖，明清南京之秦淮河，北京之故宫，近代上海之外滩，天津之五大道，都是极具特色和标志性的城市景观，并积淀为一种独特的城市意象。

了解一座城市，首先要看这座城市的建筑。人们常常通过一条小小街道和一栋别致的建筑物，就能识别一座城市的性格特征。提到天津，人们首先想起的建筑必然是五大道。在一栋栋小洋楼当中，感受历史的厚重与文化的魅力。另外，津湾广场、天津文化中心图书馆、水滴体育场、天津大剧院、泰安道五大院，这些建筑也都是天津的代表性建筑。

而最让人惊讶的是，近来一个楼盘也成为地标。这个楼盘就是格调松间。为什么这个楼盘能够独树一帜，成为一个城市的地标？一方面，从项目案名上来看，就自带文化气质，“格调松间——闲来松间坐，看煮松上雪”，代表了一种儒雅沉静的生活境界，宠辱不惊。另一方面，这个楼盘打造的园林文化，已经成为天津楼市的代表作，让业内人士与购房者赞叹。

整体新中式的园林景观设计，重新诠释了人们心中对“院落”的感觉。格调松间项目示范区将院墙与绿植融合，不仅充满中式韵味，更有一种家的安全感。在园林设计中，项目采用石材、砖瓦、枕木等丰富的元素拼接对比，极具想象力的走廊，以及混凝土建筑的呈现，让这个楼盘的精神内核都充满文化气息。

将独具一格的园林体系打造成为一个楼盘的旗帜，可见这个项目背后开发商的格局与用心。天津建工集团作为格调松间项目的开发商之一，从前期开发规划到后期实施建造，都全程参与，用心非凡。天津建工集团其实一直是城市地标建筑的缔造者。他们就像城市匠人一般雕琢着城市，津湾广场、天津文化中心图书馆、水滴体育场、天津大剧院、泰安道五大院……这些耳熟能详的标志性建筑背后，都隐藏着天津建工集团的身影，天津建工集团是

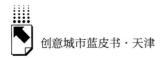

天津本土建筑企业的龙头企业，在建筑领域领跑，多次荣膺中国建设工程鲁班奖、国优奖、中国土木工程詹天佑大奖、海河杯金奖等国家和省部级奖项。

一直以来，天津建工集团都在致力建设具有优良内在品质和精致外观、绿色环保、高端智能的精品工程，建造老百姓安居乐业、共享和谐的居所。功在当代，利在千秋，是天津建工对建筑长期不懈的追求。

郑爱敏线上作品示例：地产美学：岁月长情值得慢慢爱（节选）

长情
来自时光的温润和沉醉；
是对每一天的长情；对自己爱好的长情；
对他人永保善意和爱的长情……
心，系于一个人，一件事，一个爱好
这样的专注所带来的对生命
和生活的体验的丰富度、深入性
会让人不断地触类旁通，举一反三
这是纵向的探索和深刻！
过去几年的经济狂飙和楼市突进
让规模化、速度化、现金流成为地产关键词
让月度季度年度排行榜成为媒体的热门话题
可是所有这些概念名词
和消费者利益、客户价值
半毛线关系都没有
一砖一瓦的品质
一饭一蔬的服务
才是地产企业和业主最长情的交集！
房地产走过了快速成长的黄金十年
开发企业开始悄然改变过去追求速度
和规模的粗放型发展模式

转向研读客户
提升产品品质和服务能力的精细化运作道路
更多的企业开始选择了
一条不求快的路径
以慢发展换精品质
精细化的地产时代
用品质置换速度
用精细置换规模
越来越多的售楼处
引入艺术展、设计展
引入文化，引入品位
我们所有能看到的美好和“贵气”
都是经营出来的
而一个物业项目最大的“贵气”
不是标价多昂贵
而是有能力把自己变得更好！
我们相信，在优雅清新的谈吐中
在开怀爽朗的笑声中
高雅的情趣更能体现楼盘项目的气质与内涵
使社区变得多姿多彩富于生机

（二）新中式，让艺术融于呼吸

文化是一种土壤，也是一种空气。它不光体现在美术学院、艺术中心，更多地存在于我们每天接触的衣食、器物和场所中。这些都会渗透我们的意识，成为生命中不可或缺的一部分。比如衣服与人的关系，衣服包裹着人们的身体，每一件衣服都会给人们带来记忆。而建筑与人的关系也是如此。择一处居所，做生活的艺术家，将艺术与家居融合，拥有更高品质的生活方式，会让我们的家园更加温暖。

新中式，是一种情怀，更是一种创新。

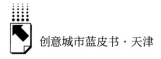

新中式美学，不仅在于一器一物、建筑空间，更在于其背后的生活方式，器物是缘起，空间是造境，营造的则是中国文化的生活主张。

以器物为牵引，以空间为承载，传递一套完整的生活方式，引领当代人过上从容的生活，体验心灵的滋养。

郑爱敏线上作品示例：新中式园林，都市人的造梦计划

每个人都憧憬着一个属于自己的心灵花园
它是人们内心最隐秘
最放松和最惬意的理想场所
3000 年来
中国人从未停止过造这个梦
中国人特有的理想栖居方式
是对于自然山水的深厚情感
“缩千里江山于方寸”
“虽由人作，宛自天开”
园林中山水的建造体现了“以小见大”
注意对自然山水的形似
以表达对广大的天地宇宙的宏观认识
新中式园林沿袭古典园林的布局
创造现代语境下的新型园林空间
在新时代背景下
园林不仅有美观绿化功能
人们更看重景观的
艺术价值、文化价值、心理价值
时代变迁
高大的城市高楼并不能阻隔
对自然园林居所的思念
对于中国现代城市人来说
如诗如画的山林意象

是一份让人温暖的情感寄托
中式园林院落空间多用白粉墙
墙头配以青瓦、粉墙
犹如在白纸上绘制山石花卉
意境颇佳
中式园林是中国文人名士遗留的产物
我们的文化传统
讲究功成身退
讲究内心自省
功成而弗居
中式的美
超越了一切的物质
而到达一种精神境界的追求
它宁谧自然
清幽静美
像一股清泉般静静地流淌在空间里
园林中的亭子造型非常丰富多彩
起着“点景”与“引景”的作用
丰富园林的层次美感
新中式园林融住宅高楼
园林景观于一体
可赏，可游，可居
可舒畅生活
汲取中式园林构景艺术
创造、设计出既有现代感
又不失传统文化精髓的园林空间
满足人们物质、精神的需要
集古典的诗情画意和现代生活气息于一体
已成为现代住宅的追求方向
从一溪一桥、一花一木里

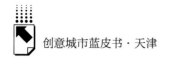

感受儒释道等传统哲学思想
对现代生活潜移默化的浸润
“看山水亦有体
以林泉之心临之则价高
以骄侈之目临之则价低”
以澄静虚怀的审美胸襟
让中式园林融入美好的日常

三　民国文化的挖掘者

有这样一种文化，在历经新思想、新风气冲击后仍不掩其绰姿风华；有这样一种文化，成就诸多才子与佳人，成为独特的文化标志；有这样一种文化，在古典与摩登、现代与旧时相互融合的背景里，衍生出诸多此情可待欲说还休的往事。这种文化被称作“民国文化”。

郑爱敏，作为一位摆渡人，在这样浮华的时代扛起了精神文化的旗帜，为这个时代谱写了以往少有的民国风情，成为美学文化的传播者、民国文化的挖掘者、民国风情与美学文化交融的守望者。

2017 年 10 月 28 日，郑爱敏联合众多艺术文化爱好者共同举办一场“逸行之美·墨香人生”的艺术沙龙，共赴生活中的“诗和远方”。在古朴简约的团扇中，他们忆往昔、论创作、品艺术，每一个细节都透露着他们的专注，展示着他们灵魂的交流。

一场“民国世家人物专访”，掀起民国风潮，一位位佳人身着旗袍，手执摇扇，回首侧目，低眉婉转，处处尽显时代芳华。跟随世家人物的脚步，聆听他们的民国风情故事，感受那晕染在时光里的韵味，情迷于优雅绅士的万千姿态。

一个时代远去了，抹不去的是那个时代留下的痕迹与传奇，佳人们远逝了，留下的是不尽的风韵与红颜沉香。不一样的人生，不一样的风情，一样的文化传承。

郑爱敏线上作品示例："样板间首秀"标配：有颜有料有才……

互联网时代的一切营销
体验力、美貌力、推广力兼顾
才能不胫而走
在以创新为使命的互联网浪潮下
售楼处、样板间作为营销工具的职能
也必须逐渐向娱乐、体验和场景化进阶
城市人口结构的变迁
经济增长带来的消费升级
科技尤其是移动互联技术
对人类生活方式的重塑
都使得售楼处和样板间
不能局限于硬件设施的齐全配置
而要更多成为人文要素的聚合点
或者怀旧
或者风雅
或者奢华
……
你的空间
我的创意
近期
房掌柜甄选了一系列优质场所
缔造行走于空间的璀璨
在青砖白墙民国气象的实地海棠雅著
打造了百年世家传承的鲜活人物和故事
在贵气范儿的紫金府
以宫廷绘画和古画珍品展的舞台
上演了画制团扇艺术盛事
在量级最高的湖心岛别墅项目美墅金岛

更是将推出“量级之约·私订派对”
每次大事件的过程
通过对体验嘉宾的舒适度
尊贵度的管理
建立开发商的品牌势能
犹如在高峰上建立了巨大的水库
势能变现就是借助新媒体
新载体的流量红利
快速传播
在市场上掀起的波澜更大更好
通过对售楼处场景的体验优化
让消费者在消费前后
对项目和品牌有了更深度的认同感
同时，也以这种创新理念
推动行业售楼处样板间的场景化变革

B.24

在城市客厅开讲民国故事会

——新时期新型博物馆模式探踪

刘宏婕*

摘　要： 2017年，徐凤文文艺创作工作室凭借从事博物馆策展30年、电视晚会及栏目策划和撰稿20年及潜心挖掘民国故事10余年的丰富经验，推出了以写故事、讲故事和做故事（场景）为特点的故事项目——民国故事会。民国故事会通过对民国家庭史、风物史、生活史的梳理和研究，通过主题化、场景化、可视化、个人化的视角，用更加新颖、更加生活化、更加有趣的方式加以讲述，把故纸堆里看似枯燥无味的民国故事、时代元素进行有序的挖掘，将旧日时光与现代生活有机联系起来。这是一种对讲述方式和传播方式的新追求。

关键词： 故事会　民国故事　民国物语博物馆

徐凤文，城市作家，独立策展人，阅读推广人，民国故事会主讲人，民国家庭史、风物史、生活史研究者，百度热词特约评论员，天津师范大学客座教授，天津大学海棠书院高端讲师，天津市创意产业协会智库专家，著有《中国陋俗》《民国风物志》《天津商业的起源与发展》等文化读物，并担任《五大道》纪录片前期总策划撰稿人，多次担任中央电视台、天津电视台及京津冀电视联播节目风物主讲人，为天津自然博物馆、天津纺织博物馆、扬州科技馆、天津海鸥表博物馆、义聚永酒文化博物馆、民国物语博物馆等不同主题的

---

* 刘宏婕，媒体人，小日子研究社主理人。

博物馆项目担任首席策展人。

2017年，徐凤文文艺创作工作室凭借从事博物馆策展30年、电视晚会及栏目策划和撰稿20年及潜心挖掘民国故事10余年的丰富经验，推出了以写故事、讲故事和做故事（场景）为特点的故事项目——民国故事会。

“以人格体讲故事，让故事变得有温度”，将民国故事的碎片加以整理、构建再复原，摆脱传统无温度、无灵魂的叙事方式，讲好中国故事和天津故事，为新一代年轻人提供更真实、更有温度的文化故事和人生体验，是民国故事会的文化追求。民国故事会通过对民国家庭史、风物史、生活史的梳理和研究，通过主题化、场景化、可视化、个人化的视角，用更加新颖、更加生活化、更加有趣的方式讲述民国故事，通过线上发布、视频直播、现场讲座、主题沙龙等多种多样的形式，把故纸堆里看似枯燥无味的民国故事、时代元素进行有序的挖掘，将旧日时光与现代生活有机联系起来。这是一种不同于传统媒体也不同于流行新媒体的传播方式，表明了民国故事会对故事讲述方式和传播方式的新的追求。

民国故事会不仅写故事，讲故事，也结合不同文化和商业空间的需求做故事，为不同的场所注入故事和灵魂。在互联网和消费升级的环境下，如何讲好中国故事，如何通过民国故事这一内容载体推动、引领并对接文化项目，为天津这座具有丰富、传奇故事资源的城市注入新的文化创意元素，并打造成具有文化风尚和商业价值的创意项目，是这些年来徐凤文文艺创作工作室思考和尝试的重点。为此，工作室全力打造以故事为核心的场景设计项目，在深挖文化诉求和文本创作的基础上不断创新，通过对实体空间的设计，满足当下人对文化、对美好生活的需求，挖掘项目的体验热点和传播亮点。

经过一年半的筹备、策划、设计和布展，2018年1月20日，由徐凤文文艺创作工作室担任总策划和总顾问的社会山民国主题商街及民国物语博物馆项目落成。民国物语博物馆分为爱玲说、名媛录、喜福会、风尚集和风物志5个主题单元，通过场景再现、多媒体互动、艺术再设计等手段，让观众仿佛置身于时光中徜徉、漫步，体验民国的五光十色和万种风情。

民国物语博物馆不同于以往的商业项目，也不同于传统的静态博物馆，是一个依托博物馆故事场景打造而成的新型商业文旅综合体。围绕民国的风情和风物，结合新型的城市综合体，重新建构民国往事，“活化”民国故事，建构一种可以让现代人现场体验的主题场所，成为民国故事会追求内容场景化、故事体验化、商业社交化的新创意尝试。据悉，民国故事会还将与京津等地文化机构进行新的创意整合，为故事产业的协同化发展探索新的路径。

民国故事会自成立以来，举办多场跨界活动，以文化为主线，串联和融合设计、传媒、商业等不同领域。2017 年 2 月 25 日，民国故事会 2017 年第一讲在棉 3 创意街区开讲。这是一场由室内设计师发起的文化沙龙，邀请徐凤文解读、解构、解码、解密大天津的洋气和贵气，引发了一场关于天津的文化旅游如何设计的深度讨论。2017 年 9 月 16 日，在棉 3 创意街区民国故事会举办了一场深夜书房活动。民国故事会主讲人徐凤文与天津生活频道情感节目主播朱桐对谈，并邀请媒体人、文学爱好者等一起在文学大家的情书里，找寻开启美好生活的密码。2017 年 10 月 24 日，在棉 3 创意街区举办主题为“从前的罗曼史，现在的如果爱”的中国情书天津现场版活动。此次活动作为 2017 北京国际设计周天津会场暨第二届“京津冀文创 +”活动之一，用朗读和解读的方式，在百年老厂房中摩登呈现那个“从前慢，一生只够爱一个人”的书信时光。

目前，徐凤文文艺创作工作室拥有“民国会”和“小日子”两个在天津及全国具有一定影响力的内容公众号。在以文化为载体、以故事为核心打造场景的同时，工作室还推出了关注当下人生活方式的资讯平台“小日子研究社”。通过对本地商业、传统文化、非遗手工、年轻创业者、设计师等的深度挖掘和报道，为本地活跃的创业者提供发声平台和交流载体，以轻阅读的方式推出周末生活资讯，融合创新城市生活类资讯内容。同时，策划、组织并推出不同形式的主题线下活动，让非遗手工等传统文化“活”起来，为都市人群提供“小而美”的生活方式。

位于棉 3 创意街区的民国故事会 · 书房已成为新的天津人文地标，每天都要接待来自天津及国内外的专家学者、媒体及各界精英交流、访谈，成为在国内卓有影响力的城市故事客厅。民国故事会成立以后，受到各界媒体的广泛关注，新华社客户端专题介绍民国故事会书房，《天津日报》、天津电视台等地方媒体多次对民国故事会进行采访报道，中央电视台大型文化纪录片《百年金融》及《书迷》节目在民国故事会拍摄采访，由徐凤文担任主讲嘉宾的大型文化综艺节目《中国情书》在东南卫视和海峡卫视热播。

B.25

丰采韶华献神州

——青年艺术家庄雪阳的美学探索之路*

成　文**

摘　要： 庄雪阳的作品被作为国礼赠送多国政要，并被人民大会堂等多家机构及私人收藏，入编《中国当代最具发展潜力的中国画家考录辞典》《中国书画家大辞典》，获得2015和2017年"全球潮商最喜爱的艺术名家"称号。庄雪阳虽然年轻，但对美学的追求与探索是执着的。可能是继承家学的原因，雪阳似乎有种天生的"岭南情结"，那种"以西运中"的岭南精神在她的画作中时有闪现。从庄雪阳整个绘画的脉络来看，她是沿着工笔重彩的学术取向来延伸的，但是妙在"重彩"而不重，"工笔"而不工。在许多大尺幅的作品中，庄雪阳一直把画面颜色把握在一个很优雅的调子上，却又没有刻意的痕迹。

关键词： 书画家　艺术生涯　追求与探索

庄雪阳，又名庄雯棋，1972年11月生于天津，祖籍广东省潮州市。九三学社社员。南开大学东方艺术系中国画专业学士，天津美术学院美术史论系硕士。读大学和研究生期间师从范曾、杜滋龄、霍春阳和何延喆等中国画与理论

* 本报告参考以下网站的报道：天津美术网、今日头条、今晚经济周刊、潍坊画坛联盟、鼎天美术公馆、ONLY唯艺圈儿、红领巾报编辑、雅昌微官网、天津文学艺术网、天下潮商网。

** 成文，天津社会科学院研究员。

研究名家。擅长工笔重彩，兼擅写意花鸟。现为中国美术家协会会员，南开区美术家协会副主席，天津市政协书画艺术研究会副会长，天津青年书画艺术研究院院长，南开大学秀山画会会长，中国楹联书画院女子分院执行副院长，天津市海外联谊会理事。

她的作品曾被作为国礼赠送英国、德国、赞比亚等多国政要，并被人民大会堂、中国金融博物馆等多家机构及私人收藏，入编《中国当代最具发展潜力的中国画家考录辞典》《中国书画家大辞典》。被评为2007和2011年度最受《画讯》读者欢迎的十佳书画家、首届中国双百公益书画家，获得2015和2017年“全球潮商最喜爱的艺术名家”称号。

其部分作品获奖情况：《玉兰》（2008年），全国名人名家书画邀请大展，金奖；《翠塘谐趣》（2009年），人民大会堂收藏；《西柏坡的春天》（2011年），庆祝建党90周年美术作品展，铜奖；《春到滨海》，（2012）年，魅力滨海写生创作展银奖。

庄雪阳现任教于天津商业大学，著有《中国当代青年女画家——庄雪阳的工笔画》《工笔画教程——玉兰画稿》等。

庄雪阳虽然年轻，但对美学的追求与探索是最执着的。

一　跟随名家学习

庄雪阳的父亲是著名的画家和雕塑家庄征，现为国家一级美术师、中国美术家协会会员。他的作品多次参加全国性美展，并赴法国、美国、日本、新加坡等国参展，荣获过天津市美展一等奖，以及国际雕刻大赛创造奖和佳作奖。

从四五岁的时候开始，雪阳就跟父亲学画，开始只是涂鸦，后来就越来越喜欢绘画，慢慢走上了艺术之路。父亲在绘画方面对雪阳的要求非常严格，教育雪阳要注意观察生活；要准备一个速写本，每到有想法的时候就要随时记录下来，这样对创作都是非常有帮助的。雪阳今天能走上绘画这条路与父亲对她的影响关系密切。

雪阳的中学是在天津耀华中学就读的，在高三那年，南开大学第一次开设了东方艺术系，也是第一次招生。雪阳很顺利地考入了南开大学的东方艺术系。四年的学习对雪阳的帮助和启迪都非常大，她遇到了非常多好的老师和老先生们。南开大学在艺术理论上的基础是很雄厚的，教师的水平也非常高。当初教雪阳美术理论的就是薛宝琨先生和宁宗一先生，绘画方面就更不用说了，除了刚从国外回来的范增先生，还有杜滋龄先生。考研进入美院之后，遇到了何家英先生和霍春阳先生，在理论方面又有何延喆先生的指导。这些老师不仅在绘画上对雪阳有很多的帮助和教导，而且还教导她如何做人，做好人才能画好画，跟这些名家大师学习使雪阳受益良多。

二　日显丹青智慧

由于继承家学，雪阳似乎有着天生的“岭南情结”，那种“以西运中”的岭南精神在她的画作中时有闪现。例如，她对画面取景的限定，对线型结构的含蓄化追求，对全幅统调的把握及对空间的处理等，皆予人奇妙莫测的心灵感受。她也十分注重背景的烘染，根据不同的画面需要变换冷暖的基调，由外向内晕化开来，笔下的自然物象在光雾的沐浴下默默地浮动，从而使其作品的微茫浑然意象愈加鲜明突出。

天津美术馆馆长马驰曾经这样介绍，庄雪阳是一个安静的人，她笔下的花朵与鸟儿永远不张扬，静谧悠然，不会醉人却又微酣至妙处。从庄雪阳整个绘画的脉络来看，她是沿着工笔重彩的学术取向来延伸的，但是妙就妙在“重彩”而不重，“工笔”而不工。重彩的妙处在于颜色高度和谐，而不是色相与口味之重。在许多大尺幅的作品中，庄雪阳一直把画面颜色把握在一个很优雅的调子上，却又没有刻意的痕迹。而且，她是一个手感很放松的画家，在其工笔画中，很有些文人气的逸致。工笔画最怕的就是拘谨，女性画家最忌讳的就是情致上的不放松，对于这两点，庄雪阳都巧妙地回避了，显示了其家传深厚的丹青智慧。

天津美术学院教授、著名美术史论家何延喆曾撰文评论她的画：她笔下画得最多的是花卉，但并不像通常那样，向往淳朴的乡间自然，也没有回归到传统的本位，而是在都市生活中寻找属于她的那份宁静。有对生命瞬间的感悟，如来自花市的百合，被折断的茎部浸泡在透明的杯子中；还有脱离了阳光与庭院环境的向日葵，簇拥在铺着蓝印花布的桌面上。或枝上伫立之青禽，或丛卉独栖之幽鸟，既无樊笼锁系之累，也无噪鸣啼唱之欢，它们似在倾诉、凝望、顾盼，又似在低声自语、有所期待。虽草木清佳，花月动人，却不失冷逸沉俊之趣。让人体味到一种特殊的闲中滋味，既非寂寞，又非忧伤，无桃红柳绿的芬芳和鸟语花香的热闹，那是一种似幻似真的视觉信号，在现实的基础上走向主观感性的叙述。

在这个文化多元的时代，中国工笔画也面临着传承与创新的问题。庄雪阳认为，工笔画最重要的一点是要坚持学习传统，再加上自己的生活感受进行创新。画家经常变换画风不利于形成自己独特的风格，如果自己认准了一条道路，就应该执着地去坚守、去奋斗、去努力，朝着自己的目标前进。不管画工笔、写意，都需要一颗平常心，能耐住寂寞不追名逐利。酒香不怕巷子深，画作水准提高了，自然会得到大家的认可。一味地跟着市场风向跑是不明智的，因为市场总在变化。画家需要去引领市场，而不是一味跟风。

三 勇担传承责任

2014 年，天津青年书画艺术研究院（前称“天津华夏青年书画艺术研究院”）成立，该研究院以传承和创新华夏书画艺术、服务社会公益事业为宗旨，聚集了一批艺术造诣精湛、富于理想和活力的青年艺术家。庄雪阳担任研究院的院长。

天津青年书画艺术研究院成立之后，团结了一大批青年书画家进行书画实践和交流，举办了多项展览，并投身于社会公益事业，在扶危济困、支教助学、与高校共建艺术基地、开办艺术讲座等方面奉献尤多，声誉日隆。

2016 年 12 月 31 日，天津青年书画艺术研究院举行年会。青年书画家们欢聚一堂，互致新年祝福，展望美好未来。在这次会上，院长庄雪阳发表了热情洋溢的讲话，总结了研究院成立 3 年来特别是 2016 年的工作和成绩，就来年的工作和活动进行了动员，鼓励大家在未来艺事精进，为社会多做贡献。

研究院在成立之初，即与天津大学密切合作，建立了天津大学实践基地。基地旨在通过书画展览等形式，增进青年艺术家与大学生的艺术交流，助力大学生拓宽审美视野、陶铸人文情怀、激发创新能力。通过多样性的艺术活动和社会公益活动的开展，基地取得了丰硕成果，产生了一定的社会影响力。在推进和谐校园文化建设、优化人才成长环境、提升大学生综合素质等方面发挥了重要而独特的作用。

2016 年 4 月，南开大学秀山画会在南开大学天津校友会组织支持下成立，成员以东方艺术系毕业生为主，由南开大学喜欢传统书画艺术的校友组成，旨在为广大校友搭建一个学习交流书画艺术的平台。庄雪阳被会员们推选为首任会长。秀山画会秉承南开大学“允公允能，日新月异”的校训，凝聚各方面力量，整合优势资源，回馈母校、服务社会，为社会公益事业贡献力量。

2017 年 10 月 8 日上午，应天津市侨联的邀请，天津青年书画艺术研究院庄雪阳院长在市侨联“侨胞之家”为市侨联书画小组和侨界书画爱好者，就国画创作及鉴赏进行了一场公益讲座。

讲座中，庄雪阳以《艺术很难吗?》开场，为大家进行了图文并茂、深入浅出的讲解，还以玉兰花为主题现场为大家进行了绘画构图、着色等技巧的示范，她的讲解耐心细致且有针对性，深深吸引了大家的注意力，现场作画结束后她还耐心解答了大家提出的有关问题。

这次活动是市侨联与天津青年书画艺术研究院联手，为老归侨献爱心系列书画讲座的首场，吸引了部分中青年侨界书画爱好者参加。通过青年书画艺术研究院的书画家们定期为侨界群众义务授课，为天津侨联文化活动增加了一个品牌，极大地丰富了“侨界大讲堂”的形式和内容。

四　热心公益事业

在积极推进校园文化建设的同时，庄雪阳还积极参加各种社会公益活动，并把开展活动与社会公益事业结合在一起。她曾先后在天津、北京、广州、珠海、鹤山等地参加“情系汶川”为灾区捐赠义卖活动、援助孤儿爱心行动、为华蓥烈士遗孤捐赠活动、鹤山系列名家书画交流展暨义卖捐赠助学活动、“大爱情怀”书画助残活动等一系列慈善义捐义卖活动，总共捐出画作数十幅。

2010 年，庄雪阳被中国文化艺术国际交流中心授予“爱心艺术家”称号，2011 年，被中国公益总会、中国企业文化研究院等单位授予“首届中国双百公益书画家”称号。她就是这样以自己的实际行动为社会送去真诚和关爱，践行着一名艺术工作者的价值观、人生观，诠释着自己心中的“中国梦”……

2013年1月，庄雪阳参加了“翰墨情”天津知名书画家扶贫助困慈善拍卖，所得善款全部捐给天津和江西的贫困家庭，这项活动她已连续参加了6年。同年4月，四川雅安地震牵动着全国亿万人民的心。庄雪阳积极参加各级组织举办的赈灾义卖慈善捐助活动，捐出多幅精品画作。

2015年5月，由天津市美术家协会、天津市政协书画艺术研究会主办，天津大学图书馆、天津青年书画艺术研究院承办的“丰采留华——天津青年书画艺术研究院书画精品展”在天津大学开幕。作为此次展览重头戏的慈善拍卖捐赠仪式同时举行。

展览展出庄雪阳等画家佳作50余件，山水、花鸟、人物、书法，精彩纷呈，参拍的书画精品全部由研究院提供。拍卖现场气氛热烈，众多爱心人士纷纷举牌，竞拍踊跃，慷慨解囊。此次拍卖所得善款的一部分已当场捐赠天津市慈善协会以扶助10名孤儿，余下的善款将投入北洋基金下设的艺术基金以资助热爱艺术的学子们。

2016年4月，天津市光彩事业促进会联合天津市美术家协会、南开大学天津校友会、南开大学东方艺术系以及金士力佳友（天津）有限公司和兰馨荟博雅女性社群共同举办的“翰墨秀山——南开大学秀山画会成立仪式暨首展”幕。天津市文联、天津市工商联、天津市美术家协会、天津美术馆的各级领导，以及本次画展参展作者、南开大学校友，共计500余人参加了此次活动。展览得到了天津市原副市长、南开大学校友叶迪生同志的支持，他为本次展览题写展名“翰墨秀山”。

2017年10月，为贯彻落实习近平总书记关于更好地推进精准扶贫、精准脱贫的指示精神，南开大学秀山画会庄雪阳随九三学社天津市委员会赴甘肃省参加扶贫调研活动。

庄雪阳受邀到秦安县第五中学为200多名师生做了主题为“美育先行　春暖花开”的主题报告，受到师生们的热烈欢迎。讲座之后，庄雪阳向该校捐赠了其学生合作的名为《放飞梦想　照亮未来》的中国画长卷。在调研期间，庄雪阳还深入县高中艺术班，考察了学生的学习状况，并对艺术班学生给予现场指导。受南开大学天津校友会委托，庄雪阳还特意带去了校友会的会旗。活动现场，当同学们展开紫色会旗时，心情无比激动。他们表示一定要向南开的哥哥姐姐们学习，立志做栋梁之材，将来报效祖国和家乡。

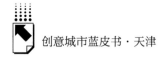

2017 年 7 月，由天津市侨联组织的天津侨联代表团出访了马来西亚、柬埔寨、泰国。此三国是“21 世纪海上丝绸之路”的重要战略支点国家。出访期间，庄雪阳将自己精心创作的中国画作品分别赠送给了中华人民共和国驻哥打基纳巴卢总领事馆总领事陈佩洁女士、中华人民共和国驻泰国大使夫人初庆龄女士，以及泰国潮州会馆等。还与泰国泰中文联主席吴令平先生、副主席侯少岩先生等同人进行了笔会交流活动，并出席了一系列活动和启动仪式。此外，还代表天津青年书画艺术研究院向马来西亚—中国丝绸之路企业家协会、马来西亚沙巴华北同乡会、柬埔寨中国和平统一促进会、泰国工商总会等单位赠送了该研究院窦广军老师的书法作品。

此次出访，不仅向海外宣传和介绍了天津的悠久历史文化和经济社会发展成绩，扩大了天津的海外影响力和知名度，传播了中华优秀传统文化，更架起天津与世界交流的纽带与桥梁，为今后进一步加强与“一带一路”沿线国家的友好交往奠定了良好的基础。

五　美育潜移默化

在大多数家长惯常的思维模式里，可能对美育教育没有给予足够的重视，因为无论是“小升初”还是中考、高考，美术是不会被列为必考科目的。许多人都没有想过，美育的作用到底有多大？它对一个孩子未来能享受有品质的人生到底有多重要？

雪阳称自己的儿子为“我家小朋友”。小朋友今年 12 岁了，就读于天津河西区滨湖小学。他品学兼优，德、智、体、美、劳全面发展，是班上的中队委，区级“三好”学生，区级文明生。他的爱好广泛，喜爱读书、绘画、书法、摄影、足球，等等。他被评为“读书小博士”“校园足球明日之星”，也在天津市少儿绘画比赛中拿过金奖……回望孩子成长的足迹，其实，这些都得益于从小对他潜移默化的美育教育，而不是盲目地去上各种课外班。

从孩子上幼儿园起，当很多家长忙着送孩子去上各种课外班的时候，雪阳家的小朋友却常常流连于公园、动物园和郊野山水之间。早上上幼儿园之前，他会带上馒头、饼干去喂小鸭子，放学回来拎上小水桶就到楼下去给小树浇水……这些看似极其普通平常的琐事，却可能会在未来成为孩子幸福的支点。

家长们生怕孩子若不像身边其他孩子那样学习、学习、再学习，就会输在起跑线上。殊不知，一个孩子，如果对大自然没有好奇心，想象力匮乏，性情冷漠，这才是真的可怕。知识是可以通过学习来掌握的，但气质秉性、人格素养是靠长期潜移默化形成的。孩子们是祖国的未来和希望，要成为栋梁之材，不仅需要掌握各种知识，更要正直、善良、勤劳、勇敢、有责任、有担当，成为一个人格完整的人。

雪阳在日常生活中还非常注意鼓励孩子帮助家长做一些力所能及的家务，比如洗碗、拖地，等等，让他从小意识到，劳动是快乐的、劳动是光荣的。因为有在家劳动的锻炼，雪阳的孩子在学校也是爱劳动、乐于帮助同学的好孩子，更是老师的好帮手。培养孩子一定的独立生活能力，有助于孩子健康成长。

在上小学之前，雪阳家的小朋友只上过一个课外班，那就是跆拳道培训班。小学一进校，小朋友就参加了学校小足球队。起初，雪阳只是希望孩子通过足球训练锻炼身体。后来逐渐发现，足球不仅磨炼了孩子的意志，锻炼了其协调性和快速反应能力，还使孩子懂得团队协作的重要性，学会了什么是团队精神。无论春夏秋冬、酷暑严寒，都坚持训练，懂得了坚持的意义；由于经常外出比赛，也锻炼了独立和自理能力。赛场没有常胜将军，拼尽全力也会有输球的时候，小朋友在经历风雨之后，学会了淡定处之，赢了欣喜再接再厉，输了也不会太过沮丧，总结经验以利再战。通过这件事，雪阳意识到，足球并没有影响学习，反而促进了学习，使孩子有旺盛的精力去学习各种知识。

孩子需要有想象力和创造力，艺术是一个极佳的桥梁。记得雪阳家的小朋友 2 岁时就爬到姥爷画案上，抓起一只大毛笔，学大人的样子，在宣纸上涂涂抹抹。墨与色的融合，色与水的撞击，宣纸的神奇特性，吸引着孩子好奇的天性，让他天马行空尽情挥洒。雪阳还会经常带孩子去看艺术展览和演出，让他开阔眼界、陶冶情操，使他有机会体味艺术大师的高度，那种震撼和启迪超乎想象。他会认真地去看每一件展品，还会一下子蹦到他喜欢的作品前欣喜若狂，甚至会要求连续去看几遍展览。

一年级时，孩子参加了首届天津阳光小画家主题画展，参赛作品名为《野生老虎也是人类的好朋友》。灵感源于他从小对动物的喜爱。他不仅到公园看动物，还爱看《动物世界》，懂得保护野生动物的重要性。这幅作品从构思到绘制，全部由孩子独立完成；展现了小朋友们保护环境，希望人类与动物和谐相处的美好愿望。作品在几百幅参赛作品当中脱颖而出，得到评委老师的广泛好评，荣获金奖。主办方在展览结束后还安排了公益拍卖环节，小朋友们把拍卖所得善款捐赠给“母亲水窖”工程。这是一件非常有意义的事情，让孩子体会到力所能及地去帮助那些需要帮助的人是快乐的。

美育先行，春暖花开。庄雪阳的美育思想已经让孩子学会了勇敢、坚强、正直、善良、有责任、有担当。真可谓：给孩子一片蓝天，放飞梦想，幸福前行。

六　怡情墨韵兰香

庄雪阳对自己的艺术成长道路有如下自述，题为：花不可以无蝶。

画画是我生活的常态，每天在画室里消磨时光，才会觉得心安。云蓝尺素间，墨韵兰香里，有无限可能性，也时有惊喜闪现。

幼承家学，酷爱绘画，对花鸟画情有独钟。四时花草最无穷，承载了画家太多的情致与品格。《宣和画谱》之花鸟叙论云：“诗人六义，多识于鸟兽草木之名，而律历四时，亦记其荣枯语默之候，所以绘事之妙，多寓兴于此，与诗人相表里焉。”

我喜欢花草那淡淡的幽香，喜欢兰花的君子之风，喜欢百合的高雅之气，更喜欢玉兰花玉树临风的高傲风骨，它不愧被誉为“花中之伯夷也”。2011 年，我精心绘制的中国画《皎皎白玉兰》和《鹤望兰》被作为国礼赠送给来华访问的英国前首相布莱尔夫人，表达了中国人民与英国人民的深厚情谊。

时常会有人问起，缘何画中总有粉蝶翩跹，与花对语。古有词牌曰“蝶恋花”，花与蝶似乎是密不可分。古人谓，蝶为才子之化身，花乃美人之别号。林语堂先生在他的《生活的艺术》一书中，曾引用清代文人张潮的名作《幽梦影》中的一段话，来向西方人介绍中国人极具东方情调的生活方式，“花不可以无蝶，山不可以无泉，石不可以无苔，水不可以无藻……”我想，这也是对我这个系列作品最好的诠释。

康德曾经说过，有一种美的东西，人们接触到它的时候，往往感到一种惆怅。恽南田更以“寂寞无可奈何”之境为最高境界。而我更喜欢无门禅师的一首诗偈，曰：“春有百花秋有月，夏有凉风冬有雪。若无闲事挂心头，便是人间好时节。”花鸟画之魅力尽在于此。笔端流淌的是对生命瞬间的感悟，是在都市生活中的那份宁静与祥和。“既非寂寞，又非忧伤，无桃红柳绿的芬芳和鸟语花香的热闹，那是一种似幻似真的视觉符号，是在现实的基础上走向主观感性的叙述。”（何延喆语）

当代语境下的中国工笔花鸟画，在东西方文化融合与碰撞下，会有一种身份的焦虑，需要寻找新的语汇。从绘画作品风格上看，大致经历了两个阶段。《金百合》代表了早期创作的情态。那时，我刚从学校毕业，当时的中国画，尤其是工笔画在很大程度上受到日本画的影响。色彩上追求油画的丰富，构图上比较满，极少留白，背景也较多地注重肌理效果的制作性，是“西学东渐”的探索性作品。而《春到滨海》是转型期的典型画作。在不断的学习中逐渐体悟到，汉唐风韵，宋元气象，才是中国画的灵魂，写意精神是中国画最核心的审美品格。这是一种传统精神的回归，不仅蕴含传统的根基，同时呈现出时代气息，彰显出人文之精神。正如一个纪录片里面提到的，坚持的是一种精神，表达的是一种改变。李可染曾经说过，一手伸向传统，一手伸向生活。生活是艺术创作的源泉。为了创作这幅作品，我曾多次到滨海新区采风写生，寻找灵感。几易其稿，反复修改。展出后受到专家和各界人士的好评。

虽然我在艺术的道路上才刚刚起步，要走的路还很长，坚持下去，默默努力，我相信总会有收获。

多年来，庄雪阳坚持的是一种精神，表达的是一种改变，追求的是一种创新。有人说，人生最大的快乐莫过于把自己的爱好作为自己的事业。庄雪阳就是这样一位把爱好当成事业追求的人，她凭借着对绘画艺术的一股韧劲和执着坚守，找到了兴趣与事业的最佳结合点，在艺术的殿堂自由翱翔。

B.26
海峡两岸共建文化创意产业基地的构想与实践

田青芬*

摘　要：　两岸共建位于台湾基隆的台湾海洋大学三创基地，在空间资源和团队搭建等方面已经接近成熟。可以把该项目现有的资源整合起来，讲出具有独特性的故事，运用互联网思维，打造一个两岸合作推进的、富有新意的文化创意产业空间。

台湾海洋大学三创基地发展建设的目标包含三个层次：①与设立在基隆市的台湾海洋大学文创系合作，培养基隆本地的艺术及文创人才，成为“点亮基隆”的基本力量；②通过改造传统老社区，使之成为两岸艺术交流的一个“驿站”；③深入探索和实践都市更新的文创之路，活化基隆的文化底蕴和文化空间，并将其打造成为一个新型的国际艺术之都。

关键词：　两岸共建　互联网思维　文化创意产业空间

一　项目描述和发展历程

多年以来，南开大学滨海开发研究院与台湾中华经贸文化创新发展协会合作，致力于推动两岸文创交流合作，已经取得了许多成果，如在台湾基隆的台湾海洋大学三创基地（以下简称“三创基地”），在天津鹏欣水游城商业综合

* 田青芬，南开大学经济学博士，台湾海洋大学三创基地创办人之一。

体的“两岸生活美学场景空间”，以及天津水上公园文创空间“十方雅集”等。其中，两岸共建台湾海洋大学三创基地在空间资源和团队搭建等方面已经接近成熟。可以把该项目现有的资源整合起来，讲出具有独特性的故事，通过网络“圈粉”，甚至形成爆点，进而完成众筹，运用互联网思维，打造一个两岸合作推进的、富有新意的文创空间。

（一）项目背景

在台湾基隆，有一栋在当年算得上豪华的公寓——曾经的驻港海军军官宿舍金蓬莱社区，但现在已经残破不堪。

谢东凯，一个行走在海峡两岸多年，致力于推动两岸文创合作发展的中年人，发现了这里深藏着的文化底蕴以及重新活化的潜力。2016 年，谢东凯带领着一批有志于创新创业的大学生，爬上了金蓬莱社区的顶层，在一间虽然简陋，却可以看见当年台湾十大景观之一“旭冈观日”的观海楼中，与台湾海洋大学合作，打造了一个为基隆本地青年创业服务的平台——“海大三创基地”。

三创基地发展建设的目标包含三个层次。首先，与设立在基隆市的台湾海洋大学文创系合作，借助大陆南开大学滨海开发研究院和厦门海洋大学等高校资源，培养基隆本地的艺术及文创人才，成为“点亮基隆”的基本力量。

其次，通过改造传统金蓬莱老社区，让传统的“旭冈观日”景观重现辉煌，并使之成为两岸艺术交流的一个“驿站”，一个艺术创客基地，一个为大陆青年艺术家领略宝岛风光、追求艺术梦想服务的理想客栈。（艺术创客基地）

最后，以金蓬莱社区改造为出发点，深入探索和实践都市更新的文创之路，活化基隆已有的文化底蕴和文化空间，并将基隆打造成为一个两岸文化创意产业发展的交流平台和新型的国际艺术之都。

（二）构想形成

三创基地的创始人谢东凯，是南开大学经济学院保险研究所的博士。2012 年毕业后，创办了台湾中华经贸文化创新发展协会，担任理事长。参加中国天津滨海（国际）文创展销博览会，以及台湾国际学生创意设计大赛天津“泰达杯”进阶大赛。受聘担任天津校友会礼仪研修会副会长、天津市创意产业协会理事，以及南开大学滨海开发研究院特约研究员。同时创办良益（北京）国际健康管理机构（担任理事长）和汉海（天津）文创机构（担任副董事长兼 CEO）。

在台湾，谢东凯曾参与发起台湾微电影创作协会，担任理事及华北首代，同时创办全球华人协同发展中心和亚太文教联盟，担任理事长。

2016 年，谢东凯受聘在台湾海洋大学担任教授，并创立三创基地，为基地创始人和负责人。

多年来致力于两岸文化创意产业的合作推动，谢东凯敏锐地意识到基隆市在文创产业发展方面的需求和人才缺乏。此时恰逢已经破落的金蓬莱社区有房出售，他果断地把可以观看落日的最顶层买下，准备将之打造成为一个文化创意的体验空间。通过对金蓬莱社区周边环境的深入调研，一个充分依托本地“地、人、产”三要素、发挥青年人“创意、创新、创业”三动力、构建基地“设计力、生产力、行销力”三能力、实现社区重建“文、景、经”三目标的完整的建设构想逐渐形成。

（三）创业足迹

为了实现上述构想，创建人联合了在台湾的团队成员开始了创业，建设步骤如下。

第一步，招募台湾海洋大学的学生志愿者，鼓励他们积极参与文化创业和社区改造计划。在部分志愿者积极参与的情况下，他们把早已破旧的房子收拾整齐，选择一些具有文创特征的作品进行深度开发，一个小小的创新、创业育成基地逐渐形成。

第二步，走访当地知名的艺术家和学者，聘请他们为基地的大学生进行艺术创作和创新创业授课和培训。例如，马赛克粘贴艺术大师、中国汉字艺术研究专家、国际彩绘专家，等等，都曾经被请来给学生们上课。学生们在基地学到了在课堂上学不到的东西，创新、创业的积极性被激发出来。

第三步，与基地周围的邻居建立良好的邻里关系。由于基地的建设，原来沉闷的社区被一群年轻的学生所扰动，周围邻居产生了不同程度的困惑和厌烦。为了争取周围邻居的支持，团队成员主动走访，向邻居们讲解基地的功能；帮助社区做好环境卫生，通过开放日主动结识邻里。最终不仅获取邻居们的谅解，而且还得到了越来越多人的支持。

第四步，在基地开始运作的基础上，创办人还进一步联络了台湾海洋大学的校长、金蓬莱社区的里长、基隆市文化管理部门的领导，与他们沟通，让他们了解基地的理念，参加基地的活动，支持学生们创新创业。

通过两年多的不断努力，目前的三创基地已经成为金蓬莱社区乃至基隆市创意创新和创业发展的标杆单位，正在给衰老的城市和沉闷的社区带来新的活力和发展前景。

（四）基地的支持机构

1. 台湾海洋大学

在校学生参与建设和创业体验的行动得到了台湾海洋大学的高度赞赏和积极支持。现任校长张清风亲自出席了基地的活动，鼓励学生积极参与基地的创业实践活动。2017 年，台湾海洋大学聘任谢东凯在该校文创系担任兼职教授，并与基地签约，挂牌“台湾海洋大学三创基地”，双方在推动台湾海洋大学学生创意创新和创业实践方面有了实质性的合作。

2. 南开大学

从 2011 年开始，经由南开大学博士谢东凯的引荐，台北市前副市长，曾任台湾文化创意产业联盟协会会长的李永萍女士率团多次来到天津，参与天津市委市政府就津 - 台两地文化创意产业的合作进行洽谈，同时还与南开大学滨海开发研究院共同签署了《关于共同建设两岸文创人才培训基地的框架协议》。2014 年 1 月，“南开大学两岸文化创意产业人才培训基地”揭牌。该基地以促进天津与台湾文化产业的合作交流为理念，利用台湾在文化产业领域的先进理念和成功经验为天津市培养文化创意、传媒、微电影等领域的人才。

2016 年 12 月 25 日，南开大学滨海开发研究院文化创意产业研究中心在台湾海洋大学三创基地挂牌。

二　基地的“SO”战略构想

作为一个具有“在地人才育成”“艺术创客基地”“引领都市更新”等社

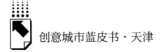

会目标的社会型企业，基地在未来将如何生存，如何持续发展？面对这个非常现实的问题，可选择的方案有三种，即：政府买单、社会捐助、自营自收。对基地的发展进行分析，可以看出，如果充分利用现有的资源优势和机会，做好产品，并借助互联网的营销模式，基地可以走出一条自营自收之路，加上政府和社会的帮助，完全可以实现可持续发展。

（一）基地的外部环境

1. 中国文创产业发展的巨大机会

国家统计局公布的2017年第一季度国内生产总值等宏观经济数据显示，国内人均教育文化娱乐消费支出快速增长，第一季度人均教育文化娱乐消费支出增长13.5%。[①]

2. 基隆的城市底蕴

基隆是台湾北部重要的港口城市，基隆港是台湾北部重要的天然良港。基隆港位于海口，东、西、南三面层峦环抱，湛蓝的海水四季哺育着基隆。在此流连，可观海港风情，缅史怀古，休闲逛街，遍尝美食，是台湾最有特色的旅游地区之一。

近几年，一些有识之士进驻海滨的社区，依托海洋资源，发展旅游观光、食品加工等行业，使没落的老渔村找到了新的发展契机。

作为台湾重要的海洋资源研究与展示的中心，基隆的海洋科技馆于2014年开馆。海科馆以“海科起航、永续海洋”为宗旨，以“知海、亲海、爱海”为使命，有不同展厅呈现海洋文化、科学技术、水产发展等，结合教学、体验活动，研发海洋领域教材，引领民众从“知海”进而亲近海洋、爱护海洋。

坐落于基隆市的台湾海洋大学为台湾地区重点大学，近年来连续获得台湾教育部门“迈向顶尖大学计划”5年500亿新台币补助。其人文社会科学院内设有文化创意系，每年可以定向培养文化艺术创意人才和海洋旅游管理人才。

3. 基隆的人文景观

基隆市区最著名的人文景观，莫过于庙口夜市，为台湾最著名的夜市之

① 中国经济网，2018年4月17日。

一。基隆的海产本就丰盛，加上身为国际港埠，因此造就出多元、富有特色的小吃市集。

每年农历七月举行的基隆中元祭，是每年基隆最盛大的民俗祭典，目前已被列为台湾十二大地方庆节之一。每年农历七月初，“庆赞中元”的旗帜就飘满市区，开启了中元祭的序幕。到了农历七月十四晚上，水灯游行使整个祭典达到高潮，更让民间俗称“鬼月”的农历七月充满了另一种和谐的气氛。

为数众多的炮台群，是基隆的另一个特殊景观。基隆港周边的炮台数目居全台湾之冠，环布在港区周边的丘陵上，依照清代及日据时代的防卫策略而有不同的布局。现在这些炮台经过整修，皆已开放让公众参观。

基隆的山海风景相当可观，著名的“旭冈观日”（即今日的旭丘山）更名列当时台湾八景之一。除旭冈之外，曾有地方邑绅许梓桑选出了“基隆八景”作为代表：鸡山骤雨（基隆山）、狮岭匝云（狮球岭）、鲂顶瀑布、鲎鱼凝烟（鲎公屿、鲎母屿，现已不存）、仙洞听涛（仙洞岩）、社寮晓日（和平岛）、海门澄清（八尺门）、杙峰耸翠（基隆屿）。

4. 基隆的都市更新

2017 年 10 月 21 日，基隆市城市产业博览会开幕。在这次城市产业博览会上，台湾各大工商团体、重要企业齐聚基隆，表明各界对基隆未来发展的信心。基隆就像一艘航向崭新未来的邮轮，即将起航、乘风破浪。①

（二）基地的内部资源

1. 活动空间

通过两年的建设，基地已经拥有约 50 平方米的办公展示空间和 100 平方米的活动和会议空间，另外还与台湾海洋大学以及政府各文化展示空间建立了联系，具备了举办各类文创展示活动的能力。

此外，“基缔 - 基地”公众号建设也已完成，随时将基地的各种活动进行线上展示。

---

① 孙鑫华：《基隆新、旧三大产业轴线结合打造城市未来新风貌》，http：//www. nownews. com/news/20171021/2629367。

2. 团队力量

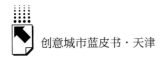

目前基地已经拥有了大学生体验者团队、指导教师团队、项目合作者团队以及管理团队，具备了开展各项创业及社会活动的能力，且具备了一定的项目拓展能力。

3. 官方协同

通过基地两年来所开展的创业及社会服务等活动，基地已经得到邻里、区级和市级政府的关注，各级政府均已把基地的活动纳入相关的工作体系之中。例如，教育部门关注了基地的大学生创业就业活动，区政府关注了基地的文创街区建设，市政府关注了基地老旧社区的改造提升等。基地与政府部门的协同性关系正在形成。

4. 邻里认同

基地的活动得到邻里的认同这一点非常关键。通过艰苦的努力，基地使社区所在居民从不理解及厌烦，到理解、喜欢和积极参与，事实上就是赢得了第一批“粉丝”。而且，这批粉丝还可能成为未来项目的合作者，甚至合伙人，为项目的深入推进打下了坚实的基础。

5. 空间储备

金蓬莱社区曾经是台湾当局海军军官宿舍，是一个面向基隆港，依山盘旋而建，当时属于最高，可以直接观赏旭冈落日的豪华社区，所以素有“观海楼”之称。社区建筑中的楼梯呈盘旋向上的圆形，楼梯的拐点处还建有观海处并设有艺术雕塑；每个楼层的栏杆处设有花盆或花坛，一年四季可见鲜花环绕。这里原来是海军军官们休闲娱乐的俱乐部，但早已闲置多年。沿着旋转楼梯，越走越亮。及至上到社区最高处，豁然开朗，基隆港和湛蓝的海水尽收眼底。站在社区的楼顶，也就是基地的活动空间，上可观云卷云舒、落日霞蔚，下可看繁忙港口船进船出；右可赏太平洋广阔海域和四季青葱的基隆山，左可眺九份景区曲曲弯弯引发遐想的海湾。

由于港口和城市的衰落，金蓬莱社区里的青年人大多出走寻找生机，社区里妇幼及老人居多，房屋也多有空闲。在取得社区里长和居民们的充分理解和积极支持之后，金蓬莱社区的许多公共空间和空闲住房，都将成为基地可以利用的重要资源。

（三）基地“SO”战略构想

在完成企业的内外部环境因素分析之后，便可以制定相应的行动计划。一般的战略选择包括机会优势组合战略（SO）、优势威胁组合战略（ST）、机会劣势组合战略（OW）和威胁劣势组合（TW）四种形式见图。

机会优势组合战略（SO） 最大限度地发展	机会劣势组合战略（OW） 利用机会回避弱点
优势威胁组合战略（ST） 利用优势应对威胁	威胁劣势组合战略（TW） 收缩、合并

图1　“SWOT”框架下的战略选择

结合前文分析，基地本身极具优势，未来的发展也面临非常多的机会。因此基地可以采取“SO”战略，即机会优势组合，积极扩张。

未来基地将加快培养基隆本地的艺术及文创人才，将基隆打造成为两岸文化创意产业发展的交流平台和新型的国际艺术之都，在此基础上，通过制定新的商业规划，盘活金蓬莱老社区的居住和活动空间，把金蓬莱社区打造成为两岸艺术家交流的“创客基地”，以及大陆青年艺术家领略宝岛风光、追求艺术梦想的理想之地。

而金蓬莱艺术驿站则应该被打造成一个代表性 IP，一块即将成为两岸青年文创人才创新创业、追求艺术创作的“乐土”，一个新崛起的两岸青年趋之若鹜的休闲旅游景点。

在上述积极进取与扩张的“SO”的战略构想之下，从 2018 年开始，基地将推进以下五大行动计划。

1. 制定商业规划

对金蓬莱艺术驿站进行商业规划，包括商业模式、价值主张、消费目标群体、营销和运营模式，以及发展阶段和盈利目标，等等。

2. 制造商业爆点

作为一个文化创意项目，金蓬莱艺术驿站将避免走传统营销的老路，充分利用互联网的运营方式，以制造商业爆点为出发点，进行快速的网络推广和宣传。尽快提升金蓬莱艺术驿站的知名度，形成“粉丝效应”。

3. 实现资金筹集

金蓬莱艺术驿站本质上是一种“艺术民宿”，可将分时度假作为主要内容进行股东收益设计，通过“分时休闲度假”、“分享宝岛风光”和“独享创作时光”等，聚集具有情怀的“粉丝”股东，实现资金的筹集。

4. 深化团队建设

金蓬莱艺术驿站要充分利用互联网进行商业运营，所以未来基地要及时补充熟悉互联网运营的人才、熟悉民宿运营和旅游运营的人才以及财务人员，等等。实际上，如果商业目标已定，成功的关键就是专业人才的及时到位和细致服务。

5. 盘活社区空间

金蓬莱艺术驿站项目的运营无疑要建立在金蓬莱社区所能够提供的商业空间和活动空间之上，所以，能够在基地原有基础上充分挖掘和盘活社区空间就成为项目成功的基础条件。

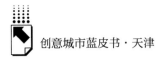

三　商业模式选择

（一）商业模式的一般概念

商业模式是指某个特定实体经营并盈利的方式，它描述了公司所能够为客户提供的价值以及公司的内部结构、合作伙伴网络和关系资本等用以实现目标价值并产生可持续收入的要素。

价值主张，即公司通过其产品和服务所能向消费者提供的价值。价值主张确认了公司对消费者的实用意义。

消费者目标群体，即公司所瞄准的消费者群体。这些群体具有某些共性，从而使公司能够有针对性地创造价值。定义消费者群体的过程也被称为市场细分。

分销渠道，即公司用来接触消费者的各种途径。这里阐述了公司如何开拓市场，它涉及公司的市场和分销策略。

客户关系，即公司同其消费者群体之间所建立的联系，也就是通常所说的客户关系管理。

核心能力，即公司执行其商业模式所需的能力和资格。

（二）价值主张及目标客群

由于金蓬莱艺术驿站的基础商品本质上是一种“艺术休闲之旅”，所以其价值主张可以简单地表述为：基于“粉丝”股东的，以台湾基隆金蓬莱社区为休闲旅游目的地的，为“粉丝”股东和大陆具有文艺情怀人士提供休闲度假和艺术创作的商旅服务。

其中，“粉丝”股东在资金的众筹过程中就已经把自己确定为消费目标，有了这部分消费者群体，不仅可以保证驿站能够有针对性地以艺术创作和休闲度假为目标来创造价值，而且可以不断巩固消费者群体，从而逐渐培育新的“粉丝”和“粉丝”股东。

驿站的市场推广将避免传统的推销和分销模式，采取互联网销售的方式，即采用“讲好故事—形成爆品—积累粉丝—做好服务—培育铁粉—生成股东”的市场开拓方式。而客户关系演变为一种“粉丝”关系，本质上是一种圈层或社群的关系。

如前文所述，驿站的核心能力来自深耕金蓬莱社区后所获得的社会工作能力，以及与邻里、政府和大学各类相关资源的融合对接。这种建立在本地资源融合基础上的核心能力更具有亲和力，也更本地化，可以为构建民宿体系打下坚实的基础。

由于基地所在的社区本身已经具备丰富的空间和旅游资源，加之与享誉世界的台湾知名旅游胜地九份的地貌相近和互相遥望，所以驿站可以在短时间内为消费者提供集休闲、民宿、旅游和艺术创作与交流的完整价值链体系。

（三）成本及收益模型

对驿站的成本结构分析可以借鉴民宿这种产品，主要包括以下五个方面（见图2）。

1. 租金：房屋租赁押金和房租

从对全国部分城市——桂林、西安、成都、杭州、温州、丽江、大理、厦门、三亚的调研数据来看，房租一般占营业额的1/6 ~ 1/5。从金蓬莱目前的发展程度来看，驿站应在获得众筹资金之后，争取购买社区的部分房屋产权，通过个性化的自营持续培育品牌的独特性，同时获得租金收入。同时也可谨慎培育部分成熟居民，在驿站的指导下自行经营民宿，以缓解驿站经营初期的资金压力。

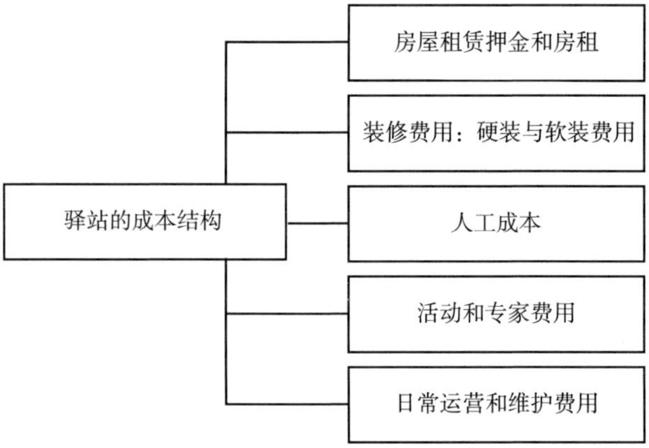

图2　驿站的成本构成

2. 装修费用：包括硬装与软装费用

硬装部分是在日常经营或是前期筹备中最容易超支的一部分，因为在利用一幢房屋做个性化住宿经营时，通常需要对房屋进行一系列的改造装修，在这过程中会遇到很多前期没有预料到的临时性问题。软装部分可以考虑从个性化角度对旧物进行利用改造，当然要更多地从消费者心理、消费者习惯上去考虑。

装修是一笔非常大的投入，因此需要在计算成本时把装修费用均摊到经营期内。

3. 人工成本

随着驿站经营活动的开展，对人员的需求增大，人工成本也会逐步加大。其中，驿站活动的设计策划人员、行动计划的执行推广人员、企业内部管理人员、民宿经营人员等，都是稀缺人员。有时候需要自行培养人才，但又会面临人才的流失，从而加大人工成本。

4. 活动和专家费用

作为艺术家驿站，艺术交流和采风等活动以及聘请专家的费用较之一般民宿要高出很多，是驿站的常规费用。这项费用还带有较大的不确定性，所以必须做出较为充分的预算。

5. 日常运营和维护费用

日常损耗主要有几个费用部分，比如洗浴用品、布草、租车费和汽油费，这些都是经营民宿中的经常性开支。

还有一部分包括信息采集、视频拍摄、物品运输等成本，以及电器、家具的维修费用。

企业的收入模型即公司通过各种收入流来创造财富的途径。就驿站的运营模式来说，最大的收入流应该是前来休闲旅游或进行艺术创作的特定游客的食宿费。

目前国内许多富有特色的文创性民宿通过网络宣传形成爆款，有的宿费飙升到每日上万元，结果消费者还是趋之若鹜。有的住宿费虽高却不包中晚餐，而免费提供的早餐都以本地土特产为主要原料，精致至极且充满创意。显然，这样的“3.0”版民宿和农业综合体正是切合了消费者对高档次和有特色的休闲度假的需求，因此，是可以实现收入流的。

除了房租收入，由驿站组织的文艺活动也应该固定化和商业性。通过邀请两岸顶尖的艺术团体（如排湾族歌舞）和代表人物（如李永萍）借由基隆的都市更新进行艺术创作（一个典型案例是林子尧的马赛克鲸鱼），从而把两岸休闲旅游的人流从九份吸引到基隆，从夜晚（庙口）吸引到白昼。

此外，组织两岸三创团队进行创新、创业和创意的交流，组织大陆农业综合体赴台湾考察。借由驿站、演艺活动和各类比赛交流，可以带动三创基地的青年积累创意产品，并希望能有新的“爆款”脱颖而出。

驿站在运营过程中获得的各类赞助，以及视频、纪录片及衍生品等的版权交易，这些都是可能产生的收益。

驿站的收益模式如图 3 所示。

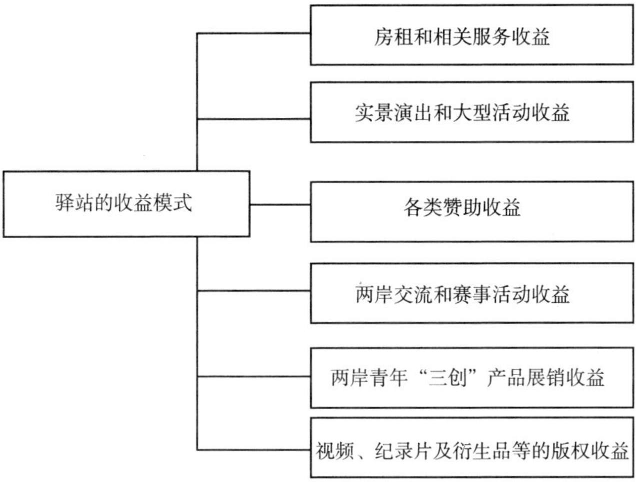

图 3　驿站的收益模式

四　推进策略

（一）2018年：踢开前三脚

1. 旗舰店打造

2018 年 1 ~4 月，争取创办驿站旗舰店一两家。以旗舰店为基础，摸索和打造“艺术驿站”的经营特色，为后续发展积累经验。具体内容包括以下 5 个方面。

第一，在社区寻找和承租可供创办驿站的住房，与房主签下合约。

第二，装修和改造签下的房子，完成配套服务体系建设。

第三，与金蓬莱社区的里长沟通，争取盘下闲置多年的“鸟笼”公共空间，为艺术家入驻后进行艺术创作做好准备。

第四，与两岸相关演艺团体和艺术家联系，探讨在基隆进行表演的可能性及日程。

第五，在国内与网络推广平台如“开始吧”沟通，按照专业人士的要求修改推广文本，尽快实现网络推广。

2. 完成众筹

2018 年 5 ~8 月，陆续邀请共同创始人考察驿站，并说服他们积极成为驿站的股东。在专业人士的指导下，在网络推广平台如“开始吧”征集分散合伙人。利用筹集到的资金尽快盘下另外 8 套住房进行改造，以满足未来访客的各种需求。尽快完成文艺演出的筹备工作，争取在第四季度开始演出。

3. 开张接待

2018 年 9 ~12 月，陆续完成驿站住房的整理装修工作，开始接待前来考察的分散性股东和团队。根据客人的意见，随时调整驿站的服务功能。

（二）2018 ~2020年：稳定运营，实现收支平衡

2018 年之后，在保证客源逐步增加的情况下实现稳定运营。由于没有还款压力，所以 2018 ~2020 年首先要达到收支平衡，略有盈余之后也要用于驿站建设，提升运营能力，不必急于盈利。

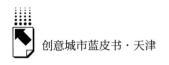

（三）2020年以后：IP 的持续维护

目前，IP 就是品牌的深化，对的 IP 维护就是对品牌的维护。对 IP 的持续维护要有互联网思维。具体做法主要如下。

首先练好内功。在保证驿站质量的基础上，持续开展活动，制造爆点，继续讲好故事。

其次，利用各类平台宣传驿站。如与台湾微电影创作协会合作，寻找台湾在地生活美学或手作达人、产品和机构，建立“台湾生活美学文创资源库”和“台湾生活美学手作资源库”。通过文字、图片和短视频，在北方网、天津电视台、爱奇艺以及各家媒体大号中播放。

联合天津劝业场生活美学展示空间，开展生活美学的展示和教学，引导“80”“90”后消费者爱上生活美学，享受生活美学。

最后用好股东。众筹股东是驿站 IP 持续发展的重要力量。股东的宣传，可以起到非常好的“吸粉”作用，并可以把更多的“粉丝”变成合伙人，而且成为金蓬莱艺术驿站新的故事来源。

B.27 虚拟现实技术的发展及其行业应用

茹亚磊*

摘　要： 虚拟现实（VR）技术是近年来十分活跃的研究和应用技术，行业发展空间广阔，伴随着市场的逐渐成熟，VR 产业必将迎来新的爆发式增长，必将成为家用消费的终极形态，成为第三代计算机平台。以 VR 技术结合 K12 阶段教学大纲科学、合理开发的 VR 教学内容完美兼容现有的学校多媒体教学设备，以老师授课为主、学生学习为辅，能有效激发学生的学习兴趣，提升教学质量，达到资源的合理配置，为中国教育体系改革和 VR 与人工智能（AI）的结合开辟一条道路。

关键词： 虚拟现实技术　爆发式增长　家用消费的终极形态

一　何谓虚拟现实技术

虚拟现实（Virtual Reality，VR）技术是一种仿真技术，也是一门极具前沿性的交叉学科，它通过计算机将仿真技术与计算机图形学、人机接口技术、传感技术、多媒体技术相结合，生成一种虚拟的场景，这种虚拟的、融合多源信息的三维立体动态场景给人的感觉就像真实的世界一样，打破传统有框的场景进入无框的虚拟世界。

（一）虚拟现实系统构成

1. 模拟环境系统

虚拟场景，是由计算机生成的动态 3D 立体图像，特点是非常逼真，让使

---

* 茹亚磊，天津蜜粉窝信息科技有限公司，天津市文化创意协会 VR/AR 分会会长。

用者有更强的沉浸感，“欺骗”使用者的眼睛和大脑，让使用者不知道是在虚拟的世界还是真实的世界。

2. 感知系统

除计算机图形技术生成的视觉感知以外，还有听觉、触觉、味觉和嗅觉等，让使用者真实地感知虚拟世界发生的一切。

3. 自然技能系统

指使用者产生的一切行为数据，都由该系统来处理，以使对使用者的输入及时响应并反馈到人的感官。

4. 传感系统

主要是指虚拟现实应用中用到的三维交互设备。比如用眼球捕捉、数据手套、感应服装等代替传统的鼠标、键盘，让使用者更自然地和虚拟世界进行交互。

（二）虚拟现实的技术特点

虚拟现实是由计算机生成的，是多种技术的结合，具体有以下四种主要特征。

1. 存在性

虚拟现实技术是根据人类的各种感官和心理特点，通过计算机设计出3D图像，它的立体性和逼真性，让人一戴上交互设备就如同身临其境，仿佛与虚拟世界的环境融为一体，最理想的虚拟情景是让人分辨不出环境的真假。

2. 创造性

虚拟现实中的虚拟环境并不是真实存在的，而是人为设计创造出来的，但同时虚拟环境中的物体又是依据现实世界的物理运动定律而执行动作的。

3. 交互性

虚拟现实中的交互是指人与机器的自认交互，人通过传感器感知虚拟世界中的一切事物，而虚拟现实系统能够根据使用者的五官感受及运动来调整图像和声音，这种调整是实时的、同步的，使用者可以根据自身的需求，自认技能和感官，对虚拟环境中的事物进行操作。

4. 多感知性

在虚拟现实世界中通过各种传感设备，包括听觉、嗅觉、触觉、视觉、动觉等传感设备，这些设备让虚拟现实世界具备多感知性，同时也让使用者在虚拟环境中能够获得多种感知，仿佛身临其境一般。

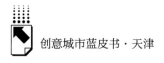

（三）虚拟现实的主要技术

虚拟现实系统是多种技术的综合，主要包括三维图像实时生成技术、立体显示技术、传感器反馈技术和语音输入输出技术。

1. 三维图像实时生成技术

现在利用计算机产生的三维图像技术已经十分成熟，但是虚拟系统要求这些三维图像能够实时生成，比如在VR游戏娱乐中，要达到实时目的，图像的刷新频率就必须达到一定的速度，同时图像要有很高的质量，还要考虑复杂的虚拟交互环境。对图像刷新率和图像质量的要求是该技术的主要指标。

2. 立体显示技术

使用者戴上特殊的设备，两只眼睛看到的图像是分别产生的，比如一只眼睛看到的是奇数帧图像，另一只眼睛看到的是偶数帧图像，这些图像分别显示在不同的显示器上，这种不同就使得视觉上产生了差距，从而呈现出立体的效果。

3. 传感反馈技术

使用者可以通过一系列传感设备对虚拟世界中的物体进行五感的体验，比如说在玩VR战争游戏的时候，穿上传感服装，就能够真实地感受到战争中相互殴打的触觉效果。

4. 语音输入输出技术

语音输入输出技术就是要求虚拟环境能听懂人的语言，并能与人进行实时交互。对此必须解决两个难题：一是效率问题，二是正确性问题。

（四）VR和AR的区别

AR是增强现实（Augmented Reality）之意，它是将3D图像信息叠加在真实世界，提升真实世界观感的丰富程度，与其相比，VR则完全抛弃现有的真实世界，为用户重建一个虚拟的新世界。

VR和AR都能提供新一代的视觉体验，让虚拟场景栩栩如生地呈现在我们面前，不过它们打造的场景沉浸方式有所不同。

通过 VR 看到的场景和人物都是假的，通过“欺骗”人的眼睛和大脑意识，把人带入一个虚拟的世界，更多地使用数据头盔、数据手套、跟踪器、捕捉传感系统等。

通过 AR 看到的场景和人物一部分是假的另一部分是真的，把虚拟的信息带入真实的世界中，所以基本上使用摄像头，在拍摄画面的基础上结合虚拟场景进行展示和交互。

打个比方，VR 更像下一代电视，是辛苦工作回家后忘却压力的调剂方式，让使用者直接逃离现实进入虚拟的世界。AR 更像下一代的手机，从视觉上增强人们的日常生活体验。

二　国内虚拟现实技术发展概况

（一）国内 VR 硬件发展历程

1. 2015年前 VR 在国内尚处于萌芽阶段

国内首批 VR 相关企业虽已逐渐成立，但由于市场概念尚不普及，产品孵化也需要时间，市面上很少有能站上国际舞台的产品，这个阶段的 VR 产品仍以塑造概念或模仿为主。此时很多 VR 企业缺少资金支持，通过自己的力量支撑日常运营开销。

2. 2015 ~2016年初代产品阶段

此阶段市场迎来“VR 元年”，虚拟现实的概念红遍全球。随着概念的普及，资本投资蜂拥而至，各 VR 企业在得到资本市场支持后，第一代产品成功面世。随着公司的壮大及市场诉求的反馈，各公司开始逐步摆脱行业内同质化的竞争，力求通过产品与内容的创新赢取市场。

3. 2016年以后　产品升级完善阶段

2016 年后，随着 VR 各领域产品的不断迭代，产品与市场逐渐走向成熟。随后在产品质量上的竞争将有望成为市场争夺的关键点，未来整个行业的兼并和收购案例相信也会频繁发生。

（二）国内 VR 市场发展情况

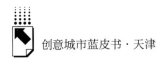

1. 硬件逐渐从重视性能开发转为便携性开发

在谷歌 Cardboard 等移动端 VR 眼睛面世之时，中国的 VR 手机盒子产品因为价格的低廉快速走进人民的生活当中，但智能手机性能的限制导致整体应用内容的展现效果不尽如人意。

此后，为了支持更高质量的 VR 内容，硬件大厂逐渐转型 PC VR 头显开发，硬件性能得到大幅提升，并获得了许多 VR 开发专利，逐步缩小了国内外 VR 硬件开发商之间的距离。随着市场的成熟和技术的发展，便携性会成为未来市场和用户的关注焦点。

2. 国内 VR 企业运营特点

①打造多平台 VR 显示设备

经过数次的产品迭代，国内 VR 移动眼睛与 PC 头盔都已逐渐成熟，能够满足绝大部分 VR 应用内容的需求，2016 年后“VR 一体机”产品也逐渐走入市场，此类多平台覆盖策略也成功帮助 VR 硬件企业覆盖到了更多具有不同需求的潜在用户。

②内容丰富的聚合软件

除了头显开发外，国内硬件开发商还开发了多平台内容聚会软件，并依靠自己庞大的用户来抢占内容分发渠道市场。

③专属开发者平台

除了通过平台用户活跃度吸引优质内容之外，多数大型 VR 硬件开发商都为自家头显量身打造专业的开发者平台（SDK）。在专属 SDK 的支持下，独立开发团队能够更好地为相关 VR 头显开发符合其硬件特长的优质内容，以吸引更多用户。

（三）国内用户规模及现状

中国 VR 产业市场不断扩大，在 2016 年初中国 VR 的潜在用户规模已经达到 2.86 亿人，而在 2015 年中接触过或体验过虚拟现实设备的 VR 浅度用户约为 1700 万人，购买过各种 VR 虚拟现实设备的用户约为 96 万人。

1. 传播规模

2016 年 VR 相关报道数突破 1000 条，较 2015 年增长 487%；相关微信公众号达到 1109 个，发布文章 10 万篇以上；通过谷歌、百度搜索引擎显示“VR”关键词的热度急剧攀升，较 2015 年同比增长 709%。

2. 城市分布

49% 分布在北、上、广、深一线城市，几乎占整个行业的半壁江山。

其他区域中心城市、沿海城市等的数字媒体观念更前沿，接受信息更丰富，购买力更强，VR 普及率相对更高，如杭州、成都、苏州、天津、重庆等。

3. 评价

2016 年的 VR 浪潮得到全社会的关注，甚至被提升到战略规划层面，这也是 2016 年被称为“VR 元年”的重要原因。

如果说 VR 技术在国外发展的重要推动力是科技巨头，而在国内 VR 发展的主要推动力是资本市场，2016 年大概有 30 亿元投在 VR 产业当中，但同时出现了很多同质化产品。

行业发展尚在初期，地方政策环境不成熟、整个行业的消费群体不成熟、重视力度不够等制约整个行业的发展。

三　行业应用与案例分享

（一）VR 在城市规划领域的应用

随着信息技术、虚拟现实技术的进步和发展，虚拟城市、三维规划在城市规划领域渐渐出现，这无疑给人们提供了一个全新的城市规划建设和管理手段。

在虚拟城市、三维规划应用中，最关键的技术之一就是虚拟现实技术。

城市虚拟现实系统能够弥补传统规划建设表现方式的不足。可以通过一个虚拟环境，为人们提供全方位的动态交互内容。城市虚拟现实系统动态交互内容如下：人们可以从任意距离、角度来观察建筑各个方面的细节；人们可以选择多种运动模式，如行走在街道上，飞翔在天空中等；人们可以自由地控制和制定浏览线路；可以实现多种环境效果和功能区的自由切换。

（二）VR 在医疗健康领域的应用

1. 医学练习

虚拟现实手术是基于医学影响数据，在计算机中用 VR 技术建立虚拟环境，医生借助虚拟设备如头盔等在虚拟环境中进行手术计划和练习，给医生带来沉浸式的手术体验，让医生仿佛置身一场真实的手术，目的是为医生的实际手术操作打下良好的基础。

好处是节约培训费用和培训时间，降低手术风险，提高医学教育效率和质量，改善医学手术水平发展不平衡的现状。优势是具有仿真性、开放性、超前性和可操作性。

2. 医疗培训和教育

通过虚拟技术对人体功能进行仿真，让医疗人员真实了解人体结构和功能，通过医学教学和培训提高效率和效果，继而降低教学成本。

3. 康复训练

通过特制的人机接口让残疾人士在虚拟场景中实现生活自理，产生一种身临其境的感受，改善患者的治疗情绪，帮助他们提升生活乐趣和品质。

4. 医疗戒毒

2017 年浙江省戒毒管理局透露通过虚拟现实毒瘾评估矫治系统帮助戒毒人员戒除毒瘾科学、高效、准确，是国内首个针对甲基苯丙胺（冰毒）的评估和治疗系统。

虚拟现实毒瘾评估矫治系统主要通过虚拟现实技术以及心电技术进行治疗，内容分为记忆提取、厌恶治疗、回归治疗三部分。

5. VR 在旅游行业的应用

虚拟旅游就是通过虚拟现实技术，构建一个基于现实旅游景观的虚拟旅游场景，用户只要通过虚拟现实设备就能在虚拟场景中观赏各处美景。

同时通过虚拟现实技术和网络技术，可以将古代文物及建筑物按照 1∶1 比例还原，帮助人们远程欣赏那些具有研究价值的古文物和建筑物，甚至可以复原已经消失的古文物和古代城堡。

（三）VR 在科研教学领域的应用

1. 帮助开设远程虚拟教学实验课程

通过虚拟现实技术和网络技术弥补远程教学的不足。

2. 避免真实实验可能带来的风险

传统危险实验的操作方法往往是通过视频方式来演示，学生无法直接进行操作。虚拟现实技术能够帮助学校打消这种顾虑，为学生提供虚拟学习环境，避免实验可能带来的危险，让学生放心去做各种实验，提高学生的学习兴趣和积极性。

3. 虚拟教学课件

课堂上的教学内容和教学方式都应该与时俱进，将虚拟现实技术融入教学课件，让枯燥无味的课堂有更多的娱乐性、生动性，也更能激发学生的学习热情和兴趣。可以应用到以下多个课程领域中，如生物、医学、物理、建筑工程、地理、水利等。

4. 技能训练

虚拟现实技术十分适用于对学生的技能训练，如军事作战技能训练、汽车驾驶维修技能训练、外科手术技能训练、电器维修技能训练、果树栽培技能训练等。

5. 实验室

如虚拟物理实验室、虚拟地理实验室、虚拟生物实验室、虚拟化学实验室、虚拟科研实验室等。

（四）VR 在应急推演领域的应用

虚拟现实应急演练系统是一个高端的仿真软硬件平台，主要通过虚拟现实技术建立逼真的虚拟场景，运用开放式的演习方式，供各级决策与指挥人员、事故处置人员到达指定位置。种类大概有地震应急演练仿真系统、火灾应急演练仿真系统、煤矿应急演练仿真系统、消防应急演练仿真系统等。

（五）VR 在工业生产领域的应用

随着社会的发展，产品不断升级更新，产品结构也变得越来越复杂，单纯使用二维工程图或静态的三维图已经无法将产品设计师的思想全部表达出来，因此虚拟现实技术开始被广泛应用在工业生产上，用交互的方式将虚拟产品和人们关联起来，大大丰富了信息的内容和传递方式。

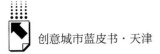

工业仿真系统不是传统意义上简单的场景漫游，而是一种能够结合用户的业务层功能，组建一套完整的系统，用于指导工业生产的仿真系统。简单说，工业仿真就是将物理工业中各个模块的数据整合到一个虚拟体系中，在该虚拟体系中将工业中的每个流程都表现出来，再通过交互模式与该虚拟体系的各个环节展开互动。

汽车仿真是通过虚拟现实技术和计算机辅助技术，将轿车开发的各个环节都置于计算机所构造的虚拟环境中的综合技术。可分为以下 5 个部分。

虚拟设计：通过虚拟现实技术、网络技术和产品数据管理技术，可以快捷地建立产品模式。

协同设计：通过不同部门设计师的不同设计成果，快速整合，创造出汽车三维模型。

虚拟装配：通过虚拟装配系统，设计人员可以全方位地检查零部件的状态。

虚拟培训：可以帮助员工熟悉汽车生产装配流程，避免在汽车制造过程中出现错误，减少企业的经济损失。

虚拟实验：通过虚拟仿真实验，可以预测汽车的各项性能。在虚拟实验时，不仅可以模拟真实环境，还可以进行虚拟人机工程学实验、虚拟风洞实验、虚拟碰撞实验等。

三　VR 行业发展趋势

虚拟现实技术是近年来十分活跃的研究和应用技术，同时被列入中国“十三五”规划重要组成部分。中国产业调研网发布的 2016 年中国虚拟现实市场调研与发展前景的分析报告显示，目前虚拟现实行业正在跨越萌芽期，行业发展空间广阔，伴随市场的逐渐成熟，预计 2020 年市场容量将达到 800 亿美元，未来十年有望开启万亿级市场。

伴随着技术的不断完善，设备性能越来越高，价格越来越亲民，内容产业越来越丰富，VR 产业必将迎来新的爆发式增长。VR 设备大面积普及，同时将成为家用消费的终极形态，并成为家庭娱乐的核心产品，成为第三代的计算机平台已经指日可待。

四　案例展示：VR 教育应用

项目名称：三通两平台：VR + K12 教育应用

实施机构：天津智空科技有限公司

“三通”指的是：网络校校通，即所有学校接入宽带，完善学校的基础信息化硬件和网络设施；资源班班通，即实现班级授课资源的上传、下载，重点建设网络课堂；空间人人通，即每个学生共享教育资源和拥有可互动的个人网络学习空间。

“两平台”指的是：教育资源服务平台，即为实现各类教育资源共享的平台，主要承载班班通、人人通相关资源的共享和分发等功能；教育管理服务平台，即各类教育系统的内部管理系统，提高教育系统内部信息化办公水平，加强内部管理信息化建设。

（一）“VR + 教育”的现状和需求

1. 现状

VR 智慧教室的服务对象包括各级领导、教师、学生、家长。目前，主要存在以下问题。

（1）资源未成体系，海量资源共享难。资源从量上看可谓丰富，但未统一规划和整理，未能把教学资源进行有效的共享和管理。

（2）学生的学习积极性不高。学生上课学习还是以老师授课为主，学生被动学习为辅，学生学习积极性和主动性不高。同时对于知识难点或抽象知识点，学生很难理解，只能死记硬背，无法有效地进行长期记忆和理解。

（3）教学过程互动性不强。目前大部分仍然采用传统课堂中一对多的教学模式，难以让全班学生及时参与其中。其互动形式，也难以在纸质课本基础上有所突破。

（4）老师无法实时掌握学生状态。学生上课期间，老师很难掌握每个学生的学习状态，不能对学生进行有针对性的辅导和管理，只能靠学生成绩来判断学生“好”或“坏”，容易“一刀切”，忽略学生的特长。

2. 需求分析

（1）教育主管部门

依据全面的教育统计分析数据，更加科学地确定教育经费投入及分配政策；科学评估教育所产生的社会经济效益；帮助整合积累教学资源、推广教学经验；更加直观地查看各区数字教学资源建设、应用与共享状况。

（2）学校

支持学校进行 STEAM 教育；快速掌握全校的教学情况、相关统计数据；提高学生成绩，提高教学成绩；及时获取家长、公众对学校办学的反馈信息。

（3）教师

将名师资源引入课堂教学；实时了解班级学生的出勤状况；及时与家长、同事、校领导沟通交流；更加高效、便捷地进行网络备课；快速获取、加工和集成教学资源，支持课堂教学；灵活控制学习终端，实时向学生推送相关学习资源；登录个人教学空间，动态获取系统推送的优质教学资源；上传优质教学课件，分享优质教学内容。

（4）学生

及时与教师、同学沟通交流，解决学习、生活中遇到的难题；利用各种媒体终端进行随时随地的学习、交流和分享；登录个人学习空间，动态获取系统推送的个性化、优质学习资源；学生可以在家戴上 VR 眼镜，和全国正在学习的学生互动，提高学习积极性和社交能力。

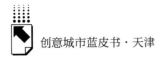

（二）VR 智慧教室解决方案

1. 天津智空科技产品特点

（1）学生学习沉浸性。学生借助 VR 设备，如身临其境般，以生动、形象、有趣的形式提高学生学习的积极性和主动性，并增强学生对知识点的记忆持久性。

（2）师生自然交互性。学生在虚拟的世界里，通过 VR 交互设备对物体进行操作，或者进行相关实验。老师可以通过控制终端，实时监控每个学生目前的学习状态，并对每个学生进行实时辅导。

（3）课件录制科技性。老师可以对自己的课件和上课的实时状态进行录制，并上传到云空间，学生可以在回家后对课程进行温习，并就知识疑难点进行实时在线咨询。甚至，老师的课件可以面向全国各地，打破一、二、三线城市教育资源不平衡的现实瓶颈，间接实现老师资源共享。

（4）学生学习积极性。学生可以通过 VR 设备身临其境地在虚拟的学习教室里面学习相关课程，甚至可以和全国各地同时在线的同学进行线上交流，讨论学习疑难点，提高学习积极性，避免了白天在学校上课，放学后在培训机构二次上课的苦恼和被动。

（5）脑机结合先进性。通过自主研发的脑电波设备，可以实时了解学生学习期间的状态，对学生进行有针对性的学习辅导，提升学校的管理水平，并通过人工智能对每个学生进行关注、培养、辅导等。

（6）VR 资源丰富性。根据小、初、高的教学大纲，按照课程、章节开发，并把相关知识点通过视觉、听觉、触觉等体现出来，提高学生学习的积极性和记忆的持久性，方便老师制作课件时配合相关 VR 内容，制作精良的教学大纲。

2. 天津智空科技 VR 智慧教室分类

（1）VR 沉浸教室。我们自主开发的 VR 教学系统打破传统的多媒体老师授课模式，以 VR 技术结合 K12 阶段教学大纲科学、合理开发的 VR 教学内容完美兼容现有的学校多媒体教学设备，以老师授课为主、学生学习为辅，能有效激发学生的学习兴趣，提升教学质量，达到资源的合理配置。

（2）VR 创客教室。我们自主开发的 VR 创客教室，借鉴美国 STAEM 教学的先进理念，更注重培养学生的创新、动手、动脑能力。在 VR 创客教室学习中，以学生学习为中心、以老师辅导为辅助。打破学校传统教育过程中老师动手为主、学生观摩为辅的教学理念，实践经验证明通过 VR 教育能让学生快速进入学习状态，唤醒学生记忆中已有的相关知识、经验，有效激发学生的的思维能力、想象能力、动手能力，帮助使其有效主动地探索自己喜欢的科学领域和学习方法。

通过我们的 VR 创客教室更能实现教学过程中教学物料的零浪费，真真正正实现绿色教育、节能教育、STAEM 教育。

（3）VR 科学走廊。此系统的主旨是利用学生的课余时间，提升学生认识世界、热爱生活、了解大自然的能力。

（4）VR 虚拟课堂。此系统主要是实现老师优质课件资源共享的平台，老师把自己上课期间所用的课件上传到云端，并分好年级、学科、章节等，供全国各地学生学习使用，提高学生的学习积极性，免去学生到处上补习班的苦恼。也打破中国地区教育质量不平衡的现状，真正实现国家提倡的班班通、人人通。

3. 天津智空科技 VR 智慧教室配置

（1）系统软件：VR 沉浸教室教学系统、VR 创客教室教学系统、VR 虚拟课堂学习平台、脑电波实时数据分析系统。

（2）系统硬件：教师端主控设备、VR 头显、充电柜、无线路由器、音响。

（3）系统平台：VR 虚拟课堂学习平台、VR 教学资源分发平台、脑电波数据中心处理平台。

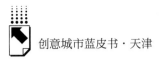

B.28
国家数字内容贸易服务平台

王一夫*

摘　要： 国家数字内容贸易服务平台以互联网思维革命性地改进了传统的数字内容制作流程，通过互联网远程、协同、大数据的特点，解决了传统制作流程中存在的交互制作、流程不透明、协商内容易产生分歧、验收和付款流程不规范、数字资产制作权和所有权在流程中得不到保障等问题。本平台集传统电影制作的安全性、高性能以及稳定性为一体，是新媒体和移动终端（移动媒体和移动互联）相结合的一套全新的影视制作方案。

关键词： 国家数字内容贸易服务平台　互联网思维　大数据

一　平台简介

（一）平台的权威性

2016年，文化部开展了对冠以“国家”“中国”“中华”等字样的各类项目的清理整顿，明确取缔了一批项目，保留了一批项目，并提出今后原则上不再设立国家级平台，如需设立，须报党中央、国务院批准。目前保留的平台类项目中，国家数字内容贸易服务平台是唯一涉及数字内容领域的平台，权威性得到进一步加强。

---

* 王一夫，灵然创智（天津）动画科技发展有限公司总经理，国家数字内容贸易服务平台总监。

（二）平台主要特点

1. 线上交易

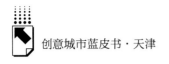

本平台以互联网思维革命性地改进了传统的数字内容制作流程，通过互联网远程、协同、大数据的特点，解决了传统制作流程中存在的交互制作、流程不透明、协商内容易产生分歧、验收和付款流程不规范、数字资产制作权和所有权在流程中得不到保障等问题。

资料确认非常方便——对制作过程中的步骤确认效率提高60%，而且待确认资料都在云端，便于查找。

全新的数字制片领域——方便制片方通过互联网随时跟进制片进度甚至制作过程，带来至少80%的效率提升。

几乎全部流程都可在线上完成——除盖章签字部分，95%的制作流程（95%）可在线上完成。

数据资产安全——因为允许远程查看数据资产，这就在保护数据安全的同时允许甲乙方查看全部数据细节。

2. 质高价优

较现有系统提升100%——96个高性能摄像头捕捉系统，居亚洲第一位。占地1000平方米，有效面积400平方米。同时支持12个演员的数据采集。

价格是国外同类产品的20%——拥有自主知识产权的面部实时捕捉系统，工作效率提升75%

渲染效果提升95%——简化的捕捉方式，用单摄像头就可完成面部捕捉，实时渲染效果提升95%。

VXGI体像素——实时全局光照渲染，同时通过云平台，巧妙地解决了移动终端渲染性能有限的问题。

3. 全面服务

平台具备三维扫描、动作捕捉、面部捕捉、实时渲染、实时成像输出等功能，可以为用户提供虚拟影棚等系列增值服务。

（1）自主研发虚拟摄影棚系统

24镜头便携式面部及肢体动作捕捉系统，支持49平方米内两个人的动作及面部捕捉。基于此系统，我们自主开发虚拟摄影棚系统，能够实现实时动作捕捉、实时渲染和实时立体输出。

（2）动作捕捉服务内容

支持在行业内主流三维动画软件中带模型实时捕捉；捕捉肢体动作数据；修复捕捉数据；将捕捉点格式数据转换为 FBX 骨骼格式数据；修复 FBX 骨骼格式数据的穿插；将 FBX 骨骼格式数据转换为软件可识别格式数据。

（3）影棚动作捕捉系统标准化建设：（摄像动捕系统）

（4）3D 立体实时预监系统

3D 立体实时预监系统是一套以显卡输出为基础、以信号实时转换和信号合成为方法的快速的跨平台超清级别的电影级的立体预监系统。本套系统可有效解决 3D 产业发展的技术瓶颈，可以让工程师在一个纯粹的立体预监环境下实时工作，大幅提高立体内容的制作效率，有效提升行业内 3D 立体动漫和立体节目的制播能力。

（5）视频批注技术

系统运行在数字资产管理系统之上，可进行在线批注和管理，能够真正融入制作的每一个环节中，通过统一软件进行数媒资管理和项目制作内容管理。

（6）模型批注技术

系统运行在数字资产管理系统之上，对模型文件可以进行在线察看和批注。模型媒体资产的管理能做到在线实时浏览，这样才能融入制作的每一个环节中去，通过一个统一的系统进行模型文件的管理和项目制作内容的管理。

（三）基本功能

1. 协同制作

协同制作是小组之间相互合作、相互影响和相互制约的过程，因此企业通常以人员聚集的方式解决这一问题，公司之间的协作受项目资源分配、无法交互等问题的制约，往往难以实现。平台着力解决这一问题，打造基于互联网的协同制作模式，通过平台可实现项目任务的细化及分发，利用自主知识产权技术实现交互功能，并以远程的方式进行在线制作，打破了原有的制约。

数字内容是最适宜工业化生产的文化产业门类，平台跨越时间、空间、语言的限制，全方位地实现协同制作，真正以工业化方式组织数字内容的生产。

平台打破了区域壁垒。影视制作大多集中在发展迅猛的北、上、广、深，致使一些地区行业发展更为滞后。通过平台的协同制作功能，全国各地的制作团队及个人均可以平台为载体进行协同制作，消除了原有的区域阻碍，实现区域一体化发展。

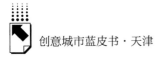

平台打破了公司壁垒。通常高端的制作项目被大规模企业垄断，致使资源分配不均衡，中小企业难以发展。通过平台载体，数字资产安全得到保障。在确保制作质量的情况下，任何团队及个人均可承担项目，不仅促进中小企业持续发展，同时充分体现了平台的资源共享能力。

2. 项目洽谈

用户通过首页查看推荐项目，对感兴趣的项目，可以继续了解详情，和甲方交流，竞价竞标，直到成功承接项目。

在项目的制作过程中，系统可以提供独特的确认体系。每一次提交、修改、确认等都由用户确认，并且系统记录备查。仅冻结必要周期资金，项目文件也由系统进行加密处理，这样可以同时维护制作双方的权益。

在资金结算流程中，双方通过任务列表来交流、沟通、提交任务、提出修改意见等。让项目制作双方只关心项目进度，其他的繁复环节都由系统自动打理。

3. 数字监理

本系统创造全新的数字监理体系，开创了数字文化服务贸易领域的新篇章。将工程监理的理念引入数字制作，以国际化思维创造数字监理体系。平台在其中扮演全程监理、记录、权益保障的角色。

二　平台工作业绩

（一）平台1.0版本的研发与发布

1. 2016年5月，主平台基本功能建设

——实名注册 & 信用等级自动评定

——用户商业机密保护

——在线展示 & 在线签约

——资金在线支付 & 媒体资产第三方保全

——版权管理 & 在线登记

——免费注册 & 免费使用

2. 2016年8月，特色功能开发与试交易运行

区别于其他服贸平台，本系统从设计上尝试解决项目外包中的常见问题，使外包项目的水平、效率都可以提升。为此，我们选择了电影、动画、漫画、制片等多个项目进行了内测。

3. 2016年11月，部署云服务平台

在线远程多人协同制作——GPU 透传工作站云技术。这是目前国内唯一拥有自主知识产权的工作站级别云桌面系统。

4. 2016年12月，上线发布1.0功能版

在4个月里，通过大量测试及用户反馈完善了1.0版本的核心功能。完成了基本部署，同时完成了基本团队的建设。

（二）硬件设备采购

第一步是选型。第二步是招标，招标工作已于2016年11月全部完成，委托单位为天津市国际招标局。第三步是采购。第四步是调试，目前平台正在完成最后的网络及设备联调。第五步是维护。

（三）空间装修

平台的设计与建设是2018年度重点工作，空间设计不仅要符合美学要求，而且要符合行业规范以及电影工业的安全标准，因此涉及门禁、监控、墙体颜色、网络布线、机器位置及使用方法等诸多内容。例如，平台制作人员通过远程方式与核心机房连接，确保数字资产的安全性。

（四）完成交易额

2016年平台已完成交易额1178万元，其中：动画类项目以渲染和动画调整为主，从2017年7月开始，截至2017年12月，完成交易额440万元；Post-production 从 DIT 到调色，覆盖了几乎所有数字后期流程服务，完成交易额410万元；数字制片是基于互联网的数字制片体系的创新。随着数字制片系统的投入使用，平台未来能够将很多影视项目引入平台进行。现已完成交易额328万元。

三　平台战略目标

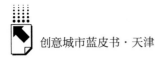

国务院发布《“十三五”国家战略性新兴产业发展规划》，数字创意产业被列为五大战略性新兴产业之一，数字内容贸易服务前景广阔（见图1）。

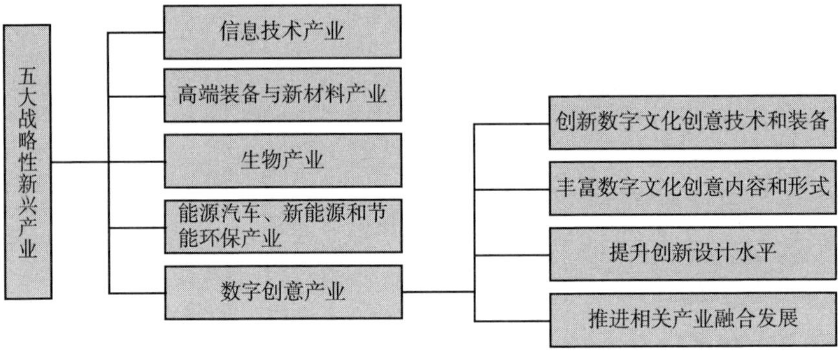

图1　五大战略性新兴产业

2016年，我国对外文化贸易和投资增长迅速，全年文化产品进出口总额885.2亿美元，其中出口786.6亿美元，实现顺差688亿美元。可见，中华文化的国际影响力持续增强，数字内容贸易将迎来发展的历史机遇。

未来5年，平台的战略目标是实现累计交易额10亿元，占国内同类交易平台市场份额的50%以上。

公司项目运作模式“Building a cloud-based collaboration platform in China”被国际著名案例研究机构——毅伟商业案例库在线出版发行（案例编号：9B17M067），全国共推荐1500个案例，仅有两个案例入选，并向全球商学院推广，这一成绩被写入天津大学校长年度汇报中。毅伟商业案例库代表了全球教学案例出版的最高标准，是全球领先的商业案例提供商，与哈佛案例库、欧洲案例库并称为“国际三大商业案例库”，其案例被全球各大商学院购买并广泛使用。案例教学是商科本科、MBA、EMBA教学中最为常用的教学方式，在全球商学院的国际高等商学院协会（AACSB）和英国工商管理硕士协会（AMBA）认证中占有很大权重。

本案例是依托项目基础而开发的商业案例，分析了中国文化产业领域的阶段需求，并讲述了公司在短短十年时间内的发展历程。该案例选题新颖，以文化产业为研究对象，充分体现了本案例严谨的商业思路、高端的技术解决方案，从战略管理、公共政策、组织创新等方面体现了公司在高水平项目案例开发方面的重要进展。

本案例充分体现在“互联网+”的网络新思维的指引下，围绕文化与科技深度融合的发展现状，同时扶植全国乃至全球范围内文化领域的商业路线，依托其带动作用打通文化领域的产业链，促进产业整体业态升级，对今后的互联网服务及互联网技术方面具有极大的引领作用。同时涉及的商业体系、技术模式等均获得了业界的一致认可和高度评价。

附录1　毅伟商业案例库与哈佛案例库齐名

加拿大西安大略大学毅伟商学院（Richard Ivey School of Business, University of Western Ontario）位于安大略省伦敦（London, Ontario），是世界一流的商学院。毅伟商学院创立于1922年，其使命是发展具有全球化思维、战略性行动与社会贡献的商业领导人。毅伟商学院在商业管理领域有着巨大的影响力，其案例教学方式与哈佛商学院齐名。

毅伟商学院在2014年《彭博商业周刊》的全球商学院排名中，被评为国际榜（除美国外）第1位，在2012年泰晤士报高等教育－QS北美商学院排名中列第12位，在英国《金融时报》2012年全球商学院百强排行榜中列第68位，与哈佛商学院同为北美案例教学的发源地。商学院原名Western Business School，数年前，为了纪念校友Richard Ivey家族而更名。毅伟是加拿大最好的商学院。除了排名以外，公司对毕业生的认可是最好的证明。毅伟商学院的校友遍布加拿大各大公司高层，并有相当一部分毕业生拥有自己的企业。毅伟商学院与医学院是西安大略大学最负盛名的两大院系。

附录2　磁石云服务平台云制作系统介绍——云制作、云剪辑、云管理

本平台集传统电影制作的安全性、高性能以及稳定性为一体，是新媒体和

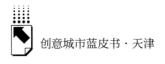

移动终端（移动媒体和移动互联）相结合的一套全新的影视制作方案。

该系统突破了工作人员只能在机房制片的局限，全面支持局域网和互联网，可随时随地进行影视制作。由于所有计算都是在后台完成，因此能够保证数据的安全性。不仅如此，还提供了企业级的应用防火墙，基于私有的操作系统，来控制至关重要的影视制作应用层。完全按照美国电影协会 MPAA 安全认证、迪士尼影视制作安全规范进行平台开发与建设。

目前，该在线协同云制作系统已在中国高效稳定地运行，通过近一年的努力，全国乃至国际的优秀资源已向平台聚集，包括腾讯动漫、中影基地、中国电影资料馆以及爱丽昂之地等超级 IP 已与平台达成合作意向。平台已为近百家企业提供高质量服务，包括电影、动画游戏等项目。

公司下一步的研究与开发主要针对应用工具层面，以及在线媒体资产管理层面。通过“互联网 +”建立的该套在线制作系统，实际上是一套数字媒体资产在线管理制片体系。该系统成功运营后，我们将继续扩大 IDC 机房规模，提升系统的服务能力。

该套系统的引入不仅标志着中国数字内容制作与加拿大蒙特利尔数字内容制作的项目对接，更是产业方面的对接。除了在线制作，该系统亦支持在线协同创作。现阶段北美进入中国大陆数字电影、数字创意的模式比较单一，该系统的运用为北美从业人员提供了全新的制作模式，使之无须前往中国，只需通过远程协作，即可参与中国电影的制作。

此外，在教育体系上，北美的部分高校已与中国大陆高校建立合作关系，但是，中国高校数万，如何普及这种合作关系，是至关重要的问题。平台在后期将推出一套在线教育培训系统，为中国与北美高校的合作提供桥梁。

B.29
国际艺术管理工作坊 ICIA 四型人才培养模式

天津音乐学院艺术管理系

摘　要：　针对我国艺术管理领域从业者专业素质不过硬、整合与创新能力弱、国际视野缺乏、实践上手慢等突出问题，天津音乐学院艺术管理系在多年探索培养创新型应用型人才的基础上，结合当今中外艺术交流日益频繁、文化贸易全球化、坚定文化自信推动优秀中华文化“走出去”等新形势、新任务、新需求，创建了一套基于国际艺术管理工作坊综合性育人平台，培养国际型（international）、创新型（creative）、复合型（interdisciplinary）、应用型（applied）高素质艺术管理人才（简称 ICIA 四型人才）的人才培养模式。围绕这一培养目标，天津音乐学院艺术管理系于 2014 年 5～6 月举办了以“国际艺术节与城市发展”为主题的高峰论坛暨艺术管理工作坊，由此开启了通过国际艺术管理工作坊培养 ICIA 四型人才的模式，对学科建设、人才培养起到很好的推动作用。

关键词：　国际艺术管理工作坊　ICIA 人才培养模式　学科建设

艺术管理人才是推动文化艺术事业和产业大发展、大繁荣，不断提升文化软实力和影响力的中坚力量。天津音乐学院从 2001 起率先在国内举办艺术管理本科教育，从 2005 年起开展艺术管理学科方向研究生教育。此后，不断修订完善人才培养方案，大胆探索创新人才培养模式和机制，2013 年“基于项目实践的艺术管理创新型人才培养模式”获得天津市高等教育教学成果二等奖。近年来，围绕着力培养具有国际视野、创新思维和一专多能的高素质艺术管理复合型、应用型人才的新要求，天津音乐学院艺术管理系于2014年启动了高水准、国际化、综合性的育人平台项目，于2014年5～6月举办了以“国际艺术节与城市发展”为主题的高峰论坛暨艺术管理工作坊，得到了国内外学界和业界专家的高度好评。由此，开启了国际艺术管理工作坊ICIA四型（国际型、创新型、复合型、应用型）人才培养模式。此后2015、2016、2017年又继续举办了不同主题的高水准国际艺术管理工作坊，对于学科建设、ICIA四型人才培养起到很好的推动作用。

一　模式提出

人才培养模式是依据人才培养的目标和质量标准，为培养对象设计知识、能力和素质结构以及实现这种结构的方式。针对我国艺术管理领域从业者专业素质不过硬、整合与创新能力弱、国际视野缺乏、实践上手慢等突出问题，在多年探索培养创新型、应用型人才的基础上，结合当今中外艺术交流日益频繁、文化贸易全球化、坚定文化自信推动优秀中华文化“走出去”等新形势、新任务、新需求，创建了一套基于国际艺术管理工作坊的综合性育人平台，培养国际型、创新型、复合型、应用型高素质艺术管理人才（简称ICIA四型人才）的培养模式（如图1所示）。

国际型（I）：目标是培养具有国际视野，了解把握艺术管理领域全球主要国家和地区发展动态以及中外文化艺术发展差异的人才。国际艺术管理工作坊通过配备国内外专业领域顶级专家师资、设置专业前沿热点议题等举措有效促成这一目标。

创新型（C）：目标是培养富有创新精神和创新思维，掌握创新方法，具备一定创新创业能力的艺术管理人才。国际艺术管理工作坊通过专家学者观点交锋（高峰论坛、主题演讲等）、专题案例多维度解剖与对比分析、学员项目宣讲、现场提问互动研讨等形式积极促成这一目标。

复合型（I）：目标是培养具有艺术素养和技能特长，能够融通管理学、传播学、经济学、人类学、信息技术等多个学科专业知识的人才，即一专多能交叉复合型人才。国际艺术管理工作坊通过设置多样化、系列化研讨主题和专题

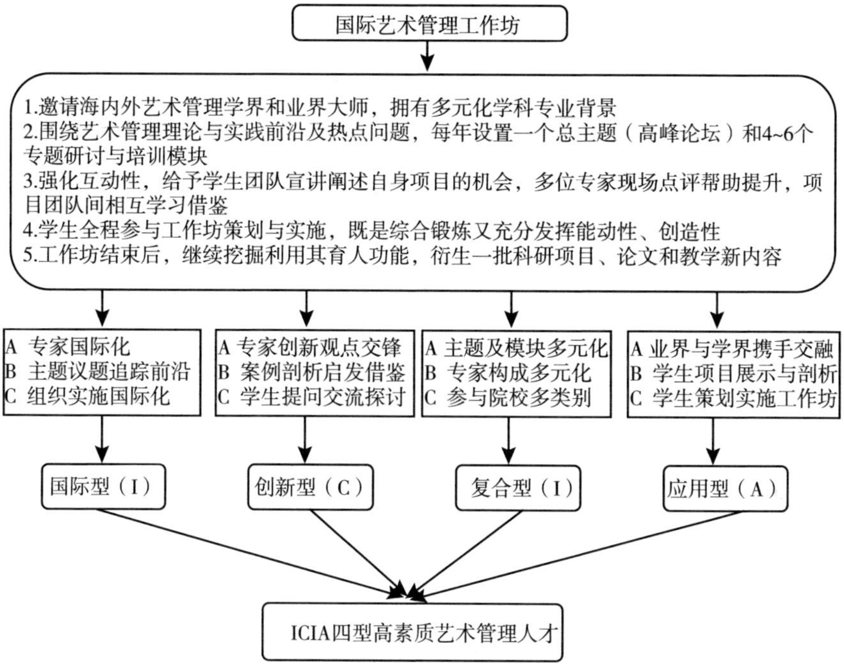

图 1　ICIA 四型人才培养模式

培训模块、配置不同国家（地区）不同学科和职业背景的专家师资、邀请国内外不同类型院校师生以及业界机构代表参与研讨互动，促使学生多视角、多途径思考和解决问题，吸收各家之长，提升交叉整合能力，成为专业领域的多面手。

应用型（A）：目标是培养艺术管理领域接地气、上手快、实践能力强、发展适应性好、能够解决实际问题的“工程师”“工匠师傅”。国际艺术管理工作坊通过组建学生策划实施团队、设置学生项目宣讲与专家点评环节、邀请学界专家和业界精英共同研讨教学等办法来提升学生的综合应用能力。

二　教学实施

国际艺术管理工作坊每年设定一个专业领域的前沿、热点主题，围绕主题设置 4 ~6 个深度剖析训练模块，长年累积形成系列化的人才培养专题（截至

2017 年已有 20 余个专题模块），比较有效地满足艺术管理 ICIA 四型人才培养之需要。根据工作坊需要，还可设置高峰圆桌式论坛，多位专家围绕议题交锋论道，为现场师生解疑释惑。2014～2017 年各年的国际艺术管理工作坊如表 1 至表 4 所示。

表 1　2014 年国际艺术管理工作坊

工作坊主题（名称）	高峰圆桌论坛或主题演讲	工作坊专题培训模块	国内外专家师资
国际艺术节与城市发展高峰论坛暨艺术管理工作坊	国际艺术节运作模式及其对城市发展的促进作用	艺术节定位及节目设计； 艺术节组织与管理； 艺术节观众培养及扩展； 艺术节资金筹措与分配； 艺术节宣传推广	瑞士琉森音乐节艺术与行政总监 Michael Haefliger； 美国卡罗莱纳表演艺术中心行政总监 Emil Kang； 英国巴比肯艺术中心艺术总监（前 BBC 艺术与行政总监）Sir Nicholas Kenyon； 奥地利萨尔滋堡音乐节市场及媒体总监 Roland Ott； 德国拜罗伊特青年艺术节主席 Dr. h. c. Sissy Thammer； 中国香港艺术节节目总监梁掌玮 Grace Lang； 中国上海国际艺术节总监刘文国； 中国天津五月音乐节艺术总监徐昌俊； 中国澳门特别行政区文化局副局长梁晓鸣； 上海大学音乐学院院长王勇教授（论坛主持）； 中国台湾树德科技大学表演系原主任谢嘉哲博士（工作坊主持）

表 2　2015 年国际艺术管理工作坊

工作坊主题（名称）	高峰圆桌论坛或主题演讲	工作坊专题培训模块	国内外专家师资
国际艺术与文化产业管理学术前沿工作坊	艺术管理发展动向	艺术市场营销与管理； 锁定观众营销策略； 艺术市场与文化政策； 艺术管理专业校际合作； 规划业界需求的艺术管理课程； 向业界推介学生的策略	国际艺术与文化管理协会主席、联合国教科文组织文化管理现任主席 Francois Colbert 教授； 德国科隆音乐与舞蹈大学教授、国际艺术管理中心主任 Peter Lynen 教授； 全国艺术学学会会长凌继尧教授； 全国艺术学学会艺术管理委员会会长田川流教授

表 3　2016 年国际艺术管理工作坊

工作坊主题（名称）	高峰圆桌论坛或主题演讲	工作坊专题培训模块	国内外专家师资
国际艺术管理学术研究工作坊	艺术管理学术研究	艺术管理学术研究的学理及方法； 科研论文写作与发表指南； 研究生科研能力培养； 学位论文选题及质量控制标准	国际艺术与文化管理协会主席、联合国教科文组织文化管理现任主席 Francois Colbert 教授； 德国汉堡音乐与戏剧大学文化与传媒管理系主任 Reinhard David Flender 教授； 北京大学艺术学院林一教授； 重庆大学美视电影学院常务副院长、北京大学艺术学院彭吉象教授； 上海戏剧学院院长黄昌勇教授

表 4　2017 年国际艺术管理工作坊

工作坊主题（名称）	高峰圆桌论坛或主题演讲	工作坊专题培训模块	国内外专家师资
国际艺术节运营与管理工作坊	国际艺术节对提升国家文化艺术国际影响力的作用	香港艺术节定位与节目设计； 香港艺术节“青年之友”计划； 中国作品进入国际主流市场的策略； 国际艺术节市场营销及媒体战略； 国际艺术节的资金运作； 中国民族文化走进国际主流社会的战略与实践	美国密苏里州立大学音乐院终身教授、博导，国家艺术与科学院终身院士，著名华人作曲家陈怡； 德国资深艺术节总监（曾任奥地利萨尔茨堡艺术节市场与媒体总监、德国梅克伦堡艺术节市场销售总监）罗兰·奥特（Roland Ott）； 香港艺术节节目总监梁掌玮（Grace Lang）； 吴氏国际文化传媒有限公司总裁吴泽洲； 上海大学音乐学院院长王勇（主持）

如今，天津音乐学院举办的国际艺术管理工作坊已成为在国内有重要影响力、号召力的高水准综合性育人平台，得到了专家学者和与会者的广泛支持和充分认可。每年有 40 多家高校、业界机构和媒体的代表 200 多人出席，部分年度还有德国、越南、印度尼西亚等国家的师生代表出席。美国卡罗莱纳大学表演艺术中心行政总监 Emil Kang 教授、瑞士琉森音乐节艺术与行政总监 Michael Haefliger、著名华人作曲家美国密苏里州立大学音乐院终身教授陈怡和周龙、奥地利萨尔滋堡艺术节市场与媒体总监 Roland Ott、中国艺术管理教育学会荣誉主席谢大京教授、《人民音乐》原副主编于庆新、哈尔滨

师范大学音乐学院马卫星教授等专家学者都给予了极高评价。云南艺术学院师生代表认为：2014 年的高峰论坛和工作坊是我国艺术管理教育高端碰撞的一次盛会，不仅为艺术管理类专业师生和从业人员提供了难得的交流机会，为如何将艺术项目构想付诸实践展现了国际视野和操作经验，也为优化和提升艺术管理专业教学提供了良好范本。四川音乐学院师生代表认为：2016 年国际艺术管理工作坊为与会者打开了学术研究的国际化视野，使大家获得了国内外最前沿的专业研究经验，这将会为中国艺术管理专业师生开展学术研究和艺术实践提供更多学术资源，搭建更广阔的发展平台。

三　育人成效与创新

（一）引入工作坊专题育人模式，深化课程教学

围绕艺术管理专业领域的前沿主题，合理设置专题训练模块，充分发挥工作坊精细化、互动性和实践性强等特性和优势，有效拓展课堂书本知识和专业深度，追踪学科专业新动态，吸收借鉴学界、业界精辟理论解析和实践运作“秘籍”，进行跨界融通、整合创新。

（二）学生全程参与工作坊策划与实施，综合创新与实践能力显著提升

学生既是工作坊的培训对象，又是工作坊的策划者和组织实施者，工作坊的专题培训内容更加贴近学生的实际需求，学生能在工作坊策划实施中锻炼提升综合实践能力。学生在校期间平均参与 2～3 次工作坊的策划与实施，尤其是核心策划实施团队和专题实训项目宣讲交流团队，从策划准备到实施完成历时 4 个月左右，学生在创意策划、组织协调、外宾接待、会议服务、资料翻译、专家采访、宣传报道、项目展演等诸多方面都得到了极好的综合锻炼和提升，为成长为 ICIA 四型艺术管理人才奠定了良好基础。工作坊闭幕后部分研究生、本科生在老师指导下发表了多篇论文，多个项目参加学科竞赛获奖。

（三）持续开发与使用国际艺术管理工作坊资源，使育人效益最大化

每年的国际艺术管理工作坊历时 2～4 天，专家高峰圆桌论坛（或主题演

讲）和专题研讨培训模块的安排非常紧凑，信息量非常大。但作为主办方，师生除了策划、组织和现场参加工作坊聆听专家讲演并交流研讨外，还要尽可能地通过专家采访、专题综述、研究论文、项目课题等形式和途径对工作坊的宝贵资源进行深度挖掘和持续开发，使之在培养 ICIA 四型艺术管理人才中的效益最大化。比如 2014 年，在工作坊正式议程外，我们安排了学生采访组对外籍专家进行深度采访，安排外籍专家做客天津人民广播电台，撰写综述和研究文章，在《天津音乐学院学报》上出版学术专辑（2014 年第 3 期收录了师生编撰的专家主题演讲、论坛综述、工作坊专题研讨与训练、研究论文、媒体采访纪要等文章 13 篇），后续又在此基础上成功申报了 2015 年国家社科基金艺术学项目“国际艺术节运作管理模式及对提升我国文化艺术国际影响力的作用研究”，补充更新了国际国内音乐动态、音乐商务等课程的教学内容，相关研究专著《国际艺术节运营管理》也正在撰写完善中。

四　媒体报道与成果推广

新闻媒体对国际艺术管理工作坊的关注度很高，工作坊吸引了人民网、新华网、新浪网、北方网、天津网、《天津日报》、《每日新报》、《音乐周报》、《人民音乐》、天津音乐广播、天津电视台等多家媒体机构的编辑记者，再加上天津音乐学院官网和一些参会院校官网的报道，形成了广泛的媒体关注和受众认知。

天津音乐学院每年一度的国际艺术管理工作坊受到参会院校师生的高度好评，育人成效明显，已成为中国艺术管理领域的一个育人品牌，多所兄弟院校连续参与并积极借鉴和推广应用工作坊育人模式：2015 年 6 月南京艺术学院举办“艺术营销国际课程工作坊”，2016 年 5 月星海音乐学院联合广州大剧院启动“创艺馆”艺术管理系列工作坊，2017 年 12 月中央美术学院面向硕士、博士生举办艺术管理工作坊系列课程“策划城市：艺术、城市空间与公共利益”“文化创意产业理论与实务”“博物馆的历史与发展”等，为我国培养更多高素质 ICIA 四型艺术管理人才做出了重要贡献！

B.30 后　记

本书是继《天津文化创意产业发展报告（2015～2016）》之后，又一本全面反映天津市文化创意产业发展的报告。本书按照总报告、专题研究、产业活动三个部分进行编排。其中，总报告以“文化创意挑起天津城市转型的重担”为主题，全面介绍了2017～2018年天津市文化创意产业的发展规模、发展特点、产业业态、产业园区和产业活动的亮点。专题研究篇对两年来天津市文化创意产业的市场主体、政策支持、协会工作、产业特色、区域协同发展等问题进行了探讨。产业活动篇对天津市不同类型的文化创意产业园区和近年来富有特点的文化创意产业活动进行了介绍。

本书在编写的过程中，得到了天津市相关政府部门和各个文化创意产业协会的大力支持，在此一并感谢！

Summary of the book

Tianjin is the largest coastal open city in northern China and an important economic center in the Bohai rim region. Tianjin has profound cultural deposits and rich cultural resources, and the potential and potential of developing cultural and creative industries are large. During the period of "13th Five-Year", Tianjin took the cultural and creative industries as an important content of the development of modern service industry, vigorously implemented the great Battle of cultural development and prosperity , actively supported and guided the traditional dominant culture industry, vigorously developed the new culture industry, and made the cultural and creative industries of Tianjin develop healthy and rapid development. Good posture.

In October 21, 2015, During the Creative industry exhibition in London, President Xi Jinping pointed out that both China and Britain are a great cultural country. We should strengthen cultural exchanges and promote understanding between the two countries and the two countries through cultural products. The British side has accumulated a lot of experience in the creative industry. It is hoped that China and Britain will strengthen exchanges and mutual learning in this field and achieve common development.

In February 1, 2018, When President Xi Jinping has meeting British Prime Minister Teresa Mei, He pointed out that both China and Britain should conforms to the trend of the times and combine the development stages and cooperation needs of the two countries to endow the Chinese and British relations with the New Era Connotation and jointly build the "golden age" . In this context, the Tianjin Creative Industry Association invited John Hawkins, the father of the world creative economy, to visit Tianjin in March 11, 2018 and to hold an Expert Symposium on the Sino British creative dialogue and the English tour exhibition project of "creative Tianjin-China" .

In recent years, the development of Tianjin's cultural and creative industries has seen a new trend. The main manifestations are: first, private enterprise enterprises become the main body of the market; second, the industrial association provoked the burden of development; third, the key demonstration park developed steadily, and fourth, a number of representative cultural events have been formed.

The prospect of development has a great opportunity. Through the efforts of recent years, the strength of Tianjin's intelligent cultural and creative industries has been increasing, but there is still a certain gap compared with the advanced provinces and cities. "Internet plus" + "culture" development has just started, culture and related industries, especially in the smart technology industry. To build a strong cultural city, we must seize the present rare strategic opportunities, strengthen the overall planning, highlight the innovation drive, make a good start, and speed up the development of the intellectual cultural and creative industries.

In the special action plan of the intellectual cultural and creative industry of Tianjin, issued by the office of the people's Government of Tianjin in December 2017, pointed out the guiding ideology, basic principles and development goals of the special action of the intellectual cultural and creative industry .

To fully implement the nineteen spirit of the party, guided by the socialist ideology of Chinese characteristics in the new era of Xi Jinping and the important requirements of "three efforts" put forward by general secretary Xi Jinping to Tianjin work, we should conscientiously implement the Eleventh Party Congress of the city and the two plenary session of the eleven session of the municipal Party committee to promote the "five in one". In the implementation of the layout and "four comprehensive" strategic layout in Tianjin, the new development concept is firmly established and the innovation driven development strategy is carried out in depth. In order to speed up the deep integration of intelligent technology and cultural industry as the main line, to improve the soft strength of urban culture as the main direction, develop the intellectual and creative industries and create full vitality. A strong cultural city provides a strong cultural support for building a well-off society in an all-round way and building a modern socialist metropolis.

Keywords: Cultural Development and Prosperity; New Development of Cultural and Creative Industries; Tianjin Special Plan of Action for Intelligent Culture and Creative Industries

Contents

I General Report

Abstract: During the period of "13th Five-Year", Tianjin took the cultural and creative industries as an important content of the development of modern service industry, vigorously implemented the great cultural development, great prosperity and hard war, actively supported and guided the traditional dominant culture industry, vigorously developed the emerging culture industry, and made the cultural and creative industries of Tianjin healthy and fast. The good trend of development. In this context, John Hawkins, the father of the world's creative economy, visited Tianjin in March 11, 2018 and held a high-level forum on creative dialogue between the Chinese and English Creative Tianjin.

In the "special action plan of Tianjin intelligent cultural and creative industry", ten key tasks of the development of intellectual cultural and creative industries from 2018 to 2025 are put forward. To strengthen the application of intelligent technology, fostering the growth of market players, creative industry project strategy, promote the industrial park and platform construction, accelerate the development of media convergence, the implementation of the "Internet plus" project, the implementation of the "culture +" project, increase the supply of products and services, guide and expand consumption culture, promote the Beijing Tianjin Hebei collaborative development Exhibition.

Keywords: Creative Tianjin; Intelligent Cultural and Creative Industries; Key Tasks

Ⅱ Thematic Studies

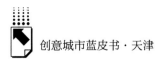

B. 2 2017 -2018: Organizational Construction of Tianjin Creative Industries Association

Yu Xueliang / 042

Abstract: Tianjin Creative Industry Association has gone through eight years. The association has focused on the economic and social development of Tianjin, widely gathered resources and built a platform, and made a breakthrough in the innovation of the member enterprises and the creative industry in Tianjin. The association has successively absorbed a large number of industry leading enterprises, successively held a number of large-scale activities such as "creative future economy dialogue John Hawkins" forum and so on. It greatly promoted the social influence of the association, constructed the pattern of the development of creative industry in Tianjin, and displayed the cultural connotation of the metropolis and the atmosphere of the times.

Keywords: Tianjin Creative Industry Association; Organizes and Builds; Social Influence

B. 3 Research on the Policy Reform of Tianjin Cultural Industry's Special Support Fund

Wang Lin / 057

Abstract: In recent years, Tianjin's special investment in cultural industries has been increasing. The fund is of great significance to the leap and development of Tianjin cultural industry in the "13th Five-Year" period. It will promote the transformation of the economic development mode and the strategic adjustment of the structure of Tianjin. The research of policy support direction will greatly enhance the efficiency of the use of the government funds, make the support target more accurate, and realize the rapid aggregation of market factors and the cultivation of the market factors. The multiplier effect of raising the market benign main body and increasing output benefit will enhance the effectiveness of fiscal policy and achieve effective allocation of resources.

Keywords: Cultural Industry Special Fund; Policy Support; Multiplier Effect

B. 4 Research on Development Strategy and Countermeasure of Characteristic Culture Industry in Tianjin Binhai New Area

Duan Jichuang, *Ni Fangshu* / 078

Abstract: the characteristic culture industry refers to the industrial form of cultural products and services with distinctive regional characteristics and national characteristics, relying on the unique cultural resources all over the country, through creative transformation, scientific and technological promotion and market operation. This concept emphasizes the formation of cultural products and services with regional and national characteristics on the basis of unique cultural resources in various places, combining creativity, science and technology and market operation.

Keywords: Characteristic Culture; Creative Transformation; Tianjin Binhai New Area

B. 5 Industrial Park Alliance: The Construction of Industrial Parks in the New Era

Fu Zheng / 092

Abstract: Tianjin Industrial Park alliance is the industrial organization initiated by the Tianjin Creative Industry Association, combined with dozens of industrial parks and industry associations, and the alliance is a comprehensive innovation organization (platform + think tank + Finance), which provides industrial orientation, industrial planning, consulting planning and park for the alliance members and industrial chain enterprises. Such services as agency operation, industry investment, professional training, brand implanting, new business forms and enterprise incubation. Under the condition of the new era of economic development, the integration of the development resources of the park, the interaction of the industrial park and the construction of a new community of park resources are the necessary way for the future development of the park. The alliance of Tianjin Industrial Park will explore the characteristics and laws of the development of local industrial parks in Tianjin through long-term and strict alliance mechanism, promote the law keeping operation, strengthen self-discipline and communication in the classified industry of the industrial park, promote the cooperation between the parks and enterprises, and promote the scientific and orderly development of the industrial park.

Keywords: Industrial Park Alliance; Industry Organization; Resource Integration

Abstract: The establishment of a creative industrial park should start with the planning of theme content and the development plan of the park. The location of the park should be combined with the cultural resources of its own region, the distribution of enterprises, the level of local economic development, and the consumption habits of the society, etc. , to clarify the content of the theme industry, to demonstrate and analyze the prospects of the market segments, so as to do a good job of the park location. Under the premise of determining the location of the park, the investment investment, the establishment of service system, the construction of a complete production chain of the leading industry in the park, and the continuous expansion of the industrial production chain, in order to form the scale, the effect of aggregation and the promotion of the market.

Keywords: Cultural Creative Industry Park; The Strategic Orientation of the Park; Development Planning

B. 7 Analysis on the Development of Cartoon Industry Chain

Cheng Wen / 113

Abstract: For cartoon enterprises, they have the ability of integrating up and down stream resources to make IP, and the Internet just has the ability to integrate resources. Sina, Tencent, Shanda and other large Internet enterprises are developing the whole industry chain of cartoon IP, which can improve the ability to connect the cartoon industry in the early and middle stages, and improve the management ability of the production, enhance the industrial value and expand the influence.

Keywords: Cartoon; Industry Chain; Resources Integration

B. 8 Cultural Discovery and Depth Mining in the Development of Leisure Agriculture in Tianjin

Yuan Yawen / 121

Abstract: The Xiao Chuan Fang Yu village in Ji Zhou District is selected as an investigation object, aiming at the relics of the "pastoral culture" in this area, the depth investigation is made, many precious historical and cultural relics are excavated, and the characteristic cultural resources that solve the problems of the leisure agriculture development in this area are explored, it is a useful exploration and attempt for promoting the path of leisure agriculture by culture.

Keywords: Tianjin Jizhou District; Xiao Chuan Fang Yu Village; Rural Culture; Leisure Agriculture

B. 9 Research on the Development of Traditional Festival Activities in Tianjin from the Perspective of Cultural Space Production

Liu Hongyan, *Wang Xiaorui* / 138

Abstract: In order to explore how to make the traditional festivals and events in the healthy development of the city, this article takes the cultural space production as the theoretical basis, combined with the questionnaire survey data of the traditional festivals and events in Tianjin, summarizes the four dimensions of the development model of government, capital, people and culture, and explores the relationship between the four dimensions. The current situation and problems of the traditional Tianjin festival in Tianjin are analyzed, and then the feasible countermeasures are put forward.

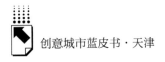

Keywords: Cultural Space Production; Urban Traditional Festival Activities; Tianjin Imperial Association

Abstract: The purpose of this research is to make the development history of dispersed print art clear and complete. Understand the current international and domestic development of print development. Combined with the characteristics of the development of the engraving in Binhai New Area, the development planning and development strategy is put forward to create a regional capital of Chinese printmaking art.

Keywords: Printmaking Industry; Development Characteristics; Regional Center

Abstract: This article analyzes the significance of the "Jinwei drama" on the heritage of Tianjin traditional culture, systematically combs the policies and measures of the cultural industry issued by the state and Tianjin, and takes the industrialization practice of the "Jinwei drama" project of the cultural and artistic center of the evening as a case to explore the development of the private theatre in promoting the revitalization of Tianjin drama and promoting the operation of industrialization. This paper analyzes the problems encountered in the development and puts forward the development countermeasures, so as to provide certain guidelines for boosting the prosperity and development of the cultural industry.

Keywords: Tianjin Opera; Private Theatre; Cultural Industry Prosperity

Abstract: Through the observation of the development of Taiwan's cultural and creative industries in recent years, we have seen a phenomenon of diversified development of cultural and creative space. This pluralistic space can be roughly divided into: historical block, Free migrating communities, special community, single old building, old shop renewal and so on.

Keywords: Cultural and Creative Space; Phenomenon of Diversified Historic District; Old Shop Renewal

Ⅲ Industrial Activities

Abstract: "Beijing, Tianjin, Hebei Cultural and creative +" activities by the China Cultural Industry Association as the guiding unit, by the Beijing Tianjin Hebei cultural industry cooperative development center, Capital Cultural Industry Association, Tianjin Cultural Industry Association, Hebei Cultural Industry Association, linking the three places of Beijing, Tianjin and Hebei cultural resources, advocating the three cooperation, sharing creativity, capital. The source is interworking to create a creative, interesting and meaningful way of life.

Keywords: Beijing International Design Week Beijing; "Tianjin, Hebei Cultural and Creative +"; Integration Development

B. 14 Art · Design Awakening the City *Xue Yi* / 207

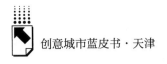

Abstract: The larger the city's edge is, the more complicated the function of the city is. It is difficult for any aspect to satisfy and solve the urban problems. So we need to gather more categories, experts and scholars from different backgrounds, and discuss the topic of the city together.

Keywords: Art; Design; City Development

B. 15 Tianjin Has a Wisdom Mountain *Zhang Lijun* / 221

Abstract: The intellectual Mountain Cultural Industrial Park has achieved remarkable results in the past 7 years, and has played an important role in promoting regional independent innovation and promoting regional economic and social development. In the new development period, the wisdom mountain, as the guidance of "national culture industry demonstration park", should improve the gathering capacity and auxiliary role of cultural enterprises in an all-round way, continue to maintain the leading advantage, and play a greater demonstration and driving role in the transformation process of regional economic development.

Keywords: Wisdom Mountain; National Culture Industry Demonstration Park; Demonstration Role

B. 16 Tianjin Miansan Creative Block

Tianjin Man3 Creative Enterprise Management Service Co. , Ltd. / 234

Abstract: Mian san Creative block is closely adjacent to the Haihe River, all of which are upgraded by the old factory building, and give it the new use function while retaining the original architectural style, and through the application of a large amount of energy saving and environmental protection technology, it meets the needs of modern office and business activities. It is now one of the largest Creative and innovative industrial bases in China.

Keywords: Old Factory; Creative Block; Creative Industry Base

Abstract: in 2016, by the invitation of the free trade area of Tianjin Binhai New Area in the business district of the Yujiapu center, YuVood Jiang Yi was placed in the innovation demonstration base of the public business. The name of "Jiang Yi", on the one hand, coincides with the in the business district of Yujiapu center, on the other hand, it also coincides with the function of the national "double creation" base hatching.

Keywords: Yujiapu Central Business; District Public Entrepreneurship Innovation Demonstration Base Incubator

Abstract: Maker headquarters is an innovative technology enterprise incubator established in Zhongguancun, Beijing, in 2013. It specializes in the leading technology and technical elite of universities and scientific research institutes. The Tianjin base of Maker headquarters is located in the MSD G1 block TEDA dual innovation area, and is committed to accelerating the construction of the National Independent Innovation Demonstration Zone in Binhai New Area.

Keywords: Maker Headquarters; Innovative Technology Business Incubator; National Independent Innovation Demonstration Zone

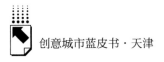

B. 19 "Youqu" and "Tuye"

—To Shared Having Fun in the Community Platform

Feng Wei / 258

Abstract: "Youqu life" is a social organization and sharing platform based on interests and hobbies. We advocate sharing more interesting and new ways of life to achieve more interactive experience and communication. Based on Tianjin, we aim to build a content industry with membership, community, brand, supply chain and product strength.

Keywords: Playmate; Community Organization; Sharing Platform

B. 20 Every Village is a Hometown

Rural Construction Studio of Xi Jingyu / 267

Abstract: In 2015, Li Qian set up a studio for construction of the township, and began the exploration and practice of rural construction-the "Xijing Valley plan" . The plan began in May 2015, and it took 13 months to transform the traditional farmhouse in stone village into the first courtyard of the original rural well.

The setting of the native place is not to go high-end, but to live in the countryside and enjoy the same quality in the city. Therefore, on the top of the service, so need to make a big improvement. Baer, a graduate of Holland's lager college, has a basic philosophy: Taoism is natural. Wang Zhenfei This house is on the mountain, and every tree in it should keep the original appearance, including the Swimming pool on the hill, and How to make a unified with the whole natural environment has been carefully designed.

Keywords: Stone Village; Traditional Farmhouse; Township Construction

Abstract: Listening to tea is an original scene of music art with humanistic and experimental. Through the integration of the eastern tea ceremony and Western string music, it presents and disseminate a spiritual concept that focuses on the fine and present life by the way of tour. At the same time, the millennium cultural classics of Chinese traditional culture are presented in the world.

Keywords: Listening to Tea; Scene Art; Culture Cross Boundary Fusion

Abstract: Since 2012, Hai Lan Chao culture media company, founded by Hu Fenglin of Tianjin, has begun to transform into the field of microfilm industry. In 5 years, he has made an industry of microfilm industrialization from a paper. The micro film industry base has also sprouted from the Dongli District of Tianjin, and has blossomed into Shanxi's Hancheng city. The dream is gradually moving into reality.

Keywords: Micro Film; Industrialization; Intelligent; Platform

Abstract: As the leader of Chinese real estate aesthetics, she often thinks about herself. Whenever there is a leisure time, there will be such a figure, sitting quietly at table, so elegant and tranquil. It was a poetic life, her infinite imagination of Chinese aesthetics.

Keywords: The Esthetics of Real Estate; Leader; Advocator

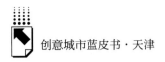

B. 24 Talk About the Story of the Republic of China in the Urban living Room

Liu Hongjie / 321

Abstract: Through the study of the family history and life history of the Republic of China, the story will be described more novel, more living and more interesting. The excavation of the sequence links the old days with modern life. This is a new pursuit of the way of speaking and the way of communication.

Keywords: Story Telling; Republic of China; Story Museum

B. 25 The Aesthetic Exploration of Young Artists Zhuang Xue Yang

Cheng Wen / 324

Abstract: Her works are given to many political parties as a national gift, and by many institutions and private collections. She has been edited "the Chinese contemporary most potential Chinese painter's Dictionary", "Chinese Calligraphers' Dictionary", which has won the title of the most popular title of the world tide merchants in 2015 and 2017. On Zhuang Xueyang is young but rich in artistic career, the pursuit and exploration of aesthetics is the most important and persistent option.

Keywords: Calligrapher and Painter; Art Career; Pursuit and Exploration

B. 26 Conception and Practice of Building a Cultural and Creative Industry Base on Both Sides of the Taiwan Strait

Tian Qingfen / 334

Abstract: The establishment of a "base" in Keelung, Taiwan on both sides of the Taiwan Straits has been nearly mature in space resources and team building. We can integrate the existing resources of the project, tell the unique characteristics of the story, use the Internet thinking, to create a cross-strait cooperation, a new cultural and creative industry space!

Keywords: Both Sides of the Taiwan Strait; Internet Thinking; Culture Creative Industry Space

Abstract: Virtual Reality Technology (VR) is a very active research and application technology in recent years. With the wide space of industry development, with the gradual maturity of the market, the VR industry is bound to usher in a new explosive growth, and will certainly become the ultimate form of household consumption, instead of PC, TV, and play, and become the calculation of the third generation. Machine platform.

Keywords: Virtual Reality Technology; Explosive Growth; The Ultimate Form of Household Consumption

Abstract: This platform improves the traditional digital content making process revolutionized by Internet thinking. Through the features of Internet remote, cooperative and large data, it solves the interactive production in the traditional production process, the process is not transparent, the negotiation is easy to disagree, the acceptance and payment process are not standard, and the digital assets are made right. And ownership can not be guaranteed in the process. This platform is based on the security, high performance and stability of the traditional film production. It is a new solution of the new 4K super clear film and television production combining new media and mobile terminal (mobile media and mobile Internet) .

Keywords: National Digital Content Trade Service Platform; Internet Thinking; Big Data

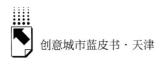

B. 29 ICIA four Training Mode for International Art Management Workshop

Department of Art Management, Tianjin Conservatory of Music / 369

Abstract: The Art Management Department of Tianjin Conservatory of Music held a summit and Art Management Workshop on the theme of "International Art Festival and urban development" in 5 – 6 month of 2014. Art Management Workshop ICIA four (International, innovative, compound, applied) talent training mode. It plays a good role in promoting discipline construction and effectively promoting personnel training.

Keywords: International Art Management Workshop; ICIA Training Mode; Discipline Construction

皮书起源

“皮书”起源于十七、十八世纪的英国，主要指官方或社会组织正式发表的重要文件或报告，多以“白皮书”命名。在中国，“皮书”这一概念被社会广泛接受，并被成功运作、发展成为一种全新的出版形态，则源于中国社会科学院社会科学文献出版社。

皮书定义

皮书是对中国与世界发展状况和热点问题进行年度监测，以专业的角度、专家的视野和实证研究方法，针对某一领域或区域现状与发展态势展开分析和预测，具备原创性、实证性、专业性、连续性、前沿性、时效性等特点的公开出版物，由一系列权威研究报告组成。

皮书作者

皮书系列的作者以中国社会科学院、著名高校、地方社会科学院的研究人员为主，多为国内一流研究机构的权威专家学者，他们的看法和观点代表了学界对中国与世界的现实和未来最高水平的解读与分析。

皮书荣誉

皮书系列已成为社会科学文献出版社的著名图书品牌和中国社会科学院的知名学术品牌。2016 年，皮书系列正式列入“十三五”国家重点出版规划项目；2013~2018 年，重点皮书列入中国社会科学院承担的国家哲学社会科学创新工程项目；2018 年，59 种院外皮书使用“中国社会科学院创新工程学术出版项目”标识。

中国皮书网

（网址：www.pishu.cn）

发布皮书研创资讯，传播皮书精彩内容
引领皮书出版潮流，打造皮书服务平台

栏目设置

关于皮书：何谓皮书、皮书分类、皮书大事记、皮书荣誉、
皮书出版第一人、皮书编辑部

最新资讯：通知公告、新闻动态、媒体聚焦、网站专题、视频直播、下载专区

皮书研创：皮书规范、皮书选题、皮书出版、皮书研究、研创团队

皮书评奖评价：指标体系、皮书评价、皮书评奖

互动专区：皮书说、社科数托邦、皮书微博、留言板

所获荣誉

2008 年、2011 年，中国皮书网均在全国新闻出版业网站荣誉评选中获得“最具商业价值网站”称号；

2012 年，获得“出版业网站百强”称号。

网库合一

2014 年，中国皮书网与皮书数据库端口合一，实现资源共享。

S 基本子库
UB DATABASE

中国社会发展数据库（下设 12 个子库）

全面整合国内外中国社会发展研究成果，汇聚独家统计数据、深度分析报告，涉及社会、人口、政治、教育、法律等 12 个领域，为了解中国社会发展动态、跟踪社会核心热点、分析社会发展趋势提供一站式资源搜索和数据分析与挖掘服务。

中国经济发展数据库（下设 12 个子库）

基于"皮书系列"中涉及中国经济发展的研究资料构建，内容涵盖宏观经济、农业经济、工业经济、产业经济等 12 个重点经济领域，为实时掌控经济运行态势、把握经济发展规律、洞察经济形势、进行经济决策提供参考和依据。

中国行业发展数据库（下设 17 个子库）

以中国国民经济行业分类为依据，覆盖金融业、旅游、医疗卫生、交通运输、能源矿产等 100 多个行业，跟踪分析国民经济相关行业市场运行状况和政策导向，汇集行业发展前沿资讯，为投资、从业及各种经济决策提供理论基础和实践指导。

中国区域发展数据库（下设 6 个子库）

对中国特定区域内的经济、社会、文化等领域现状与发展情况进行深度分析和预测，研究层级至县及县以下行政区，涉及地区、区域经济体、城市、农村等不同维度。为地方经济社会宏观态势研究、发展经验研究、案例分析提供数据服务。

中国文化传媒数据库（下设 18 个子库）

汇聚文化传媒领域专家观点、热点资讯，梳理国内外中国文化发展相关学术研究成果、一手统计数据，涵盖文化产业、新闻传播、电影娱乐、文学艺术、群众文化等 18 个重点研究领域。为文化传媒研究提供相关数据、研究报告和综合分析服务。

世界经济与国际关系数据库（下设 6 个子库）

立足"皮书系列"世界经济、国际关系相关学术资源，整合世界经济、国际政治、世界文化与科技、全球性问题、国际组织与国际法、区域研究 6 大领域研究成果，为世界经济与国际关系研究提供全方位数据分析，为决策和形势研判提供参考。